교육사상 탐구

교육사상 탐구

김성훈 지음

學古房

/ 차례 /

春來不似春. 올봄의 씁쓸한 정경이다. 다시 교정에 봄이 왔건만, 집에서 옴짝달싹 못하고 있다. 소일거리를 찾다가 문득 생각난 것이 몇 해 전 해프닝(?)으로 끝났던 작업이다. 이름 하여 논문모음집 출간이다. 먼저, 시기를 선정해야 했다. 나는 캐나다에서 공부하던 2004년 겨울을 출발점으로 삼았다. 그해 12월 아담 스미스의 논문을 처음 출간했다. 그로부터 근자에 와서 발표한 밀턴 프리드만의 논문까지 스무 편을 가려 뽑았다. 이들 논문들을 관통하는 주제는 '교육사상'이다. 내가 학부시절부터 관심을 가지고 꾸준히 공부했던 분야로서 퇴계를 제외하면 모두 '서양'의 꼬리표를 달았다. 나는 논문들을 발표 순서에 따라 엮었고, 학술지 원문을 목차와 초록만 생략한 채 그대로 실었다. 그러다보니 과거가 현재에 가림 없이 투영됐다. 지난 시간의 '나'의 모습이 텍스트를 통해 되살아났다. 그때 나는 무엇을 생각하고 어떻게 살아가고 있었는지를, 스무 편의 글이 고스란히 말해준다. 언어는 존재를 보여준다 했던가! 이 작업은 세상에 '내던져진Geworfenheit' 나를 기억하는 회상기다. 나의 교육사상 편력이다.

2020년 3월

김 성 훈

Chapter

I

자유와 경쟁의 원칙

"아담 스미스의 자유주의 교육관"

(『영국연구』 12, 2004: 197–215)

아담 스미스의 자유주의 교육관

① 들어가는 말

자유주의 정치경제학자로서 아담 스미스Adam Smith, 1723-1790의 명성은 확고하다. 왜냐하면 역사는 그를 '자유방임laissez-faire'을 주장한 18세기 영국의 대표적인 고전파 경제학자로 기억하고 있기 때문이다. 같은 맥락에서 우리는 오늘날 스미스의 『국부론The Wealth of Nations』(1776)을 주로 그의 자유방임 경제이론을 살펴보기 위한 정치경제학적인 관점에서 읽는다. 라파엘의 지적대로 "『국부론』은 자유무역에 대한 옹호로 가장 잘 알려져 있기 때문이다."[1] 그러나 스미스의 『국부론』은 교육적 관점에서 보았을 때 또한 중요하다. 스미스는 이 책에서 '자연적인 자유의 원칙the natural system of liberty'을 교육의 영역에 적용하여 자기애self-love에 토대를 두는, 그러면서 자유와 경쟁을 강조하는 그의 자유-개인주의 교육사상을 논하고 있기 때문이다.

이 글에서 나는 스미스가 어떻게 사상적 일관성을 유지하면서 그의 자유주의적 태도자연적인 자유가 목적을 달성하는 최상의 방법이라는를 교육의 영역에 적용하고 있는지를 살펴볼 것이다. 우선 나는 스미스의 삶의 행적을 개략적으로 기술할 것이다. 스미스에 대한 이러한 전기적 밑그림a

---

1 David D. Raphael, *Adam Smith*(Oxford: Oxford University Press, 1985), p. 1.

biographical sketch은 중요한데, 그의 자유주의 사상은 필연적으로 그의 삶과 시대를 반영할 수밖에 없기 때문이다. 이어 『국부론』 속에 담겨 있는 스미스의 자유주의 사상과 그것의 교육적 함의를 논할 것이다. 그리고 마지막으로 스미스의 자유-개인주의 교육철학의 현대적 의미는 무엇인지를 물을 것이다.

Ⅱ 아담 스미스의 삶[2]

스미스는 1723년 6월 5일 스코틀랜드 동부해안에 인접한 작은 도시 커콜디Kirkcaldy에서 태어났다. 그는 커콜디에서 중등교육을 받은 후, 1737년부터 1740년까지 글라스고 대학에서 고전학, 수학, 도덕철학 등을 배우며 머물렀다. 스미스의 글라스고 시절 그에게 가장 영향을 주었던 사람은 이 대학 도덕철학 교수였던 '그 결코 잊을 수 없는the never-to-be-forgotten' 프란시스 허치슨Francis Hutcheson 교수였다. 허치슨 교수의 자연신학에 대한 강의는 스미스에게 합리적 자유에 대한 사랑을 고무시켰고, 그의 도덕강의는 스미스의 도덕이론 형성에 지대한 영향을 주었으며, 끝으로 그의 자유와 노동의 가치를 강조하는 정치경제 이론은 훗날 스미스의 『국부론』 저술에 이론적 토대가 되었다.

스미스는 1740년 6월 스코틀랜드를 떠나 그해 7월 7일 옥스퍼드의 배리올 칼리지Balliol College에 입학했다. 그의 모학료母學寮였던 배리올은 옥스퍼드의 다른 학료들보다 재정적으로 부유했고, 무엇보다도 많은 장서를 보유한 도서관으로 유명했다. 따라서 스미스는 옥스퍼드에서의 6년을 실질적으로 이 배리올의 도서관에서 독서와 사색을 하며 보냈던 것으로 보인다.

---

2 나는 John Rae, *Life of Adam Smith*(London: Macmillan & Co, 1895)를 참고하였다.

스코틀랜드로 돌아온 스미스는 1750년 글라스고 대학의 논리학 및 도덕철학 교수가 되었다. 스미스는 학생들을 가르치고 행정업무를 수행하는 일 말고도, 글라스고와 에딘버러의 여러 동호회들에 참석하고 문학비평지를 출판하는 등 학외활동들로 바빴다. 한편 당시 글라스고는 국제 상업도시로 바뀌는 변혁기에 있었다. 따라서 자유무역을 둘러싼 많은 공적公的 논의들이 그 도시의 자유정신을 소유한 상인들의 활발한 참여와 더불어 성행했다. 이러한 1750년대의 글라스고의 사회적·지적 분위기 속에서 스미스는 그의 법학, 정치학 강의에서 자유무역론을 펼치기 시작했고, 그러한 과정에서 그는 '상업과 도덕의 문제'라는 그의 삶의 주제를 갖게 되었다.

스미스는 1759년 『도덕감정론The Theory of Moral Sentiments』을 출판한 후, 버클루 공Duke of Buccleugh의 가정교사가 되어 1763년 글라스고 대학 교수직을 사임하고 그 이듬해 그의 학생과 함께 대륙여행the grand tour에 나섰다. 이후 1766년 10월까지 그는 그의 귀족학생과 함께 프랑스의 주요 도시들과 스위스를 방문했다. 이 2년 반의 시간 동안 스미스는 볼테르Voltaire, 루소Rousseau와 같은 철학자들, 로쉬푸꼬Rochefoucauld, 께네 Quesnay, 뛰르고Turgot와 같은 정치경제학자들, 넥커Necker와 같은 정치인을 만났다. 스미스는 이러한 유럽의 저명한 인사들과 교분을 쌓으면서 시민혁명 전의 격동하는 프랑스의 사회상을 직접 목격하게 되는데, 이것은 미래의 정치경제 철학자로서의 스미스의 삶에 큰 영향을 주었다. 소위 넓은 세상을 경험한 스미스는 이제 보다 넓은 마음을 갖게 되었고, 특히 이 기간 동안 그가 직접 목도한 혁명 전야의 프랑스 민중들의 고뇌와 빈곤에 찬 삶은 스미스로 하여금 '한 국가의 부의 원천은 어디에 있는가'라는 『국부론』의 그 기본 질문을 하도록 했다. 이런 점에서 대륙여행은 그의 『국부론』 저술에 토대가 되었으며, 『국부론』의 광범위하고 폭넓은 내용전개는 그의 이런 대륙여행의 경험을 잘 보여주고 있다.

1766년 11월초 스미스는 유럽여행을 마치고 런던으로 돌아왔다. 그는 그곳에서 약 6개월간을 머문 후, 커콜디의 고향집으로 돌아갔다. 이제 스미스는 향후 11년을 이 시골의 조용한 마을에서 지내게 되는데, 이 시절의 스미스의 일상은 공부와 산책으로 요약된다. 스미스는 이러한 단순하고 소박한 삶을 진실로 즐겼던 것처럼 보인다. 그러나 스미스의 커콜디에서의 생활은 어디까지나 그의『국부론』저술을 위한 것이었다. 스미스는『국부론』초고를 3년 뒤인 1770년 끝낸 것으로 보인다. 그러나 그는 그것을 교정보는 데 6년이라는 시간을 더 보냈다. 결국 스미스는 1776년 3월 9일 약 10년여의 저술, 수정, 교정 작업 끝에 그의『국부론』을 런던에서 출판했다. 이때 그의 나이 52세였다.

『국부론』은 그 내용의 딱딱함과 난해함에도 불구하고 출판 후 잘 팔렸다. 그러나 그것에 대한 당시 영국 정치지도부의 견해는 조심스러웠다. 우리는 당시 스미스의 자유주의 정치경제 이론이 소위 좌파의 주장이라는 사실을 간과해서는 안 된다. 오늘날 우리는 자유무역을 주장하는 사람들을 흔히 우파로 간주하는 경향이 있지만, 18세기 영국에서 우파는 어디까지나 보호무역을 주장하는 사람들이었고, 자유무역을 주장하는 스미스와 같은 개혁파 인사들은 좌파로 분류되었기 때문이다. 이러한 정치적 이유에서 스미스의 저작은 출판 당시 영국의회의 홀대를 받았던 것 같고, 프랑스 혁명 직후『국부론』의 판매는 부진을 면치 못했다. 그러나 이러한 의회에서의 냉랭한 반응과 달리 영국정치 실무에 있어서 스미스의 자유무역론이 큰 호응을 얻었다는 사실은 부정할 수 없다.

『국부론』출판 이후 스미스는 에딘버러에 정착했다. 그는 1776년 스코틀랜드 관세청장Commissioner of Customs in Scotland으로 임명되었고, 이후 그의 삶은 재정적으로 안정되었다. 스미스는 관세청장의 일을 수행하면서 흥미를 느꼈던 것 같다. 이 일은 그에게 무역실무에 대한 지식을 제공해 주었고, 그것은 그의『국부론』개정판에 반영되어 있다. 스미스의 말년은 그의 시대의 크고 작은 국내외적 사건들을 둘러싼 『국부론』의 해석 문제와 그것의 정치, 경제적 응용을 둘러싼 정치인들과의 만남 등으로 채워졌다. 스미스는 1790년 7월 7일 67세의 나이로 죽었다.

(Ⅲ) 아담 스미스의 자유주의와 그것의 교육적 함의

자유주의자로서 스미스의 명성은 『국부론』의 성공에 의존하였다. 『국부론』은 1776년 3월 8일 런던에서 출판된 지 6개월만에 그 초판본들이 다 팔려나가는 성공을 거두었다.[3] 당시 사람들의 관심은 『국부론』 속에서 스미스가 주장했던 경제적 자유주의, 즉 자유무역론에 대한 것이었다. 스미스는 『국부론』에서 당시 영국의 보호무역 정책을 비판하면서 자유와 경쟁에 기초하는 새로운 정치경제 이론을 논했다. 스미스 자유무역론의 핵심은 자기이익self-interest을 쫓는 개인들의 자유로운 경제활동이 궁극적으로 국가의 부를 가져온다는 그의 자유방임laissez-faire 경제론이었다.[4] 다음은 스미스 자신의 말이다.

> 자기 자신의 생활상태를 개선하려는 개개인의 자연적 노력은 자유롭고 안전하게 노력할 수 있도록 허용될 때 아주 강력한 원리가 되는 것이므로 그것만 있으[면] 어떠한 도움을 기다리지 않더라도 그 사회를 부와 번영으로 인도할 수 있을 뿐만 아니라 인간의 법률의 어리석음이 그의 작용을 방해하는 데서 오는 무수한 장애물을 극복할 수가 있는 것이다.[5]

---

3 Richard Teichgraeber Ⅲ, "'Less Abused than I had Reason to Expect': The Reception of *the Wealth of Nations* in Britain, 1776-90," *The Historical Journal* 30, 2(1987): 341 참고.

4 David McNally, *Political Economy and the Rise of Capitalism: A Reinterpretation* (Berkeley: University of California Press, 1988), p. 153 참고.

이런 관점에서 스미스는 규제를 "인류의 가장 신성한 권리에 대한 명백한 모독"으로, 또 장려금이나 독점을 사회에 해로운 것으로 간주했다.[6] 그러면서 그는 국가는 시민들의 개인적인 삶에 필요 이상으로 개입 또는 간섭을 해서는 안 되며, 오히려 "각 개인은 정의의 법을 침해하지 않는 한, 자기의 방식으로 자기의 이익을 추구하고, 자기의 근로 및 자본의 쌍방을 갖고서 다른 어떤 사람 또는 어떤 계급의 노동 및 자본과 경쟁하도록 완전히 자유로이 방임되어야 한다"고 주장했다.[7] 한편 스미스는 자유에서 비롯되는 공정한 경쟁을 공공사회에 유리한 것으로 보았다. 왜냐하면 "경쟁이 더욱 자유롭고 더욱 일반적이 되면 될수록 그것은 언제나 점점 더 공공사회에 유리한 것이 될 것"이기 때문이다.[8] 스미스는 말한다.

상점주나 소매상인에게 과세한다든지 그들의 수를 억제한다든지 하는 것은 아주 불필요하다. 왜냐하면 그들은 제아무리 그 수가 증가하여도 서로 해치는 일은 있겠지만, 공공사회를 해치는 일은 없을 것이기 때문이다. 예컨대 어떤 특정한 도시에서 … 식료잡화의 수량[이] … 두 사람의 잡화상인에게 분할되어 있다면, 그들의 경쟁은 그들 두 사람으로 하여금 그 자본이 한 사람의 수중에 있는 경우보다 더욱 싸게 그 상품을 팔게 하는 경향을 가질 것이다. … 그들의 경쟁은 그들 중에 누구를 파멸시킬 것임에 틀림없다. 그러나 … 이 경쟁은 소비자나 생산자를 해하는 것은 아니다.[9]

5 Adam Smith, *An Inquiry into the Nature and Cause of the Wealth of Nations* (1776), 『국부론』 상·하, 최호진·정해동 공역(서울: 범우사, 1992), 하, p. 69. 이하에서 스미스, 『국부론』으로 칭함.

6 *Ibid.*, p. 124.

7 *Ibid.*, p. 254.

8 *Ibid.*, p. 408.

9 스미스, 『국부론』, 상, p. 447.

여기서 스미스는 "개인의 부유opulence는 물론 공적이며 국민적인 부유가 생기는 원리"로서 "각자가 그 지위를 개선하고자 하는 변함없고 영구적이며 끊임없는 노력"을 강조하고 있다.[10] 왜냐하면 스미스에게 있어서 인간은 기본적으로 이기적인 존재로서 그 자신의 생활상태를 개선하고자 하는 강한 욕망을 가지고 있고, 그러한 인간은 그대로 내버려두면 아무런 법률의 간섭이 없더라도 그 자신의 사적 이해관계에 이끌려 자연히 공공사회에 가장 이익이 되는 쪽으로 그의 행동을 스스로 조절하기 때문이다. 간단히 말해 "인간의 자연적인 이기심과 성향은 다른 모든 경우에 있어서와 마찬가지로 공공사회의 이익과 정밀하게 일치한다"는 것이다.[11] 이를 두고 바이너는 스미스의 경우 "사회의 일반적인 이익과 개인들의 특별한 이익 사이에는 어느 정도 완벽한 조화가 존재한다"고 말한다.[12] 같은 맥락에서 물러는 스미스의 『국부론』에서의 주된 관심은 "자기애, 이기심, 자기이익, 자만심 그리고 승인을 쫓는 개인적인 성향들의 그 잠재적인 사회적 이익"을 고려하는 것이라고 주장한다.[13] 그러면서 그는 스미스에 있어 어떻게 그 자연적인 자기이익에의 본능이 보편적인 부유 또는 사회공동의 선으로 변형될 수 있는지를 설명한다. 물러의 분석에 따르자면, 스미스는 이기적인 자기이익의 추구가 공공사회의 행복으로 이어지는 과정을 설명하기 위해 '보이지 않는 손an invisible hand'의 은유를 창조했다. 다음의 잘 알려진 문장 속에서 스미스는 이 유명한 개념을 "시장제도의 사회적으로 유익한, 그러나

---

10 *Ibid.*, p. 425.

11 스미스, 『국부론』, 하, p. 183.

12 Jacob Viner, *The Long View and the Short: Studies in Economic Theory and Policy*(Glencoe: Free Press. 1958), p. 223.

13 Jerry Z. Muller, *The Mind and the Market: Capitalism in Modern European Thought*(New York: Alfred A. Knopf, 2002), p. 51.

의도하지 않은 결과들"을 설명하는 데 사용했다.[14]

물론 그는 사회공공의 이익을 촉진하려고도 하지 않고, 그가 어느 정도 사회공공의 이익을 촉진하고 있는지도 모른다. 그가 외국의 산업을 유지하지 않고 국내의 산업을 선호하는 것은 오로지 자기 자신의 안전을 기도하기 때문이고, 그가 그 산업을 그 생산물이 최대의 가치를 가지도록 운영하는 것은 오로지 그 자신의 이득만을 기도하는 것이다. 그리하여 그는 이 경우에 다른 많은 경우에 있어서와 같이 '보이지 않는 손'에 이끌려 그가 전연 의도하지 않았던 한 목적을 촉진하게 되는 것이다. 그것이 그가 의도한 바가 아니라는 것은 반드시 사회에 대해서 나쁜 것은 아니다. 그는 자기 자신의 이익을 추구함으로써 진실로 사회의 이익을 증진코자 의도하였을 때보다도 더욱 유효하게 사회의 이익을 증진하는 수가 많은 것이다.[15]

그렇다면 스미스는 자유가 번영을 가져온다는 "자유의 효과"에 기초해 개인들의 자유로운 이익 추구를 용인하고, 나아가 권장했던 것이다.[16] 그리고 그것은, 타이히그라버 3세가 넌지시 밝히고 있는 것처럼, 그가 '부의 추구'를 '덕의 추구'에 대한 근대적 대안modern alternative으로 보고 있었다는 것을 의미했다.[17] 다시 말해 스미스는 근대 상업사회에서 인간들이 추구해야 할 덕으로 시장의 덕을 강조했던 것이다. 스미스는 『국부론』의 여러 곳에서 상업도시가 물질적으로는 말할 것도 없고 정신

14 Ibid., p. 66.
15 스미스, 『국부론』, 상, p. 553.
16 스미스, 『국부론』, 하, p. 119.
17 Richard Teichgraeber Ⅲ, Free Trade and Moral Philosophy: Rethinking the Sources of Adam Smith's Wealth of Nations(Durham: Duke University press, 1986), p. 128 참고.

적으로도 우월하다는 사실을 강조하면서 시장의 도덕적 이점을 논하고 있다. 스미스의 의견에 따르자면, 상업도시 및 공업도시에 사는 사람들은 대체로 근면하고 진지하고 부유한 한편, 일반적인 소비·행정도시에 사는 사람들은 게으르고 방탕하며 가난했다.[18] 스미스는 그 이유를 근면에 대한 자극의 차이에서 찾았다. 비록 그것이 이기적인 자기이익의 추구라 하더라도, 상업 및 제조업이 성한 도시에 사는 사람들은 그들의 노력에 대한 충분한 동기를 갖고 있고, 따라서 그들은 보다 검소하고, 경제적이고, 신중하고, 열심이고, 안정적이고, 질서와 규정을 존중하는 사람들이 된다는 것이다. 그렇다면 원치의 표현대로 근대 산업사회에는 이른바 "상업의 정신the spirit of commerce"이 존재하는 것이다.[19] 이런 관점에서 물러는 시장의 도덕적 기능을 기술한다.

> 스미스는 상업사회를 그것이 생산하는 부the wealth뿐만 아니라 그것이 조장하는 성격the character 때문에 가치 있게 여겼다. 그는 시장을 부분적으로 그것이 협동적인 행위의 증진에 이바지하기 때문에, 사람들을 자기통제를 통해 보다 부드럽게 만들기 때문에, 더해 그들의 내부에 잠재되어 있는 이기적 열정들을 다른 사람들의 필요에 종속시키기 때문에 가치가 있다고 생각했다. 그렇다면 그 나름대로의 방식으로 『국부론』은, 그의 『도덕감정론』이 그러했던 것처럼, 인간을 단순히 부유하게 만들기 보다는 좋게 만들려는 의도가 있었던 것이다.[20]

그러나 스미스가 공개적이고 자유로운 시장이 부의 증대를 가져올

18 스미스, 『국부론』, 상, pp. 416-417 참고.
19 Donald Winch, *Adam Smith's Politics: An Essay in Historigraphic Revision* (Cambridge: Cambridge University Press, 1978), p. 7.
20 Muller, p. 52.

뿐만 아니라 정신의 계몽도 함께 가져온다고 주장했을 때 그것은 어디까지나 한계가 있는 요구였다. 왜냐하면 상업사회가 야기하는 근면, 절제, 신중함 등의 덕은 어디까지나 시장의 덕으로서 그 이면에는 늘 자기이익의 추구 또는 부의 추구라는 이기적인 인간 본성이 존재해 있기 때문이다. 이런 맥락에서 물러가 시장의 덕을 자비, 자기희생, 공공성과 같은 보다 질적으로 우월한 지혜의 덕과 대비되는 것으로서 "열등한 덕inferior virtue"으로 명명한 것은 옳았다.[21] 한편 타이히그라버 3세는 상업사회를 기본적으로 자기이익을 쫓는 개인들로 구성되는 "이방인들의 사회society of strangers"로 정의 내리면서 그 사회에서 요구되는 덕으로 스토아적 자기절제를 강조했다.[22]

결국 스미스는 자기 상태를 개선시키려는 인간의 자기애로부터 논의를 시작해 '보이지 않는 손'에 의한 그것의 사회적 변형을 논했고, 나아가 완전한 자유와 공정한 경쟁에 기초하는 이러한 이기적인 자기이익의 추구가 개인의 복지는 말할 것도 없이 사회적 부유와 인간성의 계몽을 가져온다는 사실을 주장함으로써 그의 개인주의적 자유주의를 정당화하고자 했다.

이제 하나의 질문이 남는다. 그것은 위에서 논한 스미스의 '자연적인 자유의 원칙the natural system of liberty'이 그의 교육적 사고에 어떠한 영향을 주었느냐는 것이다. 그것은 우리로 하여금 『국부론』 속의 한 뛰어난 장을 참고하도록 한다.

『국부론』 제5편, 제1장이 우리의 주목을 끄는 이유는, 적어도 작금의 목적 하에서, 그 안에서 스미스가 그의 잘 알려진 자유와 경쟁의 원칙을

---

21 *Ibid.*, p. 80.
22 Richard Teichgraeber Ⅲ, "Rethinking Das Adam Smith Problem," *The Journal of British Studies* 20(1981): 118.

교육의 영역에 적용함으로써 개혁을 꿈꾸는 경제이론가로서의 모습과 개선을 바라는 교육이론가로서의 모습을 상호 연계시키고 있기 때문이다. 여기서 스미스는 자기이익을 쫓는 개인들의 자유로운 경제활동이 국가의 부의 원천이며, 또 '보이지 않는 손'에 의해 그것이 궁극적으로 국가의 분배정의를 가져온다는 그의 자유방임 경제이론을 교육에 적용하면서 교육의 질 제고와 개선을 위해 교육에서의 대항과 경쟁, 그리고 국가의 간섭으로부터의 자유를 주장했던 것이다. 그렇다면 자유와 경쟁은 스미스의 교육개혁론의 두 중심축이었던 것이다.

스미스는 제2항 '청소년의 교육을 위한 제시설의 경비에 대하여'에서 그의 시대의 교육 실제를, 특히 당시 유럽의 대부분 학교와 학료에 존재했던 기부재산 제도를 비판하면서 그의 논의를 시작했다. 스미스의 주장에 따르자면, 공공의 기부재산은 교육시설의 목적 달성에 이바지하지 못했고, 나아가 교사들의 나태와 무능을 초래했다. 기부재산 제도가 궁극적으로 교육기관의 비효율화와 교사들의 수업 능력 저하로 이어진다는 스미스의 결론은 그 자신의 옥스퍼드 대학에서의 경험[23]을 반영하는 것이었다. 왜냐하면 "옥스퍼드 대학교에서는 그 대부분의 정교수는 여러 해에 걸쳐 강의를 하는 체도 전혀 하지 않는다"는 그의 옥스퍼드

---

23 스미스는 글라스고 대학을 졸업하고 1740년부터 1746년까지 약 6년의 시간을 옥스퍼드의 배리올 칼리지에서 보냈다. 그러나 당시 옥스퍼드에서의 학문은 매우 정체되어 있었다. 스미스는 그 원인을 옥스퍼드 대학이 누리고 있는 막대한 양의 기부재산에서 찾았다. 외부로부터 많은 기부금을 받는 옥스퍼드의 학료들은 이 공공의 기부재산으로부터 그들의 교수들에게 월급을 지급하고 따라서 학생들의 수업료에 그들의 생계를 직접적으로 의존할 필요가 없는 교수들은 학생들과의 관계에서 될 수 있는 대로 편안하게 생활하는 것을, 또 될 수 있는 대로 엉성하게 행동하는 것을 그들의 이익으로 확신한다는 것이다. 결국 옥스퍼드에서 교수들이 게으르고 무능한 이유는 그들이 제도적으로 노력을 할 필요가 없기 때문이라는 것이다.

대학 교수들에 대한 비판은 당시 부유하고 기부재산이 많았던 교육기관들에서는 교사들이 흔히 매우 게으르고 피상적으로 수업에 임했었다는 사실을 뒷받침해주는 하나의 증언과도 같은 것이었기 때문이다.

기부금 제도에 대한 스미스의 강한 불신에는 또한 그 자신의 인간 본성에 대한 견해가 담겨있다. 왜냐하면 스미스는 인간을 기본적으로 자기이익[24]을 쫓는 이기적인 존재들로 간주하면서, "근면은 그가 그것을 해야만 하는 동기의 정도에 비례하는 것"이라고 적고 있기 때문이다. 스미스는 부연한다.

> 어떠한 직업에 있어서도 그것에 종사하는 사람들 대부분이 이룩하는 노력의 정도는 그들이 그 노력을 해야 할 필요성의 정도에 언제나 비례하는 것이다. 이 노력의 필요성은 재산을 만드는 데나 나날의 수입과 생계를 얻는데도 그들의 직업상의 보수만을 재원으로 하는 사람들의 경우에 가장 크다. 그러한 재산을 획득하기 위해서나 그러한 생계비를 얻기 위해서는 그들은 1년 중에 일정한 가치가 있는 일을 일정량 수행하지 않으면 안 된다.[25]

위의 인용문에서 스미스는 "노력과 보상 사이에는 밀접한 관계가 있어야만 한다"는 사실을 강조하고 있다.[26] 그리고 이러한 관점에서

---

24 스미스는 『도덕감정론』에서 그의 공감sympathy 이론을 통해 인간의 본성이 우리가 흔히 생각하고 있는 것처럼 그렇게 이기적인 것은 아니라는 사실을 보여주고 있지만, 그럼에도 불구하고 그에게 인간은 어디까지나 자기이익을 쫓는 존재였다. 왜냐하면 스미스 자신의 표현대로 "우리와 특별한 관계가 없는 사람이 죽었다는 소식을 듣는 것은 우리 자신이 직면하는 매우 하찮은 불행보다 우리에게는 걱정이 덜 되고, 소화불량과 휴식의 방해도 적게 되[기 때문이다.]" Adam Smith, *The Theory of Moral Sentiments*(1759), 『도덕감정론』, 상하, 박세일·민경국 공역 (서울: 비봉출판사, 1996), 상, p. 157.

25 스미스, 『국부론』, 하, p. 337.

26 Clyde Edward Dankert, *Adam Smith: Man of Letters and Economist*(New York:

그는 학교와 학료의 기부재산이 필연적으로 교사들의 근면의 필요를 떨어뜨릴 수밖에 없다는 사실에 주목한다. 스미스에게 그 이유는 분명했다. 기부금을 받는 기관들에서는 교사들의 생계가 그들의 직업상의 성공과 탁월함과는 아무런 상관도 없는 다른 한 독립적인 기금에서 충당되기 때문이다. 스미스는 말한다.

> 이 경우 그의 이해관심은 그의 의무에 대해서 가능한 한 완전히 대립하도록 놓여진 것이다. 왜냐하면 될 수 있는 대로 편안하게 생활하는 것이 모든 사람의 이익이며 그가 어떤 대단히 힘든 의무를 이행하거나 하지 않거나 그가 받는 보수 자체가 같다면, 이 의무를 아주 등한시하든지 또는 그가 등한시하지 못하게 하는 어떠한 권력 하에 있으며, 그 권력이 허용하는 범위 내에서 될 수 있는 대로 엉성하게 해 넘기는 것이 그의 이익이라는 것은 확실하며, 적어도 이해관계가 통속적으로 이해되어 있는 한에 있어서는 그러하다. 그가 천성적으로 활동적이고 노동의 애호자라면, 그의 활동력을 아무런 수입도 가져오지 않는 의무의 수행에 사용하기보다는 어떠한 다른 이익을 가져올 수 있는 방법에 사용하는 편이 그의 이익이다.[27]

스미스는 이러한 기부금 제도의 문제점을, 즉 기부금을 받는 기관들에서의 교육적 비능률을 치유하기 위해 경쟁과 대항을 교육의 영역에 도입할 것을 제안했다. 앞서 언급했듯이 스미스는 "자기이익을 행동의 주요 원천으로 간주하면서 경쟁을 노력을 불러일으키기 위해 꼭 필요한 자극"으로 보았기 때문이다.[28] 그리고 나아가 공정하고 제한 없는 경쟁

Exposition Press, 1974), p. 158.

27 스미스, 『국부론』, 하, pp. 338-339.

28 John Adamson, *English Education 1789-1902*(Cambridge: At the University Press, 1964), p. 4.

에 의해 야기되는 대항관계가 교육에서 우수함을 가져올 것이라고 믿었기 때문이다. 이러한 스미스의 주장은 자유 경쟁의 이점을 논하는 그의 다음의 글 속에 잘 반영되어 있다.

경쟁이 자유로운 곳에서는 누구나 서로 상대방을 업무에서 밀어내려고 노력하고 있는 경쟁자들의 대항관계가 있으므로 저마다 그 일을 어느 정도 정확하게 실시하도록 노력하지 않을 수 없다. … 대항과 경쟁은 비천한 직업에 있어서도 그것에 탁월한 것을 야심의 목적으로 하고, 또 때로는 최대한의 노력을 환기시키기까지 하는 것이다.[29]

경쟁을 교육의 질적 제고를 위한 하나의 유인책으로 보면서, 스미스는 이제 "개인이 하고 싶은 것을 하는 자유를 의미했던 자연적 자유 natural liberty"를 옹호한다.[30] 그러면서 스미스는 교육에서 자유-강제와 제한에 반하는 것으로서의 효용성을 강조한다. 스넬 장학금a Snell Exhibition[31]의 수혜자였던 스미스는 아마도 자신의 의지 또는 선택과는 관계없이 배리올 칼리지로 갔었던 것 같고, 이 부유하기로 유명한 학료의 교수들은 분명 나태하고 무능했었을 것이다. 따라서 스미스는 중간에 학료를 옮기고 싶은 생각이 들었을 것이다. 그러나 당시 옥스퍼드에서는 학생들의 학료 선택의 자유가 실질적으로 없었기 때문에 스미스는 그의 생각을 접어야 했었을 것이다. 결국 스미스의 교육에서 자유에 대한 옹호는 그의 이러한 옥스퍼드 시절의 학생 자유권 침해에 대한 불만의 표출이

---

29 스미스, 『국부론』, 하, p. 337.
30 Adamson, p. 4.
31 스넬 장학금은 재능 있는 글라스고 대학 졸업생들에게 주어지는 것으로서 옥스퍼드에서의 학업을 돕기 위한 것이었다. 스미스는 1740년 스넬 장학금을 받고 옥스퍼드로 갔다.

었던 것이다. 스미스는 말한다.

> 연구비·장학금·급비 등의 자선적인 기금은 그 특정의 학료의
> 가치와는 관계없이 일정수의 학생을 어떤 학료에 필연적으로 흡수
> 한다. 만약 이러한 자선적인 기금을 받는 학생이 스스로 가장 좋아
> 하는 학료를 자유로이 선택할 수 있다면, 그 자유는 아마 각 학료
> 간에 어느 정도의 경쟁을 일으키는데 도움이 될 것이다. 이에 반하
> 여 각 개별 학료의 자비학생이라도 퇴학하고자 하는 학료에 허가를
> 청원하여 그것을 획득하지 않고서는 그 학료를 떠나 어딘가 다른
> 학료로 가는 것을 금지하고 있는 규정은 이 경쟁을 크게 소멸시키
> 는 경향을 가질 것이다.[32]

그렇다면 스미스 교육개혁론의 핵심은 학생 선택권의 확장이었다.
다시 말해 학생들은 자유롭게 학교와 교사를 선택할 수 있어야 하며,
이러한 학생 선택권의 존중은 교사들간의 경쟁을 불러일으켜 필연적으
로 그들의 근면과 노력을 자극한다는 것이다. 여기서 스미스의 비판의
핵심은 당시 대학과 학료의 규율이 교수들의 일방적 무사안일과 이익을
위해 고안되었다는 것이다. 따라서 그는 교육에서의 학생권의 증진과
교수들의 특혜폐지를 주장하면서 부패한 대학 사회의 개혁을 요구했다.
그러나 스미스는 대학 교육의 개혁과 관련해 그렇게 낙관적이지만은
않았던 것 같다. 왜냐하면 스미스는 대학 교육이 필요한 것임을 강조하
는 한편, 대학을 가장 진보적이지 못한 장소로, 진부한 구사상의 피난처
로, 새로운 사상을 받아들이는 데 있어서 용감하지 못한 장소로, 기존
교육의 개혁과 변혁을 가장 인정하기 싫어하는 곳으로 기술하고 있기
때문이다.[33]

---

32 스미스, 『국부론』, 하, p. 340.
33 *Ibid*., p. 350 참고.

이어 스미스는 고대 그리스와 로마의 교사들을 예로 들면서, 또 그들의 교육적 우수함이 바로 이러한 교사들간의 자유와 경쟁의 원칙에서 비롯된 것임을 강조하면서 교육에서의 강제, 간섭, 특권그의 자유의 원칙에 반하는 것으로서의 폐지를 주장했다. 스미스에 따르자면 고대 그리스와 로마에서 교육의 질이 뛰어났던 것은 국가가 단지 교육의 장소만을 제공하였을 뿐, 교사 선택을 포함한 교육과정 전반에 대해 일체의 감독, 지도 권한을 행사하려 하지 않았기 때문이다. 다시 말해 고대에는 교육이 시민들 각자의 자유로운 선택에 달려 있었고, 따라서 그들은 보다 질 좋은 교육을 찾아 자유롭게 옮겨다닐 수 있었다. 결국 고대의 교사들은 그들의 학생들에 대한 관할권이 없었고, 우월한 덕에서 나오는 자연적인 권위 외에는 조금도 다른 권위를 가질 수 없었다. 이러한 상황에서 교사들은 국가로부터 봉급도 임명도 받지 않았던 것 같고, 학생들의 수업료로 생계를 이어가야 했던 이러한 사적인 교사들은 자신들의 교육 역량을 높이기 위해 또 자신들의 교육 상품을 수지에 맞게 팔기 위해 그들의 경쟁자들에 대항하면서 부지런히 노력을 할 수밖에 없었다. 그러므로 개인들의 자유로운 선택과 경쟁에 기초하는 이러한 고대의 교육제도 하에서는 교사들은 노력과 경쟁을 통해 실력 있는 인물이 되어야 했으며, 이미 타파되고 시대에 뒤떨어진 궤변을 일삼는 것은 그들의 번영과 수입과 명성에 단지 치명적인 결과를 초래할 뿐이었다.[34]

고대의 교육제도를 기술하면서 스미스의 주된 관심은 고대 그리스와 로마에서 찾아지는 교육의 개인적인 성격과, 그러한 사적인private 제도가 경쟁적인 자기이익의 추구를 위한 완전한 자유를 어느 정도 보장해 줄 수 있느냐는 것이었다. 스미스의 기본 가정은 "사회의 필요에서 비롯되고 교사들간의 대항관계로부터 생겨난 사적인 제도들은 시·공을 초

---

34 *Ibid.*, pp. 353-355 참고.

월해 교육의 임무를 가장 훌륭하고 효과적인 방법으로 수행한다"는 것이다.[35] 왜냐하면 그는 "각각의 사회의 상황에서 배워두는 것이 필요하게 되고 편리하게 된 학술기예의 모든 분야에서 가르칠 교사는 부족하지 않았던 것 같[고], 그러한 지도指導에 대한 수요는 수요가 항상 만들어내는 것, 즉 지도를 하는 데 필요한 재능을 만들어냈고, 무제한의 경쟁이 자극하지 않을 수 없는 대항의식이 이 재능을 놀랄 만한 정도로 완성시킨다"고 믿고 있었기 때문이다.[36] 그렇다면 스미스에게 있어서 고대의 교육제도는 근대의 교육제도보다 성공적이었다. 왜냐하면 전자는 후자와 달리 "그의 상태를 개선하려는 자기애와 노력이 그 자신과 사회 전반을 위해 긍정적으로 작용할 수 있는 자유로운 교육 환경"을 제공할 수 있었기 때문이다.[37]

이상의 논의에서 스미스는 그의 자유에 대한 믿음을 교육의 영역까지 확장하는 데 성공한 것처럼 보인다. 왜냐하면 교육에서 개인의 선택과 자유로운 경쟁을 강조하는 스미스의 교육개혁론은 그의 자유주의 사상의 큰 틀 속에서 설명될 수 있기 때문이다. 이제 마지막으로 이러한 스미스의 자유-개인주의 교육관이 오늘날 어떤 의미가 있는지를 고려해 보자.

Ⅳ 현대적 의미

1980년대 초반 영국과 미국의 대처·레이건 정부The Thatcher Reagan

---

35 Nicholas George Coccalis, "The Educational Thought of Adam Smith," M.Ed. thesis, University of Alberta, 1968, p. 79.

36 스미스, 『국부론』, 하, p. 357.

37 Joseph J. Spengler, "The Invisible Hand and Other Matters," *The American Economic Review 67*, 1(1977): 36.

administrations는 신자유주의라 불리는 새로운 종류의 자유방임 경제이론을 그들의 행정적 기조로 삼고, 사회 전분야의 시장적 개혁을 요구했다.[38] 교육 분야도 예외가 될 수 없어, 그들은 기존의 케인즈식 복지국가 모델 하에서의 교육의 경제적 비효율성을 비판하면서 시장의 원칙을 교육의 영역에 적용하고자 했다. 그들의 기본 가정은 국가의 필요 이상의 간섭이 교육의 질적 저하를 가져온다는 것이다. 이런 관점에서 그들은 자율화, 민영화, 규제철폐 같은 신자유주의의 기본 정책들을 교육의 영역에 적용하면서 교육을 자유 시장의 그 '보이지 않는 손'에, 즉 '전지전능한 시장 신the omnipotent market God'에 맡기려 했다.

볼의 분석에 따르자면, 교육의 시장적 재구조화는 다음의 5가지 기본적인 요소들을 가진다. 그것들은 선택choice, 다양화diversity, 예산funding, 경쟁competition, 그리고 조직방법organizational style이다.[39] 여기서 선택은 학생과 부모의 학교 선택권을 말한다. 즉 부모들은 그들의 아이들을 위해 보다 질 좋은 학교를 자유롭게 선택할 수 있어야 한다. 그것을 위해 정부의 간섭으로부터 자유로운 학교의 설립과 운영, 그리고 그것을 통한 교육시장의 다양화는 필수적이다. 한편 정부는 교육기관들에 대한 정부 보조금을 줄임으로써 그들 상호간의 경쟁과 그로 인한 교육의 질적 향상을 도모한다. 왜냐하면 국가로부터의 보조금이 줄었을 때 그들의 부족한 수입분은 교육 소비자들인 학생들로부터 직접 충당될 수밖에 없고, 따라서 그들은 제한된 소비자들의 수요를 얻기 위해 경쟁적으로 그들의 교육 상품을 보다 매력적으로 만들기 위해 노력하기 때문이다. 그렇다면 경쟁은 교육의 효율성과 경제성을 높이기 위해 꼭

---

38 David G. Smith, *Teaching in Global Times*(Edmonton: Pedagon Press, 2002), p. 52 참고.
39 Stephen J. Ball, *Politics and Policy Making in Education*(London: Routledge, 1990), pp. 59-69.

필요한 것이다. 끝으로 교육기관들은 국가의 간섭, 제한, 또는 특혜로부터 벗어나 교사채용과 교육과정 편성 등의 기본적인 학사경영을 자율적으로 그러나 보다 책임 있게 운용해야 한다.

우리는 이러한 신자유주의 시장개혁론의 맥락에서 스미스의 자유방임 교육철학교육의 질은 자유와 경쟁이 허용되는 정도에 달려있다의 현대적 의미를 찾을 수 있다. 왜냐하면 앞서 살펴본 것처럼 스미스는 자기이익의 자유로운 추구가 행동과 동기의 규범이 되는 교육을 제안하는 한편, 교육의 질적 제고를 위해 자유·경쟁·선택으로 대변되는 시장적 요소들을 교육의 영역에 도입하고자 했기 때문이다. 그리고 우리가 그러한 스미스의 자유-개인주의 교육관을 조금만 다른 각도에서 바라본다면 그것은 곧 오늘날 유행하는 말로 '교육의 시장화marketization of education' 또는 '교육의 상품화commodification of education'를 의미했기 때문이다. 스미스는 아래 인용문에서 사적私的인 교사의 관점으로부터 이러한 교육의 친시장적 관점을 강조하고 있다.

> 만약에 사적인 교사가 자기의 상품을 경쟁자와 거의 같은 가격으로 판다면, 그는 그들과 같은 이윤을 얻을 수는 없으므로 다행히 파산이나 파멸은 모면한다 할지라도 빈곤과 거지의 운명은 모면할 수 없을 것이다. 그가 그 상품을 더욱 비싸게 팔려고 한다면, 그는 아주 근소한 고객밖에 얻을 것 같지가 않으므로, 그의 상태는 조금도 개선되지 않을 것이다.[40]

여기서 스미스는 교육을 개인[고객]이 그 자신의 흥미[이익]에 입각해 자유롭게 선택[구입]할 수 있는 하나의 사적인 일[상품]로 보고 있다. 그리고 이러한 관점에서 그는 수요자인 학생의 구매 욕구를 불러일으키

---

40 스미스, 『국부론』, 하, p. 357.

기 위해 교육이 보다 경쟁력 있는 매력적인 상품이 되어야 함을 암시했다. 애로우드 교수가 잘 지적했듯이, 스미스에게 교육은 "일종의 상품화 계획이었다. 교사는 그의 상품을 자유롭게 개방되어 있는 시장에 제공하고, 그것의 질과 또 그것에의 수요가 그의 일의 정도를 결정하는 것이다."[41] 이러한 스미스의 견해는 헤날레스와 에드워즈가 기술하고 있는 오늘날의 교육시장론과 별반 차이가 없어 보인다.

> 학교들은 보다 나은 교육을 제공하면서 학생들의 등록률을 높이기 위해 서로 경쟁한다. 그러므로 이러한 신자유주의적 맥락에서 가장 효율적인 학교가, 가장 능률적인 회사가 그러하듯이, 자유시장에서 성공한다. 따라서 예산은 학교들이 아니라 소비자들인 학생들과 부모들에게 할당되고, 그 결과 학생들과 부모들은 그들이 선호하는 학교들을 자유롭게 선택한다.[42]

결국 개인을 자기이익의 합리적인 중재자로 보면서 자유와 경쟁을 통해 교육의 질적 향상을 꾀하려는 스미스의 자유-개인주의 교육관은 시장의 논리를 교육의 영역에 들여와 교육의 효율성과 경제성을 제고하려는 신자유주의자들의 교육철학과 크게 다르지 않다. 오히려 스미스의 자유주의자로서의 명성은 오늘날 교육에서 시장개혁을 옹호하는 사람들의 주장에 철학적 힘을 실어줄 수 있을 것이다. 이런 맥락에서 스미스의 자유-개인주의 교육관의 현대적 의미는 21세기 교육의 시장화 담론 속에서 찾아질 수 있다.

---

41 Charles F. Arrowood, *The Theory of Education in the Political Philosophy of Adam Smith*(privately printed, Texas, 1945), p. 15, quoted in Dankert, p. 159.
42 L. Henales and B. Edwards, "Neoliberalism and Education Reform in Latin America," *Current Issues in Comparative Education 2*(2). Retrieved October 30, 2002, from http://www.tc.columbia.edu

참고문헌

Adamson, John William, *English Education 1789-1902*(Cambridge: At the University Press, 1964).

Arrowood, Charles F., *The Theory of Education in the Political Philosophy of Adam Smith*(privately printed, Texas, 1945).

Ball, Stephen J., *Politics and Policy Making in Education*(London: Routledge, 1990).

Coccalis, Nicholas George, "The Educational Thought of Adam Smith," M.Ed. thesis, University of Alberta, 1968.

Dankert, Clyde Edward, *Adam Smith: Man of Letters and Economist*(New York: Exposition Press, 1974).

Edwards, B. and L. Henales, "Neoliberalism and Education Reform in Latin America," *Current Issues in Comparative Education* 2(2). Retrieved October 30, 2002, from http://www.tc.columbia.edu

McNally, David, *Political Economy and the Rise of Capitalism: A Reinterpretation*(Berkeley: University of California Press, 1988).

Muller, Jerry Z., *The Mind and the Market: Capitalism in Modern European Thought*(New York: Alfred A. Knopf, 2002).

Rae, John, *Life of Adam Smith*(London: Macmillan & Co, 1895).

Raphael, David, D., *Adam Smith*(Oxford: Oxford University Press, 1985).

Smith, Adam. *An Inquiry into the Nature and Cause of the Wealth of Nations*, 『국부론』 *상·하*, 최호진·정해동 공역(서울: 범우사, 1992/1776).

Smith, Adam, *The Theory of Moral Sentiments*, 『도덕감정론』, *상·하*, 박세일·민경국 공역(서울: 비봉출판사, 1996/1759).

Smith, David G., *Teaching in Global Times*(Edmonton: Pedagon Press, 2002).

Spengler, Joseph J., "The Invisible Hand and Other Matters," *The American Economic Review 67*, 1(1977).

Teichgraeber Ⅲ, Richard, "'Less Abused than I had Reason to Expect': The

Reception of *the Wealth of Nations* in Britain, 1776-90," *The Historical Journal 30,* 2(1987).

Teichgraeber Ⅲ, Richard, *Free Trade and Moral Philosophy: Rethinking the Sources of Adam Smith's Wealth of Nations*(Durham: Duke University press, 1986).

Teichgraeber Ⅲ, Richard, "Rethinking Das Adam Smith Problem," *The Journal of British Studies 20*(1981).

Viner, Jacob, *The Long View and the Short: Studies in Economic Theory and Policy*(Glencoe: Free Press, 1958).

Winch, Donald, *Adam Smith's Politics: An Essay in Historigraphic Revision* (Cambridge: Cambridge University Press, 1978).

인간, 자유롭고
합리적인 존재

"존 로크의 자유-개인주의 교육관"

(『교육철학』 33, 2005: 175-189)

존 로크의 자유-개인주의 교육관

(1) 머리말

로크John Locke, 1632-1704의 교육사상가로서의 명성은 그의 『교육론Some Thoughts Concerning Education』의 성공에 따른 것이었다. 이 책은 1693년 출판 이후 판을 거듭하는 인기를 누렸다.[1] 그리고 유럽의 여러 언어들로 번역·출판되었다.[2] 따라서 브라운은 "로크의 어떤 작품도 [유럽]대륙에서······『교육론』만큼 그렇게 따뜻하게 환대를 받지 못했다"고 적고 있다(Brown, 1952: 153). 그러나 퀵이 잘 지적했듯이 "로크의 이 주제[교육]에서의 권위는 그의 철학자로서의 명성 때문이었다"(Quick, 1885: 68). 다시 말해 로크가 『오성론An Essay Concerning Human Understanding』의

1　『교육론』은 1693년 출판 이후 매우 인기가 있어서 18세기 동안 2개의 판이 존재했고, 19세기가 끝날 때까지는 10개의 영어판들이 있었다(Bowen, 1972-1981).

2　『교육론』은 출판과 동시에 네덜란드의 프랑스어 잡지에 영어 초판이 그대로 실렸다. 1695년 암스테르담에서 프랑스어 판이, 1697-1698년에 네덜란드어 판이 나왔다. 1783년까지 프랑스어 판은 최소한 열두 번 재판되었다. 최초의 독일어 판은 1708년에 나왔다. 그 해 또 다른 독일어 번역판이 나왔다. 1761년과 1787년 사이에 4개의 상이한 독일어 번역판들이 나왔다(Brown, 1952). 한편 보웬의 주장에 따르자면 19세기말까지 6개의 이탈리아어 번역판들이 있었다(Bowen, 1972-1981).

저자가 아니었다면 그의 『교육론』은 결코 세상의 관심과 주목을 받지 못했다는 것이다.

한편 커티스와 보울트우드는 "[『오성론』에 대한 지식 없이] 『교육론』 속에 담겨 있는 일련의 규칙들과 암시들만으로는 로크의 교육철학을 제대로 이해하기가 불가능하다"고 말하면서 퀵의 '혹독한harsh' 평가를 대신해 『교육론』과 『오성론』 사이의 사상적 보완관계를 강조하고 있다 (Curtis, & Boultwood, 1963: 226). 같은 맥락에서, 그러나 보다 넓은 문맥에서 스외스트란드는 로크의 이른바 3대 저작들 간의 상호 연계성 을 강조하고 있다. 즉 로크의 『정부론Two Treatises of Government』, 『오성론』, 『교육론』은 매우 짧은 시간적 간극(1689-1693)을 두고 연속적으로 출판 되었고, 따라서 이들 작품들 사이에는 공통적인 문제의식이 있을 수밖 에 없다는 것이다(Sjöstrand, 1973).[3]

이제 '로크의 사상 전반을 꿰뚫는 주제 또는 개념은 무엇이었는가'라 는 질문이 남는다. 나는 로크 사상의 핵심이 인간을 자유롭고 개별적인 존재로 간주하는 자유-개인주의liberal-individualism에 있다고 가정하고,[4] 이하에서 로크의 자유-개인주의가 그의 교육관에 어떠한 영향을 주었는

---

3 타르코프는 『교육론』과 『정부론』의 관계를 설정하면서 로크의 신사교육의 이상 이 그의 자유주의 정치이론과 모순관계에 있지 않음을 강조하고 있다(Tarcov, 1984). 한편 졸리는 『정부론』과 『오성론』 사이의 이념적 연속성ideological continuity 을 논하고 있다(Jolley, 1999).

4 로크는 개인의 자유를 강조했다. 그러나 로크는 도덕화된 또는 이성화된 자유를 강조함으로써 그의 개인들을 자기이익만을 쫓는 이기적인 존재들로 보지 않았다. 오히려 로크는 사회의 선을 인정하고 그것을 추구하고자 했다. 그러나 로크에게 있어서 궁극적인 선은 어디까지나 개인적인 것이었다. 따라서 로크는 이러한 사회 일반의 선을 전적으로 개인적인 차원에서, 즉 사회 구성원 각자의 권리와 의무 차원에서 접근하고 있다. 로크의 이러한 자유-개인주의 사상은 18세기 아담 스미스Adam Smith를 거쳐 19세기 존 스튜어트 밀John Stuart Mill로 이어지면서 영국의 고전적 자유주의 전통 형성에 공헌했다(Tarcov, 1983; Ryan, 1988).

지를 살펴볼 것이다. 이때 논의의 초점은 로크의 교육방법론에 맞추어진다. 왜냐하면 로크는 아이들간의 차이를 강조하면서, 또 그들을 능동적인 자유-행위자들active free-agents로 간주하면서 교육에서 개인간의 차이와 이성에 대한 믿음에 토대를 두는 '자유방법the method of liberty'을 주장했기 때문이다.

로크의 교육사상은 그의 철학 일반의 큰 틀 속에서 논의해야 한다. 로크는 일관된 사상 체계를 갖춘 철학자로서 그의 정치, 철학, 종교, 교육, 의학을 포괄하는 다방면에 걸친 관심은 모종의 합의된 목적서구의 주지주의 전통에 기초하는 자유-개인주의을 지향하고 있었고, 따라서 이들 분야들에 대한 독립적인 연구는 그것들 상호간의 관련성과 의존성을 또한 고려해야 하기 때문이다. 이런 관점에서 로크의 교육사상에 대한 연구는 총체적인 접근을 필요로 한다. 그리고 그것은 로크의 『교육론』을 그의 다른 주요 저서들과 함께 읽어야 함을, 그래서 그의 삶과 사상을 전체적으로 바라보아야 함을 의미한다.[5]

Ⅱ 로크의 자유-개인주의 교육관

1. 로크의 의학적 관심과 교육에서 개인차의 중요성

로크는 대학에서 애정을 가지고 의학을 공부했다(Raumer, 1898). 그가 대학생활을 시작한 1652년부터 쓰기 시작한 의학노트는 그가 열정적인 의학도였다는 사실을 잘 보여주고 있다.[6] 그러나 로크가 의학을 본격

---

5 이 글은 로크의 교육사상을 자유-개인주의라는 그의 철학의 큰 틀 속에서 논한다는 점에서 기존의 연구들과 구분된다. 로크의 교육사상에 대한 연구는 흔히 교육이라는 주제를 독립적으로 다루면서 그의 교육적 이상을 『교육론』 속의 신사교육의 이상과 동일시하는 경향이 있다(Benne, 1965; Rusk, 1954).

6 욜튼은 로크의 의학적 관심에 대해 다음과 같이 말하고 있다. "로크의 흥미를

적으로 연구하기 시작한 것은 그가 독일에서의 외교적 의무를 마치고 다시 옥스퍼드로 돌아온 1666년부터인 것 같다. 왜냐하면 이 무렵 로크는 그의 의사 친구 데이빗 토마스David Thomas와 함께 옥스퍼드에 한 작은 실험실을 열고, 그곳에서 의학연구에 몰두했기 때문이다(Cranston, 1957). 로크는 1667년 당시 영국의 의학계를 떠들썩하게 만들었던 인물인 토마스 시든햄Thomas Sydenham을 알게 되었다. 시든햄은 옥스퍼드와 몽펠리에Montpellier에서 의학공부를 했고, 당시로서는 혁명적이라 할 수 있는 임상치료법clinical method을 영국의 의학계에 본격적으로 소개했다. 시든햄은 이 새로운 의학을 다음과 같이 설명하고 있다.

> 의사의 의무는 여러 질병들의 역사와 치료법들의 효용성을 부지런히 조사하는 것이다. 이때 그는 경험이라는 유일한 참된 교사의 안내를 받아야 한다.……진정한 의미에서 실천practice은 자연을 관찰하는 것이다. 이러한 자연에 대한 관찰로부터 나온 결과물들이 철학적 사유로부터 나온 결과물들보다 세밀하고 정확하다. 따라서 자연의학medicine of nature은 사변의학medicine of philosophy보다 정교하고 세련된 것이다(Cranston, 1957: 92로부터 재인용).

그러나 듀허스트의 주장에 따르자면 로크가 대학을 들어갈 당시 이미 영국의 의학계는 어느 정도 베이컨 철학Baconianism의 영향 아래 있었다 (Dewhurst, 1963). 그리고 베이컨의 경험주의는 의학적 관점에서 보았

끌어 그의 시간과 노력을 앗아갔던 많은 주제들종교, 도덕, 경제, 정치, 관용, 과학 중에서 의학이 가장 강하고 오래 지속된 것처럼 보인다.……그는 옥스퍼드에서 생리학, 해부학, 화학과 같은 강의들에 참석했고, [의학]관련 분야들을 광범위하게 독서했으며, 그 결과를 실천적인 의학적 처방 또는 충고와 함께 그의 의학저널에 남겼다.……우리는 그를……'의학박사 로크'로 부를 수는 없지만, 그럼에도 불구하고……그가 훌륭한 의사였다는 사실은 말할 수 있다"(Yolton, 1993: 135-136).

을 때 확실히 임상의학의 진보를 의미하는 것이었다. 왜냐하면 그것은 의학적 연구가 선험적인 가정에 기초할 것이 아닌, 개별현상에 대한 경험적 관찰에 의존해야 함을 암시하고 있기 때문이다.[7] 그렇다면 로크는 이미 대학시절 '경험'과 '관찰'을 강조하는 새로운 의학적 사고에 노출되어 있었던 것이다. 그러나 로크가 철학적 사유를 강조하는 종래의 전통적인 의학방법으로부터 등을 돌리는 데는 무엇보다도 임상치료법에 대한 시든햄의 저작들이 결정적인 역할을 하였다. 그리고 이러한 시든햄의 사상적 영향은 로크 자신의 논고 『의학*De Arte*』 속에 반영되어 있다.

> 참된 지식은 이 세상에서 무엇보다도 경험과 합리적인 관찰을 통해 얻어진다. 그러나 자긍심 강한, 그래서 이전의 지식과 그것의 현실적 유용성에 만족하지 못하는 인간은 사물들의 감춰진 원인들을 파헤치고자 노력할 것이다. 그러한 과정에서 그는 원칙들을 찾아내고, 자연의 움직임에 대해 스스로 법칙을 만들어 낼 것이다. 그리고 그렇게……자연이 또 신이 그의 원칙에 입각해 움직여야 한다고 기대하는 것이다(Cranston, 1957: 92-93으로부터 재인용).

한편 자연 또는 현상에 대한 경험적 관찰을 강조하는 이러한 새로운 의학, 즉 자연의학철학적 의학에 반하는 말로서에 대한 로크의 확신은 그의 교육적 사고에 영향을 주었다. 왜냐하면 로크는 의사가 환자들을 주의 깊게 관찰해 그들의 상태와 기질을 파악하고 그에 따라 서로 다른 치료법을 사용해야 하는 것처럼, 그렇게 교사 또한 학생들을 용의주도하게 관찰해 그들 각자의 기호, 적성, 능력에 맞는 개별화된 교육방법을 사용

---

7 "베이컨은 의사들에게 어떤 현상의 역사적 추이를 일련의 연구를 통해 세밀히 추적해 볼 것을 주장했다. 그렇게 함으로써 그들은 누적된 관찰 사실들을 통해 몇몇 일반적인 설명들을 도출해 낼 수 있기 때문이다"(Dewhurst, 1963: 5).

해야 한다고 생각했기 때문이다. 다음은 교육에서의 개인간의 차이를 강조하는 로크의 말이다.

> 인간들의 얼굴과 몸의 생김새가 천차만별인 것과 똑같이 그들의 마음mind 또한 서로 다른 성격과 기질을 지녔다.……각 개인의 마음은 얼굴이 그러하듯이 다른 사람들과 그 자신을 구분 짓는 고유한 특징을 지녔다. 결국 두 명의 서로 다른 아이들을 하나의 동일한 [교육]방법에 의해 다룰 수는 없는 것이다(Locke, 1996a: 161).

그렇다면 교육에서 중요한 것은 아이에게 제공되는 교육이 그의 천성, 기질, 능력 등에 맞느냐는 것이다. 다시 말해, 레프찐의 지적대로, "교육은 [아이들의] 흥미를 끌 수 있어야 하고, 개별성을 존중해야 하며, 타고난 성향을 고려"해야 하는 것이다"(Lepzien, 1896: 42). 이런 맥락에서 로크는 교사는 무엇보다도 아이들의 본성과 적성을 공부해야만 한다고 주장하고 있다. 다음은 로크의 말이다.

> [교사는] 주어진 상황을 최대한 이용해 그들[아이들]이 무엇을 좋아하고 그 결과는 무엇인지를 알아야 한다. 그리고 그들의 타고난 성향은 무엇이고, 그것은 어떻게 향상될 수 있는지를, 또 그것은 어떤 경우에 가장 잘 발현될 수 있는지를 자세히 관찰해야 한다. 그는 그들이 무엇을 원하는지를 생각해야 한다. 이때 그는 그것이 그들의 노력과 연습을 통해 달성될 수 있는 성격의 것인지를, 또 그것이 노력을 들일 가치가 있는 것인지를 종합적으로 고려해야 한다. 왜냐하면 많은 경우들에 있어서 우리가 할 수 있거나 목표로 삼아야 하는 것은 자연이 우리에게 부여해 준 것을 극대화시키는 것이기 때문이다. 그리고 한 특정 기질이 빠지기 쉬운 악과 잘못들을 바로잡아, 그것이 될 수 있는 최상의 상태가 될 수 있도록 돕는 것이기 때문이다. 모든 사람들의 타고난 재능은 최대한 개발되어야

만 한다. 그러나 없는 재능을 억지로 계발하려는 것은 단지 헛된 노력을 필요로 할뿐이다. 따라서 의지에 반하는 경우 그것은 늘 꾸미고 가장하는 부자연스럽고 우스꽝스러운 광경을 연출할 뿐이다(Locke, 1996a: 41).

보이드는 학생간의 차이에 주목하는 이러한 로크의 개인주의 교육관에 대해 "로크는 우연이기는 하나 그의 의사로서의 경험과 교사로서의 경험을 성공적으로 접목시켜 교육은 학습자의 개별 본성에 따라 달라져야 한다는 사실truth을 주장했다"고 적고 있다(Boyd, 1914: 27). 또, 다른 곳에서 "교육은 그[로크]의 견해에 따르자면 그 소년을 한 명의 개인으로 다룰 때 비로소 올바르게 행해질 수 있다"고 말하고 있다(Boyd, 1928: 291).

한편 로크의 교육에서 개인차에 대한 강조는 교육자가 개별 학생을 주의 깊게 살펴보고 지도할 수 있는 가정교사제도에 대한 그의 선호로 이어졌다. 왜냐하면 로크는 교육의 성공을 위해서는 "개별 아이들에 대한 주의 깊은 연구"와 "개별 아이들의 특별한 재능과 가능성에 따라 우리의 [교육]방법을 적절히 적용"하는 것이 필수적이라고 생각하고 있었기 때문이다(Yolton, 1971: 91). 다음은 학교교육public schooling과 가정교사제도private tutoring 사이의 그 오래된 논쟁[8]에 대한 로크 자신의

---

8 이미 로마 제정기의 위대한 교육자이자 교육이론가였던 퀸틸리아누스Quintilianus, c.35-100의 저술 속에서 찾아진다. 퀸틸리아누스는 학교교육의 해악을 강조하는 로크와 달리 그의 잘 알려진 『웅변가교육론Institutio Oratoria』에서 학교교육을 가정교사제도보다 우월한 것으로 간주하고 있다. "아이가 좀 더 자라서 가정의 울타리를 넘어 공부를 보다 본격적으로 시작해야 할 때 그를 집에서 가정교사의 지도 아래 개인적으로 교육을 시킬지 아니면 그를 공적인 교육기관에 보내 교육을 받게 할지를 결정해야 하는 순간이 온다. 나는 후자의 선택이 많은 유명한 사람들의 선호를 받았다고 생각한다"(Quintilian, 1993-1996, 1: 39).

견해이다.

> 교사의 근면과 기술에는 한계가 있다. 그가 50명 아니 심지어 100명을 그의 감독 하에 지도할 수 있다고 생각하는 것은 잘못이다. 설사 그가 그 많은 수의 학생들을 통제할 수 있다 하더라도, 그것은 단지 학교 안에서나 가능한 일이다. 더해 그가 책에 있는 내용 말고 다른 어떤 것을 그들에게 성공적으로 가르칠 수 있다고 기대해서는 안 된다. 그들의 마음과 예절의 형성은 그들 각자에 대한 교사의 끊임없는 주의와 특별한 수고를 필요로 한다. 그러나 그것은 아이들이 떼거지로 몰려있는 학교교실에서는 불가능한 일이다.……따라서 나는 아이들을 집에서 아버지의 관심과 교사의 지도 아래 교육시키는 것을 가장 좋고 안전한 방법으로 선호할 수밖에 없다 (Locke, 1996a: 48-49).

그렇다면 교육을 철저하게 개인적인 문제로 개념화하는 로크의 교육관은 그의 의사로서의 경험을 반영하는 것이었고, 환자/학생 개인간의 차이에 기초하는 개별화된 치료/교육을 주장하는 그의 의학관과 교육관은 이 양자가 조화 속에 있었다는 사실을 보여주는 것이었다. 그러나 로크의 개별화된 교육방법에 대한 강조는 인간의 개체성을 중시하는 임상의학의 영향 외에 절대주의absolutism의 전단적인 지배arbitrary domination에 항거하는 그의 자유주의 철학에서 또한 그 근거를 찾을 수 있다.[9] 따라서 이제 나는 로크의 자유의 개념에 주목하면서 그것이 아이를 능동적인 자유-행위자로 간주하는 그의 자유-개인주의 교육관을 어떻

---

9 로크는 그의 『교육론』을 아이들의 교육과 관련해 "오래된 관습old custom"에 의존하는 것이 아닌 "그들 자신의 이성their own reason"을 사용하려는 그러한 용기 있는 사람들에게 바치고 있다(Locke, 1996a: 161). 이것은 그가 기존의 권위적이고 독단적인 교육방법에 반대했다는 사실과, 그의 교육적 견해가 기본적으로 절대주의에 대한 도전이었다는 사실을 잘 보여준다.

게 정당화해 줄 수 있는지를 보이고자 한다.

2. 로크의 자유 개념과 교육에서 능동적인 자유-행위자로서 개인

앞서 살펴본 것처럼 로크는 인간 각각의 특성을 강조하는 개별화된 방법을 강조하면서 기존 의학과 교육학의 독단적이고 획일적인 방법에 반대했다. 여기에는 권위의 절대성에 저항하는 그의 자유-개인주의 정신이 들어있다. 그러나 이러한 로크의 절대주의에의 비판은 단지 의학과 교육 분야에만 국한되는 것이 아니었다. 오히려 그것은 철학, 정치, 종교를 포함하는 로크 사상의 핵심이었다. 왜냐하면 로크는 그의 『오성론』에서 개인의 경험을 철학적 사유의 중심주제로 간주하면서 지적 절대주의intellectual absolutism에 항거했고,[10] 『정부론』 속에서는 기독교의 탈을 쓴 터키식Turkish 절대주의, 즉 정치적 절대주의political absolutism에 저항했으며,[11] 『관용론A Letter Concerning Toleration』에서는 종교의 다양성을

---

10 로크는 원래 『오성론』의 한 독립된 장으로 저술한 그의 『오성론Of the Conduct of the Understanding』에서도 오성을 인간의 삶을 밝히는 '등불light'로 간주하면서 전통과 권위의 지적 독단주의/교조주의에 저항하는 자유롭고 독립적인 마음a free-independent mind에 대해 논하고 있다.

11 1690년 익명으로 출판된 로크의 『정부론』은 2개의 논고로 구성되어 있다. 제1논고는 필머Sir Robert Filmer의 왕권신수설을 반박하기 위한 것이었고, 제2논고는 로크 자신의 자유주의 정치사상을 논하기 위한 것이었다. 제1논고는 로크가 영국을 떠나 네덜란드로 망명을 떠나게 되는 1680년에서 1683년 사이에 쓰여진 것으로 추정되고 있고, 제2논고는 1688년 혁명을 전후해 쓰여 졌다는 견해와, 그보다 약 10년 전인 1679-1680년 사이에 쓰여 졌다는 의견이 있다. 전자는 로크의 『정부론』을 명예혁명의 이론적 정당화의 틀 속에서 이해하는 한편, 후자는 그것을 단순한 정치 선전물이 아닌 1679년에 출판된 필머의 소小 작품들을 이론적으로 반박하는 사변적 논고로 간주한다. 그러나 그러한 집필 연도와 동기를 둘러싼 견해 차이에도 불구하고 로크의 『정부론』이 인간을 자유롭고 평등한 존재로 간주하면서 전제정치에, 절대 권력에 항거하는 하나의 정치적 행동이었다는 데는 이견이 없다.

인정하면서 종교적 절대주의religious absolutism에 반대했기[12] 때문이다. 이런 관점에서 졸리는 "로크[철학]의 목적은 보다 직접적으로 말해서 절대주의와의 투쟁quarrel with absolutism 속에서 이해되어야만 한다"고 적고 있다(Jolley, 1999: 211).

한편 로크의 절대주의의 임의적 지배에 대한 항거는 그의 '생득권 birthright'으로서의 자유의 개념에 기초하는 것이었다. 로크는 인간을 타고나기를 자유로운 존재로 간주하면서 인간 자연의 권리로서 이성적 판단에 따르는 합리적인 사고와 행위의 자유를 강조했다. 이것은 로크에게 있어 지적인 권위도, 정치적인 권력도, 관습의 굴레도, 종교상의 교리도 모두 개인의 독립적인 사유와 행위에 종속되는 것임을 의미했다. 이러한 로크의 개인의 사유와 행위의 특성으로서의 자유의 개념은, 또 그것에 근거하는 절대주의에 대한 비판은 인간을 한 명의 능동적인 자유-행위자an active free-agent로 보는 그의 인간관을 살펴보았을 때 보다 분명해 진다. 로크는 기본적으로 인간을 자유로운 존재로 생각했다. 그러나 그는 자유를 의지volition or willing의 문제가 아닌 행동action의 문제로 간주하면서 다른 많은 자유주의 철학자들과 의견을 달리했다(Chappell, 1998). 다시 말해 로크는 '의지의 자유freedom in willing'를 강조하는 전통적인 자유의 개념에 반대하면서 인간은 자유롭지 않아도 자발적인 행동

---

12 『관용론』은 1660년경 로크가 그의 네덜란드 친구 림보르크Limborch에게 보낸 편지글이다. 여기서 로크는 종교의 목적을 영혼의 구원the salvation of souls으로 보았다. 그러나 그는 구원으로 가는 길은 개인에 따라 다를 수 있다고 생각했다. 다시 말해 종교는 어디까지나 개인 차원의 구원의 문제로 그가 어떤 종교, 어떤 종파sect를 선택하느냐는 것은 전적으로 그 자신의 내적 믿음에 달려있다는 것이다. 이런 관점에서 로크는 영혼의 구원을 위한 종교적 자유ecclesiastical liberty를 주장했다. 그것은 좁게는 기독교 내의 어느 한 종파의 다른 종파들에 대한 교리적 우월성을, 넓게는 기독교 종교 자체의 다른 종교들에 대한 절대적 권위를 부정하는 것이었다(Locke, 1948).

은 할 수 있는 존재로, 따라서 자발성은 자유의 필요조건은 될 수 있어도 충분조건은 아니라고 주장했다. 이것은 로크가 자유와 의지를 각각 하나의 독립된 관념idea 또는 힘power으로 보았음을 의미했다. 따라서 로크에게 중요한 것은 '인간에게 자유의지는 존재하는가?' 또는 '인간은 욕구를 억제하거나 배제할 능력이 있는가'와 같은 사변적인 질문들이 아니었다. 로크에게 있어서 '자유'와 '의지'는 독립적인 관념들로서 전자는 인간의 이성적 능력을 후자는 인간의 자연발생적 욕구를 각각 의미했고, 이러한 까닭에 '자유의지free volition'와 같은 것은 존재할 수 없는 개념이었다. 더해 인간은 타고나기를 자유로운이성적인 존재로서 그에게 욕구를 억제하면서 도덕적으로 바르게 행동하는 합리적인 행위자로서의 힘이 주어져있느냐는 것은 무의미한 질문이었고, 로크에게 보다 중요한 것은 '인간이 실제로 어떻게 이성적으로 판단하고 합리적으로 행동하는가'라는 실천적인방법적인 문제였기 때문이다. 결국 로크는 자유를 이성적 판단에 따르는 행위자의 합리적인 행위수행 능력으로 이해했던 것이다.

로크는『오성론』제2권, 제21장 "힘에 대하여Of Power"에서 그의 이러한 합리적 사고와 행위의 힘으로서의 자유의 개념을 밝혔다.

> 자유의 개념은 행위자가 그의 마음mind의 판단 또는 사고에 따라 어떤 행동action을 하거나 아니면 하지 않을 수 있는 힘power을 말한다……그렇다면 자유는 의지나 선호에 속하는 관념이 아니라 마음의 안내를 받아 행동 또는 행동하지 않을 수 있는 힘을 지닌 사람에 귀속되는 관념이다. 이런 맥락에서 자유의 관념은 힘의 관념에 비례한다고 할 수 있다(Locke, 2000: 83-84).

여기서 로크는 자유를 이성에 따라 행동할 수 있는 힘power으로 보면서, 자유롭다는 것은 자기가 하고 싶은 대로 할 수 있는 '의지의 자유'가 아닌 자기 자신의 이성적 판단에 의해 합리적으로 생각하고 행동하는, 레이든의 표현을 빌리자면, "도덕적 자유moral freedom" 또는 "행위자의 자유an agent's freedom"를 의미한다고 주장했다(Leyden, 1981: 58). 로크는 부연한다.

> 자유는……이런 저런 욕구desire를 멈출 수 있는 힘으로……인간
> 은 본성상 지적인 존재로서 무엇이 그가 할 수 있는 최상의 행위인
> 지를 그 자신의 사고와 판단에 따라 결정할 필요가 있다.……이것은
> 나에게는 지적인 존재들intellectual Being이 가질 수 있는 최상의 특권
> 처럼 보인다(Locke, 2000: 92-93).

위의 인용문에서 로크는 인간의 지적 본성을 강조하면서 자유를 지적인 존재들의 전유물로 정의하고 있다. 폴린은 로크의 자유에 대한 이러한 합리주의적 해석rational orientation에 주목해 "로크는 자유의 힘을 이성의 힘과 연계시키는 데 결코 주저하지 않았다"고 적고 있다(Polin, 1969: 3). 로크는 궁극적으로 자유의 힘을 이성의 힘으로, 또 자유의 능력을 이성의 능력으로 이해하고 있었기 때문이다.

결국 로크 자신의 말대로 "인간은 자유와 이성을 행할 수 있는 존재이며, 우리는 합리적인 존재인 동시에 자유로운 존재로 태어나는 것이다"(Locke, 1996b: 308). 그리고 그러한 인간에게 자유는 행복의 필수적인 요소였다. 인간은 합리적으로 사고하고 행동하는 지적인 존재로서 그가 행복한 삶을 살기 위해서는 무엇보다도 '이성적 자유reasoned freedom'가 필요했다. 이러한 로크의 자유의 개념은 서구의 합리주의적인 지적 전통을 따르는 것이었다. 왜냐하면 고대 그리스 이후 서구의 합리주의 철학자들은 인간을 지적인 존재로 보고 합리적인 판단과 지식에 따라 사고와 행동을 할 수 있는 자유, 즉 이성적 힘을 인간 행복의 가장 중요한 조건으로 보았기 때문이다.

로크의 인간본성론개인을 그의 욕구를 억제하면서 언제나 도덕적으로 바르게 행동하는 합리적인 행위자로 이해하는은 교육에서 아이들의 이성적 자유를 강조하는 그의 새로운 교육 개념에 이론적 틀을 제공하였다(Yolton, 1971: 23). 로크는 아이들을 독립적인 자유-행위자들로 간주하면서 교육에서 그들 개인의 능동적인 사고와 행동의 힘을 존중했기 때문이다. 다음은 로크의 말이다.

> [교사는] 아이들이 자유로운 존재들이라는 사실을, 그들의 좋은 행동들은 그들 자신들로부터 비롯된다는 사실을, 그리고 그들이 어른들 못지않게 완성되고 독립된 존재들이라는 사실을 명심해야 한다.……따라서 그들은 흥미 있어 하는 일들을 하는 경우에 있어서 조차 그들 자신들이 하고 싶은 마음과 성향이 내켰을 때 그것을 해야만 한다(Locke, 1996a: 51).

이어 로크는 이러한 '자유방법the method of liberty'이 갖는 교육적 효율성 또는 경제성에 대해 다음과 같이 적고 있다.

> 이러한 방법을 사용하는 것에 의해 시간과 지겨움을 절약할 수 있다. 왜냐하면 아이는 같은 내용이라도 그가 마음이 내키지 않았을 때는 그것을 배우는데 2배 이상의 시간과 노력을 허비하는 한편, 그가 하고 싶은 마음이 들었을 때는 그것을 3배 이상 빨리 또 쉽게 배울 수 있기 때문이다. 그리고 상황을 지혜롭게 유지한다면 학습은 놀이나 유희의 형식으로 아이들에게 제공될 수 있기 때문이다(Locke, 1996a: 52).

한편 보이드는 로크식 자유방법론의 교육적 이점을 논하면서 "교사가 그의 학생의 성격을 철저하게 이해할 수 있는 기회를 얻는 것이, 그래서 그가 그의 학생의 경우에 가장 적합한 교육을 고려할 수 있는 것이 이 방법의 보다 중요한 이점이다"라고 적고 있다(Boyd, 1914: 29).[13] 같은 맥락에서 에르트브뤼거는 로크와 루소Rousseau의 교육방법론적 연속성에 주목하면서 "교사가 그의 학생들의 본성을 완전히 파악했을 때 그는 비로소 올바른 [교육]방법을 찾을 수 있고, 그렇게 그들에게 [교육에서] 필요한 자유, 욕구, 즐거움을 줄 수 있다"는 사실을 강조하고 있다(Erdbrügger, 1912: 57).[14]

요약하면, 로크는 르네상스 이후 서구의 교육실제를 특징짓는 전체주의 교육관교육을 동일한 내용과 방법을 통해 동일한 문화적 결과를 지향하는 획일적인 과정으로 간주하는에 반대했고, 그러면서 그는 아이들간의 개인차에 따르는 개별화된 교육을 주장했다. 나아가 그는 아이들을 능동적인독립적인 자유-행위자들로 간주하면서 그들 각각의 이성적 판단과 행동에 기초하는 자유방법론을 교육에 적용하고자 했다. 그러나 교육에서 개인차와

---

13 교사가 아이들의 타고난 성향을 관찰하기 위해서는 그들에게 자유a free liberty를 허용하는 것이, 그래서 그들 각자가 자신들의 기호를 자유롭게 따를 수 있도록 하는 것이 최선의 방법이다. 왜냐하면 아이들은 외부로부터의 감독과 강제가 없는 자유로운 상황 하에서만 단지 그들의 진정한 성격 또는 본성을 드러낼 것이기 때문이다. 로크는 말한다. "[아이들이] 자유롭게 뛰놀 때……그들의 타고난 성향, 기질, 적성은 발견될 것이고, 그렇게 [부모와 교사의] 지혜로운……선택이 뒤따를 것이다"(Locke, 1996a: 80).

14 몽테뉴Montaigne와 로크의 교육방법론적 연속성이 또한 고려되어야 한다. 왜냐하면 몽테뉴는 그의 『수상록Les Essais』 제1권, 제26장 "아이들의 교육에 대하여De l'éducation des enfants"에서 다음과 같이 말하고 있기 때문이다. "나는 교사가……처음부터 그가 다루고 있는 아이의 능력, 속도, 기호를 고려하면서 올바른 길로 나아가기를 바란다. 그래서 때로는 아이를 위해 길을 열어주고 또 때로는 그가 스스로 길을 갈 수 있도록 내버려두기를 원한다.……[그리고] 학생의 보조를 판단하고 그의 힘에 맞추기 위해서……먼저 그를 자기 앞에 걸어보게 하는 것이 좋다. 이러한 조정이 없기 때문에 모든 것이 잘못된다. 이 조정의 비율을 찾아서 그것에 따라 지도할 수 있는 것은 내가 알기로 가장 힘든 일이다"(Montaigne, 2003: 133-134).

이성을 강조하는 합리주의자로서의 로크의 주장은 백지설tabula-rasa-con-ception로 대변되는 그의 경험론적 인식론과 상호 모순관계에 있는 것처럼 보인다. 따라서 개별화된 교육과 자유방법을 옹호하는 근거로서 로크 철학에서 자유와 경험의 관계가 무엇이었는지를 고려하는 일은 필요하다.

3. 로크 교육론에서 자유와 경험의 문제

로크는 교육에서 인간의 개별 특성과 독립적인 행위수행 능력을 강조하는 자유방법을 주장했고, 이러한 관점에서 그는 자유를 인간 존재의 기본 조건으로, 또 "교육의 위대한 비밀"로 보았다(McCallister, 1931: 188). 그러나 그는『오성론』에서 인간의 마음을 백지상태로 간주하는 그의 경험론적 인식론을 선보이고 있다. 다음은 로크의 말이다.

> 이제 우리의 마음을 그 안에 성격도 관념도 없는 '하얀백지white paper'로 가정해보자. 그것은 어떻게 채워질 수 있겠는가? 인간의 분주하고 끊임없는 기호에 의해 그 안에 채워지는 그 셀 수 없이 많은 다양한 것들의 원천은 무엇인가? 이성과 지식의 모든 대상들은 어디로부터 오는가? 이 모든 질문들에 나는 '경험EXPERIENCE'으로부터라는 한 마디의 답을 주고자 한다(Locke, 2000: 67).

그렇다면 우리는 개체성과 자유를 강조하는 합리주의자로서의 로크의 주장이 후천적 경험을 강조하는 경험주의자로서의 로크의 주장과 서로 상반된 것이 아니냐는 의문을 갖게 된다. 그러나 로크의 경험론적 인식론은 스외스트란드의 주장대로 "인간의 본유 능력inner capacities"의 부재를 의미하는 것이 아니었다(Sjostrand, 1973). 오히려 로크는 후천적 경험과 별개로 인간은 이성적 능력을 갖고 태어난다고 보았다. 그리고 로크는 이 양자를 모순관계가 아닌 상호 보완관계로 이해했다. 왜냐하면 로크가 말하는 합리적으로 사고하고 행위하는 인간의 힘, 즉 이성적 자유는 그의 후천적 경험과 성장에 기본전제이자 안내가 되기 때문이다. 따라서 로크는 그의 마지막 철학논고인 『오성작용론』에서 후천적인 인간행동과 관련하여 이성의 중요성을 다음과 같이 강조하고 있다.

> 인간이 행동을 하면서 마지막으로 의존할 수 있는 것은 그 자신의 오성understanding이다. 왜냐하면……오성은 하나의 등불로서 …… 상황에 따라 그것의 밝기는 좀 차이가 있다 하더라도……언제나 우리를 그 빛을 통해 안내하기 때문이다.……따라서 늘 오성에 최선의 관심과 주의를 기울여야 하고, 지식을 추구할 때나 판단을 내릴 때나 언제나 그것을 올바르게 사용할 수 있도록 노력해야 한다 (Locke, 1996a: 167).

더해 로크의 경험론은 인간 본성의 내적 차이를 부정한 것처럼 보이지 않는다. 왜냐하면 그는 인간의 능력과 조직상의 차이를 인정하면서 그에 따르는 개별화된 경험적 방법을 고려하고 있기 때문이다. 다시 말해 로크는 후천적 경험을 강조하면서 동시에 그것의 한계를 인정했던 것인데, "타고난 조직상의 차이가……인간들 사이에 너무나도 큰 차이를 보여, 방법 또는 근면은 그러한 차이를 보상해 줄 것 같지 않다"는 로크의 말은 이를 잘 보여준다(Locke, 1996a: 168). 이런 맥락에서 스외스트란드는 "로크는 교육을 각 개인의 능력 또는 개인적인 특질에 맞추기를 원했다"고 전제하면서 그 이유를 다음과 같이 설명하고 있다. 다른 모든 일들처럼 교육에서도 "언제나 그[아이]의 자질qualifications 이상으로 압력을 가하지 않는 것이 중요하다.……그렇게 되면 그의 마음은, 같은 상황에서 그의 몸이 그러하듯이, 철저히 파괴되기 때문이다" (Sjöstrand, 1973: 33).

자유와 경험의 문제는 로크와 같은 고전적 자유주의자들의 교육론을 고찰하면서 만나게 되는 일종의 딜레마다. 왜냐하면 우리가 자유를 외부의 간섭으로부터 해방된 '소극적 자유negative freedom'로 규정했을 때 그것은 외부의 간섭영향을 통한 성장이라는 '적극적 자유positive freedom'로서의 교육과 상호 모순관계에 빠지기 때문이다(Berlin, 1958). 그러나 로크의 경우 이 문제는 극단적인 대립의 형태를 띠고 있지 않으며, 특히 우리가 그가 생득권으로서의 합리적 자유를 강조한 이성의 철학자였다는 사실에 주목했을 때, 또 그가 인간을 개별적인particular 존재로 보는 임상치료법의 영향을 받았다는 사실을 기억했을 때, 로크의 경험철학은 그의 자유철학과 어느 정도 공존할 수 있는 근거를 획득하는 것처럼 보인다. 따라서 우리는 로크의 경험론적 인식론이 이성적 자유를 강조하는 그의 철학적 신념과 일치는 하지 않는다 하더라도, 최소한 조화는 이룰 수 있는 성격의 것임을 말할 수 있다.

ⓘ 맺음말

로크는 『교육론』의 말미에서 그의 논고는 여러 다양한 형태의 교육들 중에 단 하나, 즉 신사자제a gentleman's son의 교육에 대해서만 기술했을 뿐, 그것은 결코 교육 일반에 대한 저술이 아니라는 사실을 밝히고 있다.[15] 그러면서 그는 교육의 주제와 관련해 "고려해야만 하는 다른 많은 것들이 존재하며, 특히 그것은 우리가 아이들의 다양한 기질tempers과 서로 다른 성향inclinations, 그리고 그들의 부족함defaults에 주목할 때 그러하다"고 적고 있다(Locke, 1996a: 161). 여기서 로크는 욜튼의 지적대로

---

15 『교육론』은 로크가 네덜란드에서 망명생활을 하고 있을 당시 그의 친구, 에드워드 클락Edward Clarke에게 보낸 사적인 편지들의 묶음이다. 클락은 로크에게 그의 아이들의 교육과 관련해 조언을 구했고, 로크는 이 부유한 아일랜드 친구와 서신교환을 통해 귀족자제의 교육에 대한 그의 생각을 밝혔다.

교육에서의 일반적인 논고 또는 보편적인 방법의 한계를 주장하고 있는 것이며, 그것은 곧 그가 교육에서 개인차의 중요성을 인정한 것이었다 (Yolton, 1971: 91).

이런 맥락에서 "로크는 아이의 개별적인 성향과 그것의 교육과정에 서의 중요성에 주목했다." 왜냐하면 로크에 따르자면 "모든 개인은 그 나름대로 특별한 성향을 가지고 태어나고, 교사는 개인의 타고난 자질 을 최고로 발현시켜 그의 행복을 증진시킬 의무가 있[기 때문이다]" (Brown, 1952: 166). 결국 로크는 아이의 개별적인 성향, 능력, 흥미에 기초하는 개별화된 교육을 주장했던 것인데, 제프리스는 로크의 이러한 개인주의적 접근에 주목해 로크를 아동중심 교육child-centred education의 발흥자들originators 중에 한 명으로 간주했다. 왜냐하면 "그[로크]는 교육 의 진정한 출발점이 개별 아이와 그 아이의 필요라는 사실을 깨닫고 있었[기 때문이]다"(Jeffreys, 1969: 50). 그러나 퀵은 로크의 교육론이 아이의 개별적 특성을 지나치게 강조한 나머지 "우리의 공통된 본성our common nature"을 무시하는 경향이 있음을 지적했다(Quick, 1895: 230).

인간들 사이의 다름differences between men에 기초하는 로크의 개인주의 교육론은 분명 동시대의 교육적 사고를 뛰어넘는 것이었다. 왜냐하면, 앞서 살펴본 것처럼, 로크는 그의 시대의 새로운 과학적 사고new scientific thinking에, 특히 그것의 의학적 적용인 임상의학에 영향을 받아 학생을 그의 독특한 상태와 기질에 따라 한 명의 독립된 개인으로 보고 다루려 는 새로운 교육이론을 형성했기 때문이다. 이런 관점에서 로크는 그의 의학공부를 통해 교육을 새로운 눈으로 보게 되었고, 그것은 그의 시대 의 전통적인 르네상스식 교육방법과의 단절을 의미했다(Sahakian, & Sahakian, 1975).

그러나 교육에서 개인차를 인정하는, 그래서 아이의 개별적 특성을 강조하는 로크의 교육 개념은 무엇보다도 인간을 지적이고 자유로운 존재로 보는 그의 합리주의 인간관에 토대를 두는 것이었다. 왜냐하면 로크는 "자유를 개인들에게 내재된 [이성적] 힘power"으로 보면서 각 개인은 그의 지적 판단력에 의거해 도덕적으로 올바른 행동을 할 수 있다고 믿었기 때문이다(Salvardori, 1960: xxxi). 로크는 또한 그의 이러한 자유-개인주의 철학을 그의 교육이론에 적용해 아이를 교사의 생각을 그대로 받아들이는 수동적인 존재가 아닌 이성을 지닌 자유롭고 능동적인 존재, 즉 한 명의 '인간'으로 간주했다. 그러나 아이의 독립성과 자율성을 강조하는 로크의 교육도식은 그것이 이성을 너무 지나치게 강조한다는 점에서,[16] 그리고 그것이 어른의 눈으로 교육을 보고 있다는 점에서[17] 비판을 받았다. 다시 말해 로크는 보통의 아이들이 어떻게 사고하고 행동하는지를 이해하고 있지 못했던 것이다. 그럼에도 불구하고 "아이들을 합리적인 존재로 다루어야 한다는 그[로크]의 주장은 교육사상에의 위대한 공헌들 중에 하나였다"(Curtis, & Boultwood, 1963: 241). 왜냐하면 그것은 아이를 능동적인 자유-행위자로 간주하면서 교사가 그의 개별적 특성을 인정하고 존중해야 한다는 교육에서 아동 권리의 확장을 의미했기 때문이다.

---

16 "로크는 진리 획득을 위한 개인의 이성적인 능력을 과장한 것처럼 보인다. 그리고 마음의 어느 한 능력을 지나치게 강조하는 것은 그 나머지 능력들의 중요성을 과도하게 격감시키는 결과를 낳는다. 따라서 우리는 로크의 교육도식에서 애정과 감정 등의 역할이 거의 고려되지 않는다는 사실을 발견한다. 더해 상상력은 단지 해악의 원천으로 간주될 뿐이었다"(Quick, 1895: 222).

17 "그[로크]의 교육과정은 그의 시대의 가정과 학교에서 행해지는 교육과 많은 점에서 차이를 보였다. 그러나 그것은 아이들의 능력을 고려한 것이 아닌, 어른들의 필요에 토대를 두는 것이었다. 따라서 그것은 그 자신의 [교육]원칙들과 모순관계에 있었다"(Boyd, 1914: 27).

참고문헌

Benne, K. D.(1965). The Gentlemen: Locke. In P. Nash(Ed.), *The Educated Man: Studies in the History of Educational Thought*(pp. 191-223). New York: John Wiley & Sons.

Berlin, I.(1958). *Two Concepts of Liberty*. Oxford: Clarendon Press.

Bowen, J.(1972-1981). *A History of Western Education, 3 volumes*. London: Methuen & Co.

Boyd, W.(1928). *The History of Western Education*. London: A. & C. Black Limited.

Boyd, W.(1914). *From Locke to Montessori: A Critical Account of the Montessori Point of View*. London: George G. Harrap & Company.

Brown, F. A.(1952). On Education: John Locke, Christian Wolff and the "Moral Weeklies." *University of California Publications In Modern Philology, 36*, 149-170.

Chappell, V.(1998). Locke on the Freedom of the Will. In V. Chappell(Ed.), *Locke*(pp. 86-105). Oxford: Oxford University Press.

Cranston, M.(1957). *John Locke: A Biography*. London: Longmans, Green And Co.

Curtis, S. J., & Boultwood, M. E. A.(1963). *A Short History of Educational Ideas*. London: University Tutorial Press.

Dewhurst, K.(1963). *John Locke(1632-1704) Physician and Philosopher: A Medical Biography*. London: The Wellcome Historical Medical Library.

Erdbrügger, G.(1912). *Die Bedeutung John Lockes für die Pädagogik Jean Jacques Rousseaus*. Würzburg: Druck der Königl. Universitätsdruckerei.

Jeffrey, M. V. C.(1969). *John Locke, Prophet of Common Sense*. London: Methuen and Co.

Jolley, N.(1999). *Locke: His Philosophical Thought*. Oxford: Oxford University Press.

Lepzien, A.(1896). *Ist Thomas Elyot ein Vorgänger John Locke's in der Erziehungslehre?* Leipzig: Druck von Oswald Schmidt.

Leyden, W.(1981). *Hobbes and Locke: The Politics of Freedom and Obligation.* London: Macmillan.

Locke, J.(2000). *An Essay Concerning Human Understanding*(G. Fuller *et al.*, Eds.). London: Routledge.

Locke, J.(1996a). *Some Thoughts Concerning Education and Of the Conduct of the Understanding*(R. Grant, & N. Tarcov, Eds.). Indianapolis: Hackett Publishing Company.

Locke, J.(1996b). *Two Treatises of Government*(P. Laslett, Ed.). Cambridge: Cambridge University Press.

Locke, J.(1948). *The Second Treatise of Civil Government and A Letter Concerning Toleration*(J. W. Gough, Ed.). Oxford: Basil Blackwell.

McCallister, W. J.(1931). *The Growth of Freedom in Education: A Critical Interpretation of Some Historical Views.* London: Constable & Co.

Montaigne, M.(2003). *The Complete Works: Essays, Travel Journal, Letters*(D. M. Frame, Trans.). New York: Alfred A. Knopf.

Polin, R.(1969). John Locke's Conception of Freedom. In J. W. Yolton(Ed.), *John Locke: Problems and Perspectives: A Collection of New Essays*(pp. 1-18). London: Cambridge University Press.

Quick, R. H.(1895). *Essays on Educational Reformers.* New York: D. Appleton and Company.

Quick, R. H.(1885). *Essays on Educational Reformers.* Cincinnati: Robert Clarke & Co.

Quintilian, M. F.(1993-1996). *Institutio Oratoria, 4 volumes*(H. E. Butler, Trans.). Cambridge, MA.: Harvard University Press.

Raumer, K.(1898). *Geschichte der Pädagogik, 4 bände.* Langenfalza: Schulbuch-handlung.

Rusk, R. R.(1954). *The Doctrines of the Great Educators.* London: Macmillan

& Co.

Ryan, A.(1988). Locke on Freedom: Some Second Thoughts. In K. Haakonssen (Ed.), *Traditions of Liberalism: Essays on John Locke, Adam Smith, and John Stuart Mill*(pp. 33-55). St. Leonards: Centre for Independent Studies.

Sahakian, W. S., & Sahakian, M. L.(1975). *John Locke*. Boston: Twayne Publishers.

Salvardori, M.(1960). *Locke and Liberty: Selections from the Works of John Locke*. London: Pall Mall Press.

Sjöstrand, W.(1973). *Freedom and Equality as Fundamental Educational Principles in Western Democracy: From John Locke to Edmund Burke*. Stockholm: Foreningen För Svensk.

Tarcov, N.(1984). *Locke's Education for Liberty*. Chicago: University of Chicago Press.

Tarcov, N.(1983). A "Non-Lockean" Locke and the Character of Liberalism. In D. MacLean, & C. Mills(Eds.), *Liberalism Reconsidered*(pp. 130-140). Totowa: Rowman & Allanheld.

Yolton, J. W.(1993). *A Locke Dictionary*. Oxford: Blackwell Publishers.

Yolton, J. W.(1971). *John Locke and Education*. New York: Random House.

Chapter

III

영국적인,
너무나 영국적인

"토마스 엘리어트, 튜더 잉글랜드의 교육 이론가:
에라스무스 식 인문주의 교육관을 넘어서"

(『영국연구』 13, 2005: 31-56)

토마스 엘리어트, 튜더 잉글랜드의 교육 이론가

① 들어가는 말

북유럽 최대의 인문주의자인 에라스무스Desiderius Erasmus와 영국 지방 젠트리gentry 출신의 법률가 엘리어트Thomas Elyot,[1] 두 인물 간에는 공통 분모가 존재하지 않는 것처럼 보인다. 그러나 좀 더 깊이 들여다보았을 때 우리는 이들 사이의 거리를 좁힐 수 있는 여지를 발견하게 된다. 우선 에라스무스와 마찬가지로 엘리어트 또한 인문주의자였다. 우리는

---

1 토마스 엘리어트는 1490년경 영국 서남부 윌트셔Wiltshire에서 태어났다. 집에서 가정교사를 통해 교육을 받은 후 엘리어트는 1510년부터 런던에서 법률 공부를 시작했다. 이 시절 그는 런던의 모어Thomas More 집에서 영국과 대륙의 인문주의자 들을 알게 되었다. 엘리어트는 1523년 울지 추기경Cardinal Wolsey의 추천과 그의 오랜 친구였던 크롬웰Thomas Cromwell의 도움으로 추밀원의 상급서기로 임명되었 다. 그러나 그는 1529년 울지의 실각과 함께 서기직에서 물러났다. 엘리어트는 1531년 그의 주저 『통치자The Book named the Governor』를 출판했다. 헨리 8세Henry VIII는 이 책의 저자를 대륙the Continent의 카를 5세Charles V의 궁전에 특사로 파견했다. 1532년 영국으로 돌아온 엘리어트는 그의 생의 마지막 15년을 저술과 번역 활동에 바쳤다. 엘리어트는 1546년 칼튼Carlton 자택에서 숨을 거뒀다. 엘리어 트의 삶과 시대에 대한 보다 구체적인 기술은 Henry H. S. Croft, ed., *The Boke named the Gouernour, 2 Vols.*(London: Kegan Paul, Trench, and Co, 1880), 1: xix-clxxxix 참조.

튜더Tudor 지배하의 영국에서 인문주의자하면 흔히 토마스 모어라는 인물을 머리에 그린다. 사실 그는 튜더 잉글랜드가 낳은 최대의 인문주의자였다. 그러나 그가 이 시절 영국의 유일한 인문주의자는 아니었다. 우리가 인문주의를 고대 그리스와 로마의 언어와 문학으로, 인문주의자를 그것에 관심을 두는 자로 각각 정의 내린다면 16세기 처음 50년 동안 영국에는 적지 않은 수의 인문주의자들이 있었다. 영국의 초기 인문주의자들로는 15세기 말엽에 이탈리아를 비롯한 인근 지중해 지역에서 공부와 순례 또는 여행을 하고 돌아온 그로신William Grocyn, 리나크 Thomas Linacre, 콜레트John Colet, 릴리William Lily와 같은 인물들을 꼽을 수 있다.[2] 이들은 당시 런던을 기점으로, 더 정확하게 말하자면 런던의 모어 집을 중심으로 활동을 하면서 영국에 인문주의 정신을 소개했다. 따라서 우리는 이들을 '모어의 런던 서클The Thomas More Circle'이라 부른다. 그런데 우리는 엘리어트가 그의 부인 마가레트Margaret와 함께 모어의 런던 집의 잦은 방문자였다는 사실과, 그가 이곳에서 위의 인문주의자들을 만나 그들과 친분관계를 유지하고 있었다는 사실을 알고 있다.[3]

한편 에라스무스는 1499년 영국을 처음 방문해 옥스퍼드와 런던에서 영국의 인문주의자들을, 특히 콜레트와 모어를 만났다. 이후 그는 1509년 헨리 8세의 대관식에 참석하기 위해 영국을 다시 찾았다. 이때 그는

---

2 영국의 초기 인문주의자들에 대해서는 Richard Marius, *Thomas More*(London: Poenix, 1999), ch. 5; Pearl Hogrefe, *The Life and Times of Sir Thomas Elyot Englishman*(Ames: Iowa State University Press, 1967), pp. 45-48 참조. 그들의 인문주의 교육운동에 대해서는 Pearl Hogrefe, *The Sir Thomas More Circle*(Urbana: The University of Illinois Press, 1959), pp. 140-200 참조.

3 엘리어트가 어떻게 모어를 알게 되었는지는 알려져 있지 않다. 다만 엘리어트의 아버지인 리처드 엘리어트Richard Elyot와 모어의 아버지인 존 모어John More가 1503년 함께 최고위 법정 변호사a serjeant-at-law가 되었다는 사실로부터 엘리어트가 아버지를 통해 모어의 런던 집에 소개되었을 것이라고 추측해 볼 수 있을 뿐이다.

1514년까지 케임브리지의 퀸즈 칼리지Queen's College와 런던의 모어 집을 오가며 영국에 머물렀다.[4] 이 기간 동안 그는 모어의 런던 서클에 속해 있던 영국의 인문주의자들과 학문적 교우와 인간적 우정을 쌓았다. 그렇다면 우리는 이러한 역사적 배경 하에서 에라스무스가 모어의 런던 집에서 엘리어트를 만났을 것이라고 가정해 볼 수 있다. 왜냐하면 에라스무스가 영국에 장기 체류했던 1509년에서 1514년은 엘리어트가 런던에 유학했던 시기와 겹치며, 1510년 미들 템플The Middle Temple[5]에 입학한 엘리어트가 법률공부를 하면서 모어의 런던 집에서 그의 시대의 신학문인 고전학the Classics을 비공식적이나마 공부하고 있던 때였기 때문이다.

그러나 에라스무스와 엘리어트의 거리는 우리가 그들의 교육에 대한 생각을 비교·검토해 보았을 때 보다 가까워진다. 왜냐하면 에라스무스의 대표적인 교육관련 저술인 『아동교육론』[6]과 엘리어트의 『통치자』[7]

---

4 에라스무스의 영국 방문과 그곳에서의 생활에 대해서는 William H. Woodward, *Desiderius Erasmus Concerning the Aim and Method of Education*(Cambridge: At the University Press, 1904), pp. 10, 18-22 참조.

5 링컨 인Lincoln's Inn, 그레이 인Grey's Inn, 이너 템플The Inner Temple과 함께 런던의 4대 법학원The Inns of Court 중에 하나였다. 16세기 영국에서 이들 법률전문학교들은 잉글랜드의 양대 대학과 함께 고등교육을 대표하는 기관들이었다.

6 라틴어 원제는 *De pueris statim ac liberaliter instituendis declamatio*. 내가 인용한 Beert C. Verstraete의 영역본은 A Declamation on the Subject of Early Liberal Education for Children이라는 제목으로 J. K. Sowards, ed., *Collected Works of Erasmus*(Toronto: University of Toronto Press, 1974), 26: 295-346에 실려 있다[이하에서 『아동교육론』 또는 *On Education for Children*으로 약칭]. 1529년에 출판된 에라스무스의 『아동교육론』은 인문주의 교육관을 대표하는 저작으로서 그의 시대의 인문주의 교육 이론가들에게 많은 영향을 주었다.

7 영어 원제는 *The Boke named The Gouernour*[이하에서 『통치자』 또는 *The Governor*로 약칭]. 나는 Stanford E. Lehmberg가 편집하고 서문을 쓴 Sir Thomas Elyot, *The Book named The Governor*(London: Dent, 1962)를 참고했다. 엘리어트

에서의 교육이론은 인문주의라는 보편적 틀 속에서 이해될 수 있으며, 일반적으로 말해 엘리어트가 에라스무스의 영향을 많이 받은 것으로 여겨지고 있기 때문이다.[8] 그렇다고 해서 에라스무스와 엘리어트 사이에 기본적인 토양의 차이가 존재하지 않는다는 것은 아니었다. 왜냐하면 앞으로 살펴보겠지만 엘리어트의 교육적 사고는 에라스무스의 교육적 사고와 여러 중요한 점에서 일치하는 한편, 그것은 또한 독자적인 목소리를 내는 데 결코 실패하지 않았기 때문이다. 여기서 우리의 관심은 엘리어트가 에라스무스와 달리 분명한 국적과 그에 따르는 특정한 성격을 지니고 있었다는 데 집중된다. 호그레페의 주장대로 엘리어트의 사고는 많은 부분 그가 영국인이었다는 사실에 영향을 받았기 때문이다.[9]

에라스무스와 엘리어트에 대한 이와 같은 관계설정에 기초해 나는 위에서 언급한 두 개의 교육 논고를 함께 읽어가면서 에라스무스가 엘리어트의 교육적 사고에 미친 영향을 그것의 가능성, 한계, 의의에

의 『통치자』는 1531년에 출판되었다. 엘리어트는 이 책의 1권 4-27장에서 영국 귀족가문의 아이들이 받아야 할 지적·신체적 교육에 대해 기술했다. 16세기 영국의 인문주의 교육사상을 대표하는 엘리어트의 『통치자』에서의 교육이론은 교육이라는 주제와 관련해 영어로 쓰인 최초의 논고라는 점에서 역사적으로 중요하다.

8 엘리어트가 에라스무스의 『아동교육론』을 참고하면서 『통치자』에서의 교육이론을 저술했다는 주장과 관련해서는 William H. Woodward, *Studies in Education during the Age of the Renaissance 1400-1600*(Cambridge: At the University Press, 1906), p. 275; Fritz Caspari, *Humanism and the Social Order in Tudor England*(New York: Teachers College Press, 1968), p. 149; John Major, *Sir Thomas Elyot and Renaissance Humanism*(Lincoln: University of Nebraska Press, 1964), pp. 80-81; Stanford E. Lehmberg, *Sir Thomas Elyot Tudor Humanist*(Austin: University of Texas Press, 1960), pp. 76-77; William Boyd, *The History of Western Education*(London: A. & C. Black, 1928), p. 241 등 참조.

9 Hogrefe, *The Life and Times of Sir Thomas Elyot*, pp. 129-156 참조.

초점을 맞춰 살펴볼 것이다. 나는 먼저 에라스무스의 『아동교육론』을 최소한도로 개괄하고, 이를 토대로 그것의 엘리어트의 『통치자』에서의 교육이론과의 유사성을 논할 것이다. 이어 그들 사고의 차이점을 부각시키는 작업을 통해 에라스무스와 엘리어트의 사상적 '친화성'의 한계를 언급할 것이다. 그리고 마지막으로 엘리어트의 교육이론의 시대적 관련성을 고려하면서 이들 두 인문주의자의 교육적 만남의 역사적 의의를 생각해 볼 것이다.

Ⅱ 에라스무스로부터

에라스무스는 아이가 7살이 될 때까지 교육을 미루는 그의 시대의 관습을 비판했다. 그는 유년기의 교육을 강조하면서 아이를 몸과 마음이 건강한 유모의 보살핌 아래 둘 것을 주장했다. 동시에 그는 아이가 가능한 한 빨리 인격과 학식과 경험을 두루 갖춘 교사의 가르침을 받아야 한다고 생각했다. 왜냐하면 "자녀교육의 책임은 유모와 가정교사에 똑같이 있는 것으로서 유모는 아이의 몸을 기르는 데, 교사는 아이의 마음과 인격을 발달시키는 데 책임이 있기 때문이다."[10]

에라스무스는 교육의 성공을 위해서는 인간의 타고난 성향이나 능력이 후천적 경험학습과 연습을 포함하는과 서로 긴밀히 연계되어 있어야함을 주장했다. 그는 아이의 마음속에 자리잡고 있는 선천적인 성향의 무시와 간과가 일종의 도덕적 실패로 이어짐을 경고하고 있다. 그러나 그는 또한 본성이 교육의 영향과 조정 하에 놓일 수 있다는 사실을 강조하고 있다. 다시 말해 우리의 지혜로운 행동은 천성이라 불리는 임의대로 소유할 수도, 남에게 양도할 수도 없는 타고난 소질과 적성에 얼마간의

---

10 Erasmus, *On Education for Children*, p. 299.

인위적 영향력을 행사할 수 있다는 것이다. 그렇다면 에라스무스는 인간 본성의 차이를 인정한 것과 별개로 기본적으로 교육의 힘을 믿고 있었던 것이다. 그의 리쿠르구스Lycurgus의 두 마리 강아지 일화[11]에 대한 언급은 본성의 힘은 강하나 교육의 힘은 더욱 강하다는 그의 신념을 보여주는 것이라 할 수 있다.

　에라스무스는 인간은 아무리 어려도 학습을 할 수 있다는 가정 하에 아이들이 일찍 언어공부를 시작하고, 도덕적 교훈들을 가르침 받아야 한다고 주장했다. 그의 견해에 따르자면 어려서의 교육은 여러 가지 이점을 가질 수 있다. 우선 기억력이 강한 유년기에는 배움 자체가 용이하다. 그리고 모든 것을 쉽게 따라하고 받아들이는 유년기가 아이에게 도덕적 선함을 가르칠 수 있는 가장 좋은 시간대이다. 그밖에 어려서 기본이 되는 것들을 모두 숙지한 아이들은 학습의 나중 단계들에 이르러 시간을 절약할 수 있다.

　교육의 최초의 과제는 아이에게 분명하고도 정확하게 말하는 법을 가르치는 것이다. 에라스무스는 이 일의 최초의 책임을 유모와 부모에게 두었다. 왜냐하면 이들은 아이의 삶의 최초의 몇 년 동안 올바른 말하기와 행동을 통해 그의 앞으로의 도덕교육과 지적교육에 토대를 마련해 주어야 하기 때문이다.

　에라스무스는 유년기의 학습과 그로 인한 피로가 아이의 건강에 해를 입힐 수 있다는 주장에 대해 일부 동의하면서도 학습을 통해 아이가

---

11 이야기의 골자는 다음과 같다. 리쿠르구스에게는 두 마리의 강아지가 있었는데 한 마리는 혈통 좋은 순종이었고, 다른 한 마리는 잡종이었다. 그런데 훈련을 제대로 받지 못한 순종의 강아지는 눈앞의 먹이에만 온통 관심이 있을 뿐 사냥감은 그냥 흘려보내는 한편, 잡종이나 훈련을 제대로 받은 강아지는 눈앞의 먹이는 쳐다보지도 않고 사냥감을 쫓는 데만 혈안이 되어있다는 것이다. *Ibid.*, p. 301 참조.

장차 얻게 될 지적 이로움이 이러한 건강상의 불이익을 상쇄하고도 남을 것이라고 주장하고 있다.[12] 그는 또한 학습 자체가 온화한 방법의 사용을 통해 일이나 노고가 아닌 놀이나 유희가 될 수 있음을, 아이들과 교사의 관계가 친밀하고 우호적이 되는 것에 의해 학습이 즐겁고 효율적으로 이루어질 수 있음을 강조하고 있다. 그렇다면 그는 교육에 있어서 자발적 선호가 강압적 외압보다 훨씬 효과적이라는 사실에 주목했던 것인데, 그러한 이유에서 그는 "교사의 첫 번째 의무는 그의 학생들의 마음에 애정과 신뢰를 불러일으키는 일"이라고 말했다.[13] 그러나 에라스무스는 "교사는 그의 친절에 절제를 보일 수 있어야 한다"고 생각했다.[14] 왜냐하면 교사가 아이와 너무 격 없이 지내는 것은 궁극적으로 아이의 잘못된 행위에 대한 수치심과 그의 교사에 대한 존중심을 파괴해 버리기 때문이다. 결국 에라스무스는 교사가 절제된 행동을 통해 아이의 우정을 얻는 동시에 진정한 의미에서의 그의 교사로서의 권위를 지켜나갈 것을 권고했던 것이다.

이러한 주장으로부터 우리는 에라스무스가 거칠고 무뚝뚝하며 타락한 영혼을 소유한 그의 시대의 권위적인 교사들을 혐오했다는 사실과, 동시에 그러한 교사들에 의해 자행되는 공포와 두려움을 동반하는 교육에서의 체벌에 반대했다는 사실을 쉽게 알 수 있다. 나아가 그의 시대의

---

12 에라스무스에게 교육은 어디까지나 아이의 지적, 도덕적 발달을 위한 것이었다. 왜냐하면 인간은 타고나기를 이성적이고 도덕적인 존재로서 신체적 우수성은 지적, 도덕적 우수성을 위한 수단에 불과했기 때문이다. 이런 관점에서 에라스무스는 교육의 목적으로서 아이의 신체적 발달에 주목했던 르네상스 초기의 이탈리아 인문주의자들과 견해를 달리했다. 우드워드의 주장대로 에라스무스는 "영혼 spirit의 교육을 가장 으뜸가는 훈련"으로 보았기 때문이다. Woodward, *Desiderius Erasmus*, pp. 77-80 참조.

13 Erasmus, *On Education for Children*, p. 325.

14 *Ibid.*

학교가 점차 "고문의 장소torture-chambers"가 되어가고 있다는 충격적인 고백을 통해 그가 당시 공립학교들에서 행해지고 있던 상습적 구타와 그에 대한 사회적 무관심을 비판했음을 보게 된다.[15]

에라스무스는 상습적인 구타가 어린아이들에게 육체적으로나 정신적으로 형언할 수 없는 해를 입힌다는 사실에 입각해 교육에서 보다 인간적인 훈육법을 옹호했다. 따라서 그는 "회초리가 아닌 친절한 안내의 말이, 쓰라림보다는 온후함이 함께 하는 꾸지람이 새로운 훈육 지침이 되어야 한다"고 주장했다.[16] 그러나 에라스무스는 육체적 처벌을 전적으로 금지하지 않았다. 왜냐하면 "경고, 간청, 경쟁을 유발시키는 동인들과 부끄러움과 칭찬 등의 수단들이 모두 실패했을 때 우리는 마지막 수단으로 회초리에 의존"해야 하기 때문이다.[17] 그러나 이 경우에도 육체적 체벌은 어디까지나 인간적이고 제한적인 것이어야 했다.

에라스무스는 어린아이들에게 적합한 학습으로 우선 고전어를 들었다. 그는 아이들이 어른들과는 달리 고대 그리스와 로마의 언어들을 쉽게 배울 수 있다고 주장했다. 왜냐하면 에라스무스에 따르자면 "언어 학습은 주로 우리의 기억 능력과 모방 능력에 의존하는 것으로서 아이들은 이 두 개의 정신 능력 모두에서 어른들을 능가"하기 때문이다.[18] 이어 그는 아이들에게 『이솝우화Aisopou Muthoi』를 권했다. 에라스무스는 고대의 우화들이 아이들의 언어공부문법과 어휘에 도움을 줄 뿐만 아니라 또한 그들에게 삶을 살아가는 실천적 지혜와 도덕적 교훈들을 전해준다고 믿었다. 같은 맥락에서 그는 아이들이 다른 고대의 문학작품들을, 예를 들어 호메로스Homeros의 양대 서사시, 고대 그리스의 서정시, 고대

---

15 *Ibid.*
16 *Ibid.*, p. 332.
17 *Ibid.*, p. 333.
18 *Ibid.*, p. 320.

의 희극들, 속담과 유명인사의 경구들을 배워야 한다고 주장했다.[19]

교육 방법과 관련해 에라스무스는 교사가 아이의 수준을 고려해 그의 행동을 조절할 것을 주장했다. 왜냐하면 그는 교육의 실패가 많은 경우 교사가 유년기의 한계를, 특정 아이의 능력의 한계를 고려하지 않은 데서 비롯된다고 생각했기 때문이다. 따라서 그는 아이의 능력을 고려하는 점진적이고 자연스러운 교육 방법을 선호했다. 그것은 "단계를 밟아가며 소화되며 놀이를 수반하는 적절한 학습계획이 아이의 마음을 보다 배움에 가깝게 한다"는 그의 믿음에 기초하는 것이었다.[20] 에라스무스는 또한 교육이 아이의 타고난 소질을 고려해야 한다고 보았다. 왜냐하면 아이의 자발적 성향을 따랐을 때 교육의 결과는 극대화 될 수 있기 때문이다.

한편 에라스무스는 아이들의 마음속에 들어있는 "승리와 경쟁의 동기들, 불명예에 대한 두려움, 그리고 칭찬을 받으려는 욕구"를 교육적으로 승화시키고자 했다.[21] 따라서 그는 교사가 아이들의 이러한 내적 동인들에 기초해 그들을 교육적으로 보다 바람직한 방향으로 나아가도록 자극하고 고무시킬 것을 원했다. 이런 맥락에서 그는 교사가 간청, 유인, 칭찬, 또는 작은 보상에 의해 아이들을 끌고 가거나, 아니면 그들 상호간의 선의의 경쟁을 통해 아이들의 행동에의 욕구를 불러일으켜야

---

19 에라스무스의 교육과정이 고대 그리스와 로마의 언어와 문학만으로 구성된 것은 그가 교육에서 "국가적 또는 민족적 요소들national elements"을 배제하면서 그것들을 "보편적인 문화universal culture"로 대신하려 했기 때문이다. Woodward, *Desiderius Erasmus*, p. 84. 이와는 대조적으로 엘리어트는 그의 교육과정 속에 고대 언어와 문학 외에 '영국'이라는 특정 국가 또는 민족의 요소들을 포함시키고 있다. 여기서 우리는 엘리어트의 인문주의가 에라스무스의 인문주의와 달리 지역적인 색채를 띠고 있는 것임을 보게 된다. 자세한 것은 아래 4-5절을 참조하라.

20 Erasmus, *On Education for Children*, p. 335.

21 *Ibid.*, p. 340.

한다고 주장했다.[22]

Ⅲ 에라스무스에서 엘리어트로

　　지금까지 에라스무스의 아동교육에 대한 생각을 개략적으로 살펴보았다. 에라스무스는 유년기의 교육을 무시하는 그의 시대의 교육적 관습에 반대해 아이를 가능한 한 일찍 교육에 입문시키고자 했다. 그리고 도덕적으로 선한 유모와 학식과 경험과 인격을 겸비한 가정교사의 선정을 강조했다. 당시 교육기관들에서 행해지던 가혹한 육체적 체벌과 권위적인 교사상에 반대해 에라스무스는 아이의 능력과 학습과정에서의 흥미를 고려하는 온화한 교육 방법을 주장했다. 구체적으로 교사와 학생 간의 선의의 관계를, 아이의 능력에 기초하는 점진적 학습계획을, 그리고 아이의 내적 동인들에 기초하는 학습법을 선호했다. 한 마디로 에라스무스는 교육을 일찍 시작하고, 교육으로부터 모든 고역의 흔적을 제거해 교육의 과정을 즐거운 놀이의 과정으로 만들고자 했다. 에라스무스의 유년기의 교육에 대한 강조는 인간이 교육을 통해 비로소 참된 의미에서 인간무지, 오류, 편견으로부터 마음이 자유로운 인간이 된다는 그의 인문주의 교육관을 반영하는 것이었다. 이제 나는 에라스무스의 『아동교육론』에 대한 이상의 논의를 바탕으로 하여 그것의 엘리어트의 『통치자』에서의 교육이론과 유사성을 검토한다.

　　에라스무스와 마찬가지로 엘리어트는 그의 논의를 훌륭한 유모의

---

22 오늘날의 관점에서 보았을 때 에라스무스는 교육에 여러 심리적인 방법들을 사용하고자 했다. 일례로 그는 아이의 타고난 재능을 분출시키는 강력한 동인들로서 "부끄러움shame"과 "칭찬praise"을 강조했다. 그는 "부끄러움을 정당한 비판에의 두려움"으로, "칭찬을 성취의 어머니"로 정의하면서 이러한 심리적 방법들을 아이들의 교육에 적극 활용할 것을 주장했다. *Ibid* 참조.

선정으로부터 시작했다. 그는 무엇보다도 유모가 도덕적으로 선해야 한다고 생각했다. 왜냐하면 "아이는 유모의 젖과 악을 함께 빨아먹기 때문이다."[23] 이것은 보고 듣는 것은 모두 그것이 좋던 나쁘던 간에 따라한다는 아이의 모방 본성과 관련된 문제로, 여기서 엘리어트는 아이가 주변의 나쁜 습관과 범례에 의해 도덕적으로 타락할 수 있음을 경고하고 있다. 따라서 그는 아이의 주변 사람들이 도덕적으로 깨끗한 언행만을 일삼아야 한다고 주장했다.

엘리어트는 또한 아이들이 7살이 되기 전에 교육을 시작해야 한다는 에라스무스의 주장을 되풀이했다. 이때 교육이라 함은 고대 그리스와 로마의 언어에 대한 기본적인 학습을 의미했다. 엘리어트는 이들 언어들이 아이들의 모국어가 아니라는 이유에서 학습을 보다 일찍 시작해야 한다고 주장했다. 그는 "아이들에게 학습을 강제하기보다는 칭찬이나 선물 등을 통해 그들을 학습으로 유도"하려 했다는 점에서 에라스무스와 의견을 같이 했다.[24] 다시 말해 엘리어트는 아이들이 공부를 즐거운 것으로 인식하기를 원했고, 그것을 위해 강제와 강압이 없는 온화한 교육 방법을 중시했던 것이다.

에라스무스와 엘리어트는 모두 아이의 교육에 있어서 가정교사의 역할과 책임을 강조했다.[25] 엘리어트는 가정교사는 무엇보다도 아이가 그의 사람됨을 따라 배울 수 있는 도덕적인 사람이어야 한다고 말하고 있다. 이어 그는 "교사로서 가장 먼저 해야 되는 일은 그의 학생의 본성을 파악하는 것"이라고 적고 있다.[26] 이것은 본성에 반하는 학습은 결국

---

23 Elyot, *The Governor*, p. 15.
24 *Ibid.*, p. 17.
25 에라스무스와 엘리어트가 속한 알프스 이북 지역에서는 아직 도시와 학교제도가 충분히 발달하지 못했고, 따라서 당시 독일과 영국의 귀족계급 아이들은 가정교사를 고용해 교육을 받아야만 했다. Woodward, *Studies in Education*, p. 276 참조.

무용지물이 된다는 에라스무스의 주장과 맥을 같이 하는 것이었다.

한편 교사는 고대의 언어와 문학에 정통한 사람이어야 한다. 그는 또한 "부끄러움shamefacedness"과 "칭찬praise"에 의해 아이를 학습으로 끌고 들어갈 수 있는 사람이어야 한다.[27] 부끄러움과 칭찬은 학습에의 강력한 동인들로서 에라스무스가 아이의 교육에서 적극 활용할 것을 주장했던 교육 방법들이다. 비록 엘리어트는 부끄러움을 "아이의 욕구와 행동을 통제하는 굴레"로 칭찬을 "학습과 덕을 북돋는 자극"으로 정의하고 있고,[28] 에라스무스는 앞서 살펴본 것처럼 부끄러움을 "정당한 비판에의 두려움"으로 칭찬을 "성취의 어머니"로 표현하고 있지만,[29] 이러한 미세한 개념상의 차이에도 불구하고 에라스무스와 엘리어트는 모두 아이의 교육을 강제나 강압이 아닌 이러한 심리적인 방법에 의존하려 했던 것이다.

에라스무스에 따르자면 교육의 성공은 아이의 타고난 본성이 그의 후천적 경험을 통해 어떻게 발현 또는 필요에 따라 보완, 수정될 수 있느냐에 달려 있다. 엘리어트 역시 이러한 교육에서의 선천적 재능과 후천적 경험 사이의 상호 보완관계에 주목했다. 왜냐하면 그는 "인간의 타고난 선함이 훌륭한 가르침과 범례를 통해 보다 좋은 방향으로 나아갈 수 있다"고 보았기 때문이다.[30] 여기서 문제가 되는 것은 아이가 그의 본성에 맞는 것을 공부해야 한다는 것이다. 이런 맥락에서 엘리어트는 아이가 그의 본성에 반하는 것을 공부함으로써 야기되는 도덕적, 지적 손실들을 고려하고 있다. 그러나 중요한 것은 선천적 재능이나

---

26 Elyot, *The Governor*, p. 20.
27 *Ibid.*, p. 27.
28 *Ibid.*
29 앞의 각주 22 참조.
30 Elyot, *The Governor*, p. 28.

소질이 후천적 경험, 즉 교육에 의해 좋아질 수 있다는 가정이다. 엘리어트는 교육에 대한 이런 믿음에 기초해 아이의 교육에서 교사의 역할에, 훌륭한 교사의 중요성에 주목했다. 이것은 우리의 지혜로운 행동으로 말미암아 타고난 본성이 후천적 경험의 영향과 조정 하에 놓일 수 있다는 에라스무스의 주장을 상기시킨다.

교육과정 문제에서도 에라스무스와 엘리어트의 사고는 기본적으로 일치한다. 그들은 언어 학습에서 정확하게 말하는 것이 중요함을 강조했다. 아이는 문법서를 통해서가 아니라 주변 사람들과 말을 주고받으면서 언어를 배워야 하며, 이러한 이유에서 엘리어트는 유모를 비롯한 아이의 주변 인물들이 바른 언어를 사용해야 한다고 주장했다. 아이는 또한 지체없이 고대의 문학작품들을 읽어야만 하는데, 이를 위해 엘리어트는 문법 공부를 위한 문법 공부를 지양했다. 왜냐하면 그의 견해에 따르자면 "문법 공부는 어디까지나 고대의 저자들을 읽기 위한 입문과정introduction"에 불과했기 때문이다.[31] 비록 아이가 읽어야 할 독서목록과 관련해 엘리어트는 에라스무스보다 자세하고 광범위한 예를 제시하고 있지만특히 라틴어 저자들을 포함시키면서,[32] 그들의 차이는 어디까지나 엘리어트가 아이의 교육을 에라스무스보다 나중 단계[33]까지 고려하고 있었기 때문에 발생한 것일 뿐, 에라스무스와 엘리어트의 고대 문학의

31 *Ibid.*, p. 29.
32 *Ibid.*, pp. 29-40 참조.
33 에라스무스는 단지 아동기의 교육에 대해서만 기술하고 있다. 그러나 엘리어트는 아이의 교육을 출생 후 7살까지 1단계, 7살부터 13살까지 2단계, 13살에서 17살까지 3단계, 18살에서 21살까지 4단계, 그리고 21살 이후 5단계로 나누어 보다 체계적이고 자세하게 논하고 있다. 엘리어트의 학습 계획에 따르자면 에라스무스의 교육과정은 처음 두 단계에 속하는 것일 뿐, 그것은 아이가 청소년기에 이르러 배워야 할 교과목들인 논리학·수사학·지리학·역사학·철학 등은 포함하지 않는다.

교육적 효용에 대한 견해는 서로 일치한다 할 수 있다.

에라스무스는 그의 시대의 교육을 논하면서 부모들이 그들 자녀들의 교육에 대해 무관심하다는 사실을 밝히고 있다. 그는 그의 시대의 부모들이 다른 중요하지 않은 일들에는 경주용 말이나 이름난 사냥개를 구입하거나, 아니면 정원을 돌보는 일처럼 시간과 돈과 정력을 쓰는 데 주저하지 않으면서, 그들의 가장 중요한 임무인 아이들을 바르게 교육시키는 일에는 매우 소홀해 가정교사의 선정과 비용 문제에 거의 관심을 기울이지 않는다고 비판했다.[34] 같은 맥락에서 엘리어트는 그의 시대의 배움의 상태가 고대 그리스와 로마의 상황과 비교해 보았을 때 심각한 수준으로 타락했음을 개탄하고 있다. 그는 "부모들의 자만, 탐욕, 소홀함과 유능한 교사의 부족 또는 결핍"이 이러한 결과를 불러왔다고 믿었다.[35] 엘리어트의 주장에 따르자면 그의 시대의 영국의 귀족들은 학식이 있음을 오히려 부끄럽게 여겨 배움을 천시했다. 그들은 아이들의 교육에 거의 주의를 기울이지 않았으며, 당시 영국의 신사자제들은 대체로 그들의 젊은 시절을 빈둥거리며 보냈다.[36] 한편 그의 시대의 부모들은 종종 아이들의 교육을 무지하고 학식 없는 자들에게 맡기곤 했다. 그들은 자녀교육과 같은 별 볼일 없는 일에 지갑을 여는 것이 아까웠기 때문이었다. 이러한

---

34 Erasmus, *On Education for Children*, pp. 301-302, 313-14 참조.

35 Elyot, *The Governor*, p. 40.

36 모어는 당시 영국 귀족계급의 배움에 대한 경시를 이렇게 증언하고 있다. "나는 오늘날 부와 권세를 지닌 사람들이 다른 잡다한 일에 신경을 쓰느라 학문을 추구하는 일에 소홀함을 잘 알고 있다. 그들은 단지 하루를 사냥개와 매와 말과 함께 사냥터에서 보내면서 허비할 뿐이다." Elizabeth F. Rogers, ed., *The Correspondence of Sir Thomas More*(Princeton: Princeton University Press, 1947), pp. 404-405. 16세기 영국 귀족들의 무지와 그들의 학습관에 대한 다른 동시대인들의 진술은 J. H. Hexter, "The Education of the Aristocracy in the Renaissance," *The Journal of Modern History* 22, 1(1950): 2에서 찾아진다.

부모들의 탐욕은 아이들이 기본적인 것들만 배워 라틴어로 의사표현 정도만 할 수 있으면 된다는 그들의 교육에의 무관심과 서로 통하는 것이었다. 엘리어트는 또한 그의 시대에 유능한 교사들이 많지 않음을 지적하면서 "얼마나 많은 수의 훌륭하고 깨끗한 본성을 지닌 아이들이 오늘날 무지몽매한 교사들에 의해 그들의 재능을 꽃피우지 못한 채 사라져가고 있는가!"라고 탄식하고 있다.[37] 그러나 엘리어트는 훌륭한 교사의 수가 적은 것도 문제지만 더 심각한 것은 그의 시대의 부모들이 아이들의 교육에 돈과 수고를 기꺼이 바치려 하지 않는다는 것임을 분명히 했다. 에라스무스의 표현대로, "그들은 오직 하나, 자식 교육에만 극도로 인색하게 구는 것이다."[38]

엘리어트가 그의 시대의 교육의 쇠퇴를 비판한 것은 그가 학습과 지혜를 "책망rebuke"이 아닌 "명예honour"의 대상으로 보고 있었다는 것을 의미했다.[39] 여기에는 교육이 인간의 삶을 보다 좋게 만든다는 교육의 도덕적 유용성에 대한 그의 믿음이 있었다. 마찬가지로 에라스무스는 "교육을 인간에게 소임된 하나의 신성한 임무"로 보면서 그것의 목적은 "인간의 본능인 지혜를 추구하고 올바른 삶을 사는 것"을 돕는 것이 되어야 한다고 주장했다.[40] 결국 교육은 인간에게 꼭 필요한 것이며, 따라서 그것은 우리의 최우선의 관심사가 되어야 하는 것이다. 그리고 이러한 사실을 주장하는 데 에라스무스와 엘리어트는 한 목소리를 냈다.

---

37 Elyot, *The Governor*, p. 57.
38 Erasmus, *On Education for Children*, p. 313.
39 Elyot, *The Governor*, p. 41.
40 Erasmus, *On Education for Children*, pp. 301, 310.

(IV) 세계주의자와 영국인

이상에서 우리는 에라스무스와 엘리어트의 교육적 사고가 많은 점에서 서로 겹친다는 사실을 확인할 수 있었다. 우드워드는 그것을 "그 영국인 저술가가 [에라스무스]의 『아동교육론』을 주의 깊게 공부"했기 때문이라고 설명한다.[41] 그렇다면 에라스무스가 엘리어트의 교육적 사고에 미친 영향의 '가능성'은 앞서 살펴본 다음의 몇 가지 사실들에서 찾아질 수 있다. 첫째, 아이들의 교육은 가능한 한 빨리 시작해야 한다. 둘째, 교육에서 유모와 가정교사의 역할은 중요하다. 셋째, 학습은 아이들의 타고난 개별적 본성을 존중해야 한다. 넷째, 교사는 아이들의 심리를 고려하는 온화하면서도 합리적인 교육 방법을 사용해야 한다. 다섯째, 교육과정은 고전어와 고대문학으로 구성되어야 한다. 여섯째, 부모에게는 자녀교육의 책임이 있다. 마지막으로 일곱째, 교육은 인간에게 반드시 필요한 것이다. 그러면 엘리어트의 교육적 사고는 에라스무스의 교육적 사고와 완전히 일치하는 것인가? 그들 사이에는 '다름'의 여지가 존재하지 않는가? 이번 절에서 나는 이들의 교육적 사고가 완전히 같을 수 없다는 자명한 사실로부터 이제 '같음'에서 '다름'을 뽑아내는 과정, 즉 에라스무스가 엘리어트의 교육적 사고에 미친 영향의 '한계'를 고려한다.

에라스무스와 엘리어트의 차이는 무엇보다도 에라스무스가 국적 없는 '세계주의자'였던 반면에 엘리어트는 전형적인 '영국인'이었다는 사

---

41 우드워드는 그의 주장의 근거로 다음의 세 가지 점을 제시한다. 첫째, 엘리어트는 에라스무스와 마찬가지로 아동기의 올바른 말하기 습관의 중요성을 지적했다. 둘째, 엘리어트와 에라스무스는 유년기의 교육이 즐거운 놀이의 형태를 띠어야 함을 강조했다. 끝으로, 에라스무스와 엘리어트는 라틴어 학습에서 대화법의 가치를 인정했다. Woodward, *Studies in Education*, p. 275.

실에 연유한다. 그래서 엘리어트는 그의 『통치자』를 모국어인 영어로 저술했고, 에라스무스는 그의 『아동교육론』을 국제 언어인 라틴어로 저술했다. 국적과 언어가 없는 "세계주의자적 태도cosmopolitan attitude" 는 에라스무스의 교육적 사고를 보편적이고 일반적인 것으로 성격지워 그의 교육이론을 전유럽에 확산시키는 결과를 낳았다. 그러나 다른 한 편에서 보았을 때 그것은 에라스무스의 교육론이 본질적으로 지역적인, 실천적인 한계특수한 상황에 구체적으로 적용될 수 없는를 가지고 있었음을 의미 했다.[42] 이와는 반대로 엘리어트의 교육이론은 기본적으로 그의 시대의 인문주의 교육사상의 영향을 받았지만, 그럼에도 불구하고 영국이라는 특수한 토양과 구체적 성격을 반영하는 것이었다. 왜냐하면 엘리어트는 당시의 인문주의 교육이론을 그가 속한 세계의 문맥 속에서 바라보면서 그것을 16세기 영국 귀족계급의 교육이라는 구체적이고 실천적인 문제 에 적용하였기 때문이다.[43] 이런 관점에서 우리는 카스파리의 지적대로 "엘리어트는 언제나 [그 시대] 영국의 상황을 머리속에 그리고 있었다" 고 말할 수 있다.[44]

엘리어트는 에라스무스와 달리 그의 삶의 대부분을 헨리 8세의 궁전 에서 보냈다. 따라서 엘리어트는 그의 교육적 이상을 에라스무스 식의 편협한 '학자'의 이상이 아닌 이탈리아 인문주의자들의 '궁정인'의 모델 에서, "완성된 신사"의 이상에서 찾았다.[45] 엘리어트의 헨리 8세의 '궁 정인'으로서 경력은 그의 교육적 사고에 영향을 주었다. 그가 공부 이외 의 여가활동들로서 음악, 회화, 조각 등을 강조한 것은 대표적인 예라

---

42 Caspari, *Humanism and the Social Order*, p. 145.
43 Arthur Ferguson, *The Indian Summer of English Chivalry*(Durham: Duke University Press, 1960), pp. 218-219 참조.
44 Caspari, *Humanism and the Social Order*, p. 187.
45 Lehmberg, *Sir Thomas Elyot Tudor Humanist*, p. 62.

할 수 있다. 우리는 에라스무스의 합리적이고 냉랭한 사고조직 속에서 미학적 활동들이 자리를 차지 할 수 없었고, 따라서 그는 그것들에 늘 "이방인stranger"이었다는 사실을 안다.[46] 그러나 아직 중세의 여운이 완전히 가시지 않은 16세기 전반기 유럽의 궁전 분위기를 접할 수 있었던 엘리어트는 악기 연주, 그리기, 조각을 그의 교육과정에 포함시킬 수 있었다. 그러나 그것들은 어디까지나 학습 후 아이의 휴식을 위한 것이었다. 이런 맥락에서 엘리어트는 교사가 "계속되는 학습으로 아이의 섬세하고 부드러운 기지가 무뎌지거나 억압"되지 않도록 공부와 놀이 사이에 적절한 조화를 유지해야 한다고 주장했다.[47]

엘리어트가 아이의 교육에서 음악, 회화, 조각을 강조한 것은 단지 아이의 휴식과 기지의 재충전을 위해서만은 아니었다. 엘리어트는 이러한 심미적 활동들의 실천적 이점을 또한 지적하고 있기 때문이다. 이로부터 우리는 엘리어트의 교육적 사고에서 에라스무스의 교육적 사고와 구분되는 하나의 특징을 엿볼 수 있다. 엘리어트는 학습의 내재적 가치를 선호하는 에라스무스와 달리 학습의 외재적 가치인 '실용성'을 언급하고 있기 때문이다. 엘리어트에 따르자면 음악은 장차 통치자 계급에 속할 아이에게 유용한 교과목이다. 왜냐하면 아이는 "음악에 대한 완벽한 이해"를 통해 "국가를 구성하는 신분과 재산이 서로 다른 사람들을 조화롭게 통치해 나갈 수 있는 지식"을 얻을 수 있기 때문이다.[48] 그렇다면 엘리어트는 음악이 인간의 영혼을 조화롭고 균형 잡힌 것으로 만들어 준다는 고대 그리스인들의 주장을 반복하고 있는 것이다.[49] 이

---

46 Woodward, *Studies in Education*, p. 278.
47 Elyot, *The Governor*, p. 20.
48 *Ibid.*, pp. 22-23.
49 엘리어트는 플라톤Platon과 아리스토텔레스Aristoteles의 영향을 받은 것처럼 보인다. 플라톤은 『국가론Politeia』 3권에서, 아리스토텔레스는 『정치학Politiká』 8권에서

어 엘리어트는 회화와 조각의 실용적 목적에 주목했다. 그는 전쟁터에서 군사 지도의 유용성을 예로 들면서 그리기의 실천적 쓸모를 지적한 후,[50] 그것이 또한 아이의 학습에 도움을 준다는 사실을 강조하고 있다. 일종의 시청각 교재로서 정확하게 그려진 그림은 아이의 독서를 돕는 효과가 있으며, 정밀한 조각상은 그 자체로 아이의 마음에 강한 인상과 여운을 남기기 때문이다.

에라스무스는 아이가 유년기의 공부로 인해 어느 정도 신체적 해를 입는다 할지라도 그가 장차 얻게 될 지적 이득이 그러한 손실을 충분히 만회할 수 있다고 주장했다. 에라스무스는 교육의 목적이 육체적으로 강인한 운동선수를 키워내는 것이 아닌, 도덕적이고 지적인 영혼을 소유한 자유인을 길러내는 것임을 강조하면서 그의 신체교육에의 무관심을 정당화하고자 했다.[51] 그러나 엘리어트에 따르자면 "아이들의 교육에서 특히 그들이 14살이 지나면 신체교육은 결코 무시되거나 소홀히 되어서는 안 되는 것이었다."[52] 왜냐하면 엘리어트가 머리속에 그리고 있던

아이들의 영혼을 음악으로 수련시켜야 함을 주장하고 있기 때문이다. Plato, *Republic*, trans. Benjamin Jowett(London: The Colonial Press, 1901), pp. 81-88; Aristotle, *Politics*, trans. Benjamin Jowett(New York: The Modern Library, 1943), pp. 326-37 참조. 이런 맥락에서 메이저는 엘리어트가 플라톤과 아리스토텔레스의 음악이론을 『통치자』에서 재구성해 진술하고 있다고 주장한다. Major, *Sir Thomas Elyot and Renaissance Humanism*, pp. 63, 265 참조.

50 엘리어트는 카스틸리오네^{Castiglione}의 영향을 받은 것처럼 보인다. 왜냐하면 카스틸리오네는 『궁정인^{Cortegiano}』에서 그리기의 군사적 유용성을 언급하고 있기 때문이다. Baldesar Castiglione, *The Book of the Courtier*, trans. Leonard E. Opdycke(New York: Charles Scribner's Sons, 1903), p. 65 참조. 『통치자』보다 3년 앞서 1528년에 출판된 카스틸리오네의 『궁정인』은 당시 유럽의 베스트셀러였다. 호비^{Thomas Hoby}의 영어 번역판은 1561년에 출판되었고, 엘리어트는 이탈리아어로 저술된 카스틸리오네의 책을 직접 읽지는 못했다 하더라도 최소한 내용은 알고 있었을 것이다.

51 Erasmus, *On Education for Children*, p. 323 참조.

것은 어디까지나 16세기 전반기의 영국에서 장차 통치자 계급에 속할 아이들의 교육에 대한 것이었고, 이들에게 신체교육군사교육을 포함하여은 그들의 지적, 도덕적 교육에 못지않게 매우 중요한 것이었기 때문이다. 우리는 튜더 지배하의 영국에서 아직 상비군standarmy과 같은 중앙집권적인 군대 조직이 존재하지 않았음을 상기해야 한다. 왕은 여전히 자신의 안위와 국가의 안보를 정치적 계약관계에 있었던 지방의 군소 귀족들의 군사적 의무에 의존해야 했다.[53] 이러한 시대적 분위기 속에서 바커의 주장대로 "튜더 잉글랜드의 신사들은 여전히 중세적 의미에서 기사들"이었고,[54] 그들은 어느 정도 전쟁수행 능력을 겸비하고 있어야만 했다. 그렇다면 그 스스로 지방에 영지를 소유한 귀족이자 기사Knight 신분이었던 엘리어트는 그의 시대의 영국의 통치자 계급의 교육을 논하면서 그들의 신체교육과 군사교육을 강조하지 않을 수 없었다. 이런 관점에서 우리는 엘리어트가 유럽 전역을 떠돌며 세계인으로서 평화롭고 보편적인 사유를 즐겼던 에라스무스와 달리 분명한 국적을 소유한, 그러면서 그가 속한 세계의 필요와 요구를 구체적으로 고려했던 영국인이었다고 말할 수 있다.

엘리어트는 신사계급에 속하는 아이들의 신체교육을 논하면서 "그[들]이 전쟁이나 그 밖의 다른 경우들에서 접하게 되는 여러 육체적 고난들을 잘 이겨낼 수 있는" 신체 운동들에 대해 기술했다.[55] 엘리어트가 언급하고 있는 레슬링, 달리기, 수영, 무기 다루기, 말타기 등은 모두

52 Elyot, *The Governor*, p. 59.
53 S. T. Bindoff, *Tudor England*(Harmondsworth: Penguin Books, 1951), pp. 52-56 참조.
54 Sir Ernest Barker, *Traditions of Civility*(Cambridge: Cambridge University Press, 1948), p. 132.
55 Elyot, *The Governor*, p. 60.

몸을 강인하게 단련시켜 주며 나아가 그들의 전쟁수행 능력을 향상시켜 주는 운동들이었다.[56] 계속해서 엘리어트는 사냥의 이로움에 대해 말했다. 그는 말을 타고 달리면서 먹잇감을 쫓는 사냥터의 모습을 축소된 전쟁터로 보았다. 그는 사냥의 과정을 통해 아이들이 용기, 힘, 승마술, 기민함, 기지 등 전쟁터에서 필요한 거의 대부분의 능력들을 습득할 수 있다고 주장했다. 결국 엘리어트는 사냥을 "전쟁의 모의연습imitation of battle" 정도로 보았던 것이다.[57]

그러나 엘리어트의 신체 운동에 대한 강조는 아이들의 여가활동을 고려한 것이기도 했다. 왜냐하면 아이들은 몸을 움직이는 것에 의해 머리를 식히고 다시 공부에 매진할 수 있는 여력을 갖게 되기 때문이다. 그것은 또한 아이들의 건강을 위한 것이었다.[58] 왜냐하면 엘리어트는 아이들이 "적당한 운동 없이 계속해서 공부만 한다면 그들의 기지는 곧 활력을 잃을 것이고, 그들의 식욕은 저하될 것이며, 그것은 소화불량

---

56 엘리어트가 『통치자』에서 말하고 있는 신체 운동들은 당시 영국의 실제 생활로부터 도출된 것들이다. 그는 레슬링을 "전형적인 영국의 스포츠a typical English sport"로 가장 먼저 언급하고 있다. Woodward, *Studies in Education*, p. 291 참조. 엘리어트는 그의 시대의 영국의 신사자제들이 다양한 무기 사용법을 배워 익혀야 한다고 주장했다. 특히 검술과 창과 같은 기사도적인 훈련은 중요했다. Lehmberg, *Sir Thomas Elyot Tudor Humanist*, p. 64; Caspari, *Humanism and the Social Order*, p. 167 참조.

57 Elyot, *The Governor*, p. 66.

58 엘리어트는 16세기 동안 『통치자』보다는 『건강지침서The Castel of Helth』의 저자로 유명했다. 렘버그는 1536년에 출판된 『건강지침서』가 1610년이 되기 전까지 최소한 열네 번 재판되어 그때까지 여덟 번 재판된 『통치자』를 능가하는 인기를 누렸음을 밝히고 있다. Lehmberg, *Sir Thomas Elyot Tudor Humanist*, p. 132 참조. 그렇다면 그의 시대의 최고의 의사였던 토마스 리나크의 영향과 지도 아래 고대의 의학 관련 저술들을, 특히 히포크라테스Hippocrates와 갈렌Galen의 저작들을 읽었던 엘리어트가 아이들의 교육 문제를 논하면서 그들의 건강 문제에 관심을 가졌다는 것은 당연했다.

을 야기할 것이라고, 그래서 종국에 가서는 그들의 수명을 단축"시키는 결과를 초래할 것이라고 경고하고 있기 때문이다.[59]

엘리어트는 아이교육의 신체적 측면과 관련해 그의 서술의 상당부분을 춤의 도덕적 기능에 할애하고 있다. 그는 "모든 춤이 덕virtue에 반하는 것은 아니라는 생각"에서 춤은 그 자체로 운동이며 여가활동이 될 수 있다고 주장했다.[60] 그러나 그의 주된 관심은 춤을 도덕화하는 것이었다. 다시 말해 아이는 춤을 통해 그의 영혼을 도덕화해 갈 수 있다는 것이다. 엘리어트는 우선 남자와 여자가 춤을 같이 추면서 그들의 서로 반대되는 자질들이 두 극단에서 벗어나 조화를 이루어 간다는 사실에 주목했다. 일례로 춤이라는 신체적 움직임을 통해 남성의 과감함boldness은 여성의 수줍음shyness과 결합해 담대함magnanimity이라는 중용의 덕을 낳는다는 것이다.[61] 나아가 그는 춤이 일종의 도덕적 운동으로서 아이들의 교육에 적용될 수 있다고 주장하고, 신중함prudence이라는 덕목이 춤의 8단계를 통해 어떻게 획득될 수 있는지를 설명하고 있다.[62] 그러나 우리는 춤을 도덕화하는 엘리어트의 8단계 과정을 여기서 일일이 기술할 필요가 없다. 다만 엘리어트가 학자연하는bookish 에라스무스와 달리 '춤'이라는 신체적 움직임을 통해 아이의 영혼을 도덕적으로 형성해

59 Elyot, *The Governor*, p. 59. 엘리어트의 『건강지침서』에서의 진술을 참고해라. "[운동은] 몸의 순환을 원활하게 해주고 몸의 바른 습관을 형성시켜 준다. 운동은 그 자체로 하나의 움직임이며, 운동에 의해 몸의 각 구성분자들은 단단해지며 동시에 몸은 노고에 견딜 수 있는 힘을 갖게 된다. … 운동은 건강을 유지하는 데 반드시 필요하며, 운동 없이 인간은 건강하게 오래 살 수 없다." Thomas Elyot, *The Castel of Helth*(London, 1541), fol. 48r, quoted in Lehmberg, *Sir Thomas Elyot Tudor Humanist*, p. 137.

60 Elyot, *The Governor*, p. 69.

61 보다 자세한 것은 *Ibid.*, pp. 77-78 참조.

62 *Ibid.*, pp. 78-88 참조.

갈 수 있다는 사실을 주장했음을 지적하면 될 뿐이다.[63] 결국 엘리어트에게 춤은 즐거운 여가활동이자 유익한 학습이었던 것이다.

엘리어트가 마지막으로 언급하고 있는 신체 운동은 활쏘기다. 그는 활쏘기를 몸과 마음이 극단으로 치닫는 것을 막아주는 균형 잡힌 운동으로 보았다. 그밖에도 활쏘기는 다음의 두 가지 실용적 이점을 갖는다. 첫째, 활쏘기는 전장에서 유용하다. 엘리어트는 영국인들이 오래 전부터 전쟁터에서 활솜씨로 명성을 쌓아왔음을 부언하고 있다. 둘째, 그것은 사냥을 할 때 쓸모가 있다. 여기서 엘리어트는 그가 속한 계층인 영국 지방의 젠트리 계층의 여가활동을 머리속에 그리고 있는 것처럼 보인다. 이런 맥락에서 호그레페가 강조하고 있는 것처럼 엘리어트의 활쏘기에 대한 논의는 전적으로 '영국적'인 것이었다. 아울러 그것은 그의 시대의 영국의 상황을 반영하는 것이었다. 왜냐하면 당시 영국 의회는 활쏘기 운동의 쇠퇴를 개탄하면서 그것의 부흥을 위한 여러 입법들을 제정했기 때문이다.[64] 결국 엘리어트는 활쏘기를 즐거움과 이점을 모두 갖춘 운동으로 말한 뒤, 그것을 영국의 신사자제의 교육에 꼭 필요한 것으로 간주했던 것이다.[65]

---

63 춤을 도덕적 운동a moral exercise으로 보는 엘리어트의 시각은 16세기 초반 영국의 인문주의적 사고의 특징을 반영하는 것이었다. 왜냐하면 엘리어트는 알프스 이북 지역의 종교적이고 도덕적인 분위기에서, 특히 영국의 사회·정치적 맥락 속에서 춤을 미학적 활동이 아닌 교육적 수단으로 간주했기 때문이다. 한편 춤의 도덕적 효용성을 강조한 엘리어트의 견해는 분명 에라스무스의 교육적 사고 밖에 있는 것이었다. 에라스무스에게 춤은 어디까지나 신체적 활동으로서 그것을 통한 마음과 영혼의 발달이라는 개념은 "덜 의무적인less compelling" 것이었기 때문이다. John Major, "The Moralization of the Dance in Elyot's *Governor*," *Studies in the Renaissance* 5(1958): 27, 35-36 참조.

64 Hogrefe, *The Life and Times of Sir Thomas Elyot*, pp. 152-155 참조.

65 토마스 엘리어트, 리처드 멀캐스터Richard Mulcaster와 함께 16세기 영국교육학을 대표하는 로저 아스캄Roger Ascham은 1545년에 출판된 그의 『궁술학교*Toxophilus*』에

Ⓥ 만남의 의의

메이저는 에라스무스의 『아동교육론』에서의 교육에 대한 견해들이 엘리어트의 『통치자』 1권에 거의 그대로 재진술되어 있다고 전제하면서 엘리어트가 에라스무스의 인문주의 교육사상을 영국에 소개·보급하는데 공헌을 했다고 주장한다.[66] 같은 맥락에서 우드워드는 엘리어트를 "에라스무스의 사도Erasmus' own disciple"로 간주한다.[67] 그러나 이상의 논의에서 우리는 에라스무스와 엘리어트의 교육적 사고에는 '같음'만큼이나 또한 '다름'이 존재한다는 사실을 알게 되었다. 왜냐하면 엘리어트는 에라스무스의 보편적 인문주의 교육사상을 그의 시대의 영국의 상황에 맞춰 창의적으로 재진술하면서 에라스무스의 국적을 인정하지 않는 세계주의적인 태도에 튜더 잉글랜드의 색깔을 덧칠하고자 했기 때문이다. 한편 엘리어트의 교육이론이 갖는 독자적인 성격은 많은 부분 그가 속한 세계의 지역적 특수성에 기인했다. 따라서 엘리어트의 헨리 8세의 궁정인으로서의 경험은 음악, 회화, 조각, 춤과 같은 심미적 활동들의 교육적 기능을 고려하는 것을 가능하게 했고, 그의 영국인 특유의 실용적 사유는 교육을 언제나 실천적 이점과 함께 바라보도록 했으며, 그리고 16세기 전반기 영국의 정치적 상황은 통치자 계급의 아이에게 신체적, 군사적 교육지적, 도덕적 교육 말고도을 요구했다. 게다가 엘리어트는 영국인으로서 그의 논고를 당시 국제 언어였던 라틴어가 아닌 모국어인 영어로 썼고, 그러한 이유에서 그는 교육이라는 주제와 관련해 영어로 글을 남긴 최초의 영국인이 되었다.[68]

서 활쏘기에 대한 엘리어트의 주장을 반복하고 있다. 여기서 우리는 엘리어트가 아스캄의 교육이론 형성에 미친 영향을 엿볼 수 있다.

66 Major, *Sir Thomas Elyot and Renaissance Humanism*, pp. 80-81 참조.
67 Woodward, *Studies in Education*, p. 117.

이런 맥락에서 우리는 에라스무스가 엘리어트의 교육적 사고에 미친 영향의 중요성을 엘리어트가 에라스무스의 대리인agent으로서 그의 사상을 영국에 수용해 널리 퍼뜨리는 역할을 맡았기 때문이 아닌, 엘리어트가 에라스무스의 사상적 도움을 받으면서 그의 시대의 영국의 상황에 부합하는 교육이론을 형성했기 때문이라고 말할 수 있다. 엘리어트의 '통치자 교육론'의 이론적 배경과 관련해 16세기 전반기의 튜더 정부의 정치개혁은 중요하다. 빈도프가 밝히고 있는 것처럼 튜더 지배하의 영국은 위로부터는 전제적인 성격을, 아래로부터는 자치적인 성격을 띠었다.[69] 여기에는 기존의 대귀족과 성직자 계층을 견제하면서 왕권을 다지려는 튜더 왕조의 정치적 의도가 있었다. 다시 말해 내전의 혼란 속에서 권력을 잡은 튜더 왕가는 그들의 왕위를 지키고 강화하기 위해 구세력층을 멀리하고 대신 신흥 세력들인 지방의 소지주와 기사 계급, 또 도시의 상인들과 법률가 집단을 새롭게 정치세력화 하고자 했던 것이다. 이 과정에서 왕은 이들 '새로운 사람들new men'과 정치적 상호 의존

---

68 엘리어트 이전에도 교육에 관심을 갖고 이 주제에 대해 글을 남긴 영국인들이 있었다. 역사는 멀게는 8세기경 카를 대제Charles the Great의 궁전에서 궁정학교를 운영했던 알쿠인Alcuin이라는 요크York 출신의 영국인 교사를 기억한다. 그는 성공한 교사였을 뿐만 아니라 교육에 대한 저술가이기도 했다. 그러나 그는 영어가 아닌 라틴어로 글을 썼다. 알쿠인의 삶과 저술에 대해서는 Andrew F. West, *Alcuin and the Rise of the Christian Schools*(New York: AMS Press, 1971) 참조. 가깝게는 엘리어트와 동시대를 살았던 콜레트와 릴리와 같은 튜더 잉글랜드 전반기의 인문주의자들이 있다. 그러나 릴리는 라틴어 문법서를 한권 저술했을 뿐이며, 세인트 폴 스쿨St. Paul's School의 설립자로 이름이 높았던 콜레트는 교육자로서 유명했던 것과 별개로 교육에 대한 일반 논고는 남기지 않았다. 그렇다면 우리는 엘리어트가 교육이라는 주제와 관련해 영어로 글을 남긴 최초의 영국인이었다는 결론에 도달하게 된다. 따라서 우리는 영국교육사상사가 진정한 의미에서 엘리어트의 『통치자』에서의 교육이론으로부터 시작한다고 말할 수 있다.

69 Bindoff, *Tudor England*, p. 56 참조.

관계를 맺고, 정략적 차원에서 그들의 지방에서의 자치와 중앙에서의 정치전문가화를 용인했다. 그렇다면 지방의 젠트리 출신으로 그 스스로 '새로운 사람들'에 속했던 엘리어트는 이러한 튜더 왕조의 정치개혁의 수혜자 층에 속했다. 그리고 엘리어트가 그의 책을 '통치자'라 명명했을 때 그는 16세기 전반기의 튜더 정부하의 영국에서의 새롭게 부상하는 통치자 계층을 머리에 그리면서 사회개혁을 위한 교육의 중요성에, 특히 새로운 지배층 자녀들의 자유교육과 도덕적 덕에 주목했던 것이다.[70]

결론적으로 말해 엘리어트는 에라스무스보다 "국가적 지평national horizon"의 제약을 많이 받았던 것이고,[71] 그러한 이유에서 그의 인문주의는 에라스무스의 인문주의와 달리 소위 '애국심patriotism'이라는 근대적 요소를 반영할 수 있었다. 그것은 엘리어트가 그의 시대의 신조류였던 에라스무스 식 인문주의를 당시 영국에 남아있던 중세 식 기사도 전통과 접목시켜 영국의 신사계급을 새 시대의 사회적 이상에 맞게 교육시키는 것을, 그들에게 새로운 개념의 의무를 각인시키는 것을 의미했다. 다시 말해 엘리어트는 에라스무스 식 인문주의를 그의 시대의 영국의 필요인 '국가를 위한 유능하고 믿을만한 통치자 계층의 육성'에 적용해 인문주의적 학식과 지혜를 국가에 대한 봉사라는 애국적 목적에 사용하려 했던 것이다. 이런 관점에서 카스파리는 "그의[엘리어트의] 마음속에는 인문주의humanism와 애국심patriotism이 한데 녹아있었다"고 말하면서 엘리어트의 인문주의를 "인문주의적 민족주의humanistic natio-nalism"로 규정짓는다.[72] 그렇다면 엘리어트는 에라스무스와 달리 조국

---

70 엘리어트는 『통치자』 서문에서 그의 책의 제목과 주제에 대해 다음과 같이 적고 있다. "나는 이 책을 국가의 통치자 계급에 속한 사람들의 교육을 다룬다는 점에서 '통치자'라 부른다." Elyot, *The Governor*, p. xiii.

71 Caspari, *Humanism and the Social Order*, p. 150.

72 *Ibid.*, pp. 172-173.

에 대한 봉사라는 신실한 목적을 갖고 있었던 것이며, 이 애국적이고 매우 영국적이었던 튜더 잉글랜드의 기사는 그의 시대의 "투박하고, 교양 없는, 그러면서 다소 독립적인 지방에 영지를 소유한 귀족계급"[73]을 학식과 지혜를 겸비한 유능한 통치자 계급으로 거듭나게 하는 일이 매우 가치 있고 유용한 일임을 강조하면서 그의 논고를 끝낼 수 있었다.

장차 국가의 통치자들로 자라나야 할 아이들을 가진 이 책의 독자들은 이제 이 책에 기술되어 있는 방법대로 그들을 교육시켜야 한다. 그렇게 한다면 그들의 아이들은 앞으로 세상 사람들에게 권위와 명예와 고귀함을 지닌 존재들로 보일 것이며, 그들의 통치하에 있는 모든 것들은 번영하고 완벽에 가까워질 것이다. 사람들은 그들을 마치 값진 보석처럼 쳐다보고 경탄해 마지않을 것이다. 그리고 그들의 육신이 죽은 후에도 그들의 영혼은 이 세상에서의 노고에 비례해 합당한 보상을 받게 될 것이다.[74]

---

73 Ibid., p. 155.
74 Elyot, The Governor, p. 241.

참고문헌

Aristotle, *Politics*, trans. Benjamin Jowett(New York: The Modern Library, 1943).

Barker, Ernest, *Traditions of Civility*(Cambridge: Cambridge University Press, 1948).

Bindoff, S. T., *Tudor England*(Harmondsworth: Penguin Books, 1951).

Boyd, William, *The History of Western Education*(London: A. & C. Black, 1928).

Caspari, Fritz, *Humanism and the Social Order in Tudor England*(New York: Teachers College Press, 1968).

Castiglione, Baldesar, *The Book of the Courtier*, trans. Leonard E. Opdycke(New York: Charles Scribner's Sons, 1903).

Croft, Henry H. S., ed., *The Boke named the Gouernour, 2 Volumues*(London: Kegan Paul, Trench, and Co, 1880).

Elyot, Thomas, *The Castel of Helth*(London, 1541).

Elyot, Thomas, *The Book named The Governor*(London: Dent, 1962/1531).

Erasmus, Desiderius, "A Declamation on the Subject of Early Liberal Education for Children," trans. Beert C. Verstraete in J. K. Sowards, ed., *Collected Works of Erasmus, Volume 26*(pp. 295-346)(Toronto: University of Toronto Press, 1974).

Ferguson, *Arthur, The Indian Summer of English Chivalry*(Durham: Duke University Press, 1960).

Hexter, J. H., "The Education of the Aristocracy in the Renaissance," *The Journal of Modern History 22*, 1(1950).

Hogrefe, Pearl, *The Life and Times of Sir Thomas Elyot Englishman*(Ames: Iowa State University Press, 1967).

Hogrefe, Pearl, *The Sir Thomas More Circle*(Urbana: The University of Illinois Press, 1959).

Lehmberg, Stanford E., *Sir Thomas Elyot Tudor Humanist*(Austin: University of Texas Press, 1960).

Major, John, *Sir Thomas Elyot and Renaissance Humanism*(Lincoln: University of Nebraska Press, 1964).

Major, John, "The Moralization of the Dance in Elyot's *Governor*," *Studies in the Renaissance* 5(1958).

Marius, Richard, *Thomas More*(London: Poenix, 1999).

Plato, *Republic*, trans. Benjamin Jowett(London: The Colonial Press, 1901).

Rogers, Elizabeth F., ed., *The Correspondence of Sir Thomas More*(Princeton: Princeton University Press, 1947).

West, Andrew F., *Alcuin and the Rise of the Christian Schools*(New York: AMS Press, 1971).

Woodward, William H., *Studies in Education during the Age of the Renaissance 1400-1600*(Cambridge: At the University Press, 1906).

Woodward, William H., *Desiderius Erasmus Concerning the Aim and Method of Education*(Cambridge: At the University Press, 1904).

Chapter

IV

삶의 방식으로서의 민주주의

"세계화 시대에 존 듀이 다시 읽기:
세계화, 민주주의, 그리고 교육"

(『교육철학』 35, 2006: 151-165)

세계화 시대에 존 듀이 다시 읽기

Ⓘ **문제제기:** 세계화 시대에 삶의 위기로서 민주주의의 위기

1937년 존 듀이John Dewey, 1859-1952는 "민주주의와 교육행정"이라는 한 연설에서 민주주의를 다음과 같이 정의했다.

> 민주주의는 특정 정치형태나 통치방식 이상을 의미하는 말로서 국민투표와 그렇게 뽑힌 각료들에 의해 법을 제정하고 행정 업무를 수행하는 것보다 훨씬 넓은 개념이다. 물론 민주주의는 앞서 언급한 것들을 포함한다. 그러나 민주주의는 그것들보다 더 넓고 깊은 개념이다. 민주주의의 정치적이고 행정적인 측면은 폭넓은 인간관계와 인간성의 발달이라는 [민주주의 본연의] 목적을 달성하기 위한 지금까지 알려진 최상의 방법이다(Dewey, 1937c: 217)[1]

여기서 듀이는 민주주의를 정치적인 메커니즘보다 넓은 것으로 보았

---

1 듀이 저작들의 출처는 Jo Ann Boydston이 편집하고 Southern Illinois University Press at Carbondale에서 출판한 *The Collected Works of Dewey*[1969-1991]이다. 남일리노이 대학판 듀이 전집은 전체가 서른일곱 권이다. 듀이의 전기 작품들Early Works, 1882-1898이 다섯 권, 중기 작품들Middle Works, 1899-1924이 열다섯 권, 그리고 후기 작품들Later Works, 1925-1953이 열일곱 권이다. 나는 참고문헌에서 듀이의 전기, 중기, 후기 작품들을 구분해 글의 제목, 출처, 쪽수만을 표기했다.

다. 그의 주장에 따르자면 민주주의는 일종의 삶의 방식a way of life으로서 인간성을 실현하고 폭넓은 인간관계에서 찾아지는 인류 공동의 목적에 봉사하는 데 목적이 있다. 그것을 위해 듀이는 공동체를 구성하는 모든 개인들이 그들 공동의 삶의 가치를 결정하는 일에 적극적으로 참여할 것을 강조했다. 참된 삶의 방식을 이루는 최선책으로서 참여 민주주의 participatory democracy에 대한 듀이의 믿음은 일반대중의 잠재능력에 대한 그의 확신에 기초하는 것이었다. 듀이는 그 이유를 다음과 같이 설명하고 있다.

> 민주주의의 토대는 인간의 능력에 대한, 인간의 지적 능력에 대한, 그리고 집합적이고 협동적인 경험의 힘에 대한 믿음이다……각 개인은 [그가 속한 공동체에] 이바지할 무엇인가를 가져야하며, 그의 공헌의 가치는 다른 모든 개인들의 서로 다른 공헌들의 총합속에서 평가될 수 있다.……평등에 대한 민주주의적 신념은 각 개인이 그의 능력의 한계 속에서 무엇인가를 [공동체에] 이바지할 기회와 경우를 가져야한다는 것이고, 나아가 그의 공헌의 가치가 다른 유사한 공헌들의 조직적인 총합 속에서 그것이 차지하는 위치와 기능에 의해 결정될 것이라는 믿음이다(Deway, 1937c: 219-220).

이러한 듀이의 관점으로부터 민주주의를 이해한다면 오늘날 우리가 경험하고 있는 세계화globalization2는 민주주의에 커다란 위협이 되는 것

---

2 세계화를 세상을 하나로 묶는, 연결하는 형식form에 대한 담론으로 이해할 때, 세계화는 크게 세계시민사회의 형성과 관련된 정치적 담론, 세계동일문화권을 지향하는 문화적 담론, 그리고 국경 없는 세계시장의 등장을 위한 경제적 담론 등으로 구분될 수 있다. 그러나 세계화 시대에 민주주의의 위기는 근본적으로 자본주의의 세계적 팽창과 맞물려 있는 문제로, 나는 세계화 시대에 민주주의와 교육의 문제를 논하면서 세계화를 경제적 관점으로부터 접근한다. 그리고 세계화를 뜻하는 말로서 경제적 세계화, 신자유주의 세계화, 또는 자본주의의 세계화

처럼 보인다. 왜냐하면 그것은 사회적 다수의 의사결정과정에의 참여를 조직적이고 합법적으로 가로막으면서 이른바 참여 민주주의의 위기를 초래하고 있기 때문이다. 다시 말해 신자유주의 세계화neoliberal globalization라 불리는 오늘날의 경제적 세계화는 일반대중의 참여의 권리를 무시하면서 의사결정권을 소수의 정부와 기업의 엘리트에 국한하고 있기 때문이다. 여기에는 일반대중은 적절한 판단능력을 결여하고 있으며, 필요한 지적 능력은 단지 소수의 천부적 재능을 소유한 '인재들'에게만 부여되어 있다는 가정이 내재한다. 그것은 삶을 제어할 능력 있는 소수가 그러한 능력이 없는 다수를 통제할 권리를 가진다는 것을 의미한다. 이런 맥락에서 신자유주의 세계화는 "정의의 정치학politics of justice"이 아닌 "우월의 정치학politics of supremacy"에 의존하고 있는 것처럼 보이며, 그러한 이유에서 그것은 인간의 평등에 대한 민주주의적 신념을 위협하고 있는 것이다(Gill, 1995:400).

그러나 자본주의의 세계적 확산을 통해 초래된 최근의 민주주의의 위기는 참여 민주주의의 위기라는 협소하고 직접적인 정치적 결과보다는 삶의 위기라는 보다 넓은 맥락으로부터 이해될 필요가 있다. 왜냐하면 듀이(Dewey, 1937c: 218)가 잘 지적했듯이 국민투표와 선거 그리고 정치적인 권력을 가진 자들의 유권자들에 대한 책임과 같은 민주적인 정치형태들은 참된 삶의 방식으로서의 민주주의를 실현하기 위한 단지 수단에 불과하기 때문이다.

이러한 깊고, 삶을 포괄하는 의미로서의 민주주의의 개념으로부터 오늘날 신자유주의 세계화가 인간 보편의 복지와 인간 개개인의 온전한 발달에 어떤 영향을 미치는지를 비판적으로 검토하고, 그 과정에서 삶과 인간성의 회복을 위한 교육을 논의하는 것은 가치 있는 일일 것이다.

등을 함께 사용한다.

이러한 문제의식에 이끌려 나는 듀이의 민주주의 철학과 그것의 교육적 함의를 살펴볼 것이다. 21세기 자본주의의 세계적 확산에 즈음해 듀이의 참된 삶의 방식으로서의 민주주의의 개념과 그것의 실현을 돕는 "산파midwife"로서의 교육의 역할을 재고하는 것은 중요하다. 초기 자본주의 시대의 사회·경제적 폐해와 그에 따른 차별적 교육의 문제를 배경으로 등장했던 듀이의 민주주의론은 후기 자본주의 시대의 비인간화와 교육의 시장화 그리고 사회 전반에 퍼져있는 경쟁적 이기주의에 비판적 이해와 건설적 대안을 제시해 줄 수 있기 때문이다.

우선 나는 세계화가 어떠한 논리 하에 오늘날 사회적 다수의 삶을 소외와 변두리로 몰아가고 그들의 인간성의 상실을 초래하는지를 기술할 것이다. 이어 듀이의 민주주의 철학과 그것의 교육적 함의를 논하면서 삶의 민주주의적이고 공동체적인 가치를 강조하는 그의 사회주의적 이상이 교육적 맥락에서 어떻게 이해될 수 있는지를 살펴볼 것이다. 그리고 마지막으로 듀이의 민주주의 교육철학의 현대적 의미를 물으면서 세계화 시대에 삶의 방식으로서의 민주주의의 회복을 위한 교육의 역할에 주목할 것이다.

Ⅱ 세계화가 인간 삶과 인간성에 미친 영향: 비판적 논의

오늘날 세계의 신자유주의 모델에 입각한 경제적 통합은 소수의 정치·경제적 엘리트들의 이익에 봉사하는 한편, 사회적 다수의 삶을 파괴로 몰아가고 있다. 신자유주의적 시장 사회에서 사회적인 책무는 개인적인 책임으로 대치되고, 공공의 선은 민영화된다. 그 결과 힘없는 대다수의 사람들은 그들의 필요와 위기를 사회적으로 공론화시킬 수 없고, 적자생존이 삶의 법칙이 되는 다윈식의 세상Darwinian world에서 살 것을 강요받는다. 그들은 '만인의 만인에 대한 투쟁'으로 요약되는 현대판 정글의 법칙인 신자유주의적 시장 논리 하에서 미래를 보장할 수 없는 불안과 고통, 그리고 스트레스를 경험하면서 그들의 삶을 영위할 수밖에 없다(Bourdieu, 1998: 3).

이와 대조적으로 신자유주의적 세계질서 하에서 소수의 사회적 특권층은 일반대중의 희생을 대가로 엄청난 부와 권력을 쌓아간다(Chossudoosky, 1997: 34). 오늘날 세계 주요 국가에서 정부 정책의 신자유주의적 전환은 국민 대다수를 시장의 논리에 종속시킬 것을 강요하는 한편, 모순되게도 소수의 강자와 특권층을 위해서는 사회적 '보호'를 점차 강화해나가는 경향이 있다. 길(Gill, 1995: 407)의 지적대로 강자에게는 특권과 보호를, 나아가 그들이 직면할지도 모르는 사회적 위험에 대한 제도적 안전핀을 제공하면서 사회적 약자에게는 단지 시장의 원칙과 자기책임만을 강조하고 있는 것이다.

세계화 시대에 대다수의 사람들은 오히려 더 빈곤의 위험에 노출되어 있다. 신자유주의적 세계질서 하에서 국가 간의 경제적 양극화와 동일 국가에서 중산층의 몰락, 그리고 부의 일부 계층과 기업에의 집중은 더욱 커지고 있기 때문이다. 따라서 멘디에타와 같은 좌파 사상가들은 세계화된 사회에서 상위 5%가 지구촌이 생산한 부의 대부분을 점유하며, 절대 다수의 사람들은 가난, 기아, 가뭄, 국지적이고 범세계적인 갈등과 전쟁의 희생양으로 전락하고 있다고 주장한다. 이것은 현대사회에 필요한 것을 생산하는 데는 세계 인구의 단지 20%면 충분하며, 나머지 80%는 남아도는 짐과 같은 영구적인 프롤레타리아라는 한스-피터 마틴Hans-Peter Martin과 해럴드 슙만Harald Schumman의 20:80 사회를 떠오르게 한다(Mendieta, 2000: 127).

그렇다면 자유시장이 평화롭고 번영하는 미래 세상을 담보한다는 신자유주의자들의 장미 빛 주장은 설득력이 없다. 오히려 자유시장 사회에서 커져만 가는 경제적 불평등과 사회적 양극화, 그리고 정치적 불안정은 단지 "삶을 극도로 불확실하게 만들어 혼란스럽고 야만적인 세상"(Bienefeld, 1994: 105)을 가져오는 데 공헌할 뿐이다. 한 마디로 '전지전능한 시장 신the omnipotent market God'을 통한 인간의 구원이라는 자유시장 교리는 하나의 신화에 불과하다. 그것은 오늘날 대다수 사람들의 삶의 조건을 황폐화시키고, 심지어 운 좋은 소수의 엘리트 계층조차 이러한 불안정한 시스템 하에서는 그들의 삶의 질을 지속적으로 유지해나가는 데 어려움을 겪을 수밖에 없다.

한편 신자유주의 세계화는 인간을 도구적인 시장 대리인들로 간주하면서 인간의 실존적이고 사회적인 잠재능력을 부정한다. 신자유주의자들은 시장을 그 자체로 가치 있는 것으로 보고, 시장의 작용이 인간의 모든 행동을 통제할 수 있다고 믿는다. 따라서 시장논리는 기존의 모든 윤리적 신념체계를 대신하는 새로운 인간의 윤리규범이 된다(Treanor, 2002: 12). 그리고 오늘날의 경제적 세계화의 물결 속에서 인간의 삶은 점차 시장의 법칙에 종속되며, 그것은 "시장에서 가치를 생산하지 못하는 것은 곧 어떤 가치도 지니지 못하는 것이다"(Bacchus, 2002: 12)는 후기 자본주의 사회의 양화된 가치체계가 우리 시대의 지배적 담론이 되고 있다는 것을 의미한다.

이런 맥락에서 인간의 도덕적 의무는 시장에서 자본화된 이득을 극대화시키는 것이다. 한 예로, 신자유주의적 시장 사회에서 개인들이 그들의 앞으로의 고용 상태를 증진시키기 위해 특정 친구, 취미, 스포츠, 그리고 동료를 선택하는 것은 윤리적으로 정당화된다(Treanor, 2002: 9). 왜냐하면 그들은 시장에서 자기이익을 극대화시키는 방향으로 그들의 행동을 조절할 필요와 의무가 있기 때문이다. 나아가 신자유주의자들은 인간의 모든 가치를 생산성과 금전적 이득에 수렴시키면서 이기적인 자본축적을 성공의 척도로 여기는 반면에 인간 삶의 다른 가치들인 실존적인 가치와 공동체적인 가치 등은 시장에서 양화될 수 없는 것으로 평가절하 한다(Cox, 1999).

그러나 이러한 시장적인 삶의 방식은 인간관계에서의 효율성과 개인주의적인 이익 추구를 지나치게 강조한 나머지 삶의 가치를 상품의 가치와 혼동하는 잘못을 범한다. 신자유주의자들은 인간의 행복과 복지가 외적인 시장 관계에 의존한다고 주장하면서 삶의 내적 성장과 공동체적 규범이 인간 존재의 보다 중요한 조건이라는 사실을 인식하지 못한다. 이에 신자유주의적 삶의 논리와 그것에 토대를 두는 오늘날의 영-미식Anglo-American 자본주의 세계화는 인간을 참된 의미에서 인간으로 만들어 주는 의식적이고 사회적인 활동을 인정하지 않는다는 비판에 직면한다(Leys, 2001; McNally, 2002). 오늘날의 세계화 담론은 인간 본성의 이기적이고 투쟁적인 측면을 부각시키면서 '경쟁적 선택'이라는 시장의 논리를 인간 삶의 내적 영역으로 들여와 인간을 기계적이고 무기력한 상품으로 전락시키고 있는 것이다.

인간이 가격표를 지닌 판매의 대상이 되는 이러한 친시장적 환경 속에서 우리는 필연적으로 인간 본성의 황폐화를 경험한다. 인간이 단순히 사고 팔 수 있는 상품이 되었을 때 그의 창의적이고 사회적인 본성은 발현될 수 없기 때문이다. 더해 신자유주의적 세계질서 하에서 인간은 경쟁력 있는 자본으로 거듭날 것을 요구받는다. 그러나 유능하고 경쟁력 있는 소수 엘리트의 성공적인 삶 이면에는 늘 소외되고 변두리로 내몰린 '무능'하고 경쟁력 없는 다수의 대중들이 존재한다. 이것은 자유, 경쟁, 선택으로 요약되는 시장적 개인주의가 인간의 공동체적 본성을 억압하고 인간관계의 유기적 상호관련성을 부정함으로써 비로소 가능한 삶의 방식임을 말해준다.

세계화 시대는 불확실의 시대로서 대다수의 사람들은 경제적 빈곤과 정치적 불안을 안고 산다. 신자유주의라 불리는 새로운 자유방임 경제 철학은 그것의 이론적 순수성에도 불구하고 인류에 남북문제, 문화간

충돌, 환경파괴와 같은 심각한 문제들을 초래하고 있다. 나아가 자본의 논리에 입각한 국경 없는 지구촌의 개념은 자본주의를 전 세계적으로 확산시키면서 인간 삶의 시장화를 촉진시켰다. 그 결과 오늘날의 경제적 세계화는 인간을 자본으로 또 상품으로 전락시켰다. 여기에 문제의 심각성이 있는데 신자유주의적 세계질서 하에서 사회적 다수는 인간 본성의 심각한 왜곡을 경험하면서 단지 소외와 변두리화, 궁극적으로 비인간화로 내몰리고 있기 때문이다.

이제 남은 문제는 기계적이고 자기충족적인 자본주의적 세계화 담론 속에서 우리가 어떻게 창의적이고 상호 의존적인 인간 본연의 모습을 회복할 수 있느냐는 것이다. 이하에서는 삶의 민주주의적 가치와 인간의 공동체적 윤리를 강조하는 듀이의 사회주의적 이상과 그것의 교육적 요구를 살펴본다.

Ⅲ 듀이의 민주주의 철학과 그것의 교육적 함의

1. 삶의 방식으로서의 민주주의 개념과 인간의 공동체적 본성

듀이가 살았던 20세기 전반기는 산업사회의 폐해가 노출되기 시작했던 시기였다. 실업, 빈곤, 소외로 대변되는 자본주의의 악들은 1차 대전을 겪으면서 정치적·사회적으로 표면화되기 시작해 1930년대 경제공황 시기에 이르러 절정을 이루었다(Dewey, 1918b). 문제가 되는 것은 기존의 양극화된 사회·경제적 질서와 그에 따른 불평등한 교육 체제 속에서 대다수의 보통 사람들은 제한된 경제적 능력과 함께 그들의 창의적이고 사회적인 인간성을 실현시킬 수 있는 교육의 기회를 얻지 못한다는 것이다(Dewey, 1918b; Dewey, 1903). 이에 듀이는 그의 시대가 당면한 과제로서 국가의 적절한 개입을 통한 사회적 다수의 삶의 질 향상과 교육의 사회적 이상에 따른 재구조화에 관심을 가졌다. 듀이의 민주주의 철학이 그의 시대의 산물이었음을 알 수 있는 대목이다. 듀이는 1920년대 이후 공론화되기 시작했던 자본주의의 구조적 모순을 비판하면서 보다 나은 사회 질서의 회복을 위해 민주적인 생활 방식의 확산과 그것을 위한 교육의 역할에 주목했기 때문이다.

듀이에게 민주주의는 많은 의미를 내포하는 개념이었다. 그러나 듀이의 저작들을 주의 깊게 살펴보았을 때 우리는 그가 민주주의를 기본적으로 하나의 삶의 방식으로 이해했음을 알게 된다. 앞서 언급했듯이, "민주주의는 특정한 통치형태 이상을 의미하는 말로서 함께 하는 삶의 양식, 타인과의 유기적인 의사소통의 경험"(Dewey, 1916b: 93)을 뜻하기 때문이다. 같은 맥락에서 듀이(Dewey, 1939: 230)는 "민주주의의 과제는 모든 것을 공유하고, 또 모두가 공헌을 하는 보다 자유롭고 인간적인 경험을 창출해 내는 것"이라고 주장했다. 이러한 사회적이고 도덕적인 민주주의의 개념 정치적인 개념을 뛰어넘는 것으로서은 "강제나 야만적인 경쟁이 아닌 상대방을 배려하는 열린 권고와 협동에 기초하는 공동체적 생활 방식이 삶의 법칙이 되어야 한다"(Dewey, 1937a: 417)는 가정에 따른 것이다.

듀이의 민주주의 철학은 삶의 집합적 경험을 강조하는 것으로서 인간의 공동체적 본성에 의존한다. 인간은 타고나기를 "따로 동떨어져 있는 개별적인 존재가 아니므로 인간성은 타인과의 내적인 관계 속에서 실현"(Dewey, 1888: 231)될 수 있다. 듀이의 이러한 인간관은 인간 삶의 생물학적 조건에 그 근거를 두는 것처럼 보인다.

> 우리는 상호 의존적인 상태로 태어난다.……[따라서] 생존을 위해서……타인들과의 상호 연계성을 이해할 필요가 있다. 그리고 나아가 공동체적 삶을 존중하고 창출하며 지속적으로 활성화 할 필요가 있다(Mckenna, 2001: 104).

여기서 듀이는 인간을 사회적 존재로 간주하면서 "인간은 본성상 타인과 관계를 맺으며 살아가야 하는 존재이며 그의 행복과 평화는 단지 타인들과의 지속적인 결합 속에서만 찾아질 수 있다"(Gouinlock, 1994: 119)고 주장했다.

듀이는 사회라는 인간 공동체 속에서 개인들 간의 유기적 연계가 필요함을 인식하고, 그 연장선상에서 새로운 개념의 개인주의를 논하였다. 그것은 고전적 자유주의에 토대를 두는 개인주의와 차이를 보였는데 듀이의 개인들은 타인과의 관계, 의존, 의무를 부정하는 자기 만족적이고 자기 확신적인 근대적 의미에서의 개인들이 아니었기 때문이다 (Mckenna, 2001: 111). 그보다 듀이는 개인과 사회를 두 개의 독립된 영역으로 보는 이원론적 사고에서 벗어나 사회는 개인들로 구성되고, 그 개인들은 언제나 사회적인 의미에서의 개인들이라고 생각했다. 다시 말해 듀이에게 개인과 사회는 서로를 포괄하는 개념들이었고, 따라서 "개별성을 발달시키는 것은 한 개인을 다른 개인으로부터 격리해 고립시키는 '물리적'인 일이 아닌, 그가 다른 사람들과 협동적인 관계 속으로 들어가는 방법과 관련된 정신적이고 영혼적인 마음의 문제"였던 것이다(Dewey, 1897b: 55; 1923a: 179). 아래 인용문에서 듀이는 그의 '새로운 개인주의new individualism'를 '고전적 개인주의old individualism'와 구분해 설명하고 있다.

> 예전에는 개인주의 하면 마치 그것이 움직이지 않고 정형화된 내용을 갖는 [물리적인] 것으로 이해되었다. 그것은 개인들 내부의 정신적이고 도덕적인 구조와 그들의 욕구와 목적의 형태가 사회적 조건 속에서 수시로 크게 변화된다는 사실을 인정하지 않았다. 더해 가족적인, 경제적인, 정치적인, 또는 교육적인 공동체적 삶에 귀속되지 않은 개인들은 단지 유령들에 불과하다. 그러나 개인들 간의 연계가 단지 외적 현상이라고 보는 것은 잘못이다. 왜냐하면

그것은 또한 개인들 내부의 성향을 방향 지우면서 그들의 정신과
성격에 영향을 미치기 때문이다(Dewey: 1930: 80-81).

듀이는 인간의 삶과 존재 조건을 개인과 사회의 유기적 관계 속에서
찾으면서 인간이 어떻게 그의 인간성을 사회적 상호작용을 통해 실현시
킬 수 있는지에 관심을 가졌다. 듀이에게 그것은 본질적으로 교육의
문제였다. 왜냐하면 인간은 교육을 통해 비로소 사회적 개인, 즉 사회적
존재가 되기 때문이다(Dewey, 1897a: 86). 다시 말해 교육은 삶의 사회
적 이상인 민주주의의 "산파"(Dewey, 1916c: 139)라는 것이다. 따라서
우리는 남과 더불어 살아가는 공동체적 삶을 실현하기 위한 수단으로서
교육의 의미와 역할에 주목할 필요가 있다. 특히 민주주의 사회에서
학교교육의 사회적 과제와 그것의 삶과의 관련성을 논의하는 것이 중요
하다.

2. 공동체적인 삶의 경험으로서 교육과 학교 민주주의의 이상

듀이(Dewey, 1918a: 57)는 공동체적인 삶을 살아갈 수 있는 사회적
지능과 관심을 갖춘 개인을 교육의 과정을 통해 기르고자 했다. 듀이
(Dewey, 1897a: 86)에 따르자면, "학교는 본질적으로 사회적 기관이다."
아이는 학교라는 삶의 공간에서 "타인들과의 상호작용을 통해 그 자신
의 자아 개념을 발달시키고, 그렇게 인간으로 성장한다"(Compbell,
1995: 41). 따라서 아이는 "학교에서 성인이 사회생활에서 겪는 모든
것을 동일한 동기와 행위기준에 입각해 경험해야만 한다"(Dewey, 1909:
274). 이것은 학교가 지식 전달소가 아닌 진정한 의미에서 하나의 생활
공동체임을 뜻한다(Dewey, 1899: 10).

듀이는 학교교육의 사회적 목적을 염두에 두고 학교를 구성원들 간의
협동에 기초해 재조직하려 했다. 학교교육은 사회적 삶의 한 형태로서

개인은 타인들과 함께 일하고 사고하는 과정을 통해 그들과 적절한 사회적 관계를 형성하고, 나아가 사회적 정신 또는 동기의 함양이라는 인간에게 가능한 최상의 도덕적 훈련을 받을 수 있다(Dewey, 1897a: 88; Dewey, 1916a: 75). 이런 관점에서 듀이는 학교교육의 사회·윤리적 의미를 강조하고 있다.

> 우리 모두는 다음의 사실에 동의할 것이다. 공립학교의 교육 목적은 우리의 젊은 세대들을 장차 가장 넓은 의미에서 훌륭한 국가의 시민들로 키워내는 것이다. 우리는 교육을 통해 우리의 젊은 학생들을 지역사회의 구성원들로 준비시켜야 한다. 그것을 위해 우리의 어린 학생들의 마음속에 사회의 다른 구성원들과의 관련성은 물론 그들의 사회 공동체에 대한 공헌의 의무를 각인시킬 필요가 있다(Dewey, 1923b: 158).

듀이가 학교의 사회화 기능을 강조했을 때 그것은 또한 인간 삶의 공동체적 목적을 지향하는 그의 민주주의 철학을 반영하는 것이었다. 왜냐하면 교육을 통한 개인들 간의 조화롭고 협동적인 상호관계의 형성은 곧 사회 전반에 남과 더불어 살아가는 민주적인 생활 방식의 정착과 번영을 뜻하기 때문이다(Dewey, 1937b: 190). 따라서 우리는 학교교육의 사회적 방향을 논하면서 듀이의 삶의 방식으로서의 민주주의 개념에 다시 주목할 필요가 있다.

> 민주주의는 남과 더불어 살아가는 삶의 방식을 의미한다. 민주주의는 필요와 목적이 서로 다른 개인들이 상호 협동에 의해 그들 개개인의 삶을 보다 나은 방향으로 나아가게 할 수 있다는 믿음에 기초하는 개념이다. 민주적인 삶의 방식은 개인들이 차이를 인정하고 그것에 기회를 부여함으로써 상호 협동으로 나아가는 것이다. 왜냐하면 다름을 표현하는 것은 다른 사람의 권리인 동시에 우리

자신의 삶의 경험을 풍요롭게 만드는 수단이기 때문이다(Dewey, 1939: 228).

이러한 상호 주관적이고 타인들의 삶의 가치를 인정하는 삶의 방식으로서의 민주주의의 이상을 실현하기 위해 듀이(Dewey, 1941: 277)는 "협동의 본질이자 더불어 살고자 하는 의지를 뜻하는 동포애"를 강조했다. 듀이(Dewey, 1916b: 127)는 '나'와 '타인' 간의 사회적 장벽을 허물기 위한 "사회적 효율성" 또는 "마음의 사회화"에도 관심을 기울였다. 구체적으로 듀이(Dewey, 1916b: 127-128)는 민주적인 삶의 방식에서 타인들에 대한 자애로운 관심을 의미하는 "지적인 공감"을 중시했다. 듀이에게 공감은 단순한 감정을 뛰어넘어 인간에게 공통으로 있는 바람직한 자질로서 개인들 간의 사회·심리적 간극을 좁혀주는 데 이바지한다. 듀이는 공감을 공동체적 삶에 자유롭고 온전하게 참여하려는 의지로 보면서 그것을 타인들의 이익, 고통, 권리에 대한 자발적이고 의식적인 관심으로 이해했다(Rockefeller, 1991: 243).

우리는 듀이 철학의 이러한 인간적이고 형제애적인 성격으로부터 학교의 협동적인 공동체로서의 비전을 엿볼 수 있다. 아이들은 학교에서 상호 관용, 협동, 그리고 우정과 같은 민주적인 가치들에 입각해 그들 혼자서는 할 수 없는 공동의 과제들을 다른 아이들과 함께 힘을 모아 해야만 한다(Campbell, 1995: 217). 나아가 아이들은 이러한 협동적이고 사회적인 환경 속에서 공동체적인 활동에 참여하고, 또 나름대로 그것에 공헌을 하면서 공동의 목적을 달성하는 것을 그들 자신의 성공의 척도로 여겨야 한다(Dewey, 1916b: 18). 듀이는 학교를 공동체적인 경험이 가능한 교육의 장으로 만들기 위해 "자발적으로 협동의 과정에 참여하려는 의지"로서 "사회적 지능"의 발달을 강조했다(Gouinlock, 1986: 62). 그리고 학교 교육과정을 "과학, 문학, 역사, 지리와 같은 교과목들이 아닌 아이들의 사회적 활동들"로 구성하고자 했다(Dewey, 1897a: 89). 듀이는 교육을 타인들과의 상호작용을 통해 경험을 계속적으로 재구성해 가는 과정으로 이해하면서 학교교육을 구성원들의 공동체적인 삶의 경험에 기초해 재조직하려 했기 때문이다.

　이러한 맥락에서 듀이(Dewey, 1934: 184)는 아이들이 "공동체적인 삶의 토대 위에서 학교생활에 직접 참여"할 것을 주장했다. 삶의 경험으로서의 교육은 아이들이 학교 공동체에 속해있을 때 가능하며, 그들이 타인들과의 상호 존중과 관련 속에서 공동체적 활동에 직접 참여했을 때 비로소 실효를 거둘 수 있기 때문이다. 이때 듀이(Dewey, 1916a: 72; Dewey, 1923a: 170)는 교육을 소수의 능력 있는 개인들의 '성취'의 문제로 간주하는 엘리트적 사고에 반대했는데, 그에게 교육은 어디까지나 사회적 다수의 공동체에의 '참여'와 '공헌'의 문제였기 때문이다. 여기에는 "적절한 기회만 주어진다면 모든 개인이 그 자신의 삶을 타인의 강제와 강요 없이 자유롭고 자율적으로 영위해 나갈 수 있다"는 일반대중의 삶의 능력에 대한 민주주의적인 믿음과 "인간은 누구나 타고난 능력에 상관없이 그가 지닌 가능성을 실현시킬 수 있는 기회를 공평하게 가질 권리가 있다"는 평등의 철학이 들어있다(Dewey, 1939: 226-227). 듀이는 학교라는 사회적 공동체에서 모든 개인들이 그들의 삶에 소극적인 방관자가 아닌 적극적인 참여자가 되어야 한다고 생각했다. 민주주의 사회에서 학교는 이기적이고 개별적인 존재들이 공동체에의 참여와 경험을 통해 사회적인 개인들로 다시 태어나는 삶의 공간이기 때문이다.

　이상에서 우리는 듀이 철학의 목적이 사회적 다수의 삶을 실현하는 데 있었음을 보았다. 다음 인용문은 듀이의 삶의 방식으로서의 민주주의 이상이 소수 엘리트들의 삶의 이상에 있지 않았음을 잘 보여 준다.

민주주의는 개인이 그 자신의 삶의 조건과 목적을 결정하는 일에 참여해야 한다는 것을 의미한다. 일반적으로 말해 민주주의는 소수의 매우 지혜롭고 능력 있는 개인들의 계획과 실행보다 서로 다른 개인들의 자유롭고 조화로운 관계 속에서 세상은 보다 좋아진다는 믿음이다. 그밖에 어디서 우리는 민주주의의 원칙을 정당화 할 수 있겠는가?(Dewey, 1903: 233)

듀이는 또한 그의 사회주의적 이상, 즉 민주주의를 다음과 같은 말로 옹호하고 있다.

인간은 상호 존중, 관용, 주고받음과 같은 공동체적 경험에 토대를 두는 민주주의라는 그 결국 유일한 방법을 통해 모든 인류가 참여하는 위대한 실험인 남과 더불어 살아가는 방식을 실행에 옮기고 나와 남을 모두 이롭게 하면서 우리 각자의 삶을 진정한 의미에서 이롭게 만들 수 있다(Dewey, 1938: 303).

지금까지 나는 사회적 다수의 삶과 공동체적 경험을 강조하는 듀이의 참여 민주주의의 이상과 그것의 교육에의 함의, 즉 협동적인 공동체로서의 학교 개념을 논했다. 마지막으로 다음 절에서는 이러한 듀이의 민주주의 철학이 오늘날 인간의 삶과 교육에 시사하는 바가 무엇인지를 고려한다.

Ⅳ 듀이 민주주의 교육철학의 현대적 의미

신자유주의라 불리는 급진적인 형태의 자본주의와 그것에 토대를 두는 경제적 세계화, 즉 자본주의적 시장 질서에 입각한 세계경제의 출현은 정부의 목적을 경제성장에 두도록 했다. 이런 맥락에서 인적자원에 대한 투자로서의 교육 개념은 중요하다. 왜냐하면 국경 없는 세계시장에서 경쟁력을 높여 부를 축적하기 위해서는 다른 무엇보다도 인간자본의 질을 업그레이드하는 일이 필요하기 때문이다(Brown & Lauder, 1999: 180). 그렇다면 오늘날 교육은 경제적 투자의 한 형태로서 그것의 가치는 경제성장에 이바지하는 정도에 달려있다고 할 수 있다(Spring, 1998: 159).

그러나 인간을 자본으로 간주하고 삶의 경제적 목적에 주목하는 신자유주의 세계화는 인간의 삶을 상업화 또는 시장화시키는 결과를 초래했다. 시장에서 가격이 결정되는 투자와 판매의 대상인 인간은 필연적으로 그의 창의적이고 사회적인 본성으로부터 소외와 이탈을 경험할 수밖에 없다. 그것은 곧 인간의 삶이 자본축적이라는 기계적이고 개별화된 시장의 논리에 종속됨을 의미한다. 게다가 인간자본에 대한 투자로서의 교육 개념은 교육의 장을 질적質的 우수성을 확보하기 위한 적자생존의 경쟁의 장으로 탈바꿈시켜 놓았다. 그 결과 소수의 지적 엘리트들의 생존과 사회적 절대 다수의 죽음이 공존하는 교육의 공간은 시장적 개인들의 자기애에 기초하는 이기적인 투쟁의 공간이 되었다.

이러한 비판적 관점으로부터 우리는 듀이의 민주주의 교육철학의 현대적 의미를 찾을 수 있다. 왜냐하면 듀이의 사회적 다수의 참여와 공헌을 강조하는 사회적이고 도덕적인 삶의 방식으로서의 민주주의 개념과 공동의 목적을 추구하는 집합적 경험으로서의 교육의 이상은 자본축적이 삶의 목적이 되고 교육이 인간자본에 대한 경제적 투자로 인식되는 신자유주의적 세계관에 잠재적 대안으로 고려될 수 있기 때문이다.

앞서 살펴보았던 것처럼 듀이는 인간 삶의 상호 의존성을 강조하면서 인간은 타인과의 상호작용을 통해 비로소 자아에 대한 올바른 개념을 발달시키고, 그렇게 참된 의미에서 인간이 되어간다고 주장했다. 듀이의 이러한 사회적 자아 또는 사회적 개인의 관점으로부터 우리는 인간 삶의 개별적이고 개인주의적인 측면을 강조하는 신자유주의적 세계관을 비판할 수 있다. 왜냐하면 그것은 인간의 삶을 보다 경쟁적이고 자기중심적으로 몰고 가면서 개인들 간의 사회적 거리를 심화시키는 결과를 낳기 때문이다. 이런 맥락에서 듀이는 우리에게 교육의 목적이 개인들의 자기애를 최소화하면서 그들의 자기이익에의 관심을 공동의 목적으로 전환하는 데 있어야 함을, 그래서 궁극적으로 더불어 잘 살아가는 민주적인 공동체를 건설하는 데 있어야 함을 말하고 있다.

다시 말해 민주주의의 목적은 소수 엘리트들의 필요에 부합하는 것이 아닌 다수의 보통 사람들의 삶에 봉사하는 데 있으며, 이러한 함께 살아가는 방식으로서 민주주의의 이상은 본질적으로 "사회적 다수의 행복" 추구와 연계된다는 것이다(Dewey, 1946: 474; Dewey, 1919). 그렇다면 '자유경쟁'이라는 정치적이고 이데올로기적인 수사rhetoric 속에서 사회적 강자의 이익을 대변하는 신자유주의적 시장 논리는 일반대중의 삶의 요구를 무시한다는 점에서 민주주의의 정신에 반한다 할 수 있다. 같은 맥락에서 오늘날 교육은 '정의'보다는 '자본'의 논리에 이끌려 소수의 지적 엘리트에 대한 편의와 배려의 공간이 되어가고 있다. 그 과정에서 대다수의 보통 아이들은 교육과정으로부터 소외를 경험하고 그들의 삶은 제도적으로 변두리화 되고 있다. 이와 대조적으로 듀이는 교육을 사회적 선으로 간주하면서 교육의 과정에 사회적 다수의 '목소리'를 반영하고자 했다. 왜냐하면 교육은 구성원들 간의 공동체적 경험을 축적해 가는 과정으로서 그것은 사회적 다수의 참여와 공헌에 바탕을 두는 민주적인 활동이어야 하기 때문이다.

록펠러(Rockefeller, 1991)는 사회적 다수의 참여와 공헌을 강조하는 듀이의 이러한 사회적 이상을 '민주주의적인 인문주의democratic humanism'로 명명했다. 그것은 '인류애'라는 인간 본래의 특질에 기초하는 것이었는데 듀이의 공동체적 삶의 방식으로서의 민주주의 개념은 다른 무엇보다도 타인에 대한 인간적인 관심과 태도를 요구하기 때문이다. 그렇다면 듀이 식 민주주의는 우리에게 교육의 주된 관심이 능력 있는 소수에 대한 경제적인 투자보다는 교육의 과정에서 소외와 변두리화를 경험하는 사회적 약자에 대한 인간적인 돌봄에 있어야 함을 말하고 있다. 교육은 그 과정에서, 맥머트리(McMurtry, 2001: 851)의 표현을 빌리자면, "사회적 다수의 죽음"을 막아야 할 도덕적 책임이 있으며, 교육의 최우선적 과제는 삶의 위기를 느끼는 다수의 아이들의 삶을 보호하는 데 있다.

한편 듀이가 구성원들 간의 참여와 협동에 기초하는 공동체적 삶에서 그의 철학적 이상을 찾은 데는 모든 사람은 그 자신의 삶의 경험에 대해 합법적이고 도덕적인 권리를 가진다는 그의 민주주의적인 신념 때문이었다. 듀이는 능력이나 자질이 뛰어난 특정 개인이 다른 개인들에 대해 우선권을 갖는다는 지적 엘리트주의에 반대했다. 왜냐하면 인간은 타고나기를 도덕적으로 평등한 존재로서, 남이 나를 억압할 권리가 없는 것처럼 나 또한 남을 억압할 권리가 없기 때문이다. 그러므로 민주주의 사회에서는 모든 개인이 동등한 참여와 발언의 권리를 갖고, 그것이 곧 정의의 원칙이 된다(Gouinlock, 1986: 66).

결론적으로 말해 타인의 삶의 가치를 인정하는 듀이의 도덕적 다원주의는 오늘날 신자유주의적 세계질서 하에서 삶의 위기로서의 민주주의의 위기가 다름 아닌 타인의 도덕적 권리에 대한 상호 주관적인 존중의 결핍에서 비롯된 것임을 말해준다. 같은 맥락에서 교육을 협동적인 인간관계에 토대를 두는 공동체적 경험으로 이해하는 듀이의 민주주의 교육철학은 오늘날 학교에서의 사회적 다수의 삶의 위기로서의 민주주의의 위기가 교육의 경제적 목적에 입각한 인간자본론 또는 지적 엘리트주의에서 초래된 것임을 말해준다. 따라서 그것의 회복을 위해서는 사회 구성원 모두가 참여하고 공헌하는 사회적 분위기의 형성과 교육을 통한 개인들 간의 사회적 거리를 좁히려는 의식적인 노력이 요구된다고 할 수 있다. 왜냐하면 듀이의 믿음대로 민주주의 사회에서 교육은 나와 남의 장벽을 허물어 '우리'라는 공동의 경험을 창출해 내는 사회적이고 도덕적인 과정이며, 학교는 "모두가 참여하고 공헌하는 그러면서 타인들과의 관계를 통해 사회적 자아를 발달시키는 말 그대로 축소된 사회"(Rockefeller, 1991: 250)이기 때문이다. 더해 오늘날 교육과정은 교과나 지식이 아닌 타인들과의 경험으로 구성될 필요가 있는데 세계화 시대에 삶의 위기로서 참여 민주주의의 위기는 그 해결을 위해 '타자의 윤리'에 기초하는 공동체적 경험과 사회적 다수의 참여를 강조하는 민주적이고 인간적인 교육을 필요로 하기 때문이다. 바로 여기에 우리가 21세기 세계화 시대에 듀이 다시 읽기를 해야만 하는 이유가 있다. 지금까지 살펴보았던 것처럼 듀이 철학의 주제는 인간다움의 회복을 위한 '민주주의와 교육'의 문제였기 때문이다.

참고문헌

Bacchus, K.(2002). Curriculum, Employment and Globalization with Special Reference to the Developing Countries. Unpublished Paper.

Bienefeld, M.(1994). Capitalism and the Nation State in the Dog Day of the Twentieth Century. *Socialist Register*, 94-125.

Bourdieu, P.(1998). The Essence of Neoliberalism(J. J. Shapiro, Trans.) Retrieved September 27, 2002, from http://www.analitica.com/bitblioteca/bourdieu/neoliberalism.asp

Brown, P., & Lauder, H.(1999). Education, Globalization, and Economic Development. In A. H. Halsey *et. al.*(Eds.), *Education: Culture, Economy, and Society*(pp. 172-192). Oxford: Oxford University Press.

Campbell, J.(1995). *Understanding John Dewey: Nature and Cooperative Intelligence*. Chicago: Open Court.

Chossudoosky, M(1997). *The Globalization of Poverty: Impact of IMF and World Bank Reforms*. London: Zed Books.

Cox, H.(1999). The Market as God. *The Atlantic Monthly, March*, 18-23.

Dewey, J.(1946). What is Democracy(*Later Works, Vol. 17*, pp. 471-474).

Dewey, J.(1941). The Basic Values and Loyalties of Democracy(*Later Works, Vol. 14*, pp. 275-277).

Dewey, J.(1939). Creative Democracy-The Task before Us(*Later Works, Vol. 14*, pp. 224-230).

Dewey, J.(1938). Democracy and Education in the World of Today(*Later Works, Vol. 13*, pp. 294-303).

Dewey, J.(1937a). Education and Social Change(*Later Works, Vol. 11*, pp. 408-417).

Dewey, J.(1937b). The Challenge of Democracy to Education(*Later Works, Vol. 11*, pp. 181-190).

Dewey, J.(1937c). Democracy and Educational Administration(*Later Works*,

Vol. 11, pp. 217-225).

Dewey, J.(1934). Education and the Social Order(*Later Works*, Vol. 9, pp. 175-185).

Dewey, J.(1930). Toward a New Individualism(*Later Works*, Vol. 5, pp. 77-89).

Dewey, J.(1923a). Individuality in Education(*Middle Works*, Vol. 15, pp. 170-179).

Dewey, J.(1923b). Social Purposes in Education(*Middle Works*, Vol. 15, pp. 158-169).

Dewey, J.(1919). Philosophy and Democracy(*Middle Works*, Vol. 11, pp. 41-53).

Dewey, J.(1918a). Education and Social Direction(*Middle Works*, Vol. 11, pp. 54-57).

Dewey, J.(1918b). Internal Social Reorganization after the War(*Middle Works*, Vol. 11, pp. 73-86).

Dewey, J.(1916a). Socializing the Schools(*Later Works*, Vol. 17, pp. 72-76).

Dewey, J.(1916b). *Democracy and Education*(*Middle Works*, Vol. 9).

Dewey, J.(1916c). The Need of an Industrial Education in an Industrial Democracy(*Middle Works*, Vol. 10, pp. 137-143).

Dewey, J.(1909). Moral Principles in Education(*Middle Works*, Vol. 4, pp. 265-292).

Dewey, J.(1903). Democracy in Education(*Middle Works*, Vol. 3, pp. 229-239).

Dewey, J.(1899). *The School and Society*(*Middle Works*, Vol. 1, pp. 1-109).

Dewey, J.(1897a). My Pedagogic Creed(*Early Works*, Vol. 5, pp. 84-95).

Dewey, J.(1897b). Ethical Principles Underlying Education(*Early Works*, Vol. 5, pp. 54-83).

Dewey, J.(1888). The Ethics of Democracy(*Early Works*, Vol. 1, pp. 227-249).

Gill, S.(1995). Globalization, Market Civilization, and Disciplinary Neo-liberalism. *Journal of International Studies*, 24(3), 399-423.

Gouinlock, J.(Ed.).(1994). *The Moral Writings of John Dewey*. New York: Prometheus Books.

Gouinlock, J.(1986). *Excellence in Public Discourse: John Stuart Mill, John Dewey, and Social Intelligence.* Columbia University: Teachers College Press.

Leys, C.(2001). *Market-Driven Politics: Neoliberal Democracy and the Public Interest.* New York: Verso.

McKenna, E.(2001). *The Task of Utopia: A Pragmatist and Feminist Perspective.* Lanham: Rowman & Littlefield Publishers.

McMurtry, J.(2001). The Life Ground, the Civil Commons and the Corporate Male Gang. *Canadian Journal of Development Studies, 22,* 819-854.

McNally, D.(2002). *Another World Is Possible-Globalization and Anti-Capitalism.* Winnipeg: Arbeiter Ring.

Mendieta, E.(2000). Beyond Universal History: Dussel's Critique of Globalization. In L. M. Alcoff, & E. Mendieta(Eds.), *Thinking from the Underside of History: Enrique Dussel's Philosophy of Liberation*(pp. 117-133). Lanham: Rowman & Littlefield Publishers, INC.

Rockefeller, S.(1991). *John Dewey: Religious Faith and Democratic Humanism.* New York: Columbia University Press.

Spring, J.(1998). *Education and the Rise of the Global Economy.* London: Lawrence Erlbaum Associates.

Treanor, P.(2002). Neoliberalism. Retrieved October 10, 2002, from http://www.inter.nl.net/users/Paul.Treanor/noeliberalism.html

Chapter

V

선택할 수 있어 인간이다

"*Mill과 7차 교육과정:*
Mill의 자유주의가 학생 선택중심 교육과정에 주는 시사점"
(『교육과정연구』 24(3), 2006: 25-38)

Mill과 7차 교육과정

ⓘ 머리말

7차 교육과정은 수요자 중심교육을 실현하기 위한 학생 중심 교육과정이다. 그리고 학생 중심 교육과정의 핵은 선택중심 교육과정이다. 선택중심 교육과정은 "학생들이 자신의 적성과 소질에 맞는 교과목을 선택하여 능동적·자율적으로 공부할 수 있도록 하는 [것]"으로 정의될 수 있다(교육개혁위원회, 1998: 137). 이러한 목적 하에 7차 교육과정은 초등학교 1학년에서 고등학교 1학년까지 10년 동안 국민공통 기본교육과정을 운영하면서 교과 외에 재량활동과 특별활동을 확대·적용하는 데 중점을 두고 있다. 이것은 교육과정 편성과 운영에 있어 개별 단위학교의 지역적 특성과 학생의 교육적 필요를 적극적으로 수용하고 반영하려는 노력으로 평가된다. 그러나 7차 교육과정의 특징으로서 '학생 선택권'의 보장은 고등학교 2·3학년 동안에 편성·운영되는 선택중심 교육과정을 살펴보았을 때 보다 분명해진다. 7차 교육과정은 11-12학년의 2년 동안에 편성·운영되는 이러한 고등학교 선택중심 교육과정을 통해 학생 개개인에게 적게는 20%에서 많게는 50%까지 과목 선택의 자유와 기회를 제공하고 있기 때문이다(교육개혁위원회, 1998: 140).

학교가 학생들에게 교육과정 선택권을 주는 이러한 학생 선택중심 교육과정은 교육 수요자인 학생들의 개인적인 필요와 능력에 따라 교육의 과정을 다양화하고 개별화함으로써 교육의 영역에서 낭비와 비효율을 최소화 하고, 그렇게 함으로써 교육의 질을 향상시키려는 신자유주의적 논리에 따른 것이다. 그러나 학교가 학생들에게 교육과정 선택권을 주었을 때 교육의 질적 제고가 가능하다는 신자유주의자들의 주장은 그것을 뒷받침 할 수 있는 직접적인 경험적 증거가 부족하다는 점과 교육의 질이 효율성의 증대라는 경제적 잣대에 의해서만 규정될 수 없다는 점으로부터 또한 반론이 제기될 수 있을 것이다.

그렇다면 문제는 이러한 비판에 맞서 선택중심 교육과정을 어떻게 다시 주장할 수 있느냐는 것이다. 이를 위해 나는 고전적 자유주의 classical liberalism의 전통에 주목할 것을 제안한다. 왜냐하면 고전적 자유주의는 인간을 그 스스로 자기 목적을 향해 나아가는 자기 충족적이고 합리적인 그리고 자율적인 존재로 보면서 교육의 과정에서 학생들의 교과 선택의 행위 또는 과정을 그 자체로 가치 있는 것으로 간주하고, 그렇게 함으로써 학생의 선택권을 그것이 가져다주는 결과교육에서의 효율성의 증대와 같은에 의해 판단하는 신자유주의적 사고의 한계를 보완해 줄 수 있기 때문이다. 다시 말해 고전적 자유주의는 삶에서 개별성의 실현을 강조함으로써 학생의 교과 선택권에 내재된 인간 본연의 특징으로서 개인의 자유의 가치를 부각시키고, 이는 학생 선택중심 교육과정의 실행이 교육과정의 효율적 운영을 통해 기존의 공급자 중심 교육의 비능률을 치유하고 그것을 통해 교육의 경제적 질을 향상시킬 수 있을 것이라는 신자유주의적 논리가 아닌, 교육의 과정에서 학생들의 선택권을 존중함으로써 그들의 삶의 목적으로서의 개별성의 실현을 도울 수 있다는 탈 시장적 논리에 근거할 수 있음을 보여주는 것이다.

이 글은 7차 교육과정의 가장 중요한 특징이라고 할 수 있는 선택중심 교육과정을 고전적 자유주의의 전통으로부터 정당화하려는 것이다. 단, 여기서는 논의를 고전적 자유주의의 선언문manifesto이라 할 수 있는

Mill의 『자유론On Liberty』에 한정해 그것으로부터 우리가 얻을 수 있는 교훈이 무엇인지를 살펴본다. 이를 위해 나는 먼저 Mill의 『자유론』에 나타난 그의 자유주의 사상을 검토할 것이다. 이어 Mill의 자유의 원칙을 교육적 관점에서 논할 것이다. 그리고 마지막으로 삶의 과정에서 개별성의 실현을 강조하는 Mill의 자유주의 철학이 학생 선택권이라는 이름 하에 학생들에게 과목 선택의 자유를 부여하는 7차 교육과정의 학생 선택중심 교육과정에 어떤 시사점을 줄 수 있는지를 고려할 것이다. 이제 Mill의 자유주의를 개관하면서 논의를 열어가 보자.

Ⅱ Mill의 자유주의 해제

Mill은 그의 『자유론』(1859)에서 빅토리아 시대의 숨 막히는 관습적 도덕과 대중 민주주의의 진군이라는 두 개의 달갑지 않은 문제를 비판적으로 다루고 있다. 우선 Mill은 그의 시대의 중산층의 인습적인 모럴을 개인의 자유, 즉 개별성을 질식시키는 것으로 비판했다(Ryan, 1998). Mill이 보기에 사람들은 인위적인 관습의 무게에 짓눌려 그들 자신의 개별적 신념과 그에 따른 삶의 방식을 행동에 옮길 수 없었다. 따라서 Mill은 그의 자유에 대한 에세이 속에서 빅토리아 중기의 대중들을 상대로 현존하는 법과 관습적 도덕을 자유와 공리의 원칙에 입각해 재고할 것을, 그래서 개별성에 숨을 터줄 것을 요구했다(Crisp, 1997).

Mill이 『자유론』에서 직면한 그의 시대의 다른 하나의 현안은 19세기 중반을 넘으면서 대두되기 시작했던 대중 민주주의의 확산과 그로 인한 다수의 독재에 대한 잠재적 우려였다. 이미 Tocqueville은 그의 『미국의 민주주의Democracy in America』(1831)에서 민주주의 사회에서의 이른바 '부드러운 독재'의 위험성을 경고했다.[1] 같은 맥락에서 Mill은 그의 『자유론』에서 민주주의 사회에서의 대중에 의한 여론몰이의 폐단을 지적했다.[2] 여기서 Mill의 주된 관심은 민주주의 사회에서 다수에 의한 '횡포'가 개인의 자유와 개별성의 발현에 심각한 장애가 된다는 것이었다. Beger(1984: 227-228)는 Mill의 대중 민주주의 사회에 대한 두려움을 다음과 같이 설명하고 있다.

> Mill의 『자유론』에서의 주요 관심은 "여론"을 매개로 하는 개인에 대한 비합법적 통제에 있었다. 사회는 일반적으로 받아들여지는 의견과 감정을 법적 제재를 거치지 않고 강제할 수 있고, 그것을 통해 "사회는 여러 종류의 정치적 억압들보다 더 강력한 하나의 사회적 폭정을 실행에 옮길 수 있다." Mill은 그러한 사회적 압력을 개인들의 발달에 족쇄를 채우는 것으로 이해했고, 지배적 관습에 굴종을 강요하는 것으로 묘사했다.

한편 19세기 전반기의 자유주의적이고 낭만적인 시대적 분위기18세기의 나폴레옹 전쟁과 합리주의에 대한 반동으로서는 Mill의 자유주의 사상 형성에 배경을 제공했다(Skorupski, 1989: 338). 특히 19세기 독일의 낭만주의적

---

1 Tocqueville은 미국과 같은 대중 민주주의 사회에서 '다수에 의한 독재'가 가능함을 다음과 같은 사실로부터 주장했다. "민주정부의 본질은 [사회적]다수가 갖는 권리의 절대성이다. 왜냐하면 민주적인 국가들에서 다수의 권리에 저항할 수 있는 것은 아무 것도 없기 때문이다.…다수의 도덕적 권위는 개인보다는 인간의 무리 속에 보다 나은 지적 능력과 지혜로움이 함께 한다는 믿음에 부분적으로 기초한다.…그러나 다수의 도덕적 힘은 다른 원칙, 즉 다수의 이해관계가 소수의 이익에 앞선다는 원칙에 바탕을 둔다.…[그렇다면]민주주의 사회에서 다수는 물리적인 힘과 도덕적인 힘을 모두 갖고 있는 것이다"(Tocqueville, 1831/1946: 182-192).

2 Mill은 사상과 언론의 자유를 논하고 있는 『자유론』 2장에서 다수의 의견이 반드시 옳다고 볼 수 없으며, 동시에 다수가 침묵시키려고 노력하고 있는 그 단 한 사람의 의견이 오류라고 확신할 수도 없음을 밝히면서 '세상의 무오류성과 그의 시대의 영국의 불관용성을 함께 비판했다.

자유주의자 Humboldt는 Mill의『자유론』저술에 깊은 영향을 주었다. 사실 Mill의『자유론』은 그보다 5년 앞서 영어 번역본이 출판되었던 Humboldt의『국가의 범위와 역할에 대하여』[3]에 대한 재진술그의 시대 대중 민주주의의 확산이 개인의 자유를 심각하게 침해할 수 있다는 Mill의 추가적인 문제 인식에 의해 촉발된 정도로 받아들여 질 수 있다(Capaldi, 2004). Mill과 Humboldt는 모두 개인의 자유와 그것을 위한 국가 행동의 제약을 논했다. 그리고 인간이 자유롭게 그의 개별성을 추구했을 때 비로소 참된 의미에서의 인간이 된다는 낭만주의적 수사rhetoric는 그들의 자유주의 사상의 핵심을 이루었다.

Mill(1873/1924: 178-179)은『자서전Autobiography』에서 그의 자유주의 사상이 19세기 독일 낭만주의의 영향 하에 있었음을 밝혔다. 그러나 Mill의 자유에 대한 옹호가 근본적으로 Humboldt의 개별성의 이상과 일치한다는 사실은 Mill이『자유론』에서 인용한 Humboldt의 문장으로 부터 보다 명백해진다.

> 인간의 목표는, 혹은 애매모호하고 순간적인 욕망에 의해서가 아니라 영원하고 불변하는 이성의 명령에 의해 규정되는 것은 인간의 능력을 최고로 또 가장 조화롭게 발달시켜서 완전하고 일관된 전체를 형성하는 것이다. 그러므로 모든 인간이 끊임없이 노력을 경주해야 하고, 동료들에게 영향력을 행사하려는 사람들이 특히

---

3 Humboldt의 *Ideen zu einem Versuch, die Gränzen der Wirksamkeit des Staats zu bestimmen*는 1791년에 쓰여 졌고, 그가 죽은 뒤인 1852년에 베를린에서 출판되었다. 그로부터 2년 뒤인 1854년에 *The Sphere and Duties of Government*라 는 제목의 영어 번역본이 런던에서 출판되었다. Humboldt의 저작이 그의 생전에 출판되지 못했던 것은 그 안에 담겨 있는 자유주의 사상의 급진성과 그 자신의 바쁜 공직생활 때문이었다. Mill은 뒤늦게 출판된 Humboldt의 저작의 영향을 받아 1859년에 그의 자유에 대한 에세이를 출판할 수 있었다.

그들의 주의를 항상 기울이도록 해야 하는 목표는 힘 있는 그리고
발전하는 개별성이다. 이것을 위해서는 자유와 다양한 상황이라는
두 가지의 전제 조건이 있다. 그리고 이들의 결합으로부터 개인적
활력과 풍부한 다양성이 생겨나고, 또 이 후자들의 결합으로부터
독창성이 생겨난다(Mill, 1859, 김형철 역, 2002: 79; Humboldt,
1852/1854: 11-13).

Rees(1985: 11)는 Mill과 Humboldt의 이러한 사상적 친화성에 주목해
Mill의 빅토리아 시대의 자유주의자로서의 명성이 자기 발달을 추구하
는 "낭만적인 개별성의 개념에 대한 그[Mill]의 긍정적 수용"의 결과라
고 주장했다. 또 Donner(1991)는 Mill의 인간의 자기 발달 이상에 대한
강조가 그에게 자유를 옹호하는 문맥적 상황을 제공했다고 보았다. 다
시 말해 Mill은 그에 앞서 Humboldt가 그러했듯이 자유를 자기 발달의
전제조건으로, 다양성을 개별성의 증진에 도움을 주는 것으로 보았던
것이다. 결국 Mill은 인간이 자유로울 때 비로소 그의 자기 발달의 정도
를 극대화 할 수 있고, 그렇게 인간성을 실현할 수 있다고 믿었던 것이다
(Berlin, 1969).

개별성의 자유로운 발달을 목적으로 하는 Mill의 자유주의는 인간을
자율적이고 자기 완성적인 존재로 보는 그의 인간 본성에 대한 자유주
의적 해석에 따른 것이었다(Gray, 1996). Mill 자신의 말대로 "인간 본성
은 모형에 따라서 형성되어 그것에 부과된 작업을 정확하게 해 내도록
설정된 기계와 같은 존재가 아니라, 자신을 생명체로 만드는 내면의
힘의 성향에 따라서 모든 방향으로 발달하고 성장하기를 요구하는 나무
와 같은 존재이[기 때문이]다"(Mill, 1859, 김형철 역, 2002: 82). Donner
(1991)의 지적대로 Mill의 이러한 인간관은 발달론적인 것이었다. 왜냐
하면 자연 상태에서 인간은 스스로 자기완성을 향해 발달해 나아가는
존재이기 때문이다. 결국 Gouinlock(1986: 47)의 다소 과장된 표현을

빌리자면 Mill은 궁극적으로 "인간이 성장하는데 자유 하나면 충분하다"는 사실을 말하려 했던 것이다.

이상에서 나는 Mill의 자유주의를 개관했다. Mill은 개별성의 실현을 인간 삶의 목적으로 간주하면서 자유를 자기 발달을 위한 필수적인 요소로 강조했다. 이제 문제는 Mill의 개인의 자유에 대한 옹호가 교육적 관점에서 어떻게 해석될 수 있느냐는 것이다. 이에 다음 절에서는 Mill의 자유주의 철학의 교육적 적용 가능성을 논한다.

Ⅲ Mill의 자유주의의 교육적 의미

Mill이 그의 『자유론』에서 자유라는 이름 하에 주장하고 싶었던 것은 외부의 간섭이나 제약으로부터 자유로운 개인의 상태였다. 그러나 Mill의 자유의 원칙은 또한 타인의 권익 침해를 포함하지 않는다. 왜냐하면 Mill(1859, 김형철 역, 2002: 26) 자신의 말대로 "자유라는 이름에 합당한 유일한 자유는, 우리가 타인의 행복을 탈취하려고 시도하거나, 행복을 성취하려는 노력을 방해하지 않는 한에서, 우리 자신의 방법으로 우리 자신의 선을 추구하는 자유"이기 때문이다. Mill의 이러한 '소극적 자유negative freedom'[4]의 개념이 교육에 주는 시사점은 교육에서 개인의 자유에 대한 인정과 존중이다. 다시 말해 교육의 과정에서 학생 개인의 의식, 사고, 견해, 감정의 자유는 보장되어야 하며, 그의 개별적 기호와

---

4 인간은 평화롭고 조화로운 사회적 삶을 살기 위해 그의 개인적 자유의 일정 부분을 포기해야 하나, 그럼에도 인간으로서 양보할 수 없는 자유의 영역이 존재한다. Berlin(1958: 7-16 참조)은 이러한 인간 본래의 고유한, 따라서 외부의 권위에 의해 침해될 수 없는 최소한의 자유를 가리키는 말로 '소극적 자유'라는 개념을 사용했다. Mill이 외부의 간섭으로부터 자유로운 개인의 상태를 주장했을 때 그것은 Berlin의 소극적 자유의 개념과 일치한다고 볼 수 있다.

성향에 따라 교육의 내용과 방법은 차별화되어야 한다는 것이다.

이런 맥락에서 학생 개개인은 동료학생들에게 해를 끼치지 않는 범위 내에서 자신의 의견을 자유롭게 표현하는 것이 허용되어야 하고, 교사는 학생들의 그러한 개별성을 보호하고 증진시킬 의무가 있으며, 교육과정은 학생들의 개인적 필요, 능력, 관심 등을 반영해 편성·운영되어야 한다. 그렇다면 Mill이 집합적이고 권위적인 사회에서 개인의 자유와 다양성이 소멸되는 것을 우려했듯이, 우리는 획일적이고 외부 통제적인 교육환경 하에서 "개별 학생의 목소리가 잠식되어 가는 것"을 비판적으로 인식해야 한다(McCallister, 1931: 363). 그리고 나아가 우리는 Mill이 그의 개별성의 이상을 논하고 있는 다음과 같은 구절들로부터 교육의 목적으로서 개별성의 발달에 대한 도덕적 당위를 읽어낼 수 있어야 한다.

> 인간들이 고귀하고 아름다운 명상의 대상으로 되는 것은 그들 내부에 있는 모든 개인적인 것들을 획일성으로 소진해 버림으로써가 아니라, 타인의 권리와 이익을 침범하지 않는 한계 내에서 그 개별성을 계발하고 요청함으로써 되는 것이다.…그의 개별성이 발달해 가는 정도에 비례해서, 각 개인은 자신에게 더욱 가치 있는 존재가 되고, 그러므로 다른 사람에게도 더욱 가치 있는 존재로 될 수 있다(Mill, 1859, 김형철 역, 2002: 86).

위의 인용구로부터 우리는 각 개인이 그의 개별성을 표현할 권리를 가진다는 Mill의 주장이 본질적으로 교육의 문제로 귀결됨을 본다. 왜냐하면 교육은 인간의 자기 발달과 관련된 활동으로서 그 궁극적인 목적을 개인의 내재적 특성의 외부적 발현, 즉 성장에 두기 때문이다. 여기서 문제가 되는 것은 Mill이 잘 지적했듯이 "각자의 인간 본성을 공정하게 다루기 위해서는, 다양한 사람들이 다양한 삶을 영위하도록 허용하는 것이 필수적"이라는 사실이다(Mill, 1859, 김형철 역, 2002: 87). 다시 말해 서로 다른 사람들은 서로 다른 삶을 살 수 있도록 허용되어야 하고, 그것을 위해 '다름'에 기초하는 다양성이 인정되고 존중되어야 한다는 것이다. 교육에 있어서 Mill의 이러한 주장은 학생들의 본성적 차이와 자율적인 선택을 중시하는 것을 의미한다. 다시 말해 교육의 과정은 학생들의 자기 발달의 정도를 극대화하기 위해 개인주의의 원칙에 입각해 다양화될 필요가 있으며, 그에 비례해 자기 충족적이고 활동적인 학생들은 자유롭게 자기 선택과 그에 따른 자기 성장을 주도적으로 실천해 나가야 한다는 것이다.

　　Mill이 개인의 자율적 삶을 강조했을 때 그것은 또한 그의 '좋은 삶the good life'의 개념을 반영하는 것이었다. Mill은 인간이 선택을 할 수 있는 힘, 즉 자유를 통해 참된 의미에서 인간이 된다고 보았다(Berlin, 1969). 그리고 앞서 살펴본 것처럼 Mill의 자율적 선택의 개념은 다양성을 전제로, 또 개별성의 실현을 목적으로 했다. Mill의 자율적 선택의 개념을 교육에 적용했을 때 우리는 학생의 선택의 자유를 옹호하게 된다. 그런데 Mill이 개인의 선택의 자유를 주장했을 때 그는 본질적으로 선택행위 자체에 강조점을 두었던 것이지, 선택 결과의 좋고 나쁨에 주목했던 것은 아니었다. 다시 말해, Gray(1996: 208)의 주장대로, Mill은 "자기 결정적인 자율적인 삶을 외부의 통제와 간섭을 받는 삶보다 좋은 삶"으로 보았던 것이다. 그렇다면 교육에서도 학생의 선택 권리는 그가 자율적으로 자신의 삶을 이끌고 갈 수 있는 자유의 권리로 이해되어야 하며, 학생의 자유로운 선택 행위는 그 자체로 가치 있는 것이다. 아울러 Mill은 자율적 선택을 인간 본연의 특징으로 이해했던 것처럼 보이는데 Berlin(1969: 178)은 그 이유를 다음과 같이 설명한다.

그[Mill]에게 인간이 동물과 다른 것은 이성을 지니고 있기 때문도, 또 연장이나 도구를 발명할 수 있기 때문도 아니었다. 그것은 인간만이 수동적으로 선택되지 않고 그 스스로 능동적으로 선택을 할 수 있기 때문이다. 인간은 선택하는 기수rider이지 선택되는 말 horse이 아니다. 인간은 목적을 추구하는 능동적인 존재이지, 목적을 위한 수단이 아니다. 인간 자체가 목적이다. 인간은 스스로 자기가 좋아하는 방식대로 목적을 추구한다. 이러한 방식들이 다양성을 지닐 때 인간들의 삶은 보다 풍부해진다. 개인들 간의 상호작용의 범위가 넓으면 넓을수록, 새롭고 진기한 삶의 기회들이 더 많이 개인들에게 주어진다. 그리고 그렇게 개인들은 다양하고 풍부한 삶의 방식들 속에서 그들 각자의 삶을 활력 있게, 아직 탐구되지 않은 방향으로 변화시킨다. 따라서 더 많은 길들이 앞에 열려 있을 때 각 개인의 사고와 행동의 자유는 더욱 넓어질 것이다.

Ⅳ Mill의 자유주의가 학생 중심 교육과정에 주는 시사점

지금까지 나는 Mill의 자유주의를 개관하고 그의 낭만적인 개별성의 이상을 교육의 영역에 적용해 교육에서 개별성의 표현을 위한 자유를 주장할 수 있었다. 그리고 나아가 자율성을 좋은 삶의 준거로 보면서 교육에서 학생의 선택의 자유를 도덕적으로 정당화 할 수 있었다. 이번 절에서는 이상의 논의를 바탕으로 Mill의 자유주의 철학이 7차 교육과정의 학생 중심 교육에 주는 함의를 고려한다. 그 과정에서 논의의 초점은 Mill의 고전적 자유의 원칙이 7차 교육과정의 학생 선택중심 교육과정을 어떻게 정당화할 수 있는지에 맞추어진다.

Mill의 자유의 원칙과 선택중심 교육과정을 연결하는 첫 번째 이론적 고리는 개별성의 개념이다. 7차 교육과정의 두드러진 특징 중에 하나는 교육에 개인주의의 원칙을 들여와 교육과정을 다양화하고 교수敎授전략을 개별화한다는 것이다. 이러한 맥락에서 앞서 기술했듯이 7차 교육과정은 단위학교의 교육과정 편성과 운영에 있어서의 재량권의 확대, 국민공통 교육과정에서의 개별 학생들의 특성을 고려하는 특별활동 시간의 확충, 고등학교 2·3학년 학생들을 대상으로 하는 학생 선택중심 교육과정의 운영 등을 통해 교육에서 학생들의 선택의 자유를 극대화하려 한다. 그리고 학생들의 개별적 수준의 소질, 적성 및 진로에 따라 교육의 내용과 방법을 달리하려는 선택중심 교육과정은 '위로부터 주어지는 교육과정'이 아닌, 단위학교와 학생들에게 교육과정, 교과목 선택권을 이양함으로써 '함께 만들어가는 교육과정'을 표방하는 7차 교육과정의 핵심을 이룬다 할 수 있다(최혜영, 2005: 451 참조).

한편 Mill은 '인간은 타고나기를 자유로운 존재로서 자신의 방식대로 자신의 삶을 살 권리가 있다'는 사실을 강조함으로써 교육과정에서 학생들의 개별성과 다양성을 강조하는 선택중심 교육과정을 이론적으로 용인하고 있다. Mill은 『자유론』의 5장 끝부분에서 국가가 교육의 방향을 일방적으로 결정해 부모들과 학생들의 선택의 권리가 침해되는 그러한 유형의 국가교육을 비판하고 있다. 여기서 Mill의 비판의 핵심은 인간들을 서로 동일한 존재로 만들려고 하는 획일적이고 규격화된 교육 모델을 비판하는 것이었다. 왜냐하면 Berger(1984: 278)가 잘 지적했듯이 "Mill이 중시했던 문제는 사회가 필연적으로 그리고 자연적으로 획일성을 향해 엄청난 압력을 행사한다는 문맥 속에서 개별성을 보호하는 것"이었기 때문이다. 그렇다면 자아 발달을 위한 표현의 자유를 위해 교육의 과정에서 다양성을 실현하려고 하는 선택중심 교육과정은 "교육의 다양성"을 "개성 있는 성격과 의견 행동 [양]식의 다양성이 가지는 중요성"으로 인식하면서 인간의 자아 결정적이고 자율적인 삶을 강조한 Mill(1859, 김형철 역, 2002: 139)의 자유의 원칙에 의해 정당화될 수 있다.

비록 Mill의 자율적 선택의 이상은 인간이 자신의 삶을 선택할 권리를 가진다는 '개인 주권individual sovereignty'의 개념에 철학적 토대를 두는 것처럼 보이지만, Mill이 인간의 자기 발달의 권리와 그것을 위한 개인의 선택의 자유를 강조했을 때 그는 또한 '좋은 삶이란 무엇인가'라는 윤리적 문제를 제기하고 있는 것이었다. 다시 말해 Mill은 선택 능력을 인간의 고유한 특징으로 간주하면서 좋은 삶이란 서로 다른 개인들이 자유로운 선택의 과정을 통해 자율적으로 성장해 나아가는 삶이라고 보았던 것이다(Berlin, 1969). 더해 Gray(1996: 190)와 같은 Mill의 자유주의 철학에 대한 공리주의적 주석가들은 "Mill의 인간 행복에 대한 견해가 그의 자유의 원칙을 지탱해 주고 있다"는 사실을 지적하면서 Mill의 자율적 선택의 개념을 인간 행복의 증진이라는 공리적 잣대에 의해 해석한다. 여기서 논의의 핵심은 인간의 행복은 많은 부분 선택의 자유에 기인하며, 따라서 사회의 지나친 간섭을 통한 개인의 자유의 소멸은 곧 인간의 온전한 발달과 행복의 추구에 심각한 장애가 된다는 것이다.

　Mill의 이러한 자기 결정적인 자율적 삶으로서의 좋은 삶의 개념을 7차 교육과정에 적용했을 때 우리는 선택중심 교육과정이 학생들의 선택의 자유를 중시함으로써 그들의 자아 발달의 권리를 실현시키는 데 도움을 준다고 볼 수 있다. 아울러 선택중심 교육과정이 학생들의 자율적 자기 결정 능력을 신장시켜 그들의 삶의 질을 도덕적으로 향상시키고, 나아가 그들 삶의 행복 지수를 높일 수 있을 것이라고 결론지을 수 있다. 왜냐하면 선택중심 교육과정은 최소한 이론적 관점에서 학생들에게 다양한 교육적 통로를 열어줌으로써 학생들 각자가 개별성 속에서 자율적인 선택의 과정을 통해 자신들의 삶을 자유롭게 개척해 나갈 수 있도록 돕기 때문이다. 다시 말해 선택중심 교육과정은 인간이 그의 개별적인 것을 계발하는 것이 그의 권리이자 행복의 필수적인 요소라는 Mill의 자유-개인주의 철학을 교육적으로 실천하고 있는 것이다.

Mill의 자유주의와 선택중심 교육과정을 연결하는 다른 하나의 이론적 고리는 자유와 창의성의 관계이다. 주지하다시피 7차 교육과정은 21세기 지식·정보화 시대를 대비해 창의적이고 문제해결 능력을 갖춘 개인들을 길러내는 데 일차적인 목적이 있다. 그리고 그것은 이러한 유능한 인적자원의 육성을 통해 21세기 세계 자본주의 시대에 국가 경쟁력을 높여 국가의 생존과 번영을 도모하는 데 궁극적인 목적이 있다(이미숙, 2001). 그런데 학생들의 독립적인 사고와 자기주도 능력은 단지 자유롭고 관용적인 교육환경 속에서만 길러질 수 있다. 왜냐하면 McCallister(1931: 363)가 잘 지적했듯이 "학생[들]의 사고는 교육적 노예 관계 속에서는 활력을 잃기 마련이기 때문이다." 따라서 7차 교육과정은 다양성의 원칙에 따르는 선택중심 교육과정의 운영을 통해 학생들이 자신들의 교육 방향을 스스로 자유롭게 결정할 수 있도록 허용한다. 그리고 그렇게 함으로써 학생들의 독창적인 사고 능력의 배양과 그들의 자율적인 문제해결 능력의 계발을 돕는다.

이런 맥락에서 창의성 발달의 원천으로서 개별성에 숨을 터줄 것을 요구하는 Mill의 자유주의 철학은 학생들의 독립적인 사고 능력의 계발과 그것을 통한 그들의 사회에의 봉사라는 선택중심 교육과정의 목적에 철학적 이유를 제시할 수 있다. 이미 앞에서 살펴본 것처럼 Mill(1859, 김형철 역, 2002: 79)은 그의 『자유론』에서 Humboldt의 입을 빌려 "자유와 다양한 상황의 결합으로부터 개인의 활력과 풍부한 다양성이 생겨나고, 또 개인의 활력과 풍부한 다양성의 결합으로부터 독창성이 생겨난다"는 사실을 주장했다. 그리고 그의 이러한 주장 이면에는 근대 산업사회, 대중 민주사회에서 개별성과 창의성의 상실에 대한 Mill의 깊은 우려가 있었다. 군중 속에서의 개성의 상실과 그로 인한 독창성의 소멸은 교육의 경우 학생을 "고정된 방식으로 찍혀 나오는 한 조각의 기계와 같은 사람"으로 만드는 것에 비견될 수 있다(Berger, 1984: 237). 그렇다면 Mill의 자율성 또는 개별성에 대한 옹호가 교육과정 분야에 주는 시사점은 전체주의적이고 획일적인 교육과정에 반해 학생들에게 가능한 한 많은 선택의 기회를 주고 그것을 통해 그들의 창의적이고 독립적인 자기 발달을 도모하라는 것이다. 한 마디로 말해 학생 선택중심 교육과정을 운영하라는 것이다.

Ⓥ 맺음말

이 글은 Mill의 자유주의와 7차 교육과정의 선택중심 교육과정 간의 상호 관련성에 주목하면서 교육에서 자유의 가치를 논해보려는 시도였다. 그 과정에서 논의의 초점은 Mill의 개별성 또는 개인의 자유의 이상이 교육에서 학생 선택권을 정당화하는 데 어떤 시사점을 줄 수 있는지에 맞추어졌다. 이상의 논의를 정리하면 다음과 같이 요약할 수 있겠다.

첫째, Mill은 근대 사회의 획일성과 규격화에 맞서 인간 삶의 다양성과 좋은 삶의 준거로서 개별성을 표현할 수 있는 자유를 강조했다. Mill의 이러한 자유의 원칙이 교육에 주는 시사점은 그것이 교육의 목적으로서 개별성의 실현과 교육방법으로서 자율적 선택의 가치를 설명해 줄 수 있다는 것이다. 같은 맥락에서 선택중심 교육과정의 운영을 통해 학생들 간의 다름을 인정하고 그것에 따라 교육의 과정을 다양화 하려는 7차 교육과정은 인간 삶에서의 자유의 가치에 대한 Mill의 믿음을 교육적으로 실천하고 있는 것이라고 볼 수 있다.

둘째, Mill의 고전적 자유의 원칙은 외부의 간섭이나 권위로부터 자유로운 상태에서 인간의 창의적인 내적 발달이 가능하다는 사실을 부각시킴으로써 교육의 과정에서 학생들의 개인적인 선택의 자유를 존중하는 것이 곧 그들의 자기주도 능력과 창의적인 사고 능력을 높이는 방법임을 암시한다. 그리고 그것은 자율적인 교육을 통해 문제해결 능력과 창의성을 겸비한 유능한 인적자원의 육성을 목표로 하는 오늘날 우리나라 학교 교육과정의 설계·운영 방향과도 일치한다.

그러나 삶에서 개별성의 원리를 존중하는 Mill의 자유주의를 교육의 발달론적인 관점교육을 아동 한 명 한 명이 지닌 능력의 가능성을 완전하게 혹은 충분하게 발현시키기 위한 의도적인 행위로 보는에서 생각해 보았을 때 다음과 같은 한계를 발견할 수도 있다.

첫째, 우리는 Mill의 자유주의의 교육적 의미를 논하면서 교육에서 개별성을 표현할 수 있는 자유를 지나치게 강조한 나머지 그것이 초래할 수 있는 부정적인 결과, 즉 교육에서 학생 선택권에 대한 과도한 신뢰가 아동의 선택능력을 성인의 선택능력과 동일한 것으로 간주하면서 배움·발달의 시기로서의 아동기의 실종 또는 폐지로 이어질 수 있다는 것을 간과한다. 교육의 과정에서 아직 성장 단계에 있는 어린 학생들에게 선택의 자유를 부여했을 때 그 선택 행위가 언제나 그들의 내적 성장을 극대화하는 방향으로 이어질 수 있는 것은 아니며, 이러한 이유에서 최소한 교육의 문제에 있어서 자율적 선택의 가치는 선택 행위 자체보다는 그것이 가져오는 결과의 타당성자기 발달을 돕는 것과 같은에 의해 더 잘 설명될 수 있는 것처럼 보인다.

둘째, Mill의 자유주의는 삶의 목적으로서 개별성의 보존이 지닌 가치를 지적하는 데에 너무 치중한 감이 있고, 그것은 삶의 다른 한편의 목적인 교육을 통한 인간의 공동체 정신의 함양을 등한시했다고 비판받을 수 있다. 우리는 삶과 교육의 목적으로서 개별성의 이상을 존중한다 하더라도 어느 정도 인간 공통의 본성에 주목할 필요가 있다. 왜냐하면 인간이 홀로 살아가는 존재가 아닌 이상 그의 자기 발달은 타인들과 함께 살아갈 수 있는 능력을 기르는 일과 관계될 수밖에 없기 때문이다. 그렇다면 McCallister(1931: 364)가 잘 지적했듯이 Mill은 "개별성이 강조되면 될수록 개인의 내적 가치들은 외부의 가치들과 결합될 필요가 있으며, 그가 아무리 폐쇄적인 삶을 살려 해도 자기 발달을 위해 타인들과의 지속적인 상호작용은 피할 수 없다"는 사실을 과소평가했던 것이다.

　결론적으로 말해 개별성의 실현을 삶의 목적으로 보면서 개인의 자유가 가져오는 행복에 주목한 Mill의 자유주의는 기존의 공급자 중심의 암기위주식, 주입식 교육과정에서 탈피해 학생 개개인의 고유한 능력과 개인적 필요에 따라 교육의 과정을 개별화·다양화 하려는 7차 교육과정의 학생 중심 교육과정을 이론적으로 지지해 줄 수 있다. 그러나 우리가 잊지 말아야 하는 것은 Mill의 자유의 원칙은 많은 부분 합리적인 판단 능력을 갖추고 있는 성인들의 삶에서의 개인 주권의 문제와 결부되는 것이고, 따라서 아직 자율적 능력이 충분히 발달되지 않은 어린 학생들의 교육의 문제에서 선택의 자유는 '교육적' 사용이라는 규범적·도덕적 잣대로부터 그 가치가 제한적으로 평가될 필요가 있다는 사실이다.

참고문헌

교육개혁위원회(1998). 『한국교육개혁백서』. 서울: 교육개혁위원회.

이미숙(2001). "학교 교육과정 탐구를 위한 제7차 교육과정 총론분석". 『교육과정연구』, 19(2), 77-93.

최혜영(2005). "선택중심교육과정의 바람직한 정착을 위한 지원방향 탐색". 한국교육학회 2005년 춘계학술대회 교육행정학회 발표 자료집, 451-461.

Berger, F.(1984) *Happiness, justice, and the freedom: The moral and political philosophy of John Stuart Mill*. Berkeley: University of California Press

Berlin, I.(1969). John Stuart Mill and the ends of life. In his *Four essays on liberty*(pp. 173-206). London: Oxford University Press.

Berlin, I.(1958). *Two concepts of liberty*. Oxford: The Clarendon Press.

Capaldi, N.(2004). *John Stuart Mill: A biography*. Cambridge: Cambridge University Press.

Crisp, R.(1997). *Mill on utilitarianism*. London: Routledge.

Donner, W.(1991). *The liberal self: John Stuart Mill's moral and political philosophy*. Ithaca: Cornell University Press.

Gouinlock, J.(1986). *Excellence in public discourse: John Stuart Mill, John Dewey, and social intelligence*. Columbia University: Teachers College Press.

Gray, J.(1996). Mill's conception of happiness and the theory of individuality. In J. Gray & G. W. Smith(Eds.), *J. S. Mill On Liberty in focus*(pp. 190-211). London: Routledge.

Humboldt, W.(1854). *The sphere and duties of government*(J. Coulthard, Trans.). London: John Chapman. (Original work published 1852).

McCallister, W. J.(1931). *The growth of freedom in education: A critical interpretation of some historical views*. London: Constable & Co. LTD.

Mill, J. S.(1873/1924). *Autobiography of John Stuart Mill*. New York: Columbia University Press.

Mill, J. S.(1859). *On Liberty.* 김형철(역)(2002). 『자유론』. 서울: 서광사.

Rees, J.(1985). *John Stuart Mill's On Liberty.* Oxford: Oxford University Press.

Ryan, A.(1998). Mill in a liberal landscape. In J. Skorupski(Ed.), *The cambridge companion to Mill*(pp. 497-540). Cambridge University Press.

Skorupski, J.(1989). *John Stuart Mill.* London: Routledge.

Tocqueville, A.(1946). *Democracy in America*(H. Reeve, Trans.). London: Oxford University Press. (Original work published 1831).

VI

하루를 살아가는 기술

"몽테뉴의 교육사상 연구"

(『인문과학』 40, 2007: 133-156)

몽테뉴의 교육사상 연구

① 서론

　서양교육사를 연구하다 보면 흔히 두 종류의 사람들을 만나게 된다.[1] 우리는 역사의 한쪽 끝에 일등급의 교사들이 있는 것을, 그리고 다른 한쪽 끝에 최고의 사상가들이 있는 것을 보게 된다. 따라서 유능한 교육실천가이자 동시에 뛰어난 교육이론가였던 사람을 찾아내는 일은 어렵다. 우리는 슈트름Johann Sturm, 예수회The Jesuits, 페스탈로찌Johann Heinrich Pestalozzi와 같은 성공한 교육실천가들을 알고 있다. 그러나 이들은 엄밀한 의미에서 교육이론가들은 아니었다. 마찬가지로 역사는 에라스무스Desiderius Erasmus, 로크John Locke, 루소Jean Jacques Rousseau와 같은 유명한 사상가들을 기억한다. 하지만 그들 또한 정확하게 말해서 교사들은 아니었다. 이제 나는 후자의 무리에 프랑스의 도락가 한 명을 추가한다. 그의 이름은 몽테뉴Michel de Montaigne, 1533-1592이다.

　우리는 몽테뉴를 후세에 이름을 남긴 프랑스의 수필가 정도로 알고 있다. 그러나 그는 또한 무시할 수 없는 교육사상가이기도 하다. 비록 몽테뉴 자신은 교사가 아니었지만, 그럼에도 그의 잘 알려진 『수상록Les

---

1　R. H. Quick, *Essays on Educational Reformers*(New York: D. Appleton and Company, 1903), p. 71 참조.

Essais』[2]을 한 번 읽어본 사람이라면 누구나 몽테뉴의 교육에 대한 관심과 열정을 알 수 있을 것이다. 몽테뉴의『수상록』속에는 교육의 주제와 직접적으로 관련되는 두 개의 중요한 에세이가 들어 있다.「학식이 있음을 자랑함에 대하여Du pédantisme」[3]와「아이들의 교육에 대하여De l'éducation des enfants」[4]가 그것들이다. 전자가 당시의 현학적인 교육실제에 대한 몽테뉴의 비판을 담고 있다면, 후자는 보다 건설적인 입장에서 몽테뉴 자신의 교육에 대한 생각을 담고 있다.

이 글은 위에서 언급한 몽테뉴의 교육에 관한 두 개의 에세이를 읽어가면서 그의 교육사상을 고찰해 보려는 것이다. 몽테뉴는 일반적으로 '나는 무엇을 아는가?'라는 의구심에 매몰되어 있었던 회의론자로 평가받고 있다. 그러나 최소한 교육의 문제와 관련해 몽테뉴는 회의론자가 아니었다. 앞으로 살펴보면 알겠지만 몽테뉴는 당대의 지식주의 교육의 허위성을 비판하면서 그 대안을 찾으려 했던 신실한 교육사상가였기 때문이다.

16세기 프랑스를 대표하는 인문주의자로서 몽테뉴의 교육사상에 대한 연구는 인문주의 교육이론에 대한 일반적인 이해인문주의 교육의 이상과 한계를 포함하여를 높이는 데 도움이 될 것이다. 몽테뉴는 자유로운 삶의 정신과 전인적 발달로 대변되는 인문주의 전통을 계승하면서 그의 시대의 언어형식주의를 비판했던 진정한 의미에서의 인문주의자였기 때문이다.

---

2 M. Montaigne,『몽테뉴 나는 무엇을 아는가』, 손우성 옮김(서울: 동서문화사, 2005). 여기서는 몽테뉴의『수상록』으로 표기했다.

3 몽테뉴,『수상록』, I, 25.

4 몽테뉴, 같은 책, I, 26.

$\textcircled{\text{II}}$ 역사적 배경

우리는 몽테뉴의 교육사상을 살펴보기에 앞서 그의 시대와 삶을 일견할 필요가 있다. 로리가 잘 지적했듯이 "몽테뉴와 같은 수용성 강한 인물들은 특히 그들 주변 환경의 산물이자 반영이기 때문이다."[5] 따라서 우리는 몽테뉴의 역사적 관련성을 언급하면서 논의를 시작해야 한다.

몽테뉴는 1533년 2월의 마지막 날 프랑스 남부 페리고르Perigord에서 태어났다. 1533년은 라블레Francois Rabelais가 그의 『팡타그뤼엘Pantagruel』을 출판한 해였으며, 이로부터 3년 뒤 에라스무스는 세상을 떠났다. 확실히 『팡타그뤼엘』의 출현과 에라스무스의 사라짐은 교육의 역사에서 중요한 일대 사건이었다. 우선 『팡타그뤼엘』의 등장은 키케로주의Ciceronianism, 즉 당시의 피상적 언어주의를 풍자하면서 르네상스 시대의 자유로운 탐구정신이 타락하고 있었음을 보여주는 것이었다. 한편 에라스무스의 죽음은 가톨릭과 개신교 사이의 종교적 광신주의를 진정시킬 역량 있는 인물이 더 이상 유럽에 남아 있지 않다는 것을 의미했다. 게다가 1546년에 루터Martin Luther가 죽었다. 이제 구교와 신교 간의 종교적 갈등의 커지는 전운을 걷을 수 있는 희망은 없어 보였다. 결과는 유럽에서 150년간의 인간적 재앙이었다.

몽테뉴의 역사적 위치에 관한 로리의 분석은 흥미로우면서도 유익하다. 로리는 몽테뉴의 주변 상황을 다음과 같이 다소 우회적으로 묘사하면서 몽테뉴를 르네상스와 종교개혁의 한복판에 놓고 있다.

> 슈트름은 1589년에 죽었다. 영국에서 인문주의 학교운동[은] 성 폴 학교St. Paul's School를 세우고 이 학교 교장으로 릴리William Lilly를

---

5 S. S. Laurie, *Studies in the History of Educational Opinion from the Renaissance* (Cambridge: At the University Press, 1905), p. 97.

임명한 후 1519년에 죽은 콜레트John Colet, 1546년에 죽은 엘리어트
Thomas Elyot, 그리고 슈트름과 서신교환을 하였고 1568년에 죽은
아스캄Roger Ascham이 대표하였다. 콜레트를 비롯한 다른 모든 옥스
퍼드 종교개혁자들의 친구였던 에라스무스는 1536년에 죽었다. 라
블레는 1533년에 죽었다. 그렇다면 몽테뉴의 위치는 명확하다.
1533년에 태어나 1592년에 죽은 몽테뉴는 밀턴John Milton이 말한
"야만적인 시대의 스콜라풍의 우둔함" 또는 "불완전한 관념들과
미천한 수다스러움"에 맞선 반동운동의 만개 속에 위치해 있었다.
또 그는 흥미롭게도 개신교에 대한 가톨릭의 재반격의 움직임 한
가운데 있었다.[6]

몽테뉴는 그 자신의 교육과 관련해 아이러니하게도 가장 훌륭한 지식
주의 교육을 받았다. 『수상록』 전체에서 찾아지는 고대의 경구들에 대
한 몽테뉴의 자유롭고 빈번한 인용은 이러한 사실을 잘 보여주고 있다.
여기서 우리는 '아이러니하다'는 말에 주목할 필요가 있다. 몽테뉴는
『수상록』의 여기저기서 그 자신이 받았던, 그것도 당시에 가장 유명했
던 인문주의 학교에서 받았던 학자연하는 교육을 비판하고 있기 때문이
다. 부연하면 몽테뉴는 보르도Bordeaux의 기엔Guinne학교에서 뷰캐넌George
Buchanan의 지도 하에 인문주의 교육을 받았다. 확실히 기엔 학교는 당시
유럽에서 가장 훌륭한 인문주의 학교들 중 하나였다. 그리고 스코틀랜
드 출신의 교사 뷰캐넌 역시 가장 뛰어난 인문주의 교사들 가운데 한
명이었다. 그렇다면 몽테뉴는 교육의 성공을 위한 조건을 갖추고 있었
고, 따라서 그는 시대가 줄 수 있는 최상의 인문주의 교육을 받을 수
있었다.[7]

---

6 Laurie, 같은 책, p. 99.
7 몽테뉴가 기엔 학교에서 받았던 교육과 관련해서는 堀田善衛, 『위대한 교양인
   몽테뉴』, 김석희 옮김(서울: 한길사, 1999), I, 73-97쪽을 참조하라.

우리는 아무리 능력과 감수성이 뛰어난 사람도 그의 시대의 영향을 완전히 벗어날 수 있을 것이라고 생각하지 않는다. 몽테뉴 역시 이러한 일반적인 규칙에서 예외일 수 없었다. 그러나 분명한 것은 몽테뉴의 마음은 당시 성행하던 지식주의 교육 밖에 위치해 있었다는 것이다. 비록 『수상록』이 세네카Lucius Seneca, 플루타르코스Plutarchos, 베르길리우스Publius Vergilius, 호라티우스Quintus Horatius, 플라톤Platon, 아리스토텔레스Aristoteles 등 고대의 작가들로부터의 인용문들로 가득 차 있고, 또 몽테뉴 자신도 가끔씩 고대의 경구들을 현학적으로 즐기고 있었다는 인상을 주고 있지만 말이다. 이런 맥락에서 우리는 몽테뉴를 그의 시대의 절반의 아이, 즉 지적 사생아로 볼 수 있다. 그러나 우리가 간과해서는 안 되는 사실은 몽테뉴가 살았던 시대에 교육은 고대 문학에 대한 순수한 열정도 고대인들의 삶의 이상으로서의 심신의 조화로운 발달에 대한 동경도 사라진 생명력 없는 지식전달 행위에 불과했으며, 몽테뉴는 인문주의의 이러한 쇠퇴에 맞서 교육에서 인문주의 본연의 자유로운 삶의 정신을 회복시키려 했다는 것이다. 우리가 몽테뉴의 『수상록』 속 교육 관련 에세이들을 구체적으로 검토해 보았을 때 이런 관점은 보다 분명해질 것이다.

(Ⅲ) 몽테뉴의 교육사상

1. 교육목적

몽테뉴의 교육목적은 덕과 판단력에 기초한 삶의 지혜였다. 몽테뉴의 교육목적은 '가장 지식이 많은 사람이 가장 지혜로운 사람은 아니다'라는 라블레의 『가르강튀아Gargantua』에서의 속담 문구에 기초했다.[8] 여기

---

8 'Magis magnos clericos non sunt magis magnos sapientes.' F. Rabelais, Gargantua

서 우리는 몽테뉴가 라블레의 교육적 사도使徒라는 사실을 추측해 볼 수 있다. 몽테뉴는 그에 앞서 라블레가 그러했던 것처럼 그의 시대의 언어형식주의 교육다른 사람의 의견이나 지식을 단지 머리 속에 담아두는 교육을 비판하면서 "지식과 지혜를 구분"하려 했기 때문이다.9 물론 몽테뉴는 지식 그 자체를 멸시하지 않았다. 오히려 그는 지식의 유용성, 특히 지식이 귀족계급의 아이들에게 주는 장식적 유용성을 인정했다.10 그럼에도 우리가 잊지 말아야 하는 것은 몽테뉴가 아이들을 '책을 잔뜩 짊어진 당나귀'로 만드는 일에 반대하면서 교육을 삶의 지혜와 관련시켰다는 사실이다.

교육목적으로서 덕과 관련해 몽테뉴는 고대 그리스의 철학자 아낙시메네스Anaximenes의 말을 인용하고 있다. "내 눈앞에 죽음과 굴욕의 위험이 늘 임박해 오는데, 어떻게 내가 별들의 비밀에 흥겨워할 수 있겠소?"11 그러면서 몽테뉴는 인간에게 중요한 것은 어떻게 살고, 또 어떻게 죽느냐는 그의 존재에 대한 도덕적 성찰이지, 그가 단순히 어떻게

---

and Pantagruel, T. Urquhart and Pierre Le Motteux trans.(New York: Alfred A. Knopf, 1994), p. 117. 몽테뉴는 『수상록』 187쪽에서 위의 속담 문구를 인용하고 있다.

9 보이드는 몽테뉴의 교육에 관한 논의의 핵심이 "지식과 지혜를 구분"하는 것이라고 주장했다. 공부의 쓸모는 아이들을 지식으로 무장시키는 데 있는 것이 아니라 그들을 지혜롭게 만들어 삶을 잘 살도록 하는 데 있기 때문이다. W. Boyd, *The History of Western Education*(London: A. & C. Black, 1928), p. 237.

10 몽테뉴는 『수상록』 204쪽에서 "부인, 학문이란 것은 훌륭한 장식이며, 특히 부인께서 맡게 되신 그런 위대한 운명으로 길러 내시게 된 인물에게는 경이로운 일을 성취하는 도구가 [됩니]다"라고 말했다. 여기서 몽테뉴는 지식을 장식적인 것으로 보는 귀족적인 견해를 승인하고 있다. 버크의 주장대로 몽테뉴는 "겉으로 보이는 것처럼 그렇게 근대적인" 인물은 아니었던 것 같다. P. Burke, *Montaigne* (New York: Oxford University Press, 1981), p. 1.

11 몽테뉴, 『수상록』, 216쪽.

말하고 어떻게 쓰느냐에 대한 기능적 지식이 아니라고 주장했다. 몽테뉴는 인간의 삶에서 덕의 가치와 유효성에 대해 다음과 같이 말했다.

> 만일 도덕이 일반적인 행복을 얻지 못하더라도 도덕은 그런 것에 초연하거나 그것 없이 해 나가며, 그보다는 떠다니거나 유전하지 않는, 완전히 자기 것인 행동을 만들어 갖는다. 도덕은 부하고 강하고 박식할 줄 알며, 사향 냄새 풍기는 이부자리에서 잠잘 줄 안다. 도덕은 인생을 사랑하며, 미인과 영광과 건강을 즐긴다. 그러나 도덕의 특수하고 고유한 직분은 이런 보배를 절도 있게 사용할 줄 알며, 이런 것을 잃고도 지조를 지키는 데 있다. 고생되기보다는 훨씬 고상한 직분이며, 그것 없이는 인생의 모든 흐름은 변질되고 소란해지고 변형되며, 그런 경우에는 저 암초나 가시덤불이나 괴물 같은 위험한 것을 정당하게 결부시켜 볼 수 있다.[12]

몽테뉴는 "도덕주의자moralist"로서 고대의 도덕철학을 잘 알고 있었고, 덕을 교육의 중요한 목적의 하나로 강조했다.[13] 몽테뉴가 아이들의 교육을 책임질 가정교사의 선정 기준으로 다른 무엇보다도 덕을 우선시했다는 사실은 그의 교육목적이 덕에 있었음을 잘 보여주는 것이었다. 왜냐하면 교사 선택의 문제는 교육에서 가장 중요한 문제로서 어떤 교사를 선택하느냐에 따라 교육의 결과는 달라지기 때문이다.

몽테뉴의 교육목적의 다른 하나의 축은 판단력이다. 몽테뉴는 지식주의 교육의 부작용을 인식하면서 교육의 목적을 "독립성을 지니고 자신이 배운 것을 소화하고 자신의 것으로 변형시키는 것, 그리고 그렇게 할 수 있는 판단력을 기르는 것"에서 찾았다.[14] 이런 맥락에서 콤파레의

---

12 몽테뉴, 같은 책, 220쪽.

13 K. A. Sarafian, *French Educational Theorists*(LaVerne: Press of the LaVerne Leader, 1933), p. 53.

분석은 유용하다. 콤파레는 판단력을 몽테뉴 교육학의 핵심 요소로 간주하면서 판단력이라는 말의 의미가 무엇인지를 묻고 있기 때문이다. 콤파레의 주장에 따르자면

　　판단을 내린다는 것은 무엇보다 자기 스스로 생각을 하고, 그렇게 해서 형성된 자기 자신의 의견을 유지한다는 것이다. [⋯] 판단을 한다는 것은 바르게 생각을 하는 것이고, 모든 문제들을 명확하게 보는 것이다. [⋯] 끝으로 판단을 잘 내린다는 것은 올바르게 행동할 수 있는 준비가 되어 있다는 것이다.[15]

　　몽테뉴가 교육의 목적으로서 덕과 판단력을 강조했을 때 그는 "암기식으로 외운, 그리고 권위 있는 사람의 것이라고 소화 않고 삼킨 지식, 그렇게 되도록 가르치는 것"을 교육 본연의 과업이라고 생각지 않았던 것이다.[16] 그와는 달리 몽테뉴는 인간의 존재론적 의미에 주목하면서 교육을 "하루를 살아가는 기술the art of living for the day"과 관련시켰던 것이다.[17] 인간은 교육을 통해 자유롭고 주체적으로 사고하고 행동하는 방법과 도덕적으로 존재하는 방식을 배우고, 그 속에서 슬기롭게 살아가는 방법을 터득해야 하기 때문이다. 다시 말해 몽테뉴는 교육을 삶의 지혜, 즉 바르게 생각하고 살아가는 능력과 연계시키면서 덕과 판단력을 단순한 지식보다 중요시했던 것이다. 이런 관점에서 몽테뉴가 그의 교육관련 에세이들 속에서 기억력, 권위, 학습, 지식이라는 단어들보다

14　원윤수, 「몽떼뉴의 교육론 연구」, 『인문논총』(서울대학교 인문과학연구소), 제20집(1988), 102쪽.

15　G. Compayre, *Montaigne and Education of the Judgment*, J. E. Mansion trans. (New York: Burt Franklin), 1971, p. 66.

16　원윤수, 「몽떼뉴의 교육론 연구」, 102쪽.

17　Laurie, *Educational Opinion from the Renaissance*, p. 95.

판단력, 진리, 이성, 덕, 오성, 지혜와 같은 단어들의 사용을 선호했을 때, 그것은 그의 교육목적이 올바른 이성과 독립적인 판단력, 그리고 절제된 마음과 덕에 있었음을 보여주는 것이었다.

결국 몽테뉴의 주된 교육적 관심은 하루를 잘 사는 데 있었다. 그리고 그것을 위해 몽테뉴는 덕과 판단력에 기초한 실천적 지혜를 강조했다. 이하에서는 몽테뉴가 그의 교육목적을 달성하기 위해 제안했던 교육내용을 살펴본다.

2. 교육내용

몽테뉴의 교육 도식에는 시간적인 제약이 있다. 몽테뉴는 아이들 삶의 처음 15~16년만을 그들의 교육에 할애했기 때문이다.[18] 아이들은 나머지 시간을 그동안 배운 것을 실천에 옮기는 데, 즉 행동하는 데 사용해야 했다. 그렇다면 몽테뉴는 15~16년이면 아이들이 배울 필요가 있는 것은 모두, 그것도 완벽하게 배울 수 있다고 생각했던 것 같다. 그러나 이것을 조금 다르게 생각하면 몽테뉴는 교육을 가능한 한 삶의 이른 시간대에 시작하라는 고대인들의 충고를 따르고,[19] 또 한정된 교육 시간을 보다 유용하게 사용하기 위해 아이들의 삶에 꼭 필요한 것들만

---

18 몽테뉴, 『수상록』, 221쪽 참조.
19 인문주의 교육사상가들에게 영향을 많이 주었던 고대의 대표적인 교육관련 저술 가들로는 퀸틸리아누스Marcus Quintilianus와 플루타르코스Plutarchos가 있다. 퀸틸리 아누스는 『웅변가교육론Institutio Oratoria』에서 아이들의 교육을 7살이 될 때까지 미루는 당시의 관습에 반해 아이들을 가능한 한 빨리 교육으로 입문시킬 것을 주장했다. 플루타르코스 역시 『아동교육론Peri Paidon Agoges』에서 유년기의 교육을 무시하는 그의 시대의 관습을 비판하면서 아이들을 일찍 교육시키는 일이 중요 함을 강조했다. 자세한 것은 Quintilian, *Institutio Oratoria*, H. E. Butler trans.(Cambridge, M.A.: Harvard University Press, 1996), I, pp. 27, 29; Plutarch, *Moralia*, F. C. Babbitt trans.(Cambridge, M.A.: Harvard University Press, 2000), I, pp. 4-69를 참조해라.

을 선별해서 가르치라고 주장했던 것이다.[20]

몽테뉴는 아이들이 배워야 할 교과목으로 역사와 철학을 강조했다. 몽테뉴는 먼저 역사 과목을 "평가할 수 없는 지대한 성과를 거둘 수 있는 공부"라고 했다.[21] 그러면서 몽테뉴는 아이들이 역사를 공부해야 하는 이유를 과거의 사실 획득, 즉 역사적 지식 축적에서 찾지 않았다. 몽테뉴에게 역사는 단순한 사실 전달을 뛰어넘어 아이들의 판단력을 연습하기 위한 교과였기 때문이다. 다시 말해 아이들은 다양한 역사적 상황과 그 안에서 만나게 되는 서로 다른 역사적 인물들을 이성의 안내를 받아 추리하고 해석하는 과정에서 그들의 판단 능력을 키울 수 있다는 것이다.[22] 이런 관점에서 몽테뉴는 교사에게 다음과 같이 충고했다.

> 제자들에게 카르타고Carthago가 망한 날짜를 기억시키기보다는 한니발Hannibal과 스키피오Publius Scipio의 성격을 알려주고, 마르켈루스Marcus Marcellus가 어디서 죽었는가를 기억시키기보다는 어째서 그가 거기서 죽은 것이 자기 의무에 어긋나는 일인가를 이해시켜야 한다. 역사 자체를 가르치기보다도 역사를 비판하는 법을 가르쳐야 한다. 이것이 내 생각으로는 무엇보다도 정신을 여러 방면에 적용시키는 재료이다.[23]

이어 몽테뉴는 철학 과목에 주목했다. 몽테뉴는 아이들의 도덕훈련을

---

20 이런 맥락에서 몽테뉴는 그의 시대의 공허한 지식주의 교육을 반대하면서 교육내용의 선정원칙으로 "유용성 또는 삶과의 관련성"을 강조했다. 김창환, 「몽테뉴」, 연세대학교 교육철학연구회 편, 『위대한 교육사상가들』(서울: 교육과학사, 1998), II, 12쪽.
21 몽테뉴, 『수상록』, 212쪽.
22 여기서 몽테뉴는 역사 공부의 도야적인 성격을 강조했다. 이런 몽테뉴의 역사 교육관은 그의 시대를 훨씬 앞서 있는 것이었다. Sarafian, *French Educational Theorists*, p. 54 참조.
23 몽테뉴, 『수상록』, 212쪽.

위해 철학을 그의 교육과정에 포함시켰다. 철학은 "윤리 도덕과 사는 법을 터득케 해주는" 교과이기 때문이다.[24] 그렇다면 아이들은 철학을 공부하면서 다음과 같은 여러 가지 삶의 주제들을 만나게 된다.

> 안다는 것과 모른다는 것은 무엇이며, 공부의 목적은 무엇이며, 용기·절도·정의는 무엇이며, 대망과 탐욕, 노예와 신하, 방자함과 자유 사이에는 무슨 차이가 있는가, 진실하고 견고한 만족은 무슨 표시로 알 수 있는가, 죽음과 고통과 수치는 어느 정도까지 두려워해야 하는가?[25]

아이들은 위의 질문들에 답하려고 노력하는 과정에서 그들의 인생을 잘 살아가는 방식을 궁리하고 깨닫게 된다. 그렇다면 철학은 삶과 멀리 떨어져 있는 과목이 아니다. 또 보통 사람들이 배우기 어려운 과목도 아니다. 그와는 반대로 철학은 일상적인 삶의 문제와 관련된, "살아가는 방법을 가르치는 학문"이다.[26] 그리고 철학을 공부하는 일은 나이에도 시간에도, 또 장소에도 구애를 받지 않는다. 인생이 계속되는 한 철학은 늘 우리 곁에 머물면서 도덕적으로 바르게 사는 것이 무엇인지를 가르쳐주기 때문이다.

역사와 철학이라는 다소 무거워 보이는 과목들을 논한 후 몽테뉴는 사람들과의 일상적인 교제가 갖는 교육적 가치에 대해 말했다.[27] 사라

---

24 원윤수, 「몽떼뉴의 교육론 연구」, 97쪽.
25 몽테뉴, 『수상록』, 215쪽.
26 몽테뉴, 같은 책, 220쪽.
27 물론 몽테뉴는 아이들이 논리학, 물리학, 기하학, 수사학 등 일반적인 교육을 받는 데 반대하지 않았다. 그러나 제한된 시간 속에서 배움의 순서를 논하면서 몽테뉴는 "아이들을 더 현명하고 나아지게 하는데 필요한 것을 말해 주고 난 다음에" 7자유학예(Seven Liberal Arts)에 속하는 과목들을 그들에게 가르쳐야 한다고 주장했다. 몽테뉴, 같은 책, 217쪽.

피안이 잘 지적했듯이 몽테뉴에게 "교육은 학교의 사방 벽 안에서만 받는 것이 아닌, 세상 거의 모든 곳에서 받을 수 있는 것"이었기 때문이다.[28] 따라서 몽테뉴는 "눈앞에 보이는 모든 것이 충분히 책의 역할을 한다"고 전제하면서 아이들이 세상을 살면서 만나게 되는 "사동의 심술궂은 장난, 하인의 어리석은 수작, 식탁에서 하는 한마디, 이런 것 모두가 가르치기 위한 새로운 재료가 된다"고 주장했다.[29] 이때 몽테뉴는 아이들이 주변 사람들과의 교우를 통해 삶의 지혜를 얻기를 원했다. 그리고 이를 위해 그는 아이들이 사방으로 모든 일을 두루 살피면서 다른 사람들의 어리석은 수작이나 약점으로부터 교훈을 얻을 수 있어야 한다고 생각했다.

같은 맥락에서 몽테뉴는 여행의 교육적 중요성을 논했다. 몽테뉴는 외국을 여행하는 일이 아이들 마음의 지평을 넓히는 데 도움을 준다고 보았다. 아이들은 다른 국가들을 여행하면서 그곳 "국민들의 기질이나 생활방식을 배워 와서 다른 자들의 지식으로 자신의 뇌수를 닦고 연마"할 수 있기 때문이다.[30] 또 몽테뉴는 교사가 그의 학생을 아주 어릴 적부터 외국으로 데리고 다니면서 이웃나라의 말들을 배우게 할 것을 충고했다. 외국어는 그 말이 사용되는 나라에 가서 일찍 배우지 않으면 나중에 혀가 잘 돌지 않아 배우기 힘들기 때문이다. 결국 몽테뉴는 아이들의 시야를 확대시켜 주기 위해, 또 그들에게 자연스러운 외국어 학습 환경을 제공하기 위해 외국여행을 추천했던 것이다.[31]

몽테뉴가 아이들의 교육에서 여행을 강조했던 다른 하나의 이유는

---

28 Sarafian, *French Educational Theorists*, p. 57.
29 몽테뉴, 『수상록』, 208쪽.
30 몽테뉴, 같은 책, 208쪽.
31 H. Scheuerl, 『교육학의 거장들』, 정영근 외 옮김(파주: 한길사, 2004), I. 108쪽 참조.

아이들에 대한 부모들의 과잉보호를 방지하기 위해서였다. 몽테뉴는 "타고난 애정 때문에, 가장 현명한 부모라도 아이 앞에 마음이 감동되며 약해진다. 그들은 마땅히 해야 할 일이지만, 어린애의 잘못도 징계하지 못하고 거칠고 위험하게 아이를 훈육하는 것을 그냥 보고 있을 수 없다" 고 말하면서 아이들을 부모의 무릎 위에서 키우지 말아야 하는 이유를 설명했다.[32]

흔히 교육 프로그램의 중심적인 문제는 '왜 가르치고, 무엇을 가르치고, 그리고 어떻게 가르치느냐'는 것이다. 지금까지 나는 앞의 두 질문에 대한 몽테뉴의 대답을 들었다. 이하에서는 몽테뉴의 교육방법을 알아본다.

3. 교육방법

몽테뉴가 살던 시대에 교육은 흔히 학습과 동의어였다. 그리고 학습 은 지식획득을 의미했다. 인간의 마음은 비어 있는 것으로 간주되었고, 교육은 비어 있는 마음을 잡다한 지식들로 가득 채우는 일이었다. 그러나 몽테뉴는 당시 성행하던 암기식 지식전달 교육에 반대했다. 교육에서 중요한 것은 '얼마나 많이 아느냐가 아니라 얼마나 잘 아느냐'는 것이었기 때문이다. 몽테뉴는 그의 시대의 지식교육의 형식성을 다음과 같이 말하면서 비판했다.

> 우리는 기억력을 채울 생각만 하고, 이해력과 양심은 빈 채로 둔다. 마치 새들이 모이를 찾으러 나가서 그 모이를 새끼에게 먹이려고 맛보지 않고 입에 물어 오는 것과 똑같이, 우리 학자님들은 여러 책에서 학문을 쪼아다가 입술 끝에만 얹어 주고, 뱉어서 바람에 날려 보내는 짓밖에는 하지 않는다. […] 학문이 오로지 자랑거리고 남에게 보여주고 말해보고 이야기해 주는 목적밖에 없어, 마

---

32 몽테뉴, 『수상록』, 208쪽.

치 계산해 보고는 내던지는 것밖에 다른 데는 아무 쓸모가 없는 모형 화폐처럼, 이 손에서 저 손으로 넘어가기만 한다.[33]

몽테뉴가 다른 사람들로부터 받아 담은 학식이 많음을 자랑하는 교육의 현학적인 풍토를 경계했을 때 그는 바람직한 교육방법으로서 지식에 대한 자유롭고 주체적인 동화과정을 강조했던 것이다. 몽테뉴에게 가장 좋은 교육방법이란 아이들이 그들의 이성을 사용하면서 스스로 사고하고 판단하는 방식을 터득하는 것이기 때문이다.[34] 이를 위해 몽테뉴는 교육에서 지식의 권위에 대한 맹목적인 순종을 비판하면서 아이들이 지식을 그들의 삶과 결부시켜 자신들의 것으로 만들어야 한다고 주장했다. 몽테뉴 자신의 말대로 "배 속에 음식을 잔뜩 채워 보았자, 그것이 소화가 안 되고 우리 속에서 변화되지 않으면, 우리들을 더 키워 주고 힘을 주지 않는다면" 아무 소용이 없기 때문이다.[35] 부연하면 몽테뉴에게 구토가 소화불량을 의미했다면, 재잘거림은 잘못된 교육을 의미했던 것이다.

그렇다면 몽테뉴가 "우리 선생님들은 마치 깔때기에 물을 부어넣듯 줄곧 우리 귀에 대고 소리친다"고 했을 때 그는 주입식 교육방법의 병폐나의 예지가 아닌 남의 지식을 통해 현명해지려는를 지적했던 것이다.[36] 그러면서 그는 아이들의 자발성에 터하는 주체적인 교육방법이 필요함을 주장했다.[37] 그러나 여기에는 다른 하나의 중요한 교육방법적 함의가 담겨 있다. 몽테뉴는 그의 시대의 획일적인 교사중심 교육방법을 비판

---

33 몽테뉴, 같은 책, 190쪽.
34 Boyd, *The History of Western Education*, p. 238; 원윤수, 「몽떼뉴의 교육론 연구」, 100쪽 참조.
35 몽테뉴, 『수상록』, 191쪽.
36 몽테뉴, 같은 책, 205쪽.
37 김창환, 「몽테뉴」, 15-16쪽 참조.

하면서 교육에서 개별성을 존중하려 했기 때문이다. 즉, 몽테뉴는 학습 과정에서 개인차를 인정하고 교육방법을 아이들의 타고난 능력과 성향에 따라 달리하려 했던 것이다.

> 나는 선생이 이 방법을 고쳐서 처음부터 그가 다루고 있는 아이의 능력에 따라 사물들을 음미해 보고, 아이가 사물들을 택하고 식별해 보게 하여 그 자질을 시험하게 하는 것으로 시작하며, 어느 때는 그의 길을 열어 주고, 어느 때는 자기가 길을 열어 가게 하기를 바란다. 나는 선생이 혼자서 생각하고 말하기를 원치 않는다. 나는 제자가 제 차례가 되어 말하는 것도 선생이 들어 주기를 바란다. [⋯] 제자의 수준을 판단하고 그의 힘에 맞추기 위해서 자기의 자세를 어느 정도로 낮춰야 할까를 판단하려면, 먼저 자기 앞에 그를 걸어 보게 하는 것이 좋다. 이러한 조정이 없기 때문에 모든 것이 잘못된다. 이 조정의 비율을 찾아서 정도에 맞게 지도할 줄 아는 것이 내가 알기로는 가장 힘든 일이다. 그리고 어린 아이의 유치한 자세로 자기를 굽혀서 지도할 줄 아는 것은, 고매하고도 극히 강력한 심령이라야 성취할 수 있는 일이다.[38]

위의 인용구에서 몽테뉴는 "모든 아이들에게 똑같이 적합한 단 하나의 교육방법과 같은 것은 존재하지 않는다"는 사실을 암시했다.[39] 그러면서 그는 교사가 그의 책임 하에 있는 학생들의 개별적 특성을 파악하는 데 관심과 주의를 기울이면서 교육하는 일을 시작할 것을 충고하고 있다. 교육이 실패하는 것은 대부분의 경우 교사가 아이들의 서로 다른

---

38 몽테뉴, 『수상록』, 205쪽. 이런 맥락에서 빌덴브루크Ernst Wildenbruch의 다음의 문구를 참조해라. "아이들은 꽃과 같다. 그들은 우리의 눈앞에 서 있지 않다. 따라서 우리는 스스로 몸을 굽혀 그들에게 다가가야 한다. 그렇게 했을 때 비로소 우리는 그들을 알 수 있기 때문이다." Sarafian, *French Educational Theorists*, pp. 46-47로부터 재인용.

39 Boyd, *The History of Western Education*, p. 237.

능력과 성향을 무시한 채 그들을 보편적인 교육방법의 틀에 일방적으로 구속시키려 하기 때문이다.

마지막으로 몽테뉴의 훈육방법을 살펴보자. 몽테뉴는 교육에서 과도한 육체적 처벌에 반대했다. 체벌교육은 "부드럽고 고귀한 어린이들의 영혼을 조화롭게 성장시키는 데 방해"가 되기 때문이다.[40] 그렇다면 몽테뉴는 아이들을 교육하는 과정에서 욕설과 매질이 아닌 사랑과 돌봄이 더 좋은 방법이라고 생각했고, 따라서 학습이 온화하고 즐거운 분위기 속에서 이루어져야 함을 강조했던 것이다.[41] 그럼에도 버틀러Samuel Butler가 다소 희극적으로 묘사하고 있듯이 몽테뉴가 살던 시대의 학교는 잔혹한 체벌이 벌어지고 있었던 장소였다.

> 회초리를 덕의 여신이자, 학문과 예술의 교사로 부른다. 오! 그대여 […] 국가의 총망받는 젊은이들을 가르치는 자여, 네덜란드, 프랑스, 영국, 독일, 스페인을 가로질러, 나는 그대가 젊은이들을 언제까지나 매질하기를 기도하노라. 그러함에 도덕은 제 자리를 찾고, 이때 고통이란 당연히 따르는 법, 양심의 가책 따위는 느낄 필요가 없다.[42]

---

40 김창환, 「몽테뉴」, 14쪽.
41 몽테뉴의 생각은 고대 그리스와 로마의 교육관련 저술가들의 주장에 근거한다. 그리고 몽테뉴와 동시대를 살았던 인문주의 교육이론가들 역시 교육에서 고역의 흔적을 제거해 배움을 즐거운 것으로 만들고자 했다. 고대의 교육관련 저작으로는 앞서 언급한 퀸틸리아누스와 플루타르코스의 책을 참조해라. 그리고 르네상스 시대의 교육관련 저작으로는 에라스무스의 『아동교육론De Pueris Instituendis』이 대표적이다. 에라스무스는 인문주의 교육관을 대표하는 이 책에서 아이들의 양육과 교육에 대한 고대인들의 권고를 바탕으로 가혹한 육체적 처벌과 권위적인 교사상에 반대하면서 학습의 과정에서 아이의 능력과 흥미를 고려하는 온화한 교육방법을 주장했다. D. Erasmus, 『에라스무스의 아동교육론』, 김성훈 옮김(파주: 한국학술정보, 2007) 참조.
42 Laurie, *Educational Opinion from the Renaissance*, pp. 114-115로부터 재인용.

몽테뉴는 당시 학교에서 행해지고 있었던 교육이 그 자신의 비위에 맞지 않다고 불평하면서 학교를 '감옥'에 어린애를 '죄수'에 비유했다.[43] 그러면서 그 안에서 자행되고 있었던 혹독한 육체적 처벌이 아이들에게 위험한 결과를 초래할 것이라고 경고했다.

> 그들이[아이들이] 공부할 때 학교에 가보아라. 들리는 것은 고초 받는 어린애들의 울음소리와, 화가 치밀어 정신을 잃은 선생들의 고함소리뿐이다. 이렇게 연하고 겁 많은 어린 마음들을 손에는 채 찍을 들고 시뻘겋고 무서운 얼굴로 지도하다니, 이것이 아이들에게 공부할 생각을 일으키게 하는 방법이겠는가? 부당하고 해로운 방법이다.[44]

몽테뉴의 지각 있는 훈육관은 주변의 광기어린 훈육 실제에 비추어 보았을 때 그의 시대를 훨씬 앞서 있는 것이었다. 그럼에도 몽테뉴는 육체적 처벌 그 자체를 금지하지는 않았다. 몽테뉴는 교육에서 체벌방법의 필요성은 인정하면서 단지 그것의 과도한 사용, 즉 남용을 막으려 했기 때문이다. 이런 관점에서 몽테뉴의 체벌에 대한 생각은 오늘날에도 적용될 수 있는 중용적인 자세를 견지했던 것으로 보인다. 결국 몽테뉴에게 중요한 것은 교실에서 피 묻은 회초리 동강을 제거함으로써 교육이라는 이로운 일에 즐거움이 또한 함께 하는 것이었다. 고대 로마인들의 바람대로 학교는 놀이와 유희의 장소가 되어야지 에라스무스의

---

43 몽테뉴, 『수상록』, 224쪽 참조 몽테뉴가 교육에서 엄격한 훈육을 반대했던 이유는 그 자신의 유년기의 좋은 교육 환경 때문이었다. 부친의 특별한 배려 하에 몽테뉴는 덕과 학식을 겸비한 훌륭한 교사의 지도를 받으며 성장할 수 있었고, 그런 그에게 당시의 야만적인 교육 실제는 마음에 들지 않았기 때문이다. Sarafian, *French Educational Theorists*, pp. 51-52 참조.
44 몽테뉴, 『수상록』, 224쪽.

표현대로 "고문의 장소"가 되어서는 안 되기 때문이다.[45]

4. 신체교육

몽테뉴는 "우리 마음이 잘 움직여 주지 않는다면, 우리가 더 건전한 판단을 갖지 못한다면, 나는 차라리 내 학생이 공이나 가지고 나가 시간을 보내는 것을 더 좋아할 것이다. 적어도 그 아이의 신체는 더 쾌활[건강]해질 것이기 때문이다"라고 했다.[46] 또 다른 곳에서 몽테뉴는 "그의 [아이의] 마음을 견고하게 하는 것만으로는 족하지 않다. 근육도 견고하게 해 주어야 한다"고 했다.[47] 여기서 몽테뉴는 아이들의 몸을 강인하게 만드는 일이 또한 중요함을 밝히고 있다. 몽테뉴에게 "인간[은] 영혼과 육체로 구성된 하나의 전체"이며 교육은 영혼만을 단련하는 일도, 또 육체만을 단련하는 일도 아닌 영혼과 몸을 함께 단련하는 일이기 때문이다.[48]

앞에서 언급했듯이 몽테뉴는 아이들의 교육에서 지나친 과잉보호를 경계했다. 이러한 원칙은 아이들의 신체를 강하게 만들어 주는 일에도 적용되었다. 그래서 몽테뉴는 아이들은 "탈골이나 담석증의 거센 아픔이나 화형·투옥·고문 같은 고역을 견뎌 내도록 길들이기 위해서 거칠고 힘든 운동으로 몸을 단련시켜야 한다"고 주장했다.[49] 훌륭한 인간을

---

45 "오늘날 학교는 고문의 장소가 되어가고 있다. 당신은 학교라는 곳에서 회초리가 아닌 몽둥이가 휭 하고 돌아가는 소리를, 아이들의 울부짖는 소리를, 그리고 야만적인 교사의 고함소리를 들을 수 있을 뿐이다." Erasmus, 『에라스무스의 아동교육론』, 76쪽.

46 몽테뉴, 『수상록』, 192쪽.

47 몽테뉴, 같은 책, 209쪽.

48 김창환, 「몽테뉴」, 9-10쪽.

49 몽테뉴, 『수상록』, 209쪽. 몽테뉴는 말년에 몸소 '담석증의 거센 아픔'을 경험했다. 그리고 몽테뉴가 살았던 16세기 프랑스는 종교적 갈등으로 인한 유혈사태가

길러내기 위해서 어린 나이에 몸을 아껴서는 안 되기 때문이다. 그리고 험난한 세상을 살아가기 위해서는 아이들의 근육을 단단하게 만들어 줄 필요가 있기 때문이다.

몽테뉴가 제안했던 신체교육은 달리기, 레슬링, 음악, 춤, 사냥, 무기 사용, 승마 등이었다. 이것들은 이중적인 목적에 봉사하는데 먼저 아이들의 몸을 강인하게 만드는 것을 돕는다. 그러나 그에 못지않게 중요한 것은 로리가 잘 지적했듯이 "뜀뛰기, 말타기, 레슬링과 함께 은연중에 전달되는 도덕적 가르침"이었다.[50] 아이들은 그들의 몸을 움직이면서 그들의 영혼을 또한 도덕적으로 형성해갈 수 있기 때문이다.[51]

몽테뉴는 마음이 몸의 도움을 받지 못한다면 제대로 기능을 할 수 없다고 주장했다. 이런 주장은 우리에게 라블레-몽테뉴-로크로 이어지는 역사적 연속성을 상기시킨다.[52] 이들은 모두 건강한 몸을 건전한 정신에 우선시함으로써 신체교육의 중요성을 강조했기 때문이다. 그러

점차 내전으로 번지고 있던 격동의 시기였다. 따라서 몽테뉴에게 삶은 불확실하고, 육체적 고난과 불행은 언제든지 찾아올 수 있는 것이었다. 이런 과도기의 혼란 속에서 몽테뉴는 마음뿐만 아니라 몸을 또한 단련해 '있을지도 모르는' 시련에 대비하려 했던 것이다.

50 Laurie, *Educational Opinion from the Renaissance*, p. 110.
51 엘리어트의 『통치자론*The Governor*』에서의 기술을 보아라. 엘리어트는 신중함 prudence이라는 덕목이 춤이라는 신체적 움직임을 통해 어떻게 획득될 수 있는지를 설명하고 있다. T. Elyot, *The Book Named the Governor*(London: Dent, 1962), I, p. 69ff; 김성훈, 「토마스 엘리어트, 튜더 잉글랜드의 교육 이론가: 에라스무스식 인문주의 교육관을 넘어서」, 『영국연구』 13(영국사학회, 2005), 50쪽 참조.
52 라블레는 가르강튀아의 교육과 관련해 신체단련을 강조했다. Rabelais, *Gargantua and Pantagruel*, pp. 77-79 참조. 로크의 『교육론*Some Thoughts Concerning Education*』은 "건강한 몸에 건강한 정신A Sound Mind in a Sound Body"이라는 유명한 문구로 시작했다. J. Locke, *Some Thoughts Concerning Education and Of the Conduct of the Understanding*, R. W. Grant and N. Tarcov eds.(Indianapolis: Hackett Publishing Company, 1996), p. 10.

나 신체교육에 대한 강조는 서양교육에서 오랜 역사를 갖고 있다. 신체교육은 고대인들의 삶의 이상인간의 행복을 몸과 마음의 조화에서 찾는에 기반을 두었다. 이런 이상은 육체를 죄악시하는 중세 기독교 문화를 거치면서 영혼의 완성만을 강조하는 방향으로 나아갔다. 그러나 르네상스 시대에 와서 인간의 몸에 대한 관심은 다시 살아났다. 그리고 몽테뉴는 그의 시대의 개혁적인 성향의 인문주의자들과 함께 이 부활의 중심에 서 있었다.[53]

Ⅳ 결론 및 고찰

이 글은 16세기 프랑스의 인문주의 교육학을 대표하는 몽테뉴의 교육사상을 살펴보는 것이었다. 이를 위해 나는 『수상록』에 들어있는 두 개의 교육관련 에세이에 주목하면서 몽테뉴의 교육목적, 교육내용, 교육방법, 그리고 신체교육에 대한 생각을 알아보았다. 지금까지의 논의를 정리하면 다음과 같이 요약할 수 있겠다.

첫째, 몽테뉴의 교육사상은 학생이 하루를 잘 살아가는 데 있었다. 그의 교육목적은 덕과 판단력에 기초하는 삶의 지혜였다. 몽테뉴는 '가장 지식이 많은 사람이 가장 지혜로운 사람은 아니다'는 중세 속담을 인용하면서 당시의 교육적 관습지식 축적을 목적으로 하는 암기식 학습을 비판했다. 교육에서 중요한 것은 "지식으로 가득 찬 머리보다는 잘 함양되고

---

53 비록 에라스무스와 같은 학자연하는 인문주의자는 "우리는 밀로Milo의 근육을 필요로 하지 않는다"고 말하면서 신체훈련을 그의 교육 도식에서 제외시켰지만, 그럼에도 불구하고 16세기 프랑스와 영국의 주요 인문주의자들인 라블레, 몽테뉴, 엘리어트, 아스캄 등은 모두 교육에서 신체단련의 중요성을 강조했다. Erasmus, 『에라스무스의 아동교육론』, p. 73; Elyot, *The Book Named the Governor*, I, p. 59ff; R. Ascham, *Toxophilus: The School of Shooting*(Obscure Press, 2006).

도야된 머리"였기 때문이다.[54]

둘째, 몽테뉴의 교육내용은 역사, 철학, 일상적인 교제, 외국여행 등이었다. 역사공부는 아이들의 사유능력, 즉 판단력을 길러준다. 철학은 인생의 존재론적 의미를 궁리하는 도덕적인 교과이다. 한편 몽테뉴는 일상생활에서 자연스럽게 체득되는 간접적인 교육을 선호했다. 이를 위해 몽테뉴는 주변 사람들과의 일상적인 교제와 외국여행이 갖는 교육적 가치를 강조했다.

셋째, 몽테뉴의 교육방법은 지식에 대한 주체적인 소화/동화를 강조한다는 점에서 당시의 '글 벼락 맞는' 주입식 교육방법과 구분된다.[55] 몽테뉴는 또한 학교에서의 잔혹한 육체적 처벌에 반대하면서 그의 시대의 일상적인 교육방법의 수용을 거부했다. 아울러 몽테뉴는 교사가 교육의 과정에서 학생들의 개인차를 고려할 것을 주장했다. 모두에게 적용될 수 있는 보편적인 교육방법은 존재하지 않기 때문이다.

넷째, 몽테뉴는 인간의 행복을 몸과 마음의 조화에서 찾으면서 신체교육을 강조했다. 몽테뉴는 아이들의 몸을 강인하게 만들어야 하는 이유를 다음의 세 가지 경우에서 찾았다. 첫째, 건강한 몸은 건강한 마음에 토대가 될 수 있다. 둘째, 몸을 단련함으로써 여러 가지 삶의 고난을 이겨낼 수 있는 힘을 갖게 된다. 셋째, 달리기, 레슬링, 춤, 사냥, 승마 등은 신체훈련인 동시에 도덕훈련이다.

결과적으로 몽테뉴의 교육사상은 르네상스 정신에 근거한다. 르네상스 정신은 원래 고대 그리스와 로마의 인문주의 전통에 기초해 인간과 세계를 자유롭게 탐구하고 몸과 마음을 아우르는 전인적인 발달을 도모하려는 정신이었다.[56] 그러나 몽테뉴가 살았던 시대에 르네상스 정신은

---

54 원윤수, 「몽떼뉴의 교육론 연구」, 102쪽.
55 몽테뉴, 『수상록』, 193쪽 참조.

이미 쇠퇴하고 있었다. 키케로주의로 명명되는 피상적 언어주의는 고대 문학에 대한 학습을 실질적인 내용보다는 형식적인 문체에 집착하도록 했고, 따라서 교육은 고대인들의 지혜와 슬기에 입각해 삶의 의미를 비판적으로 궁리하는 일도, 또 고대인들의 삶의 이상에 따라 심신의 조화를 추구하는 일도 아닌, 단순히 고대인들의 입술을 빌려 지식이 있음을 자랑하는 일이 되어 버렸다. 이런 맥락에서 몽테뉴는 교육에서의 현학적인 태도에 결연히 반대하면서 교육을 인문주의 본연의 실천적인 삶의 문제로 되돌려놓으려 했다. 이는 몽테뉴가 그의 시대의 인문주의 학습의 장식적인 허위성을 꼬집으면서 교육을 고대의 지혜의 전통에 의거해 '하루를 살아가는 기술'로 보았음을 의미한다. 그러나 조금 다르게 결론지으면 교육에서 권위에의 맹목적인 추종과 편협한 지식주의를 강하게 비판했던 몽테뉴의 사상은 16세기 유럽에서 목격되는 르네상스 정신삶을 중심에 두는 자유로운 탐구정신과 영혼과 육체의 조화로운 발달의 소멸을 상징적으로 보여주는 것이었다.

끝으로 몽테뉴의 교육사상이 갖는 한계를 현재의 관점으로부터 생각해 보면 다음과 같다.

첫째, 몽테뉴의 교육사상은 계급적이었다. 몽테뉴의 대표적인 교육관련 에세이인 「아이들의 교육에 대하여」는 '드 귀르송 백작 부인 디아느

---

56 르네상스 정신은 비토리노Vittorino da Feltre, 구아리노Battista Guarino, 베르게리우스 Petrus Vergerius와 같은 초기 이탈리아 인문주의자들의 교육관련 저술들 속에서 찾아진다. 그들은 교육을 스콜라적 권위에 반하는 자유로운 삶의 문제로 보면서, 또 교육을 통한 영혼과 신체의 조화로운 발달을 추구하면서 고대의 인문주의 전통을 따르고 있기 때문이다. 르네상스 초기의 인문주의 교육이론가들에 관해서는 다음의 책을 참조해라. W. H. Woodward, *Studies in Education during the Age of the Renaissance 1400-1600*(Cambridge: At the University Press, 1906); W. H. Woodward, *Vittorino da Feltre and Other Humanist Educators: Essays and Versions*(Cambridge: At the University Press, 1912).

드 포아에게'라는 부제를 달고 있다. 여기서 몽테뉴는 아동의 양육과 관련된 그의 글을 위의 백작 부인의 아직 태어나지 않은 아이에게 선물로 증정하려는 마음을 갖고 있었던 것 같다. 이로부터 우리는 몽테뉴의 교육사상이 귀족자제의 양육과 관련되어 있었고, 따라서 그것이 현대사회의 민주주의 교육체제에 반하는 것이라고 주장할 수 있다.

둘째, 몽테뉴의 신사교육의 이상은 가정교사제도에 기반을 두었다. 몽테뉴는 그의 교육에 대한 논의를 가정교사의 선정 문제로부터 시작했다. 몽테뉴는 좋은 가정교사를 선택하는 데 교육의 성패가 달려 있다고 전제하면서 "머리가 가득 찬 사람보다는 머리가 잘 된 사람"을 신중하게 고를 것을 충고했다.[57] 가정교사제도는 교사가 그의 학생을 개인차에 따라 개별적으로 지도할 수 있다는 장점이 있다. 그리고 아이가 집에서 부모와 교사의 돌봄을 받으면서 안전하게 교육을 받을 수 있다는 이점이 있다. 그러나 오늘날 대부분의 아이들은 집에서 가정교사를 통해 개인적으로 교육을 받는 것이 아니라 공립학교에서 다른 아이들과 함께 교육을 받는다. 그리고 그 과정에서 그들의 공동체적 본성은 발달된다. 이런 관점에서 몽테뉴가 제안하고 있는 가정교사제도는 현대교육의 일반적인 조류인 공립학교제도에 역행하는 것이라 하겠다.

셋째, 몽테뉴의 교육사상은 이상적이었다. 몽테뉴는 학교교사도, 또 가정교사도 아니었다. 잘 알려져 있다시피 몽테뉴는 부친으로부터 영지를 물려받은 후 그의 성의 다락방 서재에 칩거하면서 유유자적했던 사색가였다. 이런 몽테뉴에게 교육의 문제는 다른 많은 주제들과 마찬가지로 사변의 대상이었을 뿐, 실천의 문제가 아니었다. 그리고 아이들의 교육과 관련해서 몽테뉴의 주장은 너무나 쉽고 분명했다. 아이들은 15~16년이면 살아가는 데 필요한 모든 것을 배울 수 있었다. 게다가

---

57 몽테뉴, 『수상록』, 204쪽.

당시에 아이들을 '고문'하고 있었던 라틴어 학습 또한 몽테뉴에게는 문제가 되지 않았다. 몽테뉴는 그의 부친이 그에게 했던 것처럼 교사가 아이들의 주변을 라틴어로 장벽을 침으로써 그들이 쉽게 라틴어를 정복할 수 있다고 생각했다. 결국 몽테뉴의 교육사상은 귀족자제의 교육을 염두에 둔 것이라 하더라도 지나치게 낭만적이라는, 즉 현실성이 떨어진다고 비판받을 수 있다. 그리고 이것은 몽테뉴의 교육에 관한 실천적인 지식이 제한적이었다는 사실을 말해준다.

그러나 이와 같은 한계가 있음에도 몽테뉴의 교육사상은 또한 현대교육에 시사하는 바가 있을 수 있다. 몽테뉴의 생활중심 교육관은 자본을 매개로 인간과 교육이 상품화되는 21세기 교육의 시장화 논리를 삶의 관점에서 비판적으로 재고할 것을 암시하기 때문이다. 주지하다시피 시장적 재구조화는 현대사회의 지배적인 이데올로기로서 인간을 무기력한 상품으로, 교육을 경쟁력 있는 인적자원을 생산하는 기계적인 일로 전락시켰다. 그 결과 오늘날 우리는 교육의 과정에서 '인간'이 빠진, 또 '삶/앎'이 실종된 기형적인 모습을 목격하게 되었다. 이런 맥락에서 우리는 몽테뉴의 생활중심 교육관의 현대적 의미를 생각해 볼 수 있다. 몽테뉴는 하루를 지혜롭게 살아가는 일에 주목하면서 도구주의적인 사고에 함몰되어 있는 현대인들에게 교육을 존재론적인 삶의 문제로 재인식할 것을 권고하고 있기 때문이다. 다시 말해 몽테뉴는 교육을 삶 속으로 되돌려놓을 것을 주장하면서 500년 가까운 시간적 간극을 뛰어넘어 현대인들에게 교육을 삶과의 관련성 속에서 논할 것을 제안하고 있는 것이다.

참고문헌

김성훈, 「토마스 엘리어트, 튜더 잉글랜드의 교육 이론가: 에라스무스 식 인문주의 교육관을 넘어서」, 『영국연구』 13(영국사학회, 2005).

김창환, 「몽테뉴」, 연세대학교 교육철학연구회 편, 『위대한 교육사상가들』, II(서울: 교육과학사, 1998).

원윤수, 「몽떼뉴의 교육론 연구」, 『인문논총』 20(서울대학교 인문과학 연구소, 1998).

堀田善衞, 『위대한 교양인 몽테뉴』 I, 김석희 옮김(서울: 한길사, 1999).

Ascham, R., *Toxophilus: The School of Shooting*(Obscure Press, 2006).

Boyd, W., *The History of Western Education*(London: A. & C. Black, 1928).

Burke, P., *Montaigne*(New York: Oxford University Press, 1981).

Compayre, G., *Montaigne and Education of the Judgment*, J. E. Mansion trans.(New York: Burt Franklin, 1971).

Elyot, T., *The Book Named the Governor*(London: Dent, 1962).

Erasmus, D., 『에라스무스의 아동교육론』, 김성훈 옮김(파주: 한국학술정보, 2007).

Laurie, S. S., *Studies in the History of Educational Opinion from the Renaissance*(Cambridge: At the University Press, 1905).

Locke, J., *Some Thoughts Concerning Education and Of the Conduct of the Understanding*, R. W. Grant and N. Tarcov eds.(Indianapolis: Hackett Publishing Company, 1996).

Montaigne, M., 『몽테뉴 나는 무엇을 아는가』, 손우성 옮김(서울: 동서문화사, 2005).

Plutarch, *Moralia*, I, F. C. Babbitt trans.(Cambridge, M.A.: Harvard University Press, 2000).

Quick, R. H., *Essays on Educational Reformers*(New York: D. Appleton and Company, 1903).

Quintilian, *Institutio Oratoria*, I, H. E. Butler trans.(Cambridge, M.A.: Harvard

University Press, 1996).

Rabelais, F., *Gargantua and Pantagruel*, T. Urquhart and Pierre Le Motteux trans.(New York: Alfred A. Knopf, 1994).

Sarafian, K. A., *French Educational Theorists*(LaVerne: Press of the LaVerne Leader, 1933).

Scheuerl, H., 『교육학의 거장들』, I, 정영근 외 옮김(파주: 한길사, 2004).

Woodward, W. H., *Studies in Education during the Age of the Renaissance 1400-1600*(Cambridge: At the University Press, 1906).

Woodward, W. H., *Vittorino da Feltre and Other Humanist Educators: Essays and Versions*(Cambridge: At the University Press, 1912).

Chapter

VII

세계화의 두 얼굴

"리처드 포크의 '세계화' 개념이 교육에 주는 함의"

(『담론201』 10(2), 2007: 195-225)

리처드 포크의 '세계화' 개념이 교육에 주는 함의

Ⅰ 서론

우리 시대의 통용어buzzword로서 세계화globalization는 대중적인 언론매체와 학문적인 논의 모두에서 빈번하게 사용되는 말이다. 그리고 21세기를 세계화의 시대로 규정했을 때 세계화가 무엇을 의미하는지를 파악하는 일은 중요하다. 세계화에 대한 개념적 정의는 현대 사회에서의 인간의 존재 양식과 교육적 삶을 이해하는 데 단초를 제공하기 때문이다. 그러나 정작 세계화가 무엇인가라는 질문을 받았을 때 우리는 세계화라는 단어에 대한 친숙함에도 불구하고 분명하게 답을 하지 못하는 경우가 많다. 그것은 스미스(Smith, 2003: 35)의 주장대로 세계화가 서로 대립되는 다양한 의미를 담고 있기 때문이기도 하고, 또한 클라인(Klein, 2002: 9)의 지적대로 세계화라는 말 자체가 "불분명slippery"해서 정의를 내리기가 어렵기 때문이기도 하다.

일부에서는 세계화를 근대 국민 국가의 소멸과 그로 인한 국경 없는 단일 세계, 즉 지구촌의 출현과 동일시한다(Ohmae, 1995; Beck, 2000: 86). 그러나 오늘날 누구도 국가 주권의 약화와 국가 조직의 붕괴를 주장하지 못한다. 다른 일부에서는 세계화를 세상을 하나로 묶는 형식

form과 관련된 담론으로 보면서 세계 단일 정치기구의 등장을 뜻하는 정치적 세계화, 세계 단일 시장의 출현과 괴를 같이하는 경제적 세계화, 그리고 미국식 맥문화McCulture의 세계적 팽창을 가리키는 문화적 세계화로 구분한다(Robertson, 1990: 18; Mendieta, 2000: 119-120). 한편 세계화에 보다 비판적인 사람들은 세계화를 서구 근대성의 전 지구적 확산과 그것에의 저항을 함께 포함하는 개념으로 본다(Dussel, 1999; Gill, 1995; Smith, 2003). 이밖에도 세계화를 세계 시민 사회의 형성과 동일한 것으로 보는 견해가 있다(Lipschutz, 1992; Florini·Simmons, 2000). 또한 세계화를 서구권의 비서구권에의 헤게모니를 지속시키기 위한 정치, 경제, 지리적 프로젝트로 이해하려는 사람들이 있다(Laxer· Halperin, 2003; Carchedi, 2002; Rothkopf, 2000). 이렇듯 세계화는 보는 시각과 관심에 따라 각각 달리 정의되며, 따라서 합의된 단일 의미를 도출하는 일이 어렵다고 보는 것이 타당할 것이다.

이런 이유에서 나는 세계화에 대한 논의를 전개하면서 우선 관점point of view을 정하는 일이 중요하다고 생각한다. 그리고 정해진 관점에 입각해 세계화와 교육의 관계를 탐구해 가는 것이 유익하다고 믿는다. 나는 세계화에 대한 각기 다른 정의들 중에 미국에서 활동하고 있는 국제정치학자인 리처드 포크(Falk, 1993; 1999)의 정의에 주목한다. 포크의 두 개의 세계화 개념은 세계화에 대한 최초의 이론적 정의들 중의 하나로서 후속되는 세계화 담론에 규범적 토대를 제공해 줄 수 있기 때문이다. 실제로 오늘날 유행하고 있는 신자유주의 세계화, 경제적 세계화, 앵글로-색슨 버전의 세계화 등은 모두 포크의 하향식 세계화globalization-from-above의 다른 이름들에 불과하다. 또한 포크의 상향식 세계화globalization-from-below는 자본주의적 근대성의 획일적 확산에 저항하면서 보다 민주적이고 친환경적인 인류 공동체를 만들어가려는 다양한 성격의 세계 시민 사회 운동을 포괄하는 개념이다.

교육적 관점에서 보았을 때 포크의 두 개의 세계화 개념은 또한 중요하다. 세계화 시대의 교육은 흔히 세계 자본주의 시장에서 경쟁력을 갖춘 인적자원의 육성과 관련되거나, 아니면 세계 시민 사회에서 제 몫을 할 수 있는 민주적인 세계 시민의 양성에 초점이 맞춰지기 때문이다. 이때 전자는 포크의 하향식 세계화와 밀접히 관련되며, 후자는 그의 상향식 세계화를 구현시키는 것이다.

이런 전제 하에 이 글에서는 포크가 제시한 두 개의 세계화 개념을 분석과 해석의 틀로 삼아 세계화 개념이 갖는 교육적 함의를 살펴보고자 한다. 이를 위해 나는 먼저 포크의 하향식-상향식 세계화의 논의 배경과 상호 관련성에 주목할 것이다. 포크의 세계화 개념에서 교육적 시사점을 도출하기 위해서는 포크가 어떤 주장을 하고 이러한 주장은 어떠한 논리에서 나왔는가를 명확히 해야 할 것이기 때문이다. 이어 포크의 하향식 세계화가 갖는 친시장적 경향과 특성을 설명하고 세계 자본주의의 성립이 현대 교육에 주는 시사점을 검토할 것이다. 그리고 마지막으로 포크의 상향식 세계화의 특징, 배경, 비전 등을 고찰하고 세계 시민 사회의 형성이 주는 교육적 의미를 탐구할 것이다. 이 글은 세계화의 개념에 대해 상반되는 두 접근을 소개하여 세계화에 대한 인식의 지평을 넓히는 데 공헌하는 한편 세계화와 교육의 관계를 이해하는 데 기여할 것이다.

Ⅱ 리처드 포크의 세계화 논의

1. 배경

세계화에 대한 최초의 의미 있는 정의는 미국 하버드 비즈니스 스쿨의 레비트가 시도하였다. 그는 1983년에 『하버드 비즈니스 리뷰』에 기고한 논문 "시장의 세계화The Globalization of Markets" 속에서 세계화를 글로벌 시장의 탄생으로 개념화했다. 그렇다면 세계화는 무역, 자본 자유화의 추진으로 재화, 서비스, 자본, 노동 및 아이디어 등의 국제적 이동 증가와 그로 인한 각국 경제의 통합화 현상을 지칭하는 것이다. 레비트는 세상이 하나의 커다란 시장으로 변해가는 것과 인간의 삶이 글로벌 규격에 따라 동질화되는 것은 피할 수 없는 역사적 과정이라고 주장했다. 그러면서 그는 "어느 누구도 이 과정에서 예외가 될 수 없고, 또 그것을 멈출 수 없다. 모든 곳에서 모든 것은 점점 더 다른 모든 것을 닮아간다. 그리고 세상에서 선호되는 것은 끊임없이 동질화의 대상이 된다"고 말했다(Levitt, 1983: 93).

그러나 스미스(Smith, 2003)의 관찰대로 세계화 시대란 베를린 장벽이 무너지고 1980년대 후반에 구소련 연방이 해체되고 난 후 비로소 의미 있는 논제가 되었다. "냉전의 종식은 앵글로-아메리칸 동맹의 단결된 경제, 정치, 군사적 엘리트들에게 열정적인 흥분을 고취시켰고, 그들의 특수한 경제결정주의 이론을 전체 지구로 확산시키는 기회를 제공했기 때문이다"(Smith, 2006: 11). 그렇다면 멘디에타(Mendieta, 2000)가 밝히고 있는 것처럼 세계화는 탈냉전 시대에 서구의 자유 시장 질서가 비서구권, 즉 구소련과 그 영향력 하에 있었던 국가들로 퍼져나가는 현상을 가리키는 용어였다. 그리고 1990년대 들어서면서 세계화라는 단어는 서구의 학계에서 자주 등장하게 되는데 이것은 주로 미국의 정치, 경제, 지리적 이해관계와 맞물려 세계화 시대에 대한 이론적 변호와 논의를 전개하기 위한 것이었다. 바로 이러한 새로운 시대적 분위기 속에서 포크는 세계화 현상에 대한 비판적인 개념화 작업을 시도했다.

2. 세계화 개념

포크는 세계 비전을 논하는 1993년의 논문 "글로벌 시민의 형성The Making of Global Citizenship"에서 하향식 세계화와 상향식 세계화라는 용어를 처음 사용하면서 세계화를 두 개의 서로 다른 형태로 구분해 설명했다. 이어 포크는 1999년의 저서 『약육강식의 세계화*Predatory Globalization*』에서 그의 두 개의 세계화 개념을 재 소개하고 하향식 세계화와 상향식 세계화의 관계를 논했다. 좌파 사상가인 포크에게 세계화는 자본주의의 세계화를 의미했다. 그리고 자유 시장 경제의 전 지구적 확산은 공동체적인 삶의 방식으로서의 민주주의의 위기를 초래했다. 이런 맥락에서 포크는 민주주의라는 규범적 개념을 통해 그의 두 개의 세계화 개념을 논리적으로 구분했다. 포크는 먼저 하향식 세계화를 경제적 세계화로 개념화하고 시장의 세계화가 인권과 사회복지를 포함하는 서구의 전통적인 민주주의 프로젝트로부터 이탈하고 있다고 주장했다. 작금의 정치·경제적 세계화는 신자유주의라는 반민주적인 장치에 의존하면서 민영화, 자유 무역, 예산 삭감, 경쟁과 같은 친자본주의적인 정책들을 사용하고 그 결과 소수의 사회·경제적 엘리트들의 계급적 이익에 봉사하기 때문이다.

반면에 포크(Falk, 1999: 146)는 상향식 세계화를 사회적 다수의 삶에 봉사하고 인간과 자연의 공존을 목표로 하는 민주적인 형태의 세계화로 개념화하면서 "규범적 민주주의*normative democracy*"가 다양한 세계 시민사회 세력을 한데 결집시키는 "통합 이데올로기*a unifying ideology*"의 역할을 한다고 주장했다. 오늘날 세상은 인류가 경험하고 있는 정치, 경제, 생태학적 위기를 극복하기 위해 개별 국가의 울타리를 넘어 인류 공통의 관심사를 대변할 수 있는 글로벌 민주세력을 필요로 하며, 이런 종류의 세계화 담론이 가능하기 위해서는 자기 이익과 효율성이라는 경제적 잣대를 벗어나 인류 공동의 선이라는 공유된 가치에 의해 서로 하나로 묶이는 민주적인 삶의 방식이 요청되기 때문이다.

이런 맥락에서 포크는 20세기 말 세계화라는 이름 하에 서구를 중심으로 빠르게 재편되고 있는 세계 질서가 민주주의의 위기로서 인간성의 위기와 환경 파괴에 따른 지구의 생태학적 위기를 가져온다고 비판했다. 그러면서 그는 인류의 미래는 서구 자본주의의 정치, 경제, 문화적 이데올로기에 입각해 헤게모니식 세계 질서의 판을 짜는 것이 아닌, 인류 보편의 가치와 윤리에 입각해 세계 공동체의 이상을 실현하고 인간과 자연의 공존을 추구하는 방향으로 나아가야 한다고 주장했다. 그렇다면 포크는 냉전 종식 후 미국 주도의 경제적 세계화인 하향식 세계화를 비판하고 그에 대한 대안으로 상향식 세계화, 즉 민주적이고 친환경적인 세계화 담론을 주장했던 것이다.

여기서 유념해야 할 것은 포크가 세계화 현상 그 자체를 부정하지 않았다는 사실이다. 그에게 세계화란 케인스주의Keynesianism에 대한 불신과 냉전 종식에 따른 역사적 산물이었기 때문이다(Falk, 1999: 139). 다만 포크는 신자유주의 세계화가 가져오는 부정적인 결과들을 극복하기 위해 탈자본주의적인 성향의 새로운 세계화 논의를 전개하는 데 관심을 가졌던 것이다. 사실 시장의 세계화가 사회, 환경, 정치, 문화적으로 인류에 도움을 준다면 규모의 경제를 실현하고 상호 경쟁적으로 이익을 추구하는 것이 비판받을 이유는 없다. 그런데 문제는 신우파가 주도하는 작금의 경제적 세계화는 시장과 자본의 논리를 앞세워 사회적 다수의 삶을 위기로 몰아가고 인간과 자연 간의 단절을 통해 인류의 생존 자체를 위협하고 있다는 것이다.[1] 이런 비판적 상황을 설명하기

---

1 포크는 이미 그의 1971년의 저서 『위험에 처한 지구This Endangered Planet』에서 인류의 미래를 상반되는 두 개의 관점으로부터 기술했다. 포크는 먼저 인류가 헤게모니식 세계 질서의 구축과 인간 중심적인 이기적인 자본의 축적을 지속해 나갈 경우 "절망"[1970년대)]-"자포자기"[1980년대]-"재앙"[1990년대]을 거쳐 21세기에 "파멸"을 직면하게 될 것이라고 경고했다. 반면에 포크는 인류가 인간 보편의 가치와 복지를 추구하고 또 자연과의 조화로운 삶을 추구했을 때 "자각"[1970년대]-"개혁"[1980년대]-"변환"[1990년대]을 거쳐 21세기 "조화로운 세계 공동체"의 형성을 목격하게 될 것이라고 주장했다(Falk, 1971: 415-437).

위해서 포크는 두 개의 상반되는 세계화 개념이 필요했다. 포크는 하향식 세계화라는 개념에 의해 오늘날 유행하는 경제적 세계화를 설명해야 하는 한편 상향식 세계화의 개념에 의해 경제적 세계화의 부작용을 피할 수 있는 세계화 담론 즉 세계 시민 사회의 비전을 제시해야 했기 때문이다. 결국 포크는 하향식-상향식 세계화를 상호 관련시키면서 오늘날 세계화 현상에 잠재되어 있는 위험, 긴장, 그리고 새로운 가능성을 보여주려 했던 것이다.

Ⅲ 하향식 세계화와 교육

1. 하향식 세계화에 대한 이해

포크의 주장에 따르자면 하향식 세계화는 탈냉전 시대의 새로운 세계 질서the New World Order로서 미국의 제국화와 서구 상업 자본주의 정신의 전 지구적 확산을 주요 특징으로 한다. 따라서 오늘날 세상은 친시장적인 사람들을 위한 하나의 규격화된 쇼핑몰이 되어가고 있고, 동시에 비서구권에 속한 사람들을 새로운 세계 질서로 편입시키기 위한 기독교식 성전의 장이 되고 있다(Falk, 1993: 50). 이런 맥락에서 콕스(Cox, 1999: 18)와 로이(Loy, 1998)의 주장대로 시장적 세계화는 종교적 근본주의fundamentalism의 성격을 띠고 있다고 볼 수 있다. 세상은 전지전능한 시장 신의 도움을 받아 구원될 수 있고, 이것을 위해 모든 사람들은 서구의 자본주의적 생활방식으로 개종할 필요가 있기 때문이다. 하향식

비록 여기서 포크는 하향식-상향식 세계화라는 용어를 직접적으로 사용하고 있지는 않지만, 그럼에도 불구하고 그가 제시하고 있는 인류의 두 개의 미래상은 '세계 자본주의'와 '세계 시민 사회'라는 21세기 두 개의 세계화 담론과 일치한다고 볼 수 있다.

세계화가 제시하는 패권주의적 정치적 연대와 경제적 동질성의 논리는
다음의 인용문 속에 잘 담겨있다.

> 하향식 세계화는 지도적 위치에 있는 국가들과 자본의 형성을
> 이끄는 거대 기업들 간의 협력이나 연대를 반영한다. 이런 유형의
> 세계화는 상업주의 정신을 확산시키고 초국경적인 비즈니스와 정
> 치적 엘리트들을 자신의 영역 안으로 끌어들인다. 이것은 새로운
> 세계 질서로서 서구의 지리·정치학적 프로젝트, 아니면 거대 자본
> 의 기술·시장적 프로젝트로 이름 붙여질 수 있다. 그리고 디즈니
> 놀이동산과 맥도날드, 힐튼, 헤르츠 등의 프랜차이즈 자본주의로
> 대변될 수 있다(Falk, 1993: 39).

그렇다면 포크의 하향식 세계화의 개념은 냉전에서의 서구 자본주의
의 승리와 그에 따른 자유 시장 경제의 팽창을 의미하는 것이었다. 그리
고 이것은 세계화 담론과 관련해 중요한 두 가지 점을 지적한다. 첫째,
세계화는 국경 없는 단일 세계의 출현을 의미하는 완성된, 실재적實在的
개념이 아니다. 오히려 그것은 서구 자본주의의 세계적 팽창을 위한
계획된, 전략적戰略的 개념이다. 이런 맥락에서 국가 주권의 약화와 국가
조직의 소멸을 당연시하는 작금의 세계화 논리는 상당히 과장된 것이다
(Laxer·Halperin, 2003: Introduction). 왜냐하면 국가의 장벽은 여전히
높고 견고하며 글로벌 기업들은 특정 국가에 소속되어 보호와 혜택,
아니면 통제를 받기 때문이다. 게다가 자유무역 정책을 통한 국가 간
경제 통합이 한층 강화되고 있음에도 불구하고 세계 경제는 상당부분
지역별로 블록화 되어 있어 대다수의 보통 사람들은 여전히 그들이
속한 국가와 권역을 중심으로 삶을 살고 있기 때문이다(Weiss, 1997:
10-11). 그렇다면 오늘날 우리가 경험하고 있는 세계화는 오마에가 주장
한 "하나의 국경 없는 세계a one borderless world"의 성립이 아닌 국가 간

인적·물적 자원의 이동이 증가한 강화된 국제화heightened internation-alization 정도로 평가되어야 한다(Ohmae, 1995: 23). 그리고 이런 상황하에서 세계화는 국가 간의 장벽을 허물어 뜨려 자본주의의 확장을 도모하려는 서구의 정치·경제적 엘리트들 간의 전략적 제휴의 개념으로 이해되어야 한다.

둘째, 세계화는 글로벌 자유 시장 자본주의의 등장에 따른 상업주의 문화의 세계적 확산을 의미한다. 스클레어가 잘 지적했듯이 자유 시장 경제의 지속적인 성장을 위해서는 대중적인 소비문화, 즉 시장에서 가능한 많은 재화와 서비스를 소비하는 행위의 "바람직함"이 전 지구적으로 용인되고 조장되어야 하기 때문이다(Sklair, 2001: 255). 그 결과 현대 사회의 가장 큰 특징 중의 하나는 일상생활의 많은 부분에 자본과 상품의 논리에 입각한 시장적 가치가 널리 퍼져있다는 것이다.[2] 다시 말해 세계 경제의 성립과 더불어 자본주의의 규범과 실제가 인간의 삶의 과정에 깊숙이 침투해 들어와 가정, 종교, 여가, 그리고 자연 활동 모두에서 오늘날 상업주의의 정신대량소비, 상품화, 자본축적, 이윤의 극대화와 같은이 큰 영향력을 발휘한다는 것이다. 이런 현상을 가리켜 길(Gill, 1995)은 세계화 시대의 인간 삶의 시장 문명화, 바버(Barber, 1992)는 세계의 맥월드McWorld화라 불렀다. 특히 후자는 세계화를 곧 미국화로 인식하면서 미국식 시장 문화가 인류 보편의 문화로 전환되는 과정을 세계화 현상으로 보았다.

우드(Wood, 1996: 37)는 글로벌 경제의 출현과 함께 자본주의가 처음으로 인류의 보편적인 시스템에 근접했다고 주장했다. 사실 20세기 중

---

2 폴라니의 예견을 생각나게 한다(Polanyi, 1957: 6장). 그는 자유 시장 경제가 전 지구적으로 확산되는 현상은 인간의 삶을 시장화 또는 상품화시키고, 그것에 비례해 인간사회를 자본주의 시스템에 종속시키는 결과를 가져올 것이라고 주장했기 때문이다.

반만 하더라도 세계는 지속적인 소비와 생산에 따른 자본축적이라는 자유 시장의 논리보다는 인권과 공공의 가치라는 민주주의적인 생활방식에 익숙했다. 주지하다시피 케인스식 복지국가론은 경제공황을 시점으로 1930-1960년대까지 전성기를 이루었다. 그러나 1970년대 접어들면서 상황은 바뀌었다. 뉴 라이트new right의 글로벌 비전이 다시 역사의 전면에 등장했고, 그것은 1980년대 레이건-대처Reagan-Thatcher 정부의 신자유주의 정치개혁과 1990년대 탈냉전과 함께 찾아온 자본주의의 글로벌 현상화를 통해 강화되었다(Laxer, 1995: 291; Falk, 1999: 139). 20세기 말의 이런 신우파의 세계화 프로젝트는 글로벌 시장의 탄생과 상업 자본주의의 수혜자 집단인 세계의 정치·경제적 엘리트들의 연대를 통해 계획되었다. 그리고 국가와 기업의 권력 상층부에 위치해 있는 사람들이 세계 통합을 주도적으로 이끈다는 점에서 이런 종류의 세계화는 '위로부터 아래로의 세계화' 즉 하향식 세계화라 불려 질 수 있다.

2. 교육적 함의

앞에서 나는 포크의 하향식 세계화의 개념에 주목하면서 세계화가 자유 시장 경제의 팽창을 위한 전략적이고 이데올로기적인 현상임을 지적했다. 아울러 오늘날 세계화라는 거대한 자본의 물결 속에서 인간의 삶이 점차 상업화·상품화되는 경향이 있음을 주장했다. 이하에서는 이런 글로벌 시장의 탄생과 세계의 시장 문명화가 현대 교육의 목적, 내용, 방법 등에 주는 시사점을 파악해 세계경제의 출현이 교육 분야에 주는 메시지가 무엇인지를 살펴본다.

1) 교육은 경제적인 투자이다.

전통적으로 교육에 대한 논의는 '왜, 무엇을, 어떻게 가르칠 것인가?'라는 질문을 중심으로 행해져왔다. 여기서 첫 번째 질문인 '왜 가르칠 것인가'는 교육의 이유, 즉 교육의 목적에 대한 질문이다. 그런데 교육의 목적은 다시 교육의 개념과 밀접히 관련된다. 교육의 의미를 어떻게 규정하느냐에 따라 교육의 목적이 달라지기 때문이다. 그렇다면 문제는 글로벌 자본주의 시대에 교육의 의미는 어떻게 해석될 수 있느냐는 것이다. 일반적으로 말해 자유 시장 경제의 전 지구적 확산은 교육의 투자적 성격을 강화시키는 결과를 낳았다(Spring, 1998: Ch. 6). 그리고 세계화 시대의 교육은 개인적 차원과 국가적 차원 모두에서 자본의 축적을 위한 경제적 투자로서 중요성이 과거의 어느 때보다 강조되고 있다(Brown *et al.*, 1997: 4). 다시 말해 오늘날 개인은 노동 시장에서 직업획득의 가능성과 유연성을 높이기 위해 교육에 투자하며, 국가 역시 세계 시장에서 낙오 되지 않고 경쟁할 수 있는 사회 생존과 번영의 수단으로 교육에 투자한다는 것이다.[3]

2) 교육의 목적은 경쟁력 있는 인적자원을 개발하는 데 있다.
교육을 유용한 재능의 습득을 위한 개인적이고 동시에 사회적인 투자로 보는 교육관은 21세기 세계화 시대의 교육의 목적과 성격을 같이

---

3 스미스Adam Smith는 『국부론*The Wealth of Nations*』 제2권에서 자본의 증가가 국가의 부에 미치는 영향을 고려하고 교육받은 인간을 고정자본의 범주에 포함시키면서 교육의 투자로서의 개념을 밝혔다. 스미스는 "사회 구성원이 획득한 유용한 재능은 그 개인의 재산의 일부를 구성함과 아울러 그가 소속하는 사회의 재산의 일부를 구성하고 있다"(Smith, 1976 상: 346)고 전제하면서 교육을 통해 유능한 인적자원을 확보하는 것은 생산성 높은 기계를 들여오는 것과 마찬가지로 자본축적에 도움이 된다고 주장했다. 여기서 스미스는 유용한 재능의 습득과 새로운 기계의 구입 모두에는 어느 정도의 경비가 들어가나 그 경비는 궁극적으로 이윤과 함께 회수될 수 있다고 보았다. 이는 현대적인 의미에서 인간 자본의 개념과 상통하는 것이었다. 슈펭글러의 설명대로 인간 자본은 교육이나 훈련에 지출한 비용을 미래의 직업적 보상에 의해 금전적으로 회수할 수 있는 이윤이 잠재되어 있는 자본을 말하기 때문이다(Spengler, 1977: 33).

한다. 왜냐하면 브라운과 라우더가 잘 지적했듯이 세계 경제의 성립과 함께 "미래 사회에서 국가의 부는 구성원들의 질을 업그레이드 하는 일"에 달려 있고(Brown·Lauder, 1999: 180), 이런 상황 하에서 교육은 세계 시장에서 경쟁할 수 있는 유능한 인적자원을 길러내는 일을 목적으로 해야 하기 때문이다. 여기에 전제되어 있는 가정은 개인이나 국가가 미래의 자본 증가를 목적으로 교육에 투자하는 인간자본론human capital theory은 "개인적인 차원에서는 보다 나은 직업과 향상된 보수를, 국가적인 차원에서는 교육받은 노동자들의 높아진 생산성, 즉 경쟁력을 통한 사회 전반의 부의 증가를 가져온다"는 것이다(Woodhall, 1987: 22).

3) 교육과정은 친시장적인 교과목들로 구성된다.

세계 자유 경제 시대에 교육이 상업과 자본의 논리를 따르는 것은 교육내용의 문제에 영향을 주어 오늘날 학교의 교육과정은 친시장적으로 조직·운영된다. 일찍이 스펜서Herbert Spencer는 "어떤 지식이 가장 값어치 있는가?What Knowledge is of Most Worth?"라는 글에서 19세기 중엽 이후의 영국의 변화된 사회상산업 자본주의의 발달과 대중 민주주의의 대두을 반영해 교육내용을 기존의 고전학 중심에서 과학 중심으로 재구성할 것을 제안했다(Spencer, 1860: 84). 그의 공리주의적 태도는 교육의 목적으로서 완전한 삶 또는 생활을 강조했고, 이를 위해 교육내용은 인간의 삶에 유익한 순서대로 선정되고 조직되었다. 마찬가지로 오늘날 글로벌 자본주의 시대의 교육내용은 노동 시장에서 생산성과 경쟁력을 높이는 데 도움을 주는 교과목들을 중심으로 구성된다. 따라서 오늘날 부모들과 학생들은 학교에서 시장적 가치를 지닌 교육 프로그램을 선택해 배울 수 있기를 바란다. 그리고 학교 교육과정은 교육수요자들의 새로운 필요와 요구를 반영해 과학, 공학, 외국어, 컴퓨터 등과 같은 실용적

이면서 친시장적인 교과목들을 강조한다(Smith, 2003: 38). 부연하면 학생들이 노동 시장에서 요구되는 기술과 지식을 보다 잘 갖출 수 있도록 돕기 위해 오늘날 교육과정 계획과 실행은 시장적 요소들과 노동 시장의 필요를 충족시키는 방향으로 나아갈 수밖에 없다는 것이다.[4]

4) 개별화된 교육방법을 사용해라.

세계화라는 이름 하에 상업 자본주의가 전 지구적으로 확산되는 현상은 교육적 관점에서 보았을 때 자유, 경쟁, 선택 등을 강조하는 교육방법의 친시장적 변화를 가져왔다. 자본주의는 개인의 이익 추구를 도덕적으로 정당화하는 자기중심적인 삶의 방식이다.[5] 그리고 그것은 자본축적이라는 목적을 가장 효율적이고 경제적인 방법을 통해 달성하려 한다는 점에서 도구주의적인 합리성을 특징으로 한다(Gill, 1995: 418; Bourdieu, 1998: 1-2; Taylor, 1991: Ch. 1). 따라서 자본주의 학교 시스템 하에서 교육은 학생 개개인의 학습이익을 극대화하기 위해 개인차에 따르는

---

4 교육과정이 시장 중심적으로 운영되는 경향은 대학의 교육과정 편성에서도 예외가 아니다. 글로벌 경제의 출현은 대학교육의 기본적인 성격을 내재적인 학문탐구에서 친시장적인 교육과 연구로 탈바꿈시켰다(Peters, 1990). 교육의 중요성이 시장에서의 이윤창출과 같은 교육의 외재적 가치로 전환되면서 대학의 교육내용 또한 실용적이고 응용적인 가치를 지닌 학문들을 중심으로 계획·설계된다. 따라서 대학의 교육과정은 경영, 경제, 법률, 재정, 컴퓨터공학, 외국어, 응용과학과 정보기술과 같은 친시장적인 학문들을 중시하게 되었다. 그리고 학생들은 응용적이고 실천적인 교과목들을 선호한다. 이런 교과목들이 그들의 미래의 노동 시장에서의 상품 가치와 가격 경쟁력을 높이는 데 도움을 줄 수 있기 때문이다(Chan·Mok, 2001: 29-30).

5 스미스의 주장에 따르자면 자본주의는 인간의 이기적 본성과 타고난 거래 본성에 기초하는 자연스러운 시스템이다(Smith, 1976 상: 553). 그리고 개인의 자유로운 자기 이익 추구는 "보이지 않는 손"의 중재를 통해 사회 공공의 선으로 전환됨으로써 그 행위의 윤리적 근거를 확보할 수 있다.

교수전략수준별 반편성과 학생 선택중심 교육과정과 같은을 사용한다. 학교에서 계산하거나 의도한 교육목표는 학생 개개인의 자율적 선택과 학생들 간의 능력별 경쟁을 존중하는 자유방법론liberty method을 통해 가장 잘 달성될 수 있기 때문이다.

5) 수요자 중심 교육이 정당화 된다.

교육의 과정에서 개별성 또는 자율적 선택을 존중하는 것은 교육의 효율성과 경제성을 높이는 것 말고도 학생들의 자기 주도적인 능력과 창의성을 키우는 데 도움이 된다. 그리고 21세기 지식, 정보, 세계화 시대에 독립적인 사고에 바탕을 두는 창의적인 문제해결 능력은 중요한데, 이것이 글로벌 시장에서 상품성과 경쟁력을 확보하는 데 도움을 주기 때문이다(Bacchus, 2002: 13). 그런데 이런 창의성의 신장은 자율성의 확대와 밀접히 관련된다. 독창적인 사유능력은 자유롭고 다양한 분위기 속에서 가장 잘 발달될 수 있기 때문이다(McCallister, 1931: 363; Humboldt, 1854: 11-13). 다시 말해 자기 주도적이고 독립적인 과정을 통해 창의적인 인재 육성은 가능하다는 것이다. 그렇다면 교육적 관점에서 시장의 세계화는 기존의 공급자 중심의 주입식 교육에서 수요자 중심의 자유롭고 융통성 있는 교육으로의 전환을 요구하는 것이다. 앞서 언급했듯이 교육을 통해 자기 주도적인 능력과 창의성을 겸비한 인적자원을 길러내는 것이 무한경쟁 시대로 일컬어지는 작금의 세계 자본주의 질서 속에서 개인과 국가의 생존과 번영을 담보할 수 있는 최선의 길이기 때문이다.

요약하면 세계 경제의 출현과 그로 인한 자본주의 문화의 전 지구적 확산은 교육 분야의 시장적 재구조화를 가져왔다. 교육은 인적자원에 대한 투자를 목적으로 하는 경제적 비즈니스로 인식되고, 교육내용은 상품적 가치를 지닌 교과들을 중심으로 구성되며, 시장의 논리에 따르는 수요자 중심의 자유방법론이 선호된다. 그러나 효율성과 경제성의 논리에 입각해 교육의 과정을 시장화하려는 시도는 교육의 상업화와 인간의 소외를 부추긴다는 점에서 재고의 여지가 있다(Giroux, 2002: 8-9; Harrison·Kachur, 1999: Introduction). 따라서 다음 절에서는 포크의 상향식 세계화의 개념에 주목하면서 새로운 세계화 모델의 가능성을 탐색하고, 그것을 토대로 세계화 시대의 교육의 문제를 탈자본주의적인 맥락에서 논의해 본다.

Ⅳ 상향식 세계화와 교육

1. 상향식 세계화에 대한 이해

주지하다시피 하향식 세계화는 미국의 정치, 경제, 지리적 헤게모니의 전 지구적 확산과 자본의 논리에 따르는 세계 단일 시장의 성립을 목적으로 한다. 반면에 상향식 세계화는 파워와 자본에 의거하는 앵글로 색슨 버전의 새로운 세계질서 대신 인권과 민주주의라는 규범적 논의에 기초한 세계 공동체의 실현을 목적으로 한다. 이것은 세계 시민 사회global civil society의 형성으로 명명되며 주요 특징은 다음과 같다.

> 세계 시민 사회는 인간의 권리와 세계 시민권에 대한 민주주의적인 입장을 견지한다. 세계는 좋은 의미에서 이질적이면서, 동시에 하나의 공동체 의식을 갖는다. 그리고 인류의 생물학적이고 도덕적인 능력은 비폭력, 평등, 그리고 생존에 입각해 공동체적인 삶을 조직하는 것을 가능하게 한다. 이런 세계 시민 사회의 형성은 이미 인류의 오랜 상상속의 산물이었다. 따라서 정치적으로 하나의 세계 공동체를 형성하는 일은 현실적으로 가능하다고 볼 수 있다(Falk, 1993: 50).

포크는 오늘날 전통적인 국가의 경계를 넘어서 세계 시민 사회의 성립이 가능한 이유를 다음의 네 가지 관점으로부터 설명했다(Falk, 1993: 40-41). 첫째, 지구에 사는 사람들이 하나가 되어 동일한 삶의 조건 하에서 평화롭고 정의롭게 살아가려는 인류의 오래된 규범적 바람이 있다. 둘째, 근래에 들어 실제적인 세계 통합의 정도가 높고 진행 속도 또한 빠르다. 셋째, 인류의 생존을 위한, 특히 환경적인 재앙으로부터 벗어나기 위한 세계 연대의 필요성이 제기되고 있다. 그리고 넷째, 자본주의의 세계적 팽창에 저항하는 글로벌 연대가 목격된다.

이상의 네 가지 조건으로부터 세계 시민 사회는 "개인적이고 집합적인 시민운동으로서 자발성과 비영리를 특징으로 하며 국가단위와 국제단위의 활동을 포괄하는 실천 분야"로 정의될 수 있다(Falk, 1999: 138). 그리고 구체적인 행동 지침은 국가, 시장, 언론을 대신하는 합법적인 하나의 세계 정치 공동체를 구성하는 것과 초국경적인 사회운동을 벌이는 것으로 구분될 수 있다. 이때 전자는 세계 정부 또는 세계 국가를 세워 오늘날의 정치적·경제적 문제들을 해결하려는 시도이며,[6] 후자는 세계 시민 연대를 통해 자본주의의 전지구적 확산에 저항하면서 환경, 인권, 소수자의 권익보호와 같은 인류 보편의 가치를 실현하려는 노력이다.[7]

---

6 강화된 국제연합United Nations과 같은 중앙집권적인 세계 정치 기구를 통해 글로벌 수준의 개혁을 단행하려는 시도이다. 이것은 당면한 세계 문제를 근대 법치주의의 정신에 입각해 해결하려 한다는 점에서 이상적, 계몽적, 그리고 서양 중심적인 세계화 논의이다(Mendieta, 2000: 120; Laxer·Halperin, 2003: Introduction).
7 플로리니와 시몬스는 세계 시민 사회의 특징을 다음과 같이 요약했다(Florini·Simmons, 2000: 7). 첫째, 세계 시민 사회는 비정부 또는 비영리의 사적 영역에 속한다. 둘째, 세계 시민 사회는 초국경적인 연대 또는 연합의 성격을 지닌다. 그리고 셋째, 세계 시민 사회는 다양한 형태의 운동 또는 네트워크를 포함한다. 한편 립슈츠는 세계 시민 사회의 형성을 글로벌 자본주의에 맞서는 정치적

포크의 주장에 따르자면 금세기 들어 역사상 처음으로 세계 시민 사회의 형성이 중요성을 인정받기 시작했다(Falk, 1993: 47). 오늘날 인류가 직면하고 있는 문제들인 인권유린, 경제적 불평등, 환경파괴 등은 모두 지구촌에 사는 사람들의 상호 협력과 연대를 통해서만 해결될 수 있기 때문이다. 그리고 인류 공통의 문제를 해결하기 위한 세계 시민 운동은 대중들의 자발적인 참여와 활동 그리고 그들 간의 상호 관심에 기초해 아래로부터 조직된다는 점에서 민중 민주주의grassroots democracy 의 성격을 지닌다. 따라서 주된 관심은 세계 자본주의 시대에 어떻게 참여 민주주의의 정신을 회복해 소외된 사회적 다수의 삶의 위기를 극복하고, 나아가 타인자연을 포함해서과의 조화로운 삶의 방식을 회복할 수 있느냐는 것이다.

길의 관찰대로 세계 자본주의 시대에 인류가 경험하고 있는 "시장 문명화는 비역사적, 경제적, 물질적, 자기-중심적, 단기적, 그리고 환경적으로 근시안적인 관점을 생산"하는 경향이 있다(Gill, 1995: 399). 그리고 시장과 자본의 논리에 의해 세계를 통합하려는 신우파의 글로벌 프로젝트는 경제적 불평등, 정치적 불안정, 환경적 재앙과 같은 심각한 문제들을 초래한다(Bienefeld, 1994: 104-106). 그렇다면 오늘날 인류는 평화롭고 번영하는 그러면서 역동적인 미래를 건설하기 위해 새로운 형태의 세계화 논의를 진행해야 할 시점에 와 있다. 이런 맥락에서 포크의 상향식 세계화는 도덕적인, 민주적인, 친환경적인 세계화 담론으로서 획일적인 자본논리와 경쟁적인 개인주의, 그리고 이기적인 인간중심성을 견지하는 시장적 세계화 담론의 건설적 대안으로, 아니면 최소한

대안으로 강조하면서 세계 시민 운동이 가능한 정치적 영역을 크게 환경과 발달의 영역, 인권 보호의 영역, 그리고 원주민의 삶의 영역으로 구분했다 (Lipschutz, 1992: 393-396).

"균형 장치counterweight"로서 기능할 수 있을 것이다(Falk, 1999: 139).

이제 남은 문제는 포크의 상향식 세계화의 개념을 교육의 논의에 적용해 정의와 인간성에 기초하는 세계 시민 사회의 형성이 교육 분야에 주는 시사점을 탐구하는 것이다. 자연스럽게 논의의 초점은 세계 시민 사회의 형성에 공헌할 수 있는 도덕적이고 민주적인 시민을 육성하기 위해 교육을 탈시장화하고 탈상품화하는 것, 다시 말해 인간화하는 데 맞추어진다.

2. 교육적 함의

인류 보편의 가치와 윤리에 입각해 세계 정치 공동체의 이상을 실현하고, 이를 위해 초국경적인 사회운동을 벌이는 '상향식' 세계화는 도덕적이고 친환경적인 인류 공동체를 건설하는 데 걸맞는 민주적인 교육의 변화와 대응방식을 필요로 한다. 세계 시민 사회 네트워크의 일원, 즉 세계 시민이 되기 위해서는 '나'와 '세상'에 대한 이해의 지평을 넓히면서 평등, 협동, 의무와 같은 민주적인 공동체 정신을 교육의 과정을 통해 경험해야 하기 때문이다. 이제 상향식 세계화가 현대 교육의 방향과 목표, 내용, 방법 등에 주는 시사점을 하나씩 살펴보자.

1) 교육은 인간을 만드는 도덕적인 과정이다.

세계 시민 사회의 형성은 시장의 논리로부터 자유로운 교육 논의를 전개하도록 한다. 그리고 글로벌 연대에 기초해 인류 공통의 문제들인권, 민주주의, 경제적 불평등, 환경적 재앙과 같은을 해결하기 위해서는 자본이 아닌 도덕을, 내가 아닌 우리를, 그리고 인간을 넘어서 자연을 고려하는 새로운 인간상을 교육의 과정을 통해 길러내야 한다(Houser·Kuzmic, 2001: 453). 이런 목적을 달성하기 위해 세계 시장에서 경쟁력 있는 인적자원을 육성하기 위한 투자로서의 교육의 개념과 목적은 재고되어야 한다.

교육은 어디까지나 인간을 만드는 도덕적인 과정이며, 이런 이유에서 교육의 목적은 인간자본 축적과 같은 외적인 유용성의 극대화보다 인간다운 올바름을 키워주는 내적인 완성에 있기 때문이다. 그렇다면 세계시민 사회에서 교육학적 실천의 전제조건은 개인적인 이기심이나 탐욕에 의거한 기술·공학적 성취가 아닌 공감과 상호존재에 입각한 안정적이고 평온한 삶의 경험이다. 그리고 그것을 위해 사적인 환상, 자기 이익에 대한 집착, 타인에 대한 거짓 배려, 고립과 오만함 등은 교육의 과정에서 경계되어야 한다.[8]

2) 학교는 타인과 윤리적 관계를 맺는 민주적인 공간이다.

교육을 자아중심적이고 이기적인 욕망을 극복하는 윤리적인 과정으로 이해했을 때 교육의 중심적인 과제는 개인의 정체성을 타인과의 적절한 관계를 통해 바로 세우는 것이다. 여기에 함축되어 있는 것은 훅스의 정의대로 교육은 "타인과의 친밀성을 높일 수 있는 인간적인 기회"라는 것이다(Hooks, 1999: 116). 따라서 학교는 상호 협동적인 형태의 수업을 통해 학생들이 타인에 대한 관심을 계속해서 가질 수 있는 공동체적인 학습 환경을 조성할 필요가 있다. 그리고 이것은 공동 경험에 기반을 두는 교육과정을 개발해 작금의 이기적이고 경쟁적인 개인주의적 학교환경을 타인에 대한 배려와 돌봄에 기초하는 인간적이고 민주

---

8 스미스는 다음과 같이 말하면서 시장적 자기이익의 논리에 저항할 수 있는 가능성을 제시한다. "자기애의 중독은 공적인 영역을 보다 친근하게 만드는 것에 의해 개선된다. 개인적인 편집증은 활동적인 대인관계를 통해 해소된다. 진정한 자비로움은 자기이익과 관계없이 베푸는 행위이다. 짐짓 친절함을 보이는 것은 마음으로부터의 공감에 굴복한다. 소외의 장벽은 함께하기를 통해 허물어진다. 그리고 오만함은 깊고 포용력 있는 정의로움을 보여주는 것에 의해 극복된다"(Smith, 2000a: 24).

적인 학교환경으로 전환하는 것을 말한다.[9] 포크의 표현대로 "사회적 타자의 붕괴"(Falk, 1999: 129)가 목격되는 글로벌 자본주의에 맞서 올바름이 가치 판단의 척도가 되는 세계 시민 사회를 형성하기 위해서는 개인의 이익이 아닌 공공의 관심과 필요가 교육적 사고와 행동을 안내하는 중심적인 윤리 원칙이 되어야 하기 때문이다.

3) 교육과정은 타인과의 교육적 경험으로 구성된다.

교육의 목적을 윤리적인 삶을 위한 도덕적인 마음과 타인과의 조화로운 삶을 위한 공적인 마음의 육성에 두었을 때, 교육과정은 특정 지식이나 교과로 구성되기 보다는 타인과의 경험으로 구성될 필요가 있다(Smith, 2003: 46). 학생들은 학교라는 공적 공간에서 공동체적 경험을 통해 타인과 더불어 잘 사는 것이 무엇을 의미하는지를 배워야 하기 때문이다. 그렇다면 배움은 나와 타인과의 장벽을 허무는 일이며, 교육의 과정은 경제적으로 효율적인 지식을 전달하는 기술·공학적 과정이 아닌 나와 타인 간의 상호 이해의 지평을 넓히기 위한 의사소통의 과정으로 개념화된다. 이런 맥락에서 스펜서의 오래된 교육 질문인 '어떤 지식이 가장 값어치 있는가?'는 '지식은 얼마나 값어치 있는가?' 아니면 '지식은 언제나 가치의 최상의 중재자인가?'로 바뀌어야 한다(Smith, 2003: 36). 그러면서 교육을 지식이나 기술의 전달과 동일시하는 전통적인 사고는 교육을 진리의 공유, 즉 인식의 공유를 위한 존재론적 경험으로 보는 새로운 사고로 전환되어야 한다.

---

9 이런 목적을 달성하기 위해 데카르트Descartes의 원자론적 인식론과 존재론적 확실성의 명제인 '나는 생각한다, 고로 나는 존재한다'는 인간 삶의 상호 연관성과 사회적 본성을 강조하는 '우리는 존재한다, 고로 나는 존재한다'로 다시 불려질 필요가 있다(Smith, 2000b: 4).

4) 존재론적 성찰과 직관적 경험에 따르는 교육방법이 필요하다.

세계 시민 사회의 형성이 교육방법적 사고에 주는 시사점은 경쟁적이고 투쟁적인 교육방법 대신 조화롭고 평화로운 교육방법을 사용하라는 것이다. 시장적 산만함과 공리주의적 계산에서 자유로운 탈상업적 방법은 교육의 과정에서 학생들이 인간과 세상에 대한 이해를 깊게 하는 것을 돕는다(Smith, 1996: 470; Hooks, 1999: 119). 학생들은 숙고, 침묵, 경청, 명상과 같은 주관적인 방법을 통해 그들의 존재를 되돌아보는 시간을 갖게 되며 자기발달을 위한 보다 깊은 내적 의식에 도달할 수 있기 때문이다. 다시 말해 인간이 성장하고, 인격을 형성하고, 삶에 대해 배우고, 그리고 타인들과의 관계를 심화시켜 나가는 과정을 교육이라 정의했을 때, 교육적 실천은 객관적 진리에 대한 이성적인 추구와 지적인 사변보다 세상 속의 나와 타인에 대한 깊은 존재론적 성찰과 직관적 경험에 더 많이 의존한다는 것이다(Halifax, 1999: 181).

5) 자연과의 공존을 위한 친환경적인 교육과정을 개발해라.

세계 시민 사회는 자연과의 조화로운 관계맺음을 통해 21세기 인류가 경험하고 있는 환경적 재앙을 극복하려 한다는 점에서 인간중심적 패러다임을 거부한다. 다시 말해 세계 시민 사회의 이상은 지구상의 모든 사람들이 인간답게 사는 민주적이고 정의로운 사회를 넘어 인간이 자연과 더불어 살아가는 친환경적인 세상까지를 포함하는 것이다. 이런 관점에서 교육은 자연과의 공존을 위한 생태학적 마음을 기르는 일에 관심을 가져야 한다(Slattery, 2006: 222). 논의의 출발점은 학생들이 교육의 과정에서 자연을 자본축적을 위한 지배 또는 통제의 대상으로 보는 서구의 근대적 패러다임을 비판적으로 인식하는 것이다. 이를 위해 학교는 친환경적인 교육과정을 개발해 학생들에게 자연을 인간의 삶의 공간으로 받아들이도록 하고, 아울러 자본주의의 글로벌 확장이 초래하는 생태학적 한계와 혼란을 문제시하는 것을 가르쳐야 한다. 그렇다면 논의의 도달점은 21세기 세계 자본주의 시대에 인류가 직면한 환경적 위기를 해소하기 위해 교육의 생태학적 책무성을 높이고, 그것을 통해 지구라는 동일 공간 속에서 인간과 자연이 평등하게 살아가는 생태학적 민주주의를 실현하는 것이다(Falk, 1971: 21).

Ⓥ 결론

지금까지 나는 세계화 시대의 교육의 과제를 이해하기 위해 포크가 제시한 두 개의 세계화 개념이 교육에 주는 시사점을 살펴보았다. 이상의 논의를 정리하면 다음과 같이 요약할 수 있겠다.

먼저 포크의 하향식 세계화는 세계 자본주의의 성립을 가리키는 용어로서 이것이 교육 분야에 주는 시사점은 21세기 세계 자본주의 시대를 맞아 교육은 개인과 국가의 생존과 번영을 위한 경제적인 투자라는 것이다. 따라서 교육목적은 세계 시장에서 경쟁력 있는 유능한 인적자원을 육성하는 것으로, 교육과정은 노동 시장에서 요구되는 기술 및 지식과 관련된 실용적인 교과목들을 제공하는 것으로, 그리고 교육방법은 교육의 과정에서 효율성과 자율적 창의성을 높이는 학생 선택중심으로 재구조화된다. 결국 하향식 세계화는 인간의 삶을 점차 시장화·상업화시키는 경향이 있고, 이에 부응하는 교육 역시 인간 노동의 경쟁력을 증대시키기 위한 투자로서 인간의 상품화를 가속시키는 친시장적 기제로 간주될 수 있다는 것이다.

이와는 대조적으로 포크의 상향식 세계화의 개념은 자본과 파워가 아닌 인류 보편의 가치와 윤리에 입각해 하나의 세계 공동체, 즉 세계 시민 사회를 세우려는 것을 말한다. 시장의 세계화에 대응되는 새로운 종류의 세계화로서 세계 시민 사회가 교육에 주는 시사점은 교육을 탈자본주의적인 관점에서 논하라는 것이다. 이런 맥락에서 교육은 참된 의미에서 인간을 만드는 도덕적 과정이다. 그리고 교육의 목적은 글로벌 시장에서 경쟁할 수 있는 상품성을 지닌 개인을 생산하는 것이 아닌, 타인과의 존재론적 만남을 통해 자신의 내적인 인식 지평을 확대해 갈 수 있는 주체적 인간을 길러내는 것이다. 이런 이유에서 교육과정은 지식이나 교과뿐만 아니라 또한 타인과의 실존적 경험으로 구성될 필요가 있다. 그리고 교육방법은 시스템의 효율성과 개인적 수월성을 추구하는 시장적 방법대신 타인과의 조화로운 공존을 위한 평화롭고 안정적인 내적인 성찰의 방법을 사용해야 한다.

결론적으로 말해 세계화가 교육에 미친 영향은 하향식 세계화의 압박에 대한 교육적 대응과 상향식 세계화에 걸맞는 교육적 대응으로 구분해 논의할 수 있다. 그리고 하향식·상향식 세계화 개념이 서로 공존하기 힘든 이상을 추구하면서 갈등의 관계에 있는 것처럼 오늘날 교육 분야도 교육의 시장적 재구조화와 이에 대한 저항 사이에서 여러 가지 긴장 시장적 관심과 인간적 관심 사이의 긴장, 인간 중심적인 관점과 생태 윤리학적 관점 간의 긴장 등과 정체성의 혼란 또는 위기를 경험한다고 볼 수 있다. 이는 세계화가 제기하는 이중적인 교육관의 딜레마를 보여주는 것이다. 세계화가 교육에 요구하는 바로서 현대 교육은 시장적 경쟁력을 갖춘 인적자원의 육성과 윤리적인 세계 시민의 양성 사이에서 긴장 관계와 역설을 경험할 수밖에 없기 때문이다. 요컨대 세계화 개념은 하향식·상향식 논리 사이의 충돌이라는 근본적인 긴장을 내포하고 있고, 이에 따른 교육 역시 상응하는 모순을 내포하고 있다는 것이다.

세계화 시대에 교육이 경제적 필요교육의 시장적 재구조화와 인간적 요구 탈시장적 경험의 장 사이에서 딜레마를 경험하고 있다는 사실을 포착하는 일은 오늘날 우리 교육에 시사하는 바가 적지 않다. 1990년대 중반 이후 한국 사회는 급속도로 신자유주의 세계화의 물결 속으로 들어갔고, 교육 역시 점차 상업화·상품화 되었다. 그 결과 우리는 '하향식' 세계화에 따른 유능한 인적자원의 개발은 마치 자연의 법칙에서 도출된 것인 양 당연시하는 반면에 '상향식' 세계화에 부응하는 도덕적이고 친환경적인 세계 시민의 육성은 등한시하는 경향이 있다. 이에 오늘날 한국 교육은 '하향식' 세계화에 적절한 교육적 대응만을 모색하고 있다는 비판에서 자유롭지 못하며 세계화 시대의 교육의 과제로서 세계 시장에서 경쟁력 있는 인적자원의 확보와 민주적인 세계 시민의 양성을 함께 제시하는 균형적인 시각을 갖출 것이 요구된다 하겠다.

참고문헌

Bacchus, K.(2002). "Curriculum, Employment and Globalization with Special Reference to the Developing Countries." Unpublished paper.

Barber, B.(1992). "Jihad vs. McWorld." *The Atlantic Monthly* 269(3): 53-63.

Beck, U.(2000). "The Cosmopolitan Perspective: Sociology of the Second Age of Modernity." *British Journal of Sociology* 51(1): 79-105.

Bienefeld, M.(1994). "Capitalism and the Nation State in the Dog Days of the Twentieth Century." *Socialist Register*: 94-125.

Bourdieu, P.(1998). "The Essence of Neoliberalism: Utopia of Endless Exploitation." *Le Monde diplomatique*.

Brown P. *et. al.*(1997). "The Transformation of Education and Society: An Introduction." in A. H. Halsey *et. al.*(eds). *Education, Culture, Society.* Oxford: Oxford University Press. pp. 1-43.

Brown, P., and Lauder, H.(1999). "Education, Globalization, and Economic Development." A. H. Halsey *et. al.*(eds). *Education, Culture, Society.* Oxford: Oxford University Press. pp. 172-192.

Carchedi, G.(2002). "Imperialism, Dollarization and the Euro." *Socialist Register*: 153-173.

Chan, D., and Mok, K.(2001). "Education Reforms and Coping Strategies under the Tidal Wave of Marketization: A Comparative Study of Hong Kong and the Mainland." *Comparative Education* 37(1): 21-41.

Cox, H.(1999). "The Market as God: Living in the New Dispensation." *The Atlantic Monthly* 283(3): 18-23.

Dussel, E.(1999). "Beyond Eurocentrism: The World-System and the Limits of Modernity." in F. Jameson, and M. Miyoshi(eds.). *The Cultures of Globalization.* Durham: Duke University Press. pp. 3-31.

Falk, R.(1971). *This Endangered Planet.* New York: Random House.

Falk, R.(1993). "The Making of Global Citizenship." in J. Brecher *et. al.*(eds.).

Global Visions; Beyond the New World Order. Boston: South End Press. pp. 39-50.

Falk, R.(1999). *Predatory Globalization.* Cambridge: Polite Press.

Florini, A. M., and Simmons, P. J.(2000). "What the World Needs Now?" in A. M. Florini(ed.). *The Rise of Transnational Civil Society.* Washington: Carnegie Endowment for International Peace. pp. 1-15.

Gill, S.(1995). "Globalization, Market Civilization, and Disciplinary Neo-liberalism." *Journal of International Studies* 24(3): 399-423.

Giroux, H.(2002). "Democracy, Freedom and Justice after September 11th: Rethinking the Role of Education and the Politics of Schooling." http:/// www.tcrecord.org (검색일: 2002. 9. 25).

Halifax, J.(1999). "Learning as Initiation: Not-Knowing, Bearing Witness, and Healing." in S. Glazer(ed.). *The Heart of Learning: Spirituality in Education.* New York: Jeremy P. Tarcher & Putnam. pp. 173-181.

Harrison, T. W., and Kachur J. L.(eds.).(1999). *Contested Classrooms: Education, Globalization and Democracy in Alberta.* Edmonton: University of Alberta Press.

Hooks, B.(1999). "Embracing Freedom: Spirituality and Liberation." S. Glazer (ed.). *The Heart of Learning: Spirituality in Education.* New York: Jeremy P. Tarcher & Putnam. pp. 113-129.

Houser, N. O., and Kuzmic, J. J.(2001). "Ethical Citizenship in a Postmodern World: Toward a More Connected Approach to Social Education for the Twenty-First Century." *Theory and Research in Social Education* 29(3): 431-465.

Humboldt, W. F.(1854/1852). *The Sphere and Duties of Government*(J. Coulthard, trans.). London: John Chapman.

Klein, N.(2002). "Farewell to the End of History: Organization and Vision in Anti-Corporate Movements." *Socialist Register*: 1-14.

Laxer, G.(1995). "Social Solidarity, Democracy and Global Capitalism." *Cana-*

dian *Review of Sociology and Anthropology* 32(3): 287-313.

Laxer, G. & Halperin, S.(eds.).(2003). *Global Civil Society and Its Limits*. New York: Palgrave Macmillan.

Levitt, T.(1983). "The Globalization of Markets." *Harvard Business Review* 83(3): 92-102.

Lipschutz, R. D.(1992). "Reconstructing World Politics: The Emergence of Global Civil Society." *Journal of International Studies* 21(3): 389-420.

Loy, D.(1998). "The Religion of the Market." in H. Coward, and D. Maguire (eds.). *Visions of a New Earth: Religious Perspectives on Population, Consumption and Ecology*. Albany: SUNY Press. pp. 1-18.

McCallister, W. J.(1931). *The Growth of Freedom in Education: A Critical Interpretation of Some Historical Views*. London: Constable & Co.

Mendieta, E.(2000). "Beyond Universal History: Dussel's Critique of Globalization." in L. M. Alcoff, and E. Mendieta(eds.). *Thinking from the Underside of History: Enrique Dussel's Philosophy of Liberation*. Lanham: Lowman & Littlefield Publishes. pp. 117-133.

Ohmae, K.(1995). *The End of the Nation State*. Minneapolis: University of Minnesota Press. 『국가의 종말』(박길부 역). 서울: 한국언론자료간행회.

Peters, M.(1990). "Performance and Accountability in Post-Industrial Society: The Crisis of British Universities." *Studies in Higher Education* 17(2): 123-139.

Polanyi, K.(1957/1944). *The Great Transformation: The Political and Economic Origins of Our Time*. Boston: Beacon Press. 『거대한 변환: 우리시대의 정치적·경제적 기원』(박현수 역). 서울: 민음사.

Robertson, R.(1990). "Mapping the Global Condition: Globalization as the Central Concept." *Theory, Culture and Society* 7: 15-30.

Rothkopf, D.(2000). "In Praise of Cultural Imperialism." in P. Omeara *et. al*.(eds.). *Globalization and the Challenges of a New Century*. Bloomington: Indiana University Press. pp. 443-453.

Sklair, L.(2001). *The Transnational Capitalist Class*. Malden: Blackwell Publishers.

Slattery, P.(2006). *Curriculum Development in the Postmodern Era*. New York: Routledge.

Smith, A.(1976/1776). *An Inquiry into the Nature and Causes of the Wealth of Nations*(E. Cannan ed.). Chicago: The University of Chicago Press. 『국부론』 *상·하*(최호진·정해진 역). 서울: 범우사.

Smith, D.(1999/1996). "Identity, Self, and Other in the Conduct of Pedagogical Action." in W. F. Pinar(ed.). *Contemporary Curriculum Discourses: Twenty Years of JCT*. New York: Peter Lang. pp. 458-473.

Smith, D.(2000a). "The Specific Challenges of Globalization for Teaching and vice versa." *The Alberta Journal of Educational Research* 46(1): 7-26.

Smith, D.(2000b). "A Few Modest Prophecies: The WTO, Globalization and the Future of Public Education." *Canadian Social Studies* 35(1): 1-5.

Smith, D.(2003). "Curriculum and Teaching Face Globalization." W. Pinar(ed.). *International Handbook of Curriculum Research*. Mahwah: Lawrence Erlbaum Association. pp. 35-51.

Smith, D.(2006). "Experience and Interpretation in Global Times: The Case of Special Education." 한국 교육현상·해석학회(편). 교육실천 패러다임의 질적 변환과 특수교육. 2006년도 공동 국제학술발표대회 자료집. pp. 7-18.

Spencer, H.(1860). "What Knowledge Is of Most Worth?" in his *Education Intellectual, Moral, and Physical*. New York: D. Appleton and Company. pp. 1-87.

Spengler, J.(1977). "Adam Smith on Human Capital." *The American Economic Review* 67(1): 32-36.

Spring, J.(1998). *Education and the Rise of the Global Economy*. Mahwah: Erlbaum Association.

Taylor, C.(1991). *The Malaise of Modernity*. Concord: Anansi.

Weiss, L.(1997). "Globalization and the Myth of the Powerless State." *New Left Review* *225*: 3-27.

Wood, E. M.(1996). "Modernity, Post Modernity or Capitalism?" *Monthly Review* *48*(3): 21-39.

Woodhall, M.(1987). "Human Capital Concepts." in G. Psacharopoulos(ed.) *Economics of Education: Research and Studies.* Oxford: Pergamon. pp. 21-24.

Chapter

VIII

자유의 사회적 유용성

"*Mill의 자유주의 관점에서 본 수준별 교육과정*"

(『교육연구』 18, 2007: 61-76)

Mill의 자유주의 관점에서 본 수준별 교육과정

① 들어가는 말

Mill의 자유주의와 관련해 두 가지 해석이 가능하다. 하나는 전통적인 자유주의적 해석이다. 이에 따르면 Mill의 자유주의는 인간을 자기 충족적이고 자기 완성적인 존재로 보면서 자율적인 선택을 통한 개인의 성장이나 발달을 목적으로 한다.[1] 다른 하나는 Mill의 자유의 원칙에 대한 공리주의적인 해석이다. 이에 따르면 Mill의 자유주의는 행복을 최고의 선으로 간주하면서 개별성의 실현을 통한 공익의 증진, 즉 사회의 진보를 목적으로 한다.[2]

나는 다른 곳에서 Mill의 자유의 원칙에 대한 자유주의적인 해석을 논하고 그것의 교육적 의미를 살펴보았다.[3] 그리고 그 과정에서 Mill의

---

1 Mill에 대한 전통적인 자유주의적 해석은 Isaiah Berlin, "John Stuart Mill and the Ends of Life." In his *Four Essays on Liberty*(pp. 173-206)(London: Oxford University Press, 1969); C. L. Ten, *Mill on Liberty*(Oxford: The Clarendon Press, 1980) 참조.

2 Mill에 대한 공리주의적인 해석은 Mark Strasser, "Mill and the Utility of Liberty." *Philosophical Quarterly*, *34*(1984): 63-68; Rolf Sartorius, *Individual Conduct and Social Norms*(California, 1975), Ch. 8 참조.

자유주의가 7차 교육과정의 핵심 과제의 하나인 학생 선택중심 교육과정에 주는 시사점을 검토했다. 이제 나는 Mill의 자유주의에 대한 다른 하나의 접근인 공리주의적인 해석을 시도하고 그것의 교육적 의미를 살펴보려 한다. 그리고 Mill의 자유주의가 7차 교육과정의 다른 하나의 핵심 과제인 수준별 교육과정에 주는 함의를 고찰하려 한다.

이 글에서 내가 제기하는 문제는 다음과 같다. 첫째, Mill의 자유주의에 내재하는 유용성의 원칙은 무엇인가? 둘째, 공리주의적인 관점에서 Mill의 자유주의의 교육적 의미는 무엇인가? 그리고 셋째, Mill의 자유주의가 수준별 교육과정에 주는 함의는 무엇인가? 위의 세 가지 질문에 하나씩 답을 하면서 나는 일차적으로 Mill의 자유주의에 대한 인식의 지평을 넓힐 수 있기를 바라며, 나아가 궁극적으로 Mill의 자유주의를 오늘날 교육의 관점에서 이해하고자 한다.

(II) Mill의 자유주의에 대한 공리주의적인 해석

Mill은 『자유론On Liberty』(1859)에서 근대 사회의 획일성과 규격화에 맞서 개인의 고유한 내적성장의 중요성을 인정하고 자유와 다양성의 가치를 강조했다. Mill의 이러한 주장은 자유에 대한 공리주의적인 해석과 관계된다. 왜냐하면 Mill은 그의 자유에 대한 논의를 사회적 유용성에 대한 공리주의적인 논의와 결합시키고 있기 때문이다. Mill이 보기에 개별성 또는 개인의 자유는 그것이 가지는 사회적 봉사에 의해 정당화될 수 있다. 이런 관점에서 Mill은 개인의 활력과 풍부한 다양성을 사회의 진보를 이끄는 필수적인 요소로 이해했다. 이와는 반대로 Mill은

---

3 김성훈, "Mill과 7차 교육과정: Mill의 자유주의가 학생 선택중심 교육과정에 주는 시사점." 『교육과정연구』, 24, 3(2006): 25-38.

집합적인 몰개성이 사회의 진보를 막는 주된 장애임을 지적하며, 그가 살던 시대의 영국을 예로 들어 설명하고 있다.

> 영국의 위대함은 이제 모두 집합적인 것이다. 개인적으로는 왜소하면서도, 우리는 습관적으로 결합하려는 힘에 의해 위대한 것을 할 수 있는 것처럼 보일 따름이다. 그리고 바로 이것에 우리의 도덕적, 종교적 박애주의자들은 전적으로 만족해한다. 그러나 이제까지의 영국을 가능케 했던 사람들은 이와는 다른 종류의 사람들이다. 그리고 다른 종류의 사람들이 영국의 쇠퇴를 방지하는 데에 필요하게 될 것이다.[4]

한편 Mill은 "Grote의 그리스의 역사"라는 글에서 19세기 영국과 대조적인 사회상을 고대 아테네에서의 개별성에 대한 인정과 존중의 예에서 찾았다.[5] Mill은 다음의 인용구 속에서 Grote의 입을 빌려 고대 아테네의 위대함이 '자유의 정신'에서 비롯된 것임을 암시했다.

---

4 John Stuart Mill, *On Liberty*(London: Longman, 1859). 김형철 역, 『자유론』(서울: 서광사, 1992), p. 95.

5 Mill은 아버지의 '지붕' 아래에서 3살에 그리스어를, 8살에 라틴어를 배우기 시작했다. 그는 12살이 되었을 때 이미 고대 그리스와 로마의 저작들을 어렵지 않게 읽어 내려갈 수 있었다. Mill의 고대의 역사와 철학에 대한 관심은 평생 동안 계속되는 것이었다. 특히 Mill은 고대 그리스의 민주정치에 관심이 많았다. 아마도 그는 19세기 영국의 대중 민주주의와 고대 아테네에서의 이상적 민주주의를 비교하고 싶었던 것 같다. 이런 맥락에서 Mill은 19세기 영국에서 고대 그리스의 역사와 철학에 관한 최고의 권위자였던 Grote의 작품들에 관심을 가졌다. 그리고 그는 역사와 철학을 주제로 하는 저술들에서 Grote의 작품들에 대해 논평을 시도했다. Mill의 유년기의 고전교육에 대해 John Stuart Mill, *Autobiography of John Stuart Mill*(New York: Columbia University Press, 1873/1924), Ch. 1 참조. Mill의 고대 그리스와 로마 세계에 대한 관심에 대해 T. H. Irwin, "Mill and the Classical World." In J. Skorupski(ed.), *The Cambridge Companion to Mill*(pp. 423-463)(Cambridge: Cambridge University Press, 1998) 참조.

그리스의 어느 다른 곳보다도 법의 준수가 투철했던 아테네에서는 법을 어기지 않는 한도 내에서 개인적으로 독특한 취미와 기호, 그리고 심지어 기이한 행동들까지 모두 자유롭게 허용되었다. 그러나 이러한 개별적인 성향들은 그리스의 다른 도시 국가들에서는 대중들의 불관용으로 말미암아 금지되었다. 오직 아테네만이 예외였다.[6]

Mill이 고대 아테네의 민주정의 자유로운 분위기에 주목한 이유는 그것이 그의 사회 발전에 대한 믿음, 즉 개인의 특정 욕구와 충동에 대한 일반 대중들의 관용적인 태도가 궁극적으로 사회 전반의 복지와 진보로 연결된다는 믿음을 반영하는 것이었기 때문이다. 여기에는 "어느 특정 시간대에 한 사회가 갖는 이러한 개별성에 대한 관용의 정도에 비례해 그 시대가 후세에 가치 있게 된다"는 그의 역사철학이 들어있다.[7] 이런 관점에서 Mill은 개인의 자유의 원칙과 사회의 복지의 원칙을 모순적인 관계가 아닌 상호 보완적인 관계로 보았다.

같은 맥락에서 Mill은 사회에 기여하는 유능한 개인들의 능력이 손실되는 것을 막고자 했다. Mill은 이른바 천재들의 사회적 공헌을 강조하면서 사회가 인류의 더 큰 선을 위해 뛰어난 개인들이 그들의 고유한 개성과 특별한 재능을 자유롭게 펼칠 수 있도록 관용을 베풀어야 한다고 보았다. 한 걸음 더 나아가, Mill은 무지하고 선동적인 일반대중들이 유능한 개인들의 안내를 받을 필요가 있다고 주장했다. 왜냐하면 Mill은 "발달되지 못한 사람들이 발달된 사람들로부터 무엇인가를 배울 수

---

6 John Stuart Mill, *Dissertations and Discussions, Political, Philosophical, and Historical*, 2 *vols.*(Reprinted from the Edinburgh and Westminster Reviews) (London: Parker, 1859), 1: 527; George Grote, *A History of Greece*, 12 *vols.* (Everyman's Library)(London: J. M. Dent, 1907), 6: 181 참조.

7 Mill, *On Liberty*(김형철 역), p. 87.

있다"고 생각했기 때문이다.[8]

그렇다면 Mill이 제한 없는 개별성의 발달을 위해 사회적 관용을 요청했을 때 그것은 예외적인 능력을 갖고 있는 개인들의 자유와 편의를 위한 것이었다. 왜냐하면 Mill은 천재들을 사회적 진보의 원천으로 간주하면서 그들의 개별성과 독창성을 고무시키기 위해 사회적 제약을 최소화하려 했기 때문이다. 여기서 우리는 Mill의 자유주의의 엘리트주의적인 특성을 보게 된다. Mill은 능력 있는 소수의 개인들이 "세상의 소금이고, 그들이 없다면 인간 생활은 고여서 썩어가는 물웅덩이가 되고 말것이다"고 주장하면서, 또 "현명하고 고귀한 모든 것들은 … [능력 있는] 개인으로부터 시작되고 또 그렇게 되기 마련이다"고 주장하면서 천재성의 중요성을 강조했기 때문이다.[9] 그리고 "천재는 자유의 분위기 속에서만 자유롭게 호흡하고 살아갈 수 있다"고 전제하면서 Mill은 '다름'을 인정하고 '다양성'을 허용하는 자유롭고 관용적인 사회적 분위기의 형성을 인류의 진보를 위해 반드시 필요한 것으로 보았다.[10] 동시에 Mill은 그의 시대의 영국 사회에서 자신의 방식대로 자신의 삶을 영위해 나가려는 사람의 수가 적다는 사실을 지적하고, 과감하게 특이한 행동을 하려는 소수의 용기와 재능 있는 개인들에 대한 여론의 횡포가 심각하다는 사실을 비판하면서 "관습에 무릎을 꿇는다는 것을 단순히 거부하는 것" 자체가 천재들의 사회에의 봉사라고 주장했다.[11]

이상에서 나는 Mill의 자유주의의 공리주의적인 성격을 개관했다. 정리하면 Mill은 개별성의 실현을 인간 삶의 중요한 과제로 중시하고, 자유를 개인의 고유한 발달을 위한 필수적인 요소로 강조했다. 그리고

8 Ibid.
9 Ibid., pp. 88, 90.
10 Ibid., p. 88.
11 Ibid., p. 91.

그는 자유의 사회적 유용성을 고려하면서 능력 있는 개인들의 자유로운 자기 발달의 추구가 곧 인류사회의 진보로 이어진다는 그의 엘리트주의적인 역사관을 주장했다. 이제 남은 문제는 이러한 Mill의 자유에 대한 옹호가 교육적인 관점에서 어떻게 해석될 수 있느냐는 것이다. 이에 다음 절에서는 Mill의 자유주의 철학의 교육적 적용 가능성을 공리주의적인 관점에서 탐구한다.

Ⅲ Mill의 자유주의 교육론의 엘리트주의적인 성격

Mill의 자유에 대한 논의는 교육에서 학생의 개별성과 자율성을 인정할 것을 요구한다. 그러나 Mill에게 개인의 자유는 주로 능력 있는 개인, 즉 천재의 자기 발달을 위한 자유를 의미하는 것이었다. 여기서 우리는 자유의 개념을 두 가지로 나누어 생각해 볼 수 있다. 첫째, 자유는 능력 있는 개인들의 창의적이고 독창적인 자기 발달을 돕기 위해 외부의 간섭으로부터 자유로운 교육환경을 조성하는 것을 의미할 수 있다. 이것은 교육에서의 "소극적 자유negative freedom"의 실현으로 규정될 수 있다.[12] 둘째, 우리는 인간의 마음이 무지, 오류, 편견, 선입관 등으로부터 해방되었다는 의미에서 자유라는 수식어를 사용할 수 있다. 이것은 교육을 통해 발달된 마음의 자유를 가리키는 것으로서 "적극적 자유

---

12 비록 인간은 평화롭고 조화로운 사회적 삶을 살기 위해 그의 개인적인 자유의 일부를 포기해야 하지만, 그럼에도 불구하고 인간으로서 양보할 수 없는 자유의 영역이 존재한다. Isaiah Berlin은 이러한 인간 본래의 고유한, 따라서 외부의 권위에 의해 침해될 수 없는 최소한의 자유를 설명하기 위해 "소극적 자유"라는 개념을 사용했다. Mill이 외부의 간섭으로부터 자유로운 개인의 상태를 주장했을 때 그것은 Berlin의 소극적 자유의 개념과 일치하는 것이었다. Isaiah Berlin, *Two Concepts of Liberty*(Oxford: The Clarendon Press, 1958), pp. 7-16 참조.

positive freedom"로 명명될 수 있다.[13] 일반적으로 말해서 Mill의 자유주의 교육론은 적극적 자유의 개념에 토대를 두는 것이었다. 왜냐하면 Mill이 자유로운 교육을 주장했을 때 그는 인간의 비합리적이고 감정적인 본성을 바로 잡아 인간의 마음을 자유로 나아가도록 하는 교육에 관심이 있었기 때문이다.

Mill은 그의 유일한 교육 관련 저술인 『세인트 앤드류 대학 취임사 Inaugural Address』(1867)에서 대학교육의 본질을 논하면서 서구의 전통적인 자유교육의 이상을 기술했다. Mill은 교육의 목적이 직업을 준비하는 데 있는 것이 아닌 마음의 도야에 있다는 사실을 강조하면서 전문 기술 교육의 외재적 가치에 반해 일반 교양교육의 내재적 가치를 옹호했다. 나아가 Mill은 교육을 통한 개인의 마음의 발달이 인류의 진보에 공헌할 수 있다고 주장했다. 왜냐하면 그는 잘 교육받은 개인들이 소수의 개화된 지식인 계층을 형성하고, 그들이 대중들의 여론 형성을 올바르게 이끌고 향상시키면서 당면한 여러 실천적인 문제들을 사회에 도움이 되는 방향으로 해결할 수 있다고 믿었기 때문이다. 이러한 목적을 달성하기 위해 Mill은 무지한 일반 대중들이 자유로운 영혼을 소유한 교육받은 개인들의 "우월성을 인정하고 그들의 지도를 따를 준비가 되어 있어야 한다"고 생각했다.[14]

그렇다면 Mill의 자유교육론은 그의 엘리트주의적인 사고를 반영하는 것이었다. 주지하다시피 Mill은 『자유론』에서 근대 산업사회에서 인

---

13 인간은 마땅히 제어되지 않는 정념과 합리적이지 못한 충동과 같은 '낮은 본성'으로부터 벗어나 마음의 자유를 향해 나아가야 한다. Isaiah Berlin은 노예적 본성으로부터 해방된 인간의 자유로운 영혼을 설명하기 위해 "적극적 자유"의 개념을 사용했다. Berlin, *Two Concepts of Liberty*, pp. 16-19 참조.

14 John Stuart Mill, *Inaugural Address at St. Andrews*(London: Longman, 1867/1994), pp. 18-19.

간성이 동질화, 규격화, 그리고 획일화되는 것을 비판했다. 또 대중 민주사회에서 여론의 횡포를 통한 개성의 소멸을 우려했다. 이와는 반대로 Mill은 인류의 진보가 뛰어난 능력을 지닌 개인들의 자기 발달과 그들의 사회에의 봉사를 통해 이루어진다고 보았다.[15] Mill의 이러한 역사관은 "장차 훌륭한 일을 할 유능한 개인을 길러내는 교육"을 도덕적으로 정당화한다.[16] 왜냐하면 Mill 자신이 밝히고 있는 것처럼 "교육은 다수를 위한 것이 아니며, 그것은 단지 일반 대중들을 이끌 운명을 지닌 자들의 영감을 불러일으키고 그들의 자기 발달 노력을 돕기 위한 것"이기 때문이다.[17] Mill의 교육에 대한 엘리트주의적인 사고는 그의 "Sedgwick 교수의 담론"이라는 글에서 한층 분명하게 감지된다.

> 위대한 사람들을 위한 교육이 있다. 그것은 무지한 대중들이 아닌 뛰어난 감수성과 능력을 소유한 개인들을 길러내는 것을 목적으로 한다. 이렇게 교육받은 사람들은 그들의 동포들을 이끌고, 보다 위대한 업적들인 도덕성과 지혜로움 그리고 사회의 복지를 향해 나아가야 한다. 따라서 여가를 누릴 수 있는 계층의 사람들을 대상으로 이러한 덕목들을 교육시켜야 한다. 그래서 그들이 이러한 위대한 자질들을 소유하고 또 그것들을 스스로 실천할 수 있도록 해야 한다.[18]

---

15 E. G. West, "Liberty and Education: John Stuart Mill's Dilemma." *Philosophy*, *40*(1965): 129-142; N. G. Coccalis, Freedom and Authority: An Analysis of John Stuart Mill's Philosophy of Education(Unpublished doctoral dissertation, University of Alberta, 1970).

16 F. X. Roellinger, "Mill on Education." *The Journal of General Education*, 6(1952): 252.

17 Mill, *Inaugural Address at St. Andrews*, p. 65.

18 Mill, *Dissertations and Discussions, Political, Philosophical, and Historical*, *1*: 95-96.

위의 인용구에서 Mill의 주된 관심은 교육받은 엘리트 계층이 무지한 대중들을 계몽시켜 사회의 발달을 이끌어야 한다는 것이었다. 따라서 Mill은 교육을 잘 받은 유능한 개인들이 사회에서 권위를 세우고 인정받는 것이 자연스럽고 당연하며, 또 이에 비례해 일반 대중들은 교육받은 엘리트 계층의 지적 수월성에 복종하고 그들의 안내를 받을 필요가 있다고 생각했다.[19] 결국 Mill의 자유주의 교육론은 소수의 잘 교육받은 개인들을 길러내 그들의 노력을 통해 사회의 진보를 일구어 내려는 것이었다. 이런 Mill의 엘리트주의적인 교육관을 가리켜 Roellinger는 "인류의 지적 목자an intellectual clerisy"를 길러내는 고결한 교육의 목적을 가지고 있었다고 평가했다.[20]

요약하면 Mill은 자유의 사회적 유용성에 근거하여 교육을 통해 소수의 지적 엘리트 계층을 육성하고자 했다. 여기에는 Mill의 엘리트주의적인 역사관이 담겨있는데 그는 유능한 개인들의 자유로운 자기 발달이 사회에 대한 봉사를 통해 인류의 진보를 가져온다고 믿고 있었기 때문이다. 이제 나는 지금까지의 논의를 토대로 해서 Mill의 자유주의 철학이 우리나라 학교 교육과정에 주는 교육적 의미를 고려한다. 그 과정에서 논의의 초점은 Mill의 자유주의 교육론이 7차 교육과정의 핵심 과제의 하나인 수준별 교육과정을 정당화하는 방식에 맞추어진다.

---

19 F. W. Garforth, *John Stuart Mill's Theory of Education*(Oxford: Martin Robertson and Company, 1979); Kim Ki Su, The Educational Theory of John Stuart Mill(Unpublished doctoral dissertation, University of Alberta, 1986).

20 Roellinger, "Mill on Education," p. 254.

Ⅳ Mill의 자유주의가 수준별 교육과정에 주는 함의

선택중심 교육과정과 함께 7차 교육과정의 '꽃'이라 불리는 것은 수준별 교육과정이다. 김재춘의 정의에 따르면 "수준별 교육과정은 학생의 '능력'이라는 특성을 고려하여 교육의 내용이나 방법을 차별화하는 교육과정"이다.[21] 7차 교육과정이 도입하는 수준별 교육과정은 교과 내용의 난이도 수준에 따른 단계형 수준별 교육과정수학과 중등영어, 학습 능력에 대응하여 개별화 학습이 가능하도록 하는 심화 보충형 수준별 교육과정국어, 사회, 과학, 초등영어, 그리고 선택의 난이도 수준을 달리하는 과목 선택형 수준별 교육과정고등학교 2, 3학년 학생들의 세 가지 유형으로 나누어질 수 있다. 7차 교육과정의 다양한 수준별 교육과정 전략은 학습자 개인 간의 차이에 따르는 교육과정의 기본 형식을 정립하고 평균 능력 수준에 맞추어진 학교 수업을 학습자의 능력 수준에 따라 다양화·차별화하는 방향으로 전환하려는 시도로 볼 수 있다. 수준별 교육과정의 도입 필요성과 관련해 허경철은 개인의 잠재능력의 실현을 위한 교육과정의 개별화 또는 다양화의 문제에 주목했다.[22] 또 권영민은 "개인차를 고려한 학습내용을 학생들에게 적합한 방식으로 제공하는 것은 국가의 기본 책무"라고 주장하면서 7차 교육과정의 핵심 과제로서 교육과정의 차별화 전략을 정당화했다.[23]

그렇다면 수준별 교육과정은 학생의 학업 성취 수준에 입각해 교육과

---

21 김재춘, "다시 생각해 본 수준별 교육과정-수준별 교육과정의 도입, 편성, 운영논의와 관련된 몇 가지 쟁점을 중심으로." 『교육과정 연구』, 15, 2(1997): 24.
22 허경철, "수준별 교육과정의 필요성과 개발 방향." 『교육과정연구』, 14, 2(1996): 1-19.
23 권영민, "수준별 이동 수업 확대 정책에 대한 비판적 분석-시도교육청의 중학교 교육과정 편성운영 지침 및 교과서 내용 체계를 중심으로." 『교육과정연구』, 23, 3(2005): 137-138.

정을 학습자의 다양한 지적 능력에 맞춰 재구성하는 이른바 "개별화 individualization 교육의 이상을 지향"하고 있다고 볼 수 있다.[24] 여기에는 인간은 타고나기를 서로 다른 능력을 가지고 있다는 존재론적인 명제와, 교육은 인간의 서로 다른 능력을 서로 다른 방법을 통해 극대화시켜 주어야만 하는 책임이 있다는 가치론적인 명제가 함께 들어 있다. 아이들의 능력에 따라 교육의 정도를 달리해야 한다는 수준별 교육과정의 논리는 매우 논쟁적인 찬·반의 성격을 가진다. 두 개의 극단적인 예를 들어보자. 이미 기원전 5세기 Platon은 그의 『국가론Politeia』에서 인간의 본성을 금·은·동으로 나누고 아이들의 타고난 능력, 즉 천성에 따라 교육을 달리할 것을 주장했다.[25] Platon은 '다른 것을 다르게 다루는 것'이 평등이라는 그의 정의론/행복론에 입각해 이러한 논리를 폈다.[26]

---

24 조대훈, "수준별 교육과정 담론의 분석." 『시민교육연구』, 34, 2(2002): 205.
25 Platon은 『국가론』 3권 끝자락에서 인간의 천성과 관련하여 다음과 같이 적고 있다. "시민들이여, 그대들은 다 같은 형제들이다. 그러나 신은 그대들을 서로 다르게 만들었다. 그대들 중에 어떤 이들은 통치자의 능력을 갖고 태어났다. 우리는 그들을 금[지혜]의 본성을 갖고 나온 사람들이라 부르면서 가장 커다란 명예를 부여한다. 그대들 중에 어떤 이들은 은[용기]의 본성을 갖고 태어났다. 우리는 그들에게 국가방위를 책임지는 수호자들이라는 이름을 부여한다. 여기 또 다른 본성을 갖고 태어난 사람들이 있다. 그들은 동[절제]의 본성을 갖고 태어났다. 이들 농부나 장인들은 장차 국가의 생산을 책임지는 계층으로 자라날 것이다." Platon의 견해에 따르면 교육은 이러한 타고난 본성상의 차이를 고려해 금의 본성을 타고난 아이에게는 지혜의 덕을, 은의 본성을 타고난 아이에게는 용기의 덕을, 그리고 동의 본성을 타고난 아이에게는 절제의 덕을 길러주는 데 목적이 있다. 그리고 Platon은 인간들이 타고난 본성적 능력에 따라 자신들의 삶을 영위할 때 비로소 네 번째 덕목인 정의가 이루어진다고 보았다. Platon, *The Dialogues of Plato, 4 vols.*(Benjamin Jowett, trans.)(Oxford: At the Clarendon Press, 1871), 2: 243.
26 Platon의 평등의 개념에 관한 Robin Barrow의 설명은 흥미롭다. 그는 Platon의 평등의 개념이 산술적이 아닌 기하학적인 것이라고 주장했다. 여기서 산술적인 의미에서의 평등은 모든 것을 모든 사람에게 산술적으로 똑같이 분배하는 것을

한편 능력별 반편성에 반대하는 현대의 비평가들은 수준별 반편성이 학생들에게 고정된 사회적·학업적 정체성을 심화시키고 나아가 학생들 사이에 양극화된 사회 구조를 생산해 낸다고 주장한다.[27] 비판의 핵심은 수준별 반편성 전략이 학교에서 학생들 간의 사회적·심리적 거리를 심화시키고, 중하위 능력별 그룹에 속한 사회적 다수에 해당되는 학생들의 변두리화와 그들의 창의적이고 사회적인 본성으로부터의 소외 또는 이탈을 초래한다는 것이다. 그렇다면 Mill의 경우는 어떠한가?

위에서 살펴본 것처럼 Mill의 자유주의의 두드러진 특징 중 하나는 그의 자유의 원칙에 내재하는 엘리트주의적인 성격이다. Mill은 인간이 서로 다르다는 존재론적 명제로부터 출발해 인간의 자기 발달을 위한 자유를 주장했다. 비록 Mill의 자유의 원칙은 표면상으로는 모든 개인들의 자기 발달에 적용될 수 있는 것처럼 보이지만, 그럼에도 불구하고 그것은 본질적으로 능력 있는 소수의 선택의 힘과 그들의 '고급적' 재능

말한다. 한편 기하학적인 의미에서의 평등은 서로 다른 사람들에게 서로 다른 양을 기하학적으로 분배하는 것이다. Robin Barrow의 분석에 따르면 Platon의 평등의 원칙은 모두에게 동일한 질적 행복이 보장되어야 한다는 그의 행복론에 기초하는 것이다. 다시 말해 Platon은 다른 것을 다르게 다룸으로써 결과의 평등, 즉 모두가 결론적으로 동일한 정도의 행복을 누린다는 의미에서의 평등을 추구했던 것이다. Robin Barrow, *Plato, Utilitarianism and Education*(London: Routledge, 1975), Ch. 7 참조.

27 A. Gamoran & M. Berends, "The Effects of Stratification in Secondary Schools: Synthesis of Survey and Ethnographic Research." *Review of Educational Research*, 57, 4(1987): 415-435; J. Ireson *et. al.*, "Ability Grouping in Secondary Schools: Effects on Pupil's Self Concepts." *British Journal of Educational Psychology*, 71(2001): 315-326; D. H. Hargreaves, *Social Relations in a Secondary School* (London: Routledge, 1967); C. J. Willig, "Social Implications of Streaming in the Junior School," *Educational Research*, 5(1963): 151-154 참조.

의 개발을 보장하려는 시도였다. Platon의 비유에 따르면 Mill은 '금'의 본성을 지닌 아이들에 주목해 그들의 자기 발달, 즉 교육을 위한 자유를 주장했던 것이다.

이러한 Mill의 엘리트주의 교육관을 7차 교육과정에 적용했을 때 우리는 수준별 교육과정을 옹호하게 된다. 수준별 교육과정은 학생들 간의 개인차에 따른 다양한 교육 기회를 준다는 정책적 방향에도 불구하고, 실제로는 상위 능력별 반에 편성된 소수의 엘리트 학생들의 발달상의 편의를 돕기 위한 교육적 장치로 이해될 수 있기 때문이다.[28] 따라서 능력별 반편성에 반대하는 비평가들은 수준별 반편성을 사실상의 '우열반 편성'으로 간주하고, 그것이 주로 우수한 소수의 재능 있는 학생들의 교육적 필요에 귀를 기울이는 반대편에 놓여 있는 '무능한' 다수의 보통 아이들의 교육받을 권리를 외면하면서 다분히 계급적이고 불평등한 반쪽자리 교육 정책이라고 비판한다.[29]

그런데 Mill의 평범성과 대비되는 개념으로서 천재성의 개념과 그것의 사회적·역사적 중요성은 이러한 우열반 편성을 정당화 할 수 있는 하나의 철학적 가능성을 제시한다. Mill은 자유의 공리주의적인 측면을 부각시키면서 능력 있는 개인들의 사회에 대한 잠재적 공헌을 주장하고, 그러한 이유에서 천부적 재능을 지닌 소수의 개인들의 자유로운 자기 발달을 지지했기 때문이다. 나아가 Mill은 천재성의 발현을 통해

---

28 정미경, "수준별 수업과 교육기회의 평등화 문제." 『교육과정연구』, *18*, 1(2000): 275-297.

29 수준별 교육과정이 교육에서 수월성을 추구하는 엘리트주의적인 기제라는 비판, 즉 수준별 교육과정이 사실상 우열반 편성을 제도화하는 교육적 장치라는 비판에 대해서는 이기호, "신문에 나타난 7차 교육과정 관련 기사 내용 분석." 한국교육학회 2005년 춘계 학술대회 교육과정 분과 발표 자료집, pp. 55-74를 참조해라. 이 글에서 이기호는 신문지상에 나타난 7차 교육과정 관련 기사의 분석을 통해 수준별 교육과정에 대한 부정적인 내용들을 한데 모아 놓고 있다.

사회의 보다 큰 선을 이루기 위해 일반 대중들은 그들의 불편과 불이익을 어느 정도 감수해야 한다고 주장했다. 교육적 관점에서 생각해 보았을 때 Mill이 대중들에게 인내할 것을 요청한 불편과 불이익은 상위권 학생들에게 양질의 교육을 제공하기 위해 중·하위권 학생들은 그들이 받는 중·하질의 교육을 감수하는 것을 말한다. 그리고 수준별 교육과정을 운영하는 실질적인 이유가 상위권 학생들의 심층적인 학습활동을 돕기 위한 것이라면 학업성취도가 중·하위권인 대다수의 '보통' 학생들은 차별화된 교수-학습과정에 따르는 불평등한 교육 기회를 감내해야 한다는 것이다.[30]

그렇다면 교육에서 수준별 교육과정의 운영, 더 엄밀히 말해 능력별 반편성의 운영을 통해 기대할 수 있는 최상의 사회적 선은 유능한 엘리트 계층의 육성과 그들의 천재성 또는 고급 두뇌에 의한 국가발전이다. 이에 권영민은 수준별 교육과정의 실행이 "교육의 수월성 도모를 통한 인재 양성"을 목적으로 하고 있다고 주장했다.[31] 같은 맥락에서 Mill은 천재성의 사회적 중요성에 주목했다. 그리고 앞서 살펴본 것처럼 Mill은 교육을 통해 유능한 개인들을 길러내고자 했다.

오늘날 우리는 자본주의의 전지구적 확산으로 초래된 이른바 무한경쟁의 시대에 살고 있다. 그리고 이러한 새로운 시대적 변화 속에서 교육은 인재 육성이라는 피할 수 없는 과제를 안고 있다. 왜냐하면 21세기 지식, 정보화, 세계화 시대에서 교육은 유능한 인적자원을 길러내 국가의 생존과 번영을 담보해야 할 의무가 있기 때문이다.[32] 이런 이유에서

---

30 이로부터 한 걸음 더 나아가 최호성은 교육과정을 상위 성취 학습자들의 능력 수준에 적합하도록 재구성하는 교육과정 압축전략을 소개하고 있다. 최호성, "수준별 수업에서의 상위 성취 학습자를 위한 교육과정 압축전략." 『교육과정연구』, 20, 4(2002): 67-85 참조.
31 권영민, "수준별 이동 수업 확대 정책에 대한 비판적 분석," p. 141.

천재성의 사회에의 봉사를 강조하면서 유능한 개인들의 자유로운 자기 발달을 주장했던 Mill의 엘리트주의 교육관은 7차 교육과정의 핵심적 과제라 할 수 있는 수준별 반편성의 존재 이유를 설명한다. 교육은 장차 국가 사회에 이바지할 유능한 인재를 길러내는 데 목적이 있고, 이러한 목적을 달성하기 위해 교육과정은 재능 있는 아이들의 잠재능력의 발현에 초점을 맞춰 편성·운영될 필요가 있기 때문이다.

Ⓥ 나가는 말

나는 몇 주 전에 연구학교 발표회에 참석하는 기회를 가졌다. 내가 다녀온 학교는 지난 2년 동안 교육청에서 지정한 교육과정 연구학교로서 '수준별 교육과정의 효율적인 운영'을 주제로 연구를 해 오고 있었다. 이 학교는 면소재지에 위치한 중학교로서 학년별로 학급수가 얼마 되지 않는 이른바 소규모 학교였다. 나는 2학년 영어과 수준별 교육과정의 실행을 참관했다. 학생들은 개인적인 학업 성취 정도에 따라 세 개의 반으로 나누어졌다. 앞서 인용한 Platon의 비유에 따르면 이것은 금의 반, 은의 반, 동의 반의 자연스럽고 평등한 구분이었다. 같은 층에 세 개의 반이 나란히 위치해 있었기에 나는 수시로 반을 옮겨가며 교실 안에서 일어나는 일을 관찰하고 또 서로 비교해 볼 수 있었다.[33]

---

32 F. A. Brown & H. Lauder, "Education, Globalization, and Economic Development." In A. H. Halsey *et al.*(eds.), *Education: Culture, Economy, Society*(pp. 172-192)(New York: Oxford University Press, 1999) 참조.

33 먼저 '금'의 반에서는 젊고 활력 넘치는 교사가 유창한 영어회화 능력과 전자칠판 이라는 최첨단 기자재를 사용해 학생들을 가르치고 있었다. 학생들 또한 영어로만 진행되는 수업을 나름대로 잘 소화하고 있는 것 같았다. 수업은 매우 유쾌하고 즐거워 보였다. 다음으로 '은'의 학급에는 중년의 문어체 영어를 사용하는 교사가 컴퓨터에 연결된 대형 스크린에 의존해 학생들과 영어 문장을 반복해 읽고

이 학교에서 보여준 수준별 반편성의 실행은 성공적인 것처럼 보였다. 특히 상급반에서의 교사, 교육과정, 그리고 교육 기자재의 운영은 그러했다. 40분가량의 참관 수업이 끝난 후 교과별국어, 영어, 수학 분임토의가 이어졌다. 이 시간 동안 나는 영어 교과 분임토의에 참석해 다른 참관자들교사, 교감, 교장, 장학사 등의 의견을 들었다. 내가 보기에 수준별 교육을 참관한 사람들의 대부분은 수준별 반편성의 효율성 제고를 위한 기술공학적인 지식을 찾고 있었다. 즉 '어떻게'라는 방법적인 의문에 주목하면서 현장 교사들은 수준별 교육과정의 성공적인 운영을 위한 물리적인 조건의 충족이나 수준별 교육에 따른 평가문항의 개발에 관심을 갖고 있었던 것이다.

그런데 대학에서 교육과정을 '이론적'으로 공부하는 내게 수준별 반편성의 문제는 방법적인 지식과 관련된 '개발development'의 문제일 뿐만 아니라 또한 명제적인 지식과 관련된 '이해understanding'의 문제이기도 했다. 다시 말해 우리는 수준별 교육과정의 운영과 관련해 '어떻게'라는 물음에 더해 '왜'라는 물음을 가져야 한다는 것이다. 이런 교육과정 이해론의 맥락에서 수준별 교육과정에 대한 철학적인 논의는 필요하며, 이 글에서 내가 제안하는 Mill의 자유주의와 수준별 교육과정 간의 이론적인 관계맺기 작업은 최소한의 연구 근거를 확보한다.

있었다. 학생들은 가끔씩 교사의 영어 질문을 이해하지 못하는 것 같았고, 그때마다 교사는 한글로 의미를 설명해 주었다. '금'의 반과 달리 '은'의 반의 학생들은 영어 이름을 가지고 있지 않았다. 마지막으로 '동'의 반의 경우 교사와 학생들의 영어로의 의사소통은 힘들어 보였다. 교사는 컴퓨터에 연결된 크지 않은 TV 모니터와 칠판을 사용하면서, 또 대부분 한글을 사용하면서 영어 수업을 진행했다. 학생들은 중년을 넘긴 엄해 보이는 교사의 지시에 따라 수업을 기계적으로 따라가고 있었다.

참고문헌

권영민, "수준별 이동 수업 확대 정책에 대한 비판적 분석-시도교육청의 중학교
　　교육과정 편성운영 지침 및 교과서 내용 체계를 중심으로." 『교육과정연
　　구』, 23, 3(2005): 137-158.

김성훈, "Mill과 7차 교육과정: Mill의 자유주의가 학생 선택중심 교육과정에
　　주는 시사점." 『교육과정연구』, 24, 3(2006): 25-38.

김재춘, "다시 생각해 본 수준별 교육과정-수준별 교육과정의 도입, 편성,
　　운영논의와 관련된 몇 가지 쟁점을 중심으로." 『교육과정연구』, 15,
　　2(1997): 19-50.

이기호, "신문에 나타난 7차 교육과정 관련 기사 내용 분석." 한국교육학회
　　2005년 춘계 학술대회 교육과정 분과 발표 자료집, pp. 55-74.

정미경, "수준별 수업과 교육기회의 평등화 문제." 『교육과정연구』, 18, 1(2000):
　　275-297.

조대훈, "수준별 교육과정 담론의 분석." 『시민교육연구』, 34, 2(2002): 199-234.

최호성, "수준별 수업에서의 상위 성취 학습자를 위한 교육과정 압축전략."
　　『교육과정연구』, 20, 4(2002): 67-85.

허경철, "수준별 교육과정의 필요성과 개발 방향." 『교육과정연구』, 14, 2(1996):
　　1-19.

Barrow, R., *Plato, Utilitarianism and Education*(London: Routledge, 1975).

Berlin, I., "John Stuart Mill and the Ends of Life." In his *Four Essays on
　　Liberty*(pp.173-206)(London: Oxford University Press, 1969).

Berlin, I., *Two Concepts of Liberty*(Oxford: The Clarendon Press, 1958).

Brown, F. A. & Lauder, H., "Education, globalization, and Economic De-
　　velopment." In A. H. Halsey *et. al*.(eds.), *Education: Culture, Economy,
　　Society*(pp. 172-192)(New York: Oxford University Press, 1999).

Coccalis, N. G., Freedom and Authority: An Analysis of John Stuart Mill's
　　Philosophy of Education(Unpublished doctoral dissertation, University
　　of Alberta, 1970).

Gamoran, A. & Berends, M., "The Effects of Stratification in Secondary Schools: Synthesis of Survey and Ethnographic Research." *Review of Educational Research, 57*, 4(1987): 415-435.

Garforth, F. W., *John Stuart Mill's Theory of Education*(Oxford: Martin Robertson and Company, 1979).

Grote, G., *A History of Greece, 12 volumes*(Everyman's Library)(London: J. M. Dent, 1907).

Hargreaves, D. H., *Social Relations in a Secondary School*(London: Routledge, 1967).

Ireson, J. *et al.*, "Ability Grouping in Secondary Schools: Effects on Pupil's Self Concepts." *British Journal of Educational Psychology, 71*(2001): 315-326.

Irwin, T. H., "Mill and the Classical World." In J. Skorupski(ed.), *The Cambridge Companion to Mill*(pp. 423-465)(Cambridge: Cambridge University Press, 1998).

Kim, Ki Su, The Educational Theory of John Stuart Mill(Unpublished doctoral dissertation, University of Alberta, 1986).

Mill, J. S., *Autobiography of John Stuart Mill*(New York: Columbia University Press, 1873/1924).

Mill, J. S., *Inaugural Address at St. Andrews*(London: Longman, 1867/1994).

Mill, J. S., *On Liberty*(London: Longman, 1859). 김형철 역, 『자유론』(서울: 서광사, 1992).

Mill, J. S., *Dissertations and Discussions, Political, Philosophical, and Historical, 2 volumes*(Reprinted chiefly from the Edinburgh and Westminster Reviews)(London: Parker, 1859).

Platon, *The Dialogues of Plato, 4 volumes*(Benjamin Jowett, trans.)(Oxford: At the Clarendon Press, 1871).

Roellinger, F. X., "Mill on Education." *The Journal of General Education, 6*(1952): 246-259.

Sartorius, R., *Individual Conduct and Social Norms: A Utilitarian Account of Social Union and the Rule of Law*(California, 1975).

Strasser, M., "Mill and the Utility of Liberty." *Philosophical Quarterly*, *34*(1984): 63-68.

Ten, C. L., *Mill on Liberty*(Oxford: The Clarendon Press, 1980).

West, E. G., "Liberty and Education: John Stuart Mill's Dilemma." *Philosophy*, *40*(1965): 129-142.

Willig, C. J., "Social Implications of Streaming in the Junior School." *Educational Research*, *5*(1963): 151-154.

"T'oegye's Self-Cultivation Theory and Its Educational Implications:
A Case against the Neo-Liberalist Model of Education"
(『담론201』 11(1), 2008: 255-282)

T'oegye's Self-Cultivation Theory and Its Educational Implications

⓵ Against the Neo-Liberalist Model of Education

Since the late-1970s, history has swung toward the globalization vision of the New Right (Laxer, 1995). The neo-liberal agenda has affected the decision making of social policies around the world. Education policy, as one of the most important social policies, has been influenced by the New Right liberalism, which opened spaces favourable to privatization and marketization of education. The neo-liberal paradigm of education provided the rationale for the government to implement a market-oriented education reform in an effort to make the education sector more effective, efficient, and accountable to the public, and, at the same time, more responsive to the changing demands of the world.

With the advent of the 1980s and the Thatcher and Reagan administrations, the neo-liberalist model of education developed. Since then, and with the worldwide expansion of neo-liberalism at the end of 1980s, marketization in education has become a global trend, whose ideological tidal wave is today crossing over the world (Chan & Mok, 2001). Despite the fact that the market-oriented education reform enjoys wide currency in the twenty-first century global market society, such a neo-liberal development is not totally successful, in that it fails to draw the universal consensus around market-favored education change. Rather, there are critics who attack the neo-liberal policy of education. Generally, there are three main areas of criticism of the neo-liberalist model of education.

The first is that under the neo-liberal education reform the school becomes a Darwinian marketplace where 'the survival of the fittest' is the rule of life and education is subject to the jungle law of the strong (Bourdieu, 1998; Bienefeld, 1994). This critique focuses on the marginalization or alienation of the majority of students caused by excessive adherence to the disciplinary market way. Convinced that the market restructuring of the school results in deepening the social gap between the strong and the weak in the school, this critique is aimed at the neo-liberal elitist view that the ablest is the best and competition is the meaning of life (McMurtry, 2001).

A second thesis is that within the neo-liberal classroom, the student is forced to be an instrumental market agent whose value depends upon productivity or the money-nexus in the market (Bacchus, 2002; Treanor, 2002). At the core of the assault is a belief that the educational marketplace, with its stress on external market relations, will damage the inner activity of students, which in fact makes them human. It is alleged to do so through confusing life value with commodity value. And, it is claimed to do so, when neo-liberal reformers do not recognize the fact that the inner life reproduction/growth, not maximum efficiency in human relations, is a more vital condition of human existence.

A third and final thesis is that neo-liberal restructuring of education bears a potential danger of clashing with anti-capitalist educational measures (Pring, 1986). Central to this critique is a belief that the neo-liberal maxim that the market-oriented education is the best to improve the quality of education, is a problematic one. Critics identify two specific reasons: The one is that the taken-for-granted assumption that "market forces are the best way" has little empirical evidence (Ball, 1990: 69). The other is that questions such as what quality is, and how it can be measured, are culturally controversial. Nevertheless, neo-liberal educational reformers seek to legitimize the market culture in the classroom, which often leads to 'a politics of cultures,' whereby a discussion of cultural racism or cognitive imperialism is raised. Battiste (2000: 192-193) writes:

> Cognitive imperialism, also known as cultural racism, is the im-position of one worldview on a person who has an alternative worldview, with the implication that imposed worldview is superior to the alternative worldview.

Thus is the reorientation of the neo-liberal policy that ultimately leads us in a position to resist the market-driven education change. Interwoven with this, this paper explores a paradigm shift which is suggested by T'oegye's neo-Confucian thought. In the line of this discussion, I will take up the issue of how T'oegye's self-cultivation theory based upon the practice of *kyŏng* represents an alternate vision to the neo-liberal perspective both in life and education. At the core of this attempt is the belief that T'oegye's reverence for human beings and his emphasis on moral relations within a universal context can offer a new sense of humanity against the individualist, hierarchical, and homocentric market way.

Ⅱ T'oegye's Self-Cultivation Theory

In T'oegye's view, humans are good and evil at the same time. If they follow the heavenly principle of the way, i.e. the Four Beginnings humanity, righteousness, propriety, and wisdom, they can move in the direction of the natural goodness of human nature. In contrast, if they follow the temperamental material of human body, i.e. the Seven Feelings joy, anger, sorrow, fear, love, hate, and desire, they can degrade into a state of evil. For T'oegye, then, the direction in which human nature is put in motion depends on moral self-cultivation, which is a perennial human concern. And it is in this light that T'oegye emphasized the preservation of the inborn moral qualities of the mind through the practice of *kyŏng*.

Kyŏng as a key concept in the T'oegye's system of thought and important for a deeper understanding of his neo-Confucian view of self-trans-formation can be variously translated in English as 'reverence,' 'seri-ousness,' or 'reverential seriousness,' and so on. The *locus classicus* for the idea of *kyŏng* is found in the early Confucian texts like the *Book of Changes*, the *Book of Rites*, and the *Analects*.[1] T'oegye's view of *kyŏng* was, however, more directly influenced by Chu Hsi's own interpretation of this common term for neo-Confucianism. According to Chu Hsi,

---

1 For details, see Chung, 1992a: 62.

kyŏng means "inner mental attentiveness," living seriously with an intense concentration on the matter at hand (Chu Hsi, 1990: 119). It was adapted by T'oegye, who has spoken of *kyŏng* as "an alert and faithful state of mind" by concentrating one's consciousness (T'oegye, 1958, I: 824).[2] Kalton (1988: 11-12) further explains the kind of seriousness signified by T'oegye's *kyŏng*:

> Seriousness in the sense meant here is ⋯ the attitude that assumes every time and place has significance, a message to guide and inform each response. ⋯ Thus T'oegye's *kyŏng* involved developing a profound sense of reverence for the Ultimate in everyday life. In the interaction with family, friends, and others in the ordinary situations of daily life we fulfill the purpose and meaning of our existence. ⋯ If every situation involves something significant and worthy of reverence, then one needs to concentrate one's attention to make the mind focus on the event at hand. This is the aspect of *kyŏng* described as "mindfulness."

Here a question arises: How can we cultivate a constantly focused and alert mind? The approach favoured by T'oegye centred on a discipline called *kyŏnghak* the learning of reverential seriousness which, according to Chung's (1992a: 63-64) analysis, contains the following four aspects:

> [F]irst, regulate the external through the disciplined observation of the rules of propriety in order to cultivate the internal; second, be serious in handling things with "caution and apprehension" and

2 For this translation, see Y[o]un, 1985a: 231.

be reverent to others; third, maintain a concentrated, self-possessed state of mind by "concentrating on one thing without departing from it; and fourth, preserve the internal "refined and single-minded" state.

To be sure, it is a difficult practice to keep a wandering mind concentrated on whatever task is at hand. But T'oegye asserted that "one can learn to collect consciousness into state of profound quiet" by means of "a meditative form of mindfulness called 'quiet sitting'" (Kalton, 1988: 13). It is conscious, artificial effort to overcome the hindrance of external circumstantial forces and thus get one's "inner self-transformation" (Tu, 1978: 465). T'oegye's method of sitting silently for experiencing *kyŏng* as the heaven's mind before the human's emotions are aroused is expressed in the passage below:

> When the mind is tranquil, the superior man preserves and nourishes its "substance." When feelings and intentions are aroused, one examines and corrects oneself and rectifies their usefulness. If one does not take *kyŏng* to be the first principle of learning, how can one establish the original mind? Hence, before the mind is aroused, the learning of the superior men is to take *kyŏng* as the first principle and to give full effort to "preserving and nourishing." After the mind is aroused, it is to give full effort to self-examination and self-correction. This is the reason why the *kyŏnghak* completes the beginning and the end (T'oegye, 1986, III: 144).[3]

---

3 For this translation, see Chung, 1992a: 65.

Central to this meditative practice is *shimhak* the learning of the mind-and-heart, which is none other than the exercise of "suppressing selfish human desires" and "preserving [the] heavenly principle" (T'oegye, 1986, II: 259).[4] It has already been mentioned that T'oegye's perception of human nature is morally indeterminate, because, as Kim(2002: 110) points out, he believed "humans are in the process of *becoming* rather than *existing* as a fixed substance, and they must control their selfishness and cultivate natural goodness" to realize their full human potential. In other words, everyone's "[h]uman nature is similar at birth, but becomes selfish or ethical depending on cultivation and practice. It is in this sense that inner moral cultivation takes on a particular significance for our understanding of T'oegye's human project, the goal of which lies in "the transformation of the selfish desires of the petty human mind into an all-embracing impartiality of the mind of the way or the heavenly principle" (Tu, 1978: 462).

Again, the learning of the mind-and-heart, in T'oegye's opinion, begins with *kyŏng*, for only when one is always alert, prudent, even afraid on everything one can "recognize the distinction between heaven's principle and human desire" (Y[o]un, 1985a: 231). In this respect, it can be asserted that the main thrust of T'oegye's theory of moral transformation is to detect *kyŏng* with which the learning of the mind-and-heart unfolds. The reason is simple: "*kyŏng* is what provides the basis that self-cultivation is possible" (Chung, 1992a: 67).

At this point it is certain that T'oegye's main concern is to realize

---

4 Chung, 1992a: 65.

the heavenly goodness of human nature through attaining the master of the mind. This means cultivating a contemplative and inner-directed way of *kyŏng*. Therefore, in *Sŏnghaksipto* [*The Ten Diagrams on Sage Learning*] (1568), which is his most important work in ethics, T'oegye proclaimed that *kyŏng* is the first principle of learning:

> One should personally experience and get a taste of its [*kyŏng's*] meaning, cautioning oneself and using it for self-reflection in the course of daily life and in whatever comes to mind. If one assimilates it in this way, he will never doubt but that "mindfulness [*kyŏng*]" constitutes the beginning and the end of sage learning (T'oegye, 1988/1568: 180).

Whereas learning begins with the practice of *kyŏng*, the end is to become truly human (See Tu, 1978; Phelan, 1978). And, to T'oegye, "to be fully human is to relate to others in a life-giving way" (Kalton, 1988: 7). In this regard, T'oegye emphasized a traditional Confucian virtue which signifies the proper human relationship: It is called *yin*. It is common knowledge that Confucianism regards the *yin* as the supreme moral principle making human kin with others and thus the ultimate goal of study. *Yin*, whose Chinese character is a composite of two characters for 'human' and 'two,' literally meaning 'two persons together.' But, as Kalton (1988: 143) observes, in the later Confucian tradition to which T'oegye himself belonged, "*yin* came to be interpreted mainly in terms of warm human fellow-feeling, or love in its nonsexual sense." T'oegye, therefore, in his *Sŏnghaksipto* taught us to love others, that is, to cultivate the kind of warm feelings associated with *yin*:

By honoring those who are advanced in years, I carry out the respect for age which due my aged, and by kindness to the solitary and weak, I carry out the tender care for the young which should be paid to my young. The Sage is at one with the character [of heaven and Earth], and the wise man is of their finest. All persons in the world who are exhausted, decrepit, worn out, or ill, or who are brotherless, childless, widowers, or widowed, are my own brothers who have become helpless and have none to whom they can appeal. ⋯ [T]he learning of the sages consists in the seeking of humanity [*yin*]. It is necessary to deeply inculcate in oneself the intention [of becoming humane], and then understand that one makes up a single body with Heaven and Earth and the myriad creatures. To truly and actually live this way is what is involved in becoming humane. ⋯ [A]nd the inner dispositions of his mind and heart will thus become perfect and complete. ⋯ [I]t is the substance of humanity [*yin*] (T'oegye, 1988: 51-52, 57-58).

To T'oegye, then, "*Jen* [*Yin*] signifies a reciprocated love between men, as humaneness without love could not exist" (Burov, 1992: 383). And, as a method of seeking *yin*, he once again drew attention to the inner practice of mindfulness i.e., *kyŏng* in everyday life, without which his ideal of the fullest human development based on human-heartedness is not possible. No doubt it is a moral situation calculated to be always "alert and careful even for a moment" chiefly "to maintain and nurture the natural human goodness or the righteous state of mind" (Kim, 2002: 112-113). To be plain, conscious effort will be required to realize the sort of good human nature held by Mencius,[5] preventing human being from falling into evil (See Y[o]un, 1985b).

Admonishing such moral connection between humans, T'oegye proceeded to inquire the proper relationship between human and nature. According to T'oegye, humans are not essentially in conflict but in harmony with the world and nature, and for that reason their original relationship with nature should be restored. This understanding entails his neo-Confucian cosmology whose "formulations rested on the fundamental concept of the inextricable integration of the microcosm with the macrocosm or the interrelatedness of the trinity of heaven, earth, and man" (Phelan, 1978: 453). Phelan (1978: 452) further comments concerning T'oegye's view of an organic cosmos: "[r]ather than an ebbing away of the self in the stillness of Nirvana, what was postulated was the possibility of a harmonious interaction within the polarities of existence leading to an ultimately fulfilling integration within the cosmic process." As Yun (1990: 228) argues, then, T'oegye based his value theory on his cosmology while giving moral meaning to "the union of man with nature." A rapid survey of some of his simple songs will suffice to represent this relationship:

> Twilight haze is my house; Wind and moon are my friends.
> In an age of peace, I sicken into old age.

---

5 Mencius believed in the original goodness of human nature. Mencius' famous example of "a child going astray into a well" is as follows: "Suppose a man were, all of a sudden, to see a young child on the verge of falling into a well. He would certainly be moved to compassion, not because he wanted to get in the good graces of the parents, nor because he wished to win the praise of his fellow villagers or friends, nor yet because he disliked the cry of the child" (Mencius, 1970/c. 300 B.C.: 82).

In all this I have but one wish, That I be free from fault.[6]

The dewy grass softly, softly encloses the water
Of a small pond, fresh and clean without a speck.
The pond is meant to mirror flying clouds and birds,
But I fear that swallows at times break its surface.[7]

Going out in the morning, I stoop to hear the stream;
Returning at dusk, I look up at the blue mountains.
Thus I spend mornings and evenings with mountains and waters,
Mountains like blue screens and waters like clear mirrors.
In the mountains, I wish to dwell as a crane in the clouds,
By the waters, to drift as a gull over the waves.
Wondering if official service hasn't wrecked my life,
I make bold to boast that I linger in a spirit land.[8]

These lines, in which T'oegye's belief that full harmony with nature is possible, express how much he praised a life in accordance with nature (Yun, 1990: 229, 238). And, in this connection, T'oegye, who stressed of relating to others in a life-giving way through the full realization of the Confucian virtue/yin a disposition of loving and giving life to other creatures, now sought to create a new Confucian personality who perceives the world of nature as one's living space from which one directly gets one's essence and in which one is engaged in self-perfection, that is, achieves "his [sic] internal transformation, assimilation of his [sic] inner world

---

6 T'oegye, 1985b: 70.

7 Kim, 1987: 64.

8 Kim, 1987: 64.

to nature and environment" (Anosova, 1992: 391, 385, 390). T'oegye's attempt to recover the lost unity with nature then starts with the rejection of the view of confrontation between humans and nature, and ideally ends when "a person with a clear and perceptive mind and a lofty and profound heart is conjoined with nature as a moment of gentle breeze and rain-washed moon" (T'oegye, 1985a, I: 36. 19a).[9]

Turning to another point, one of the most striking features of T'oegye's philosophy is his insistence on "the unity of knowing and acting" (Ryūtarō, 1985: 256). Having conceived learning in this fashion, he characterized the relationship between knowledge and conduct as inseparable and even cooperative because as Confucius teaches "practice without thinking is ignorant, and thinking without practice is dangerous" (Confucius, 1992/c. 500 B.C.: 18).[10] T'oegye's firm conviction that "learning should combine speculation with practice" is also applicable to his lifelong devotion to *kyŏng*, whose "real actualization in everyday life," as noted earlier, is needed to achieve his humanistic project based on *yin* (Choi, 1978: 78). In this connection, T'oegye tried himself to practice *kyŏng* throughout his life while considering "sincerity [*kyŏng* or alert mind] as the fundamental force enabling knowledge and conduct to cooperate with each other" (Pak, 1983: 91). T'oegye's own practice of *kyŏng*, keeping his mind concentrated, investigating principles, and meditating with an open mind is expressed in his *Tosan'gi*, which he wrote at the age of sixty-one:

---

9 For this translation, see Yun, 1990: 238.
10 For this translation, see Choi, 1978: 78.

In a quiet room, with piles of books by the four walls, I sit silently at a reading desk and keep my mind concentrated and investigate [principles]. Whenever I understand a problem, I forget about eating out of the joy of learning. When I do not understand it, I consult with a friend, and when I still cannot understand it, I exert myself further. But if I cannot understand it in a natural unforced manner, then I set aside the problem for a while and pick it up again later, reflecting on it with an open empty mind, and wait for the problem to be solved naturally (T'oegye, 1971, I: 101).[11]

Very likely, then, the greatness of T'oegye does not lie only in his theoretical depth, but also in his sincere effort to put into practice what he knows. With such a practical mentality, T'oegye further proposed a social reform plan: according to him, a good community is "a happy, well-ordered village in which the poor, the old and the sick were relieved" (Choi, 1978: 79). To achieve this, T'oegye gave his favour to a human-hearted person who, as a practical being, pursues the Confucian virtue *yin* in one's activities. This recalls the second chapter of his *Sŏnghaksipto*, where he developed "the idea of getting rid of the suffering of the people or of helping the unfortunate" as the basis of the good organization of the society (Yun, 1990: 253). Seen in this light, we may notice that T'oegye's ideal of social betterment depends on moral betterment. Furthermore, his project for moral improvement to revitalize community life requires the practical development of an ethical sensibility toward

---

11 For this translation, see Ryūtarō, 1985: 256-257.

the suffering of the people.

Ⅲ Educational Implications

As Gill (1995) aptly notes, today's human life is forever becoming more conditioned by capitalist norms and practices. A result is that profit-maximization becomes the normative goal of every aspect of life. Alongside this goes a fundamental change in the field of education, for the spread of market values throughout the world prepares the way for the commodification/commercialization of education. Against this view, however, is T'oegye's neo-Confucian thought, whose moral values teach us not to lose sight of the human perspective both in life and education. The following suggestions emerge from T'oegye's ideal of human perfection for the development of an alternative vision around the non-marketized concepts of education.

1. Reconceptualizing education as a process of pursuing a morally accomplished person

T'oegye was critically aware that "even though human nature is potentially and originally good, there is no ontological guarantee that the moral propensity inherent in the mind will necessarily reveal itself" (Tu, 1985b: 274). In keeping with this indeterminate condition of the mind, T'oegye tried to realize the original goodness of human nature. The way of T'oegye's inner moral cultivation was to preserve the mind and nourish human nature by means of holding fast to *kyŏng*, which is, in his view, mental self-examination and self-correction.

In a like manner, T'oegye wanted to suppress one's material nature i.e., selfish desires and transform it into "an all-embracing impartiality of the mind" (Tu, 1978: 462). Since selfish desires arise when the mind fails to control them, according to T'oegye, "they must be properly channeled" first to prevent human beings blinded by greed from falling into the status of animal and then to recover the genuine endowment of human nature (Tu, 1985a: 29). To put it in another way, "as soon as selfish desires are transformed, the Heavenly Mind will naturally manifest itself in one's ordinary daily existence" (Tu, 1978: 462).

From the methodological standpoint, on the other hand, T'oegye saw "actual practice of meditation [quiet sitting] as a profound way of experiencing the mind-in-itself before feelings are aroused" (Chung, 1992b: 361). T'oegye's ideal of authentic selfhood, then, must be realized internally or contemplatively in the mind, "not through one's rational reasoning or theoretical speculation" (Chung, 1992a: 65). In this connection, some commentators identify T'oegye's neo-Confucian thought as "a philosophy of inner life and moral subjectivity" while putting his religious quest for single-mindedness into focus (Tu, 1978: 466; also see Chung, 1992a, b).

Upon analysis, T'oegye's meditative thinking to cultivate the self-possessed state of the mind is suggestive to the market-oriented education, whose utilitarian techniques stressing the external efficiency and effectiveness in education make it difficult to perceive the existential nature and intrinsic process of learning. At the same time, T'oegye's learning of the mind-and-heart teaches us that the educational ideal of self-development or self-perfection "must be obtained through subjective experience and introspection, not by theoretical or intellectual grasping"

(Choi, 1978: 74). Explicit in such an observation is that the present neo-liberal system of education cannot avail itself with T'oegye's intuitive lesson of a self-reflected life while creating a competitive market environment under which the student fails to keep "the mind in a state of tranquility and motionlessness" (Tu, 1978: 457). In this sense, there is an urgent need for realigning the essence of schooling to the perfection of personality, whose human-making process involves a shift from the conflicting market way to the peaceful human way.

2. Cultivating the sense of "other-regard" as one core condition of education

T'oegye's inner self-transformation is closely related to his moral idealism that depends on the innate ethical qualities of human beings. T'oegye's self-cultivation theory is aimed at becoming a morally accomplished person who should suppress one's inhumane tendencies, which are prevalent in the ego-centred selfish desires. Equally, it may well be said that T'oegye's main question was "how to become a more fully developed human being" (Kalton, 1988: 3). Wrestling with this problem he proclaimed that to be human in the deepest sense is to "overcome personal interest" and "develop moral sensibility toward the epiphany of the other" (Kim, 2002: 99). It is, then, not difficult to see that in line with developing "the transcendental ego," so to say, T'oegye's acceptance of the other is an attempt to reach "a state of harmony" on which "human relations, i.e., I and the other, can find their place and form ethical relations" (Asanuma, 2003: 1; Kim, 2002: 108). And, as a typical neo-Confucian thinker who "presuppose[s] an organic interrelation and responsiveness among beings" T'oegye found "the meaning and fullness of humanity" in proper interpersonal relationships (Kalton, 1988: 7-8).

T'oegye's acknowledgement of the existence of the other naturally leads us to the question, how to teach the student to "tak[e] position of watching the self from the other's point of view" (Asanuma, 2003: 11); More specifically, the need to ask to what extent education is "sensible of the epiphany, the voice, the delicate trembling and pain of the other" (Kim, 2002: 104). Yet, appearing as it does, today's schooling is combined with producing an air of indifference towards the misfortune and suffering of the other. In the same way, one is compelled to take note that the neo-liberalist model of education does not concern itself with creating the otherness inside the self. Two reasons stand out: First, it considers the student as a rational, self-seeking market agent, and second, the liberal ideal of individuality is taken to be the ethical norm in the school.

Conversely, T'oegye's thought in relation to the wholeness and interdependence of human relationships can provide a chance to see the self-sufficient educational process of modern schooling in a different way, since his teaching regarding the self-other relationship implicates the feeling of necessity to tie with the other on the ground that "one's humanity is achieved only when and through others" (Kalton, 1988: 6). In this respect, T'oegye's contribution to educational thinking is that it suggests that the school should be the place where one can experience otherness, realize one's connected existence, and develop a sense of belonging as the fertile meaning of our life. Given this view, as Asanuma (2003: 13) demonstrates, "it is important for the curriculum makers to employ the otherness in the conceptualization of the curriculum-making." As such, I think it is critically required for curriculum makers to be aware of what kind of educational experience is essential for "the creation of otherness in one's ego monad" (Asanuma, 2003: 11). To be sure, it begins with discarding egocentrism, which requires listening to the other's voice, appeals, and commends while suppressing selfish intentions and greed.

3. Developing school curriculum to meet the demands of ecological issues

One conspicuous feature of T'oegye's system of thought is his attempt to bridge the inner world of the human and the outer world of nature. At one level, his quest for harmony with nature is proof of T'oegye's desire that he wanted to live in tranquility with nature, with the result that his desire brought him into close relationship with nature and his environment. However, the question at issue here is his neo-Confucian thought that the inner self-transformation is possible through direct contemplation and aesthetic perception of the outer world of nature. In other words, as Anosova (1992) stresses, Confucian personality can get one's source for self-realization directly from nature while experiencing the greatness of the universe and feeling the sensation of thoughtlessness and freedom unknown in ordinary life.

In all of this it should be amply clear why T'oegye was always intent on "leav[ing] his service, go[ing] to the forest or the mountains, [waiting to] be engaged in self-perfection, and at the same time remain himself, keep calm and not be concerned about the government" (Anosova, 1992:

387). Hence, it is not surprising that, T'oegye, in his late fifties, lamented that he had spent the past from his late thirties to early fifties as an official in government. Otherwise, he would have buried himself in nature and devoted himself to the pursuit of learning, finding his pleasure in all the creatures of the world (See Yun, 1990: 238).

Returning to the educational question, what T'oegye's effort to be in conformity with nature allows us to see is that the student must be taught to be a person of ecological mind who lives in peaceful coexistence with nature. It should be explained, perhaps, that today's ecological crisis stems from modern scientific thinking whose self-autonomous, rational, and goal-directed methodology regards nature as 'the site of human desire,' not as 'being by itself' (See Oh and Lee, 2003). Very different, however, is the Confucian view that nature is seen as "an object which man is to adjust himself [sic] to and be in harmony with" (Y[o]un, 1985a: 240). In this way, neo-Confucians like T'oegye "sought with a sincere and humble attitude for a harmonious union with the actual nature" (Y[o]un, 1985a: 240). This Confucian relationship toward nature is of great incidental interest from the perspective of ecological responsibility in education. This is matched by increasing public concern to find ways of overcoming the modernist paradigm of homocentrism and returning humanity to its proper place in the universe. It is in this 'green' context that schools need more ecologically sensitive curricula which contribute to a critical awareness of the internal link between humans and their environment, and the potential limits and turmoil of the neo-liberal paradigm.

4. Deepening an understanding of education as lived experience for praxis

A focus on practical living characterizes T'oegye's philosophy. Like other neo-Confucian thinkers, T'oegye was deeply interested in the matter of knowledge and conduct. But, dealing with the key issue in Confucianism, his main concern was not Mencius' question of 'which comes first, knowledge or conduct.' The reason is simple: Mencius' rational rhetoric of 'knowledge first and conduct second' can be easily dismissed by the experimental statement that "we do not act only after we have all knowledge, nor do we have knowledge only after we have done everything" (Choi, 1978: 76). T'oegye also opposed Wang Yang-Ming's theory of the oneness of knowing and acting on the ground that knowledge and conduct are only united in the emotional side of human mind, but not on the rational side:

> The mind appears instinctively in feeling, and knowledge exists in conduct, though one does not make the effort to learn. But it is different for the mind in a moral sense. Without study, nothing can be learned and without effort, no conduct can be carried out in the moral sense. In conduct, if one does not have a sincere heart, one can not know the truth, and even if one knew the truth, one could not put it into practice. Therefore, knowledge and conduct in the moral sense wait upon each other. They are always together (T'oegye, 1971: II: 334).[12]

For his turn, aware that knowledge and conduct are parallel and

---

12 For this translation, see Choi, 1978: 75.

complementary as 'the wings of a bird or the wheels of a cart,' T'oegye consciously sought to teach *kyŏng* in the ordinary situations of daily life. To him, this heightened state of self-awareness as the core of learning and self-cultivation is "the fundamental force enabling knowledge and conduct to cooperate with each other" (Pak, 1983: 91). T'oegye's purpose was then to practice *kyŏng* in daily human experience and reach the combination of knowledge and conduct.

The lessons of T'oegye's practice of *kyŏng* on educators are manifold. First, it allows them to look more practically at learning, because T'oegye's perception of "the mind as a lived reality" (Tu, 1985b: 267) implies that learning is a practical art, the aim of which is to influence conduct. Further, with the relationship of knowing and acting T'oegye's practical self-cultivation indicates that "knowing and conduct should assist each other, as the right and left leg do in walking" (Pak, 1983: 82). Finally, the idea that "*kyŏng* is the foundation of all knowledge and action" (Chung, 1992a: 65) stresses that the main task of education is to cultivate 'a constantly focused and alert mind' [*kyŏng*] and through the practice of it achieve 'the genuine nature of humankind' [*yin*].

So far I have tried to discuss T'oegye's neo-Confucian pedagogy that can be framed within the four major characteristics as follows: (1) Moral mind for ethical living; (2) Public mind for harmonious living with others; (3) Ecological mind for peaceful unity with nature; and (4) Practical mind for lived experience. The purpose is to help point the way for the development of a new kind of understanding of education that is free from the constraints and imperatives of the neo-liberal economic agenda. Unquestionably, my proposals are idealistic, but it is not impractical. The obstacles range from the global stage of neo-liberalism to national strategy to commodify education for economic development. In particular, there are three main challenges facing anyone trying to implement T'oegye's pedagogical arrangements that have been recommended: First, the strength of the market interests and prejudices entrenched in education; Second, a global trend in support of capitalist educational measures; and finally, the administrative/legislative feasibility of creating non-marketized spaces for education. So, while T'oegye's neo-Confucian vision of education is particularly relevant today in the neo-liberal world, the question is whether education policy is well devised, locally, nationally, and internationally for solving the tension between the market orthodoxy and the eroding sense of humanity.

Literature

Anosova, L. A.(1992). "Confucian Personality and Nature." *T'oegye Hakpo*
75. 385-391.

Asanuma, S.(2003). "Globalization and the Changing Japan's School Cu-
rriculum." A Paper Presented at the First World Curriculum Studies
Conference, East China Normal University, Shanghai, China, October
27-29.

Bacchus, K.(2002). "Curriculum, Employment and Globalization with Special
Reference to the Developing Countries." Unpublished paper.

Ball, S. J.(1990). *Politics and Policy Making in Education*. London: Routledge.

Battiste, M.(ed.).(2000). *Reclaiming Indigenous Voice and Vision*. Vancouver:
UBC Press.

Bienefeld, M.(1994). "Capitalism and the Nation State in the Dog Days of
the Twentieth Century." *Socialist Register*. 94-125.

Bourdieu, P.(1998). "The Essence of Neoliberalism"(J. Shapiro, trans.).
Retrieved Sep. 27, 2002, from http://www.analitica.com/bitlioteca/bour
dieu/neo-liberalism.asp.

Burov, V. G.(1992). "The Chinese Philosophical Tradition and Lee Thwege's
Teachings." *T'oegye Hakpo 75*. 375-384.

Chan, D. and Mok, K.(2001). "Education Reforms and Coping Strategies
Under the Tidal Wave of Marketization: A Comparative Study of Hong
Kong and the Mainland." *Comparative Education 37*(1). 21-41.

Choi, Min-hong(1978). *A Modern History of Korean Philosophy*. Seoul: Seong
Moon Sa.

Chu Hsi(1990). *Learning to Be a Sage: Selections from the Conversations
of Master Chu, Arranged Topically*(D. K. Gardner, trans.). Berkeley:
University of California Press.

Chung, E. Y. J.(1992a). "Yi T'oegye on the Learning of Reverential Seriousness(*Kyŏnghak*): A Korean Neo-Confucian Spirituality?" *Korea Journal 32*(1). 61-71.

Chung, E. Y. J.(1992b). "Yi T'oegye on the Neo-Confucian Learning of Principle and Mind: A Religious Way of Self-Cultivation." *Asian Profile 20*(5). 353-365.

Confucius(1992/c.500B.C.). *The Analects of Confucius*(A Chinese-English Bilingual Edition). Shandong Friendship Press.

Gill, S.(1995). "Globalization, Market Civilization, and Disciplinary Neo-liberalism." *Journal of International Studies 24*(3). 399-423.

Kalton, M. C.(1988). *The way of Korea.* Seoul: International T'oegyehak Society.

Kim, J. G.(1987). *Slow Chrysanthemums: Classical Korean Poems in Chinese.* Anvil Press Poetry.

Kim, Yeon-Sook(2002). "An Encounter between the Ethics of the Other and Korean Confucianism: A Review of T'oegye's Theory of Self-Cultivation as a Principle of Susceptibility to the Other." *Korea Journal 42*(4). 96-118.

Laxer, G.(1995). "Social Solidarity, Democracy and Global Capitalism." *Canadian Review of Sociology and Anthropology 32*(3). 287-313.

McMurtry, J.(2001). "The Life Ground, the Civil Commons and the Corporate Male Gang." *Canadian Journal of Development Studies 22.* 819-854.

Mencius(1970/c.300B.C.). *Mencius* (D. C. Lau, trans.). Penguin Books.

Oh, Mahn Seug and Lee, Jae Jun(2003). "Zhu Xi's *Ge-Wu-Zhi-Zhi* Theory and Its Implications to Reconstruction of Postmodern Curriculum." A Paper Presented at the First World Curriculum Studies Conference, East China Normal University, Shanghai, China, October 27-29.

Pak, Chong-Hong(1983). "T'oegye and His Thought." In The Korean National Commission for UNESCO(ed.), *Main Current of Korean Thought.* Seoul: Si-sa-yŏng-ŏ-sa Publishing, INC. 82-93.

Phelan, T. S.(1978). "Chu Hsi's *Yŏkhak-Kyemong* and the Neo-Confucianism of Yi T'oegye." *T'oegye Hakpo 19.* 427-454.

Pring, R.(1986). "Privatization of Education." In R. Rogers(ed.). *Education and Social Class*. London: The Falmer Press. 65-82.

Ryūtarō, Tomoeda(1985). "Yi T'oegye and Chu Hsi: Differences in Their Theories of Principle and Material Force." In Wm. T. de Bary and JaHyun Kim Haboush(eds.). *The Rise of Neo-Confucianism in Korea*. New York: Columbia University Press. 243-260.

T'oegye(1988/1568). *To Become a Sage: The Ten Diagrams on Sage Learning by Yi T'oegye*(M. C. Kalton, trans.). New York: Columbia University Press.

T'oegye(1986). *T'oegye Chŏnsŏ*[T'oegye's Complete Works]. Seoul: Sông-gyun'gwan Taehakkyo.

T'oegye(1985a). *T'oegye Chŏnsŏ*. Seoul: Sông-gyun'gwan Taehakkyo.

T'oegye(1985b). Sijo(K. O'Rourke, trans.). *Korea Journal* 25(7).

T'oegye(1971). *T'oegye Chŏnsŏ*. Seoul: Sông-gyun'gwan Taehakkyo.

T'oegye(1958). *T'oegye Chŏnsŏ*. Seoul: Sông-gyun'gwan Taehakkyo.

Treanor, P.(2002). "Neoliberalism." Retrieved October 10. 2002. from http://www.inter.nl.net/users/Paul.Treanor/neoliberalism.html.

Tu, Wei-ming(1985a). "T'oegye's Anthrocosmic Vision: An Interpretation." *Korea Journal* 25(7). 25-31.

Tu, Wei-ming(1985b). "Yi T'oegye's Perception of Human Nature: A Preliminary Inquiry into the Four-Seven Debate in Korean Neo-Confucianism." In Wm. T. de Bary and JaHyun Kim Haboush(eds.), *The Rise of Neo-Confucianism in Korea*. New York: Columbia University Press. 261-281.

Tu, Wei-ming(1978). "Yi Hwang's Perception of the Mind." *T'oegye Hakpo* 19. 455-467.

Yun, Sa-Soon(1990). *Critical Issues in Neo-Confucian Thought: The Philosophy of Yi T'oegye*(M. C. Kalton, trans.). Seoul: Korean University Press.

Y[o]un, Sa-Soon(1985a). "T'oegye's Identification of 'To Be' and 'Ought':

T'oegye's Theory of Value." In Wm. T. de Bary and JaHyun Kim Haboush(eds.), *The Rise of Neo-Confucianism in Korea*. New York: Columbia University Press. 223-242.

Y[o]un, Sa-Soon(1985b). "T'oegye's View of Human Nature as Fundamentally Good." *Korea Journal* 25(7). 4-15.

교사가 교육과정을
만났을 때

"Ted Aoki의 교사론:
교사와 교육과정의 관계를 중심으로"
(『인간연구』 15, 2008: 236-255)

Ted Aoki의 교사론

① 머리말

Ted Aoki는 캐나다인으로 미국의 Oregon대학에서 철학박사 학위를 받고, 캐나다의 British Columbia대학의 교수를 지낸 뒤, 캐나다의 Alberta대학에서 1970년대 중반부터 1986년까지 활동한 교육과정 학자이다. Aoki는 Alberta대학의 중등 교육학과를 중심으로 교육의 해석학적, 현상학적, 탈현대주의적 탐구를 발전시키면서 교육과정 분야에 공헌했다. 따라서 William Pinar와 같은 교육과정 학자는 "교육에 노벨상이 있다면 그 수혜자는 Aoki가 되어야 한다"고 주장하고 있다.[1]

2005년에 Pinar는 Rita Irwin과 함께 Aoki의 글들을 한데 모아 *Curriculum in a New Key: The Collected Works of Ted T. Aoki*를 출판했다. 이 에세이 모음집은 오늘날 우리가 Aoki의 간 학문적 연구와 교육학적 사고를 종합적으로 접할 수 있는 유일한 채널이다. 우리나라의 경우 1997년에 허숙과 유혜령이 편집한 『교육현상의 재개념화: 현상학, 해석학, 탈현대주의적 이해』 안에 Aoki의 「동양과 서양 사이의 의미: 교육에서 간과되기 쉬운 교육과정 기표」라는 글이 한편 실려 있을 뿐, Aoki에

---

1 William Pinar and Rita Irwin(eds.), *Curriculum in a New Key: The Collected Works of Ted T. Aoki*, Mahwah: Lawrence Erlbaum Associates, 2005, p.xvii.

관한 연구 논문은 전무한 실정이다.

Aoki의 학문적 관심은 현상학, 탈구조주의, 비판이론, 문화비평 등을 포함한다. 그러나 Aoki의 학문적 여행의 종착지는 어디까지나 교육의 문제였다. 특히 Aoki는 교육과정 이론과 교실 실제 간의 관계에 관심을 가졌다. Aoki는 이론과 실제 간의 이분법적 사고를 이론과 실제 간의 변증법적 사고로 전환할 것을 제안하고, 그 과정에서 생성되는 이론과 실제 사이의 공간에 주목했다. Aoki에 따르면 이 사이 공간은 이론과 실제가 병존할 수 있는 공간으로서 "연결과 단절 양쪽 모두를 위한 공간"이다.[2] 그리고 교사는 그런 긴장과 갈등의 공간에 거주하면서 이론과 실제 사이에서 창조적 가능성을 열고, 가르침의 존재론적인 의미를 성찰해야 한다.

이 글은 Aoki가 제안하는 교육과정 이론과 학교 실제의 관계 속에서 교사가 교실 안의 교육과정 세계에서 학생들과 가르침의 삶을 사는 것의 의미가 무엇인지를 이해하려는 것이다. 이를 위해 나는 교사를 간 공간의 거주자, 창의적인 해석자, 존재론적인 안내자로 구분해 고찰하고, 그 과정에서 교사가 교육과정을 만나는 방식, 교사가 교육과정에 생기를 불어넣는 방식, 그리고 교사가 교육과정을 실존의 문제로 이해하는 방식을 논한다.

이러한 노력은 전통적인 교육과정 사고에서 간과하기 쉬운 가르침의 존재론적인 의미를 탐색하고, 그에 비추어 교사의 실존적인 상황 속에서의 경험을 이해하려는 시도이다. 그렇다고 해서 내가 실증주의적이고 행동주의적인 교육적 사고의 무용론을 주장하거나 현대 교육에의 공헌

---

2 Ted Aoki, 「동양과 서양 사이의 의미: 교육에서 간과되기 쉬운 교육과정 기표」, 성일제 옮김, 허숙·유혜령(편), 『교육현상의 재개념화: 현상학, 해석학, 탈현대주의적 이해』(3~15쪽), 교육과학사, 1997, 11쪽.

을 부정하려는 것은 아니다. 다만 기술공학적인 접근에서 소홀히 다루어지는 '존재'의 문제에 주목하면서 교사가 수행하는 교육공학적인 기능과 역할을 교사 자신의 실존에 대한 존재론적인 관심을 통해 보완하려는 것이다.

Ⅱ 간 공간의 거주자로서 교사

Aoki는 "Teaching as Indwelling Between Two Curriculum Worlds" (1991)에서 교사가 교실에서 만나게 되는 두 개의 교육과정 세계인 "계획으로서의 교육과정curriculum as plan"과 "생생한 경험으로서의 교육과정curriculum as lived experience"을 언급하고 교사의 교육적 상황을 두 개의 교육과정 세계 사이에 거주하는 일로 규정했다.

Aoki가 보기에 "계획으로서의 교육과정"은 학교 밖의 교육과정 전문가 집단에 의해 개발되어 학교 안의 교사학생들의 교육을 실제로 책임지는에게 일괄적으로 주어지는 가르치는 텍스트로서의 교육과정이다.[3] 이것은 Maxine Greene의 표현을 빌리면 "학문, 전통, 지혜, 문화와 같이 객관적으로 존재"하는 교육과정이다.[4] 교육과정의 계획자들은 흔히 그들이 개발하는 텍스트가 가치중립적이고 보편적인 특성을 지닌다고 주장한다. 그러나 그들의 가정과 달리 사회적으로 처방된 지식으로서 교육과정은 개발자 집단의 관점과 이해관계를 반영한다.[5] Michael Apple이

---

3 Ted Aoki, "Teaching as Indwelling Between Two Curriculum Worlds", in W. Pinar and R. Irwin(eds.), *Curriculum in a New Key: The Collected Works of Ted T. Aoki*(pp.159~165). Mahwah: Lawrence Erlbaum Associates, 2005d(1991), p.159.
4 Maxine Greene, "Curriculum and Consciousness", *Teachers College Record* 73(2)(1971), p.253.

잘 지적했듯이 "학교에서 적법한 지식으로 인정되는 것은 사실은 사회의 다양한 계급, 인종, 성, 종교적인 단체들 간의 복잡한 권력관계와 투쟁의 결과"이며, "텍스트는 사회를 구성하는 실제 사람들이 그들의 관심에 따라 입안하고 계획하고 저술한 것"이기 때문이다.[6] 이러한 이유에서 계획으로서의 교육과정은 학교교육의 목적, 내용, 과정에 관한 특정한 방식의 이해를 일반화, 즉 강제한다.

계획으로서의 교육과정은 또한 학교에서 가르치는 '공식적인' 지식을 처방하면서 교사를 "교육과정의 설치자"로 규정한다.[7] 여기서 교사는 Pinar가 제시한 "기술자" 또는 "관리자"의 개념과 연관된다.[8] 그러므로 새로운 교육과정이 개발되었을 때 교사는 교육과정 워크숍에 참여해 교육과정을 교실 안에 성공적으로 설치하기 위한 기술과 요령을 훈련받는다. 이때 Aoki의 견해에 따르면 교육과정 개발자는 중요한 사실 하나를 망각한다.[9] 그것은 복잡하고 다양한 교실 상황에서 교사의 가르치는 기술은 많은 부분 그 자신의 교사로서의 반성적인 경험에 의존한다는 것이다. 다시 말해 가르치는 일은 단순한 방법론적인 전달행위를 넘어 교사의 존재론적인 경험을 반영하는 것이다. 그렇다면 교육과정 개발자는 "가르침이 근본적으로 존재의 한 양식"이라는 사실을 기억하고, 그로부터 교사가 만나게 되는 교육과정의 다른 하나의 세계인 "생생한 경험으로서의 교육과정"에 관심을 가져야 한다.[10]

5　Aoki, "Teaching as Indwelling Between Two Curriculum Worlds", p.160.

6　Michael Apple, "The Text and Cultural Politics", *The Journal of Educational Thought* 24(3A)(1990), p.18.

7　Aoki, "Teaching as Indwelling Between Two Curriculum Worlds", p.160.

8　William Pinar, 『교육과정이론이란 무엇인가?』, 김영천 옮김, 문음사, 2005, 23쪽, 53쪽.

9　Aoki, "Teaching as Indwelling Between Two Curriculum Worlds", p.160.

10　*Ibid.*, p.160.

Aoki는 "생생한 경험으로서의 교육과정"을 교사가 "학생들과 경험하는 상황적인 세상"으로 정의한다.[11] 이 경우 교사는 학생들의 개인적인 '이야기'에 귀를 기울이고, 그의 교육상황을 독립된 '이름'을 가진 학생들로 이루어지는 세상으로 이해해야 한다. 그런데 문제는 학생들의 고유한 정체성이 교육과정 계획자학교 밖에 위치하는의 추상적이고 탈맥락적인 언어와 마주쳤을 때 갑자기 사라져버리는 것이다. "얼굴 없는 사람들"[12]을 위해 계획된 일반적인 교육과정은 학생들 개인의 "원초적인 의식"[13]을 억눌러 그들의 존재론적인 의미를 소멸시키기 때문이다.

물론 교사는 그에게 맡겨진 학생들에게 학교의 '공식적인' 교육과정을 가르칠 책임이 있다. 교육을 사회화의 과정, 교육과정을 객관적인 실재로 보는 관습적인 시각에서 교사는 "[사회적] 실재를 강제하는 사람"이기 때문이다.[14] 그러나 교사는 또한 '적법한' 텍스트로서의 교육과정이 학생들 개개인의 고유한 존재 양식을 부정하는 획일적인 교육과정임을 비판적으로 인식해야 한다. 이것은 교사가 계획으로서의 교육과정과 생생한 경험으로서의 교육과정 사이에 위치하면서 양자 모두에 관심을 가져야 함을 의미한다. 여기서 전자는 제도권 교사의 법적인 책임과 관련되며, 후자는 교사의 교육적인 존재 양식과 관련된다.[15]

그렇다면 교사로서 살아가는 것은 형식적인 계획으로서의 교육과정과 교실 안의 생생한 경험으로서의 교육과정 사이에서 차이와 간극, 즉 "긴장tensionality"을 느끼는 것이다.[16] 그러나 사이 공간의 긴장은 그것

---

11 Ibid., p.160.

12 Ibid., p.160.

13 Greene, "Curriculum and Consciousness", p.267.

14 Michael Novak, The Experience of Nothingness, New York: Harper & Row, 1970, p.94.

15 Aoki, "Teaching as Indwelling Between Two Curriculum Worlds", p.160.

16 Ibid., p.161.

이 주는 부정적인 이미지애매모호함, 불안정함, 패러독스 외에 새로운 가능성을 또한 담고 있다. Aoki의 말대로 "양쪽 간의 긴장된 공간은 결합과 분열의 공간이며, 진정 가능성을 생성하는 공간이며, 거기 긴장된 애매모호성 속에서 새 것이 나타나는 공간"이기 때문이다.[17] 이러한 분석을 통해 Aoki는 교사가 긴장된 사이 공간, 즉 "이것과 저것 양쪽을, 나아가서 …… 모두를 포섭하는 애매하고 불안정한, 그러기에 자칫 간과되기 쉬운 그런 공간"의 틈새를 넘나들면서 그 자신의 존재론적 정체성을 찾을 것을 권고하고 있다.[18]

이런 맥락에서 Aoki는 사이에 위치하는 것을 간 공간에 내재하는 "긴장을 제거하는 문제가 아닌 긴장과 함께 거주하는 문제"로 보고 있다.[19] 그러면서 그는 교사가 계획과 경험이라는 두 개의 교육과정 사이에 거주하는 것은 하나의 교육과정 세계를 위해 다른 하나의 교육과정 세계를 포기하는 양자택일식의 삶이 아닌 교사가 간 공간에 위치하면서 두 개의 교육과정 사이에서 변증법적인 삶을 사는 것이라고 주장하고 있다. 이것은 Hoine Bhabha의 말을 빌리면 "제3의 공간의 창조적 가능성"에 기초해 교사가 객관적인 텍스트와 주관적인 경험 사이에 존재하는 '불안정한' 공간을 새로움이 움트는 희망과 믿음의 공간, 인간적인 돌봄의 공간, 그리고 비판적인 자기성찰의 공간으로 전환하는 것이다.[20]

---

17 Aoki, 「동양과 서양 사이의 의미: 교육에서 간과되기 쉬운 교육과정 기표」, 12쪽.
18 같은 글, 14쪽.
19 Aoki, "Teaching as Indwelling Between Two Curriculum Worlds", p.163.
20 Hoine Bhabha, "Cultural Diversity and Cultural Differences", In B. Ashcroft, G. Griffiths, and H. Tiffin(eds.), *The Post-Colonial Studies Reader*(pp.206~209), London: Routledge, 1995, p.209.

Ⅲ 창의적인 해석자로서 교사

전통적인 교육과정 설계 과정에서 교사는 개발된 교육과정을 학생들에게 실행하는 사람이다. 이 경우 실행은 재생과 같은 말이다. 교육과정 실행자로서 교사는 주어진 교육과정을 학생들에게 그대로 전달하는, 즉 재생하는 기술공학적인 행위이기 때문이다. 그런데 도구주의적인 합리성에 기초하는 교사관은 교육과정 사고의 획일적인 동질화교사가 새로운 교육 프로그램을 부여받아 그것을 작동하고 표준화된 검사를 통해 학생들의 성취도를 측정하는를 초래해 교사가 교육과정을 주관적으로 해석하는 활동을 최소화시킨다. 그 결과 교사는 "일상적인 교실 생활의 현실과 거리가 먼 전문가들이 내린 지시나 결정해 놓은 목표를 달성하는 고등 기술자" 신세가 된다.[21] 이러한 비판으로부터 우리는 교육과정 실행에 대한 새로운 이해를 필요로 한다.

Aoki는 "Inspiriting the Curriculum"(1987)에서 교육과정의 실행을 교육과정의 해석으로 재개념화하고 교사를 일반화된 텍스트로서의 교육과정을 그의 상황에 맞게 새롭게 해석하는 사람으로 평가했다. 여기서 교사는 '타인'의 압력과 요구에 순응하는 "앉아 있는 오리"와 같은 존재가 아니다.[22] 교사는 단순히 지시를 받고 결과를 산출하는 관료주의적인 대리인을 넘어 그의 가르치는 행위를 Terrance Carson의 주장대로 "처방적인 공학"에서 "창의적인 해석"으로 전환할 수 있어야 하기 때문이다.[23]

Aoki는 교사가 그의 해석 능력을 발휘해 교육과정에 생기를 불어넣

---

21 Henry Giroux, 『교사는 지성인이다』, 이경숙 옮김, 아침이슬, 2001, 235쪽.
22 Pinar, 『교육과정이론이란 무엇인가?』, 106쪽.
23 Terrance Carson, "Hearing the Voices of Teachers", *Alberta Teachers Association Magazine*, 70(2)(1990), p.24.

는 것과 관련해 크게 두 가지 점을 지적하고 있다.[24] 첫째, 교사는 교육과정의 개념적이고 이론적인 세계에서 벗어나 교실 안의 일상적인 삶의 경험에 관심을 가져야 한다. 이것은 교사가 단선적인 지식전달 교육에서 해방되어 교육의 과정을 교사와 학생 간의 변증법적인 과정으로 이해하는 것을 의미한다. 그리고 둘째, 교사는 교육과정에 대한 기술공학적인 경험에 매몰되지 말아야 한다. 이것은 교사가 교육의 유용성 논리에 저항하면서 교육과정의 문제를 탈공리주의적인 관점에서 바라보고 생각하는 것을 말한다. 다시 말해 교사는 교육과정을 투입-산출식의 생산의 문제가 아닌 존재와 인식 간의 "복잡한 대화"의 문제로 인식하면서 "자아 형성과 학교 교과목을 통해 가르치는 내용 사이의 관계를 재정립하고, 그 복잡성을 이해"해야 한다는 것이다.[25]

교사는 흔히 교과의 내용을 잘 전달했을 때 그의 책임을 성공적으로 완수했다고 생각한다. Aoki의 설명에 따르면 이 경우 가르치는 일은 "전쟁 게임"에 비유된다.[26] 교사는 "계산된 목표"를 달성하기 위해 가장 효과적인 "전략"과 "전술"을 개발하고 그것을 단계별로 실행에 옮기기 때문이다. 목표가 달성되면 "승리"한 것이고 그렇지 못하면 "패배"한 것이다. 그런데 교육과정에 대한 이러한 합리주의적인 이해는 교사가 교육과정과 관계를 맺는 여러 가지 방식 중에 단지 하나일 뿐이다. 특히 교육과정의 해석적 실행자로서 교사의 개념은 교육이 보다 깊은 의미에서 인간의 존재 양식과 관계되는 일이며 가르치는 행위가 본질적으로 교육과정을 교육 속의 고유한 경험에 조율하는 일이라는 사실을

---

24 Ted Aoki, "Inspiriting the Curriculum", In W. Pinar and R. Irwin(eds.), *Curriculum in a New Key: The Collected Works of Ted T. Aoki*(pp.357~365). Mahwah: Lawrence Erlbaum Associates, 2005b(1987), pp.361. 363.

25 Pinar, 『교육과정이론이란 무엇인가?』, 32쪽, 48쪽.

26 Aoki, "Inspiriting the Curriculum", p.357.

말해 준다.

또한 Aoki는 "Curriculum Implementation as Instrumental Action and as Situational Praxis"(1983)에서 교육과정 실행을 상황맥락적인 실천으로 이해하고 오늘날 지배적인 관점인 도구주의적인 행동으로서의 교육과정 실행에 의문을 제기하고 있다. 근대 산업사회의 '생산자-소비자 패턴'에 근거하는 교육과정 실행의 개념은 전문가인 교육과정 생산자들교과 개발자들이 비전문가인 교육과정 소비자들교사와 학생들에게 교육과정을 공급하는 형식을 취한다. 이런 '가진 자'와 '가지지 못한 자'를 구분하는 이원론적 사고 속에서 "실행의 문제는 종종 지침communiques의 문제"가 된다.[27] 전문성을 가진 사람이 전문성을 가지지 못한 사람에게 효율적인 지침, 즉 완성된 "지도"를 제공해 합리적이고 체계적인 교육적 변화를 이끌어야 하기 때문이다.[28] 그런데 문제는 교육과정을 효율적으로 통제하고 관리하는 요령이나 기술이 인간의 능력을 도구적인 이성과 행동으로 제한하고, 따라서 교사는 규정에 의해 생각하고 행동하는 무기력한 기계와 같은 존재가 된다는 것이다.

Aoki가 새롭게 제안하는 교육과정 실행은 교육 상황 속에서의 인간의 개인적이고 실천적인 경험에 토대를 둔다. 이는 교사가 교육과정 실행을 교실 안의 삶의 경험과 연계시키는 것이다. Aoki는 Aristoteles의 프락시스praxis의 개념을 빌려와 "실행"을 "교사들의 상황맥락적인 실천"으로 정의하고 있다.[29] 여기서 상황맥락적인 실천은 프락시스praxis

---

27 Ted Aoki, "Curriculum Implementation as Instrumental Action and as Situational Praxis", In W. Pinar and R. Irwin(eds.), *Curriculum in a New Key: The Collected Works of Ted T. Aoki*(pp.111~123). Mahwah: Lawrence Erlbaum Associates, 2005a(1983), p.113.

28 Greene, "Curriculum and Consciousness", p.260.

29 Aristoteles는 지적인 덕을 소피아, 누스, 에피스테메, 프로네시스, 테크네로 분류하

에 대한 번역이며, 그 의미는 다음과 같다.

> 프라시스는 주체가 교육적 상황교실과 같은에서 객관적인 세상과
> 반성적으로 관계를 맺는 앎의 한 방식이다. 그것은 인간 행동에
> 질서를 부여하는 목적인telos의 안내를 받는다. 여기서 이론과 실제
> 는 변증법적인 통일체로 간주된다. Aristoteles에게 프라시스는 완전
> 한 인간의 전인적인 활동으로서 …… 삶을 영위하는 것을 안내한다.
> 나는 이러한 의미에서의 실천을 오늘날 되살릴 필요가 있다고 생각
> 한다.30

같은 맥락에서 Aoki는 Paulo Freire의 프라시스의 개념에 주목한다.
Freire의 반성사고과 행동실천으로서의 앎의 개념은 교육과정 실행을 교
실 상황 속에서 "반성적으로 행해진 활동, 그리고 행해진 것에 대한
반성"으로 보는 Aoki의 시각과 일치하기 때문이다.31 그렇다면 프라시
스는 이론과 실제를 변증법적인 통합의 관계로 이해하면서 인간의 창의
적이고 실천적인 행동을 강조하는 개념이다.

이와 같은 실천지實踐知로서의 프라시스의 개념에 기초해 Aoki는 교
육과정 실행을 교사가 교실 안의 생활세계로 들어가 창조적인 변화를
이끌어 내는 일로 규정하고 있다.32 이러한 '들어섬'은 교사가 교육과정

고 있다. 이때 프로네시스는 프라시스를 수반한다. 프라시스는 가치를 선택하고
이를 실행하는 활동을 의미한다. 흔히 프라시스는 '실천적 지혜practical wisdom'로
번역되며, 올바른 실천을 위한 '숙의deliberation'를 포함한다. Aristoteles, *The
Nicomachean Ethics*, D. Ross(trans.), London: Oxford University Press, 1963,
pp.140~147 참조.

30 Aoki, "Curriculum Implementation as Instrumental Action and as Situational
Praxis", p.116.

31 *Ibid.*, p.120; Paulo Freire, *Pedagogy of the Oppressed*, M. Ramos(trans.), New
York: The Seabury Press, 1973, p.75.

32 Aoki, "Curriculum Implementation as Instrumental Action and as Situational

텍스트를 상황맥락적으로 해석하는 활동을 포함한다. 이때 교사는 교육을 서로 다른 교육과정 지평, 즉 계획으로서의 교육과정과 생생한 경험으로서의 교육과정 간의 융합을 통해 새로운 지평을 창출하는 해석학적인 과정으로 인식해야 한다. 그리하여 교사는 "교육현장의 텍스트 앞에 스스로를 열고 그 텍스트가 무엇을 말하는지"를 끊임없이 묻고 해석하면서 상호 주관적인 의미를 추구하고 이해를 공유해야 한다.[33]

Ⓥ 존재론적인 안내자로서 교사

현대 교육과정 담론은 목적과 목표, 과정과 산물, 성취와 평가와 같은 수행 중심적인 단어들로 가득 차 있다. 이것은 근대성의 주요 특징인 도구주의를 반영하는 것으로서 교육의 과정을 목표-수단 모형에 입각한 효율적인 결과 산출의 과정으로 이해하는 것이다. 이러한 교육과정 사고의 위험은 교육의 기술공학적인 측면을 강조한 나머지 교사가 학생들의 고유한 내적 경험과 그것의 교육적 의미에 귀를 기울이지 못한다는 것이다. 다시 말해 교육을 형식적인 도야의 과정 또는 실용적인 훈련의 과정으로 보는 관점에서 교사는 교육과정 본래의 의미로서 쿠레레 *currere*, 즉 "교육에 대한 개인적 경험이 갖는 본질적 의미"에 주목할 수 없게 된다는 것이다.[34]

이런 비판적인 관점에서 개발-실행-평가로 이어지는 교육과정의 단선적 패러다임은 교육 현장에서 학생들의 다양한 의미구성과 그들의

Praxis", p.121.

33 진권장, 『교수·학습과정의 재개념화』, 방송통신대학교출판부, 2005, 114~115쪽.

34 William Pinar, "*Currere*: Toward Reconceptualization", In W. Pinar(ed.), *Curriculum Theorizing: The Reconceptualists*(pp.396~414), Berkeley: McGutchan, 1975, p.400.

존재에 대한 물음을 안내하는 데 한계가 있을 수 있다. 현대 교육과정 사고에 만연해 있는 공학적 합리주의는 가르침을 지식이나 기술을 전달하는 단순한 재생 행위로 간주하면서 교육적 경험의 개인적인 특수성과 그것의 실존적 의미에 크게 관심을 갖지 않기 때문이다. 그렇다면 우리는 Pinar가 "잘못된 교육의 악몽"으로 부른 현 상태로부터 깨어나 교육활동을 지식이나 기술을 전달하는 기계적인 일이 아닌 인간의 '세계-내-존재'로서의 '있음'을 걱정하고, 그 의미를 찾는 존재론적인 문제로 인식해야 한다.[35]

Aoki는 "Sonare and Videre: A Story, Three Echoes and a Lingering Note"(1990)에서 교육 본연의 주제인 인간의 실존 문제로 회귀하기 위해 교사가 존재의 모든 것을 방법론적인 질문에 귀속시키는 도구주의적인 언어의 사용을 비판적으로 재고해야 한다고 주장했다. 기술적 요령이나 테크닉과 관련된 공학적 언어는 교수-학습 과정의 효율성 제고에는 도움이 되나 교실 안의 생명성과 교사와 학생의 존재론적인 의미를 반영하는 데는 어려움이 있기 때문이다. Aoki는 교사가 현대 교육의 도구주의적인 시각을 탈피해 교육활동 속에서 개인의 의미 형성과 관련된 새로운 교육과정 언어의 창조에 관심을 가져야 하는 이유를 다음과 같이 기술하고 있다.

---

35 Pinar, 『교육과정이론이란 무엇인가?』, 26쪽; '세계-내-존재'는 Heidegger의 개념이다. Heidegger에 따르면 인간은 자신의 의지와 상관없이 세상에 내던져진 '거기-있음Dasein'의 존재이다. 그러나 인간의 '세계-안에-있음'은 다른 존재들과 달리 그 내던져짐을 떠맡아 "끊임없이 자기 자신의 존재를 염려하고 자기가 관심을 가지고 있는 존재자와 관계 맺으면서 그 사물들, 도구들을 배려하고, 자기가 좋아하는 사람들, 친구들을 심려하며 사는 그런 '있음[존재]'"이다. 다시 말해 인간의 고유한 있음은 '세계-내-존재'로서 있음, 즉 '실존Existenz'이다. 이기상, 『존재와 시간: 인간은 죽음을 향한 존재』, 살림, 2006, 216쪽; Martin Heidegger, 『존재와 시간』, 이기상 옮김, 까치, 2006 참조.

교사로서 우리는 "교육과정"이라는 말이 행정적인 범주_{교육현장}을 관리하고 통제하려는 관심에서 비롯된에 속한다는 사실을 잘 안다. 그리고 교육과정 대화에서 "교육과정 개발" "교육과정 실행" "교육과정 통합" "교육과정 평가"와 같은 도구주의적인 언어가 선호된다는 사실은 부정하기 힘들다. 그런데 문제는 도구주의적인 언어를 사용하면서 우리 스스로가 도구주의적인 존재가 되어 간다는 것이다. 즉 도구주의적인 언어는 우리를 낱말화, 소외, 무감각으로 몰고 가, 궁극적으로 비인간화시키는 것이다.[36]

교육과정 언어를 탈도구주의적인 관점에서 다시 생각하려는 시도는 Dwayne Huebner의 "Curricular Language and Classroom Meanings" (1966)에서의 논의를 생각나게 한다. 이 글에서 Huebner는 현재의 교육 실제가 공학적, 정치적, 그리고 과학적 언어의 지배하에 있다는 사실을 밝히고, 교실 안의 교육활동을 미학적이고 윤리적인 언어로 새롭게 가치 평가할 필요가 있음을 주장하고 있다. 다음은 Huebner의 말이다.

오늘날은 학급활동이 일차적으로 기술[공학]적인 가치 체계가 지배하는 것처럼 보이지만, 정치적인 가치도 영향을 미치고 있다. 그리고 과학적인 가치나 미학적 가치, 또는 윤리적 가치도 영향을 미칠 수 있다. 학급에서의 교육활동이 보다 풍부하고 의미 있는 것이 되려면 다섯 가지 가치가 모두 영향을 미칠 수 있어야 한다. 오늘날의 저질 교육은 단지 기술[공학]적, 정치적, 과학적 가치만 극대화하고 미학적, 윤리적 가치를 소홀히 한 결과라고 볼 수밖에 없다. 기술[공학]적인 효과에 의해서 사회적 의미를 지니게 되는

36 Ted Aoki, "Sonare and Videre: A Story, Three Echoes and a Lingering Note", In W. Pinar and R. Irwin(eds.), *Curriculum in a New Key: The Collected Works of Ted T. Aoki*(pp.367~376). Mahwah: Lawrence Erlbaum Associates, 2005c(1990), p.369.

학급활동도 미학적, 윤리적 가치가 첨가되게 되면 교사와 학생 모두에게 의미 있는 것이 될 것이다.[37]

이런 관점에서 Aoki는 "교육과정 즉흥연주"라는 새로운 개념을 통해 교육과정 언어의 탈도구주의적인 가능성을 모색하고 있다.[38] 공학적인 의미에서의 '실행implementation'과 대비되는 것으로서 '즉흥연주impro-visation'는 교사가 교육현장의 리듬에 맞추어 교육과정을 즉석에서 작곡·연주함으로써 그의 교육적 상황에 생기를 불어넣는 것을 말한다.[39] 여기서 중요한 것은 교사가 교육과정을 즉석에서 연주하기 위해 학생들 개인의 "실존상황"에 주목하고 교육현장에서 들리는 "존재일반의 부름을 경청"하는 것이다.[40] 그리고 교사는 주어진 상황의 역동성에 따라 그의 가르침을 즉흥적으로 새롭게 구성하기 위해 교실 안의 대화에 참여해 현재의 생활경험을 느끼고 존재의 새로운 깨달음을 인도할 수 있어야 한다.

이를 위해 Aoki는 교사가 주체가 객체를 감시하는 시각적인 교육과정 세계를 넘어 청각적인 교육과정 세계에 관심을 가져야 한다고, 또 교사가 교육현장에서 들려오는 역동적인 박자와 리듬에 따라 가르침을 생생한 삶의 경험으로 전환하기 위해 노력해야 한다고 주장하고 있다.[41]

---

37 Dwayne Huebner, 「교육과정 언어와 교실에서의 의미」, 이해명(편역), 『교육과정 이론』(330~350쪽), 교육과학사, 2005, 342쪽.

38 Aoki, "Sonare and Videre: A Story, Three Echoes and a Lingering Note", p.369.

39 Ibid., pp.369~370.

40 김용식, 「Heidegger 철학에서 본 가르침의 예술적 의미」, 허숙·유혜령(편), 『교육현상의 재개념화: 현상학, 해석학, 탈현대주의적 이해』(239~262쪽), 교육과학사, 1997, 257쪽, 261쪽.

41 Aoki, "Sonare and Videre: A Story, Three Echoes and a Lingering Note", pp.373~374.

이는 교사가 시각과는 다른 존재 양식인 청각에 거주 공간을 내주면서 그의 눈이 미치지 못하는 곳에서 귀를 통해 교육적 리듬의 박자를 들으려는 것이다. 다시 말해 교사는 가르침의 과정에서 시각 논리와 청각 논리 간의 공존을 통해 '보는보이는 것'의 과학적이고 객관적인 교육과정과 '듣는들리는 것'의 시적이고 음악적인 교육과정 간의 조화를 추구해야 한다는 것이다.

그렇다면 우리는 교육과정 즉흥연주를 교사가 교실 안의 다양한 박자와 리듬에 맞추어 학생들을 새로운 존재론적 가능성, 즉 Pinar가 '인간의 정신적, 실존적 해방'으로 부른 것으로 안내하는 일로 인식해야 한다.[42] 그리고 이를 위해 교사는 그의 객관적인 '눈videre'을 통해 학생들을 통제하는 과학적인 교육과정 통합 논리에서 벗어나 그의 '귀sonare'를 열어놓고 교실에서 들려오는 서로 다른 삶의 목소리를 경청하면서 즉석에서 "다음합성polyphonic"의 교육과정 연주를 할 수 있어야 한다.[43]

결론적으로 교육과정 즉흥연주의 개념은 과학적이고 방법론적인 교육과정 사고의 한계를 보여 주려는 시도이다. 이를 위해 Aoki는 교육과정 실행에 있어서 공학적 합리주의를 '하나의' 방법이 아닌 '유일한' 방법으로 보는 근대적인 시각에 의문을 제기했다. 그리고 교육과정 실행에 있어서 다음多音이 허락되는 공간을 창조하기 위한 새로운 교육과정 언어로서 즉흥연주에 주목했다. Aoki에게 교사 본연의 과업은 주어진 교육과정을 기술공학적으로 수행하는 일을 넘어 가르침의 시적 운율에 따라 다원적이고 다층적인 교육과정을 작곡하고, 그것을 통해 교실 속 개인들의 존재론적 완성, 즉 실존을 돕는 일이기 때문이다.

---

42 허숙, 「교육과정의 재개념화를 위한 이론적 탐색: 실존적 접근과 구조적 접근」, 허숙·유혜령(편), 『교육현상의 재개념화: 현상학, 해석학, 탈현대주의적 이해』 (103~143쪽), 교육과학사, 1997, 115쪽.
43 Aoki, "Sonare and Videre: A Story, Three Echoes and a Lingering Note", p.371.

Ⓥ 맺음말

이상에서 Aoki의 교사론의 특징을 간 공간의 거주자로서 교사, 창의적인 해석자로서 교사, 존재론적인 안내자로서 교사로 구분해 논의했다. 앞에서도 언급했듯이 이 글은 오늘날 교사에 관한 논의가 지나치게 기능인으로서의 교사의 모습에 치우쳐 있다는 생각에서 교사의 존재론적인 정체성에 대한 이해를 촉구하는 것이었다. 특히 Aoki가 제안하는 교사와 교육과정의 관계, 즉 교사가 교실 안의 교육과정 세계에서 인간으로서 의미 있게 존재하는, 즉 실존하는 방식을 이해하려는 것이었다. 지금까지의 논의를 정리하면 다음과 같이 요약할 수 있겠다.

첫째, 교사는 실용적인 학급 관리자 또는 효과적인 교과 전달자의 영역을 넘어 학생들의 고유한 '이름'을 기억하고 그들의 삶의 이야기를 경청하는 간 공간의 거주자가 되어야 한다. 그렇게 되었을 때 교사는 가르침을 존재의 한 방식으로 이해하고 스스로 가르침의 삶을 살게 된다. 그리고 그는 가르치는 일이 우리의 삶이 그러한 것처럼 불확실함과 어려움, 또 복잡함을 수반한다는 사실을 깨닫고, 교사로서의 인간적인 · 존재론적인 반성을 통해 그의 가르침의 질을 높이고자 노력한다.

둘째, 교사는 교육 장면에서 텍스트를 매개로 학생들과 '교육적 대화'를 나누어야 한다. 교육은 "세계에 대한 심층적인 이해"를 위한 해석적인 '의미소통 과정'이며, 교실은 교사와 학생과 교육과정 간의 상호 변증법적인 관계가 맺고 풀리는 해방적인 장소이기 때문이다.[44] 이런 관점에서 프락시스에 바탕을 두는 교육과정 실행은 상호 이해와 상호

---

44 오만석, 「현대 해석학의 관점에서 본 교육적 의미소통 과정」, 허숙 · 유혜령(편), 『교육현상의 재개념화: 현상학, 해석학, 탈현대주의적 이해』(145~200쪽), 교육과학사, 1997, 195쪽.

주관성에 실제적인 관심을 가지며, 교사의 역할은 상황맥락적인 해석 행위와 반성적인 사고 능력에서 찾아진다.

셋째, 교사는 교육활동의 본질로서 교실 내의 개인들의 존재론적 의미, 즉 그들의 주관적이고 의식적인 삶의 경험에 관심을 가져야 한다. 이것은 교사가 교육과정을 지식이나 기술이 아닌 다른 남겨진 가능성, 즉 '인간'을 통해 경험하는 것을 말한다. 여기서 인간은 '세계-내-존재'로서 세상에 내던져진 의미와 주변과의 관계를 반성하는 실존하는 존재이다. 이런 인간에게 있어서 교육은 의미의 원천인 내적 세계로부터 출발해 주변 세상에 대한 의미를 새롭게 구성하는 과정, 즉 개인의 주관적인 의식을 통해 나와 세상에 대한 이해를 심화시키는 과정이다.

물론 Aoki가 제안하는 간 공간의 거주자, 창의적인 해석자, 존재론적인 안내자로서의 교사의 모습은 현실성이 얕은 당위적인 논의라는 비판을 피할 수 없는 것처럼 보인다. Aoki는 교사에게 교실 안의 일상적인 삶의 세계에 관심을 가질 것을, 또 교사가 교육과정에 대한 기술공학적인 경험에 매몰되지 말 것을 강조하고 있지만, 정작 그의 교사론에는 현장 교사들이 탈실증주의적이고 탈행동주의적으로 교육과정과 관계를 맺을 수 있는 구체적인 전략에 대한 언급이 충분하지 못하기 때문이다. 특히 목적과 목표, 과정과 산물, 성취와 수행 중심적인 단어들로 가득 차 있는 오늘날 우리나라의 교육 현실에서 Aoki의 교사론은 지나치게 이상적이라는 한계를 지니고 있는 것으로 보인다.

또 Aoki가 논의 전개의 출발점으로 삼고 있는 '계획된 교육과정'과 '생생한 경험으로서의 교육과정' 간의 구분이 과연 단순하게 논의될 수 있는지에 관한 의문이 있을 수 있다. Aoki는 제도적 텍스트로서의 교육과정 세계와 교실 안에서의 체험으로서의 교육과정 세계를 개념적으로 구분하고, 그 사이 공간의 새로운 가능성에 기초해 교사의 문제를 논의하고 있다. 그런데 Aoki의 가정과 달리 어디까지가 계획이고 어디까지가 경험인지에 관한 매끄럽고 분명한 경계 설정이 힘들뿐만 아니라, 교사가 교실 문을 열고 들어가 만나게 되는 교육과정의 세계는 이미 계획과 경험의 인위적인 구분이 사라져버린 통합된 생활세계라는 반론이 제기될 수 있다. 다시 말해 Aoki의 논지 전개나 분석과정이 계획과 경험의 이분법적 구도를 가지고 있다는 점은 그것이 결과적으로 계획과 경험 간의 사이 공간을 부각시키기 위한 다분히 의도적인 성격을 갖는다 하더라도 아쉬움으로 남는다는 것이다.

그러나 이와 같은 현실적 대안의 부재나 논의 전개상의 아쉬움에도 불구하고 Aoki의 교사론이 현대 교육에 주는 메시지가 있다는 점은 부인할 수 없다고 하겠다. 주지하다시피 오늘날 학교교육을 지배하는 것은 시장의 유용성 원칙이다. 그리고 교육과정의 목표-수단 모형에서 교사는 처방된 교육과정을 교실 안에 설치하는 도구주의적인 대리인이다. 공리주의적 관점에서 학교는 미래의 직업획득을 위한 준비의 장소이며, 학생들은 시장의 논리에 따라 자신들의 상품 가치를 높이는 일에 몰두해야 할 '윤리적' 책임이 있다. 이러한 친시장적인 교육 환경 속에서 Aoki의 교사론이 중요한 이유는 교사가 교육과정 세계와 맺고 있는 근원적인 관계 양상을 탐색하고 이해하는 일이 현대 사회에서 진부하면서도 잊기 쉬운 하나의 사실을 사람들에게 일깨우기 때문이다. 즉 가르침은 교실 안의 생활세계에 '있음'의 문제로부터 시작해 교육의 상황을 창조적으로 해석하는 일이며, 궁극적으로 새로운 존재론적 가능성을 열어 주는 인간적인 행위라는 것이다.

참고문헌

김용식, 「Heidegger 철학에서 본 가르침의 예술적 의미」, 허숙·유혜령(편), 『교육현상의 재개념화: 현상학, 해석학, 탈현대주의적 이해』(239~262쪽), 교육과학사, 1997.

오만석, 「현대 해석학의 관점에서 본 교육적 의미소통 과정」, 허숙·유혜령(편), 『교육현상의 재개념화: 현상학, 해석학, 탈현대주의적 이해』(145~200쪽), 교육과학사, 1997.

이기상, 『존재와 시간: 인간은 죽음을 향한 존재』, 살림, 2006.

진권장, 『교수·학습과정의 재개념화』, 방송통신대학교출판부, 2005.

허숙, 「교육과정의 재개념화를 위한 이론적 탐색: 실존적 접근과 구조적 접근」, 허숙·유혜령(편), 『교육현상의 재개념화: 현상학, 해석학, 탈현대주의적 이해』(103~143쪽), 교육과학사, 1997.

Aoki, Ted, "Curriculum Implementation as Instrumental Action and as Situational Praxis", In W. Pinar and R. Irwin(eds.), *Curriculum in a New Key: The Collected Works of Ted T. Aoki*(pp.111~123). Mahwah: Lawrence Erlbaum Associates, 2005a(1983).

Aoki, Ted, "Inspiriting the Curriculum", In W. Pinar and R. Irwin(eds.), *Curriculum in a New Key: The Collected Works of Ted T. Aoki* (pp. 357~365). Mahwah: Lawrence Erlbaum Associates, 2005b(1987).

Aoki, Ted, "Sonare and Videre: A Story, Three Echoes and a Lingering Note", In W. Pinar and R. Irwin(eds.), *Curriculum in a New Key: The Collected Works of Ted T. Aoki*(pp.367~376). Mahwah: Lawrence Erlbaum Associates, 2005c(1990).

Aoki, Ted, "Teaching as Indwelling Between Two Curriculum Worlds", In W. Pinar and R. Irwin(eds.), *Curriculum in a New Key: The Collected Works of Ted T. Aoki*(pp.159~165). Mahwah: Lawrence Erlbaum Associates, 2005d(1991).

Aoki, Ted, 「동양과 서양 사이의 의미: 교육에서 간과되기 쉬운 교육과정

기표」("Imaginaries of 'East and West': Slippery Curricular Signifiers in Education"), 성일제 옮김, 허숙·유혜령(편), 『교육현상의 재개념화: 현상학, 해석학, 탈현대주의적 이해』(3~15쪽), 교육과학사, 1997.

Apple, Michael, "The Text and Cultural Politics", *The Journal of Educational Thought* 24(3A)(1990).

Aristoteles, *The Nicomachean Ethics*, D. Ross(trans.), London: Oxford University Press, 1963.

Bhabha, Hoine, "Cultural Diversity and Cultural Differences", In B. Ashcroft, G. Griffiths, and H. Tiffin(eds.), *The Post-Colonial Studies Reader* (pp.206~209), London: Routledge, 1995.

Carson, Terrance, "Hearing the Voices of Teachers", *Alberta Teachers Association Magazine*, 70(2)(1990).

Freire, Paulo, *Pedagogy of the Oppressed*, M. Ramos(trans.), New York: The Seabury Press, 1973.

Giroux, Henry, 『교사는 지성인이다』(*Teachers as Intellectuals Toward a Critical Pedagogy of Learning*), 이경숙 옮김, 아침이슬, 2001.

Greene, Maxine, "Curriculum and Consciousness", *Teachers College Record* 73(2)(1971).

Heidegger, Martin, 『존재와 시간』(*Sein und Zeit*), 이기상 옮김, 까치, 2006.

Huebner, Dwayne, 『교육과정 언어와 교실에서의 의미』("Curricular Language and Classroom Meanings"), 이해명(편역), 『교육과정 이론』(330~350쪽), 교육과학사, 2005.

Novak, Michael, *The Experience of Nothingness*, New York: Harper & Row, 1970.

Pinar, William, "*Currere*: Toward Reconceptualization", In W. Pinar(ed.), *Curriculum Theorizing: The Reconceptualists*(pp.396~414), Berkeley: McGutchan, 1975.

Pinar, William, 『교육과정이론이란 무엇인가?』(*What Is Curriculum Theory?*), 김영천 옮김, 문음사, 2005.

Pinar, William and Irwin, Rita(eds.), *Curriculum in a New Key*, Mahwah: Lawrence Erlbaum Associates, 2005.

소小 퀸틸리아누스가
아니라면?

"『가버너』에 나타난 토마스 엘리어트의 교육이론과
플루타르코스의 영향"

(『영국연구』 21, 2009: 1-25)

『가버너』에 나타난 토마스 엘리어트의 교육이론과 플루타르코스의 영향

(I) 들어가며

1416년 포지오 브라치올리니Poggio Braccioliniᴺ는 그의 두 번에 걸친 생 갈렌St. Gallen 방문에서 고대 그리스와 로마의 잃어버린 필사본들을 이 오래된 수도원의 도서관에서 새롭게 찾아냈다. 여기에는 "키케로Cicero 에 대한 아스코니우스Asconius의 주석, 퀸틸리아누스Quintilianus의 전집, 발레리우스 플라쿠스Valerius Flaccus의 『아르고나우티카Argonautica』 일부" 가 포함되었다.[1] 교육적인 관점에서 우리의 관심을 끄는 것은 퀸틸리아 누스의 『웅변가교육론Institutio Oratoria』의 재발견이었다. 이 책은 고대 로마의 대표적인 교육관련 저술로서 인문주의 교육사상가들에게 중요 한 이론적 지침을 제공했다.

우리는 영국의 인문주의 교육이론가인 토마스 엘리어트Thomas Elyot, 1490-1546가 그의 『가버너The Book named The Governor, 이하 The Governor』에서 교육에 관해 기술하면서 퀸틸리아누스의 『웅변가교육론』을 참조했을 것이라고 생각할 수 있다. 엘리어트는 토마스 모어Thomas More의 런던

---

1 Rudolf Pfeiffer, *History of Classical Scholarship from 1300 to 1850*(Oxford: Clarendon Press, 1999), p. 32.

집의 잦은 방문자로서 '모어의 런던 서클'을 통해 간접적으로 인문주의 정신을 전달받고, 그 과정에서 퀸틸리아누스의 『웅변가교육론』의 존재와 중요성을 인식했을 가능성이 높기 때문이다.[2] 실제로 러스크와 같은 교육사상가는 엘리어트의 『가버너』에서의 정치이론이 플라톤Platon과 이탈리아 저술가들의 영향을 많이 받은 한편 그의 교육이론은 퀸틸리아누스의 『웅변가교육론』의 영향을 많이 받았다고 주장했다. 러스크는 퀸틸리아누스의 '웅변가' 개념을 엘리어트의 '가버너' 개념과 동일한 것으로 간주하면서 퀸틸리아누스와 엘리어트가 같은 교육목적, 즉 공적인 선을 추구했다고 주장했다. 이러한 맥락에서 러스크는 "엘리어트가 그의 『가버너』에서 퀸틸리아누스의 주장들을 단순히 재진술하고 있다"고 전제하고, 그의 엘리어트에 대한 짧은 논고를 엘리어트와 퀸틸리아누스의 교육사상을 비교·분석하는 작업에 할애했다.[3]

---

2 영국의 초기 인문주의자들로는 윌리엄 그로신William Grocyn, 토마스 리나크Thomas Linarcre, 존 콜레트John Colet, 윌리엄 릴리William Lily 등이 있다. 이들은 이미 15세기 중엽부터 이탈리아와 지중해 인근지역에서 공부, 순례, 여행을 하면서 인문주의 정신을 직접 체험했고, 영국에 돌아온 후에는 토마스 모어의 런던 집을 기점으로 활동하면서 영국에 인문주의를 전파하는 데 힘썼다. 비록 토마스 엘리어트는 지방 젠트리 출신의 법률가로서 헨리8세Henry Ⅷ의 궁전에서 여러 가지 공직을 수행하면서 숨 가쁜 삶을 살았지만, 그의 고전학에 대한 관심과 열정은 매우 강하고 지속적인 것이었다. 엘리어트는 1510년에 미들 템플The Middle Temple에서 법률공부를 시작할 때부터 모어의 런던 집을 자주 방문하면서 영국과 대륙의 주요 인문주의자들을 만났고, 그들과의 학문적 교류를 통해 고대의 언어와 문학을 간접적으로 접할 수 있었다. 특히 엘리어트는 1532년에 공직에서 물러나 1546년에 죽을 때까지 그의 생의 마지막 15년을 저술과 번역 작업에 바치면서 인문주의자로서 살았다. 엘리어트의 삶과 시대에 대한 짤막한 소개와 그의 교육론에 대한 개괄적인 설명은 김성훈, 「토마스 엘리어트, 튜더 잉글랜드의 교육 이론가: 에라스무스 식 인문주의 교육관을 넘어서」, 『영국연구』 13호(2005): 31-34, 44쪽 이하 참조.

3 Robert Rusk, *The Doctrines of the Great Educators*(London: Macmillan, 1954),

그런데 엘리어트의 삶과 사상을 폭넓게 연구한 렘버그의 견해는 엘리어트를 르네상스 시대의 소小 퀸틸리아누스로 보는 러스크의 관점과 차이가 있었다. 물론 렘버그는 엘리어트의 교육적 사고에서 찾아지는 퀸틸리아누스의 흔적은 인정했다. 그러나 렘버그는 엘리어트가 언어 학습에 대한 몇 가지 충고를 제외하고 퀸틸리아누스의 영향을 직접적으로 받았다고 볼 수 있는 뚜렷한 증거가 없다고 말했다. 그보다 렘버그는 데시데리우스 에라스무스Desiderius Erasmus나 프란체스코 파트리치Francesco Patrizi와 같은 인문주의자들이 퀸틸리아누스의 교육사상을 엘리어트에게 전달하는 중간자의 역할을 담당했다고 주장했다. 다시 말해 엘리어트는 에라스무스의 『아동교육론De Pueris Instituendis』과 파트리치의 『군주정De Regno』을 통해 퀸틸리아누스의 주요 개념들을 간접적으로 수용했다는 것이다.[4]

우리는 엘리어트가 '모어의 런던 서클'을 통해 1514년에 새롭게 출간된 퀸틸리아누스의 『웅변가교육론』의 존재를 알았을 것이라고 가정할 수 있지만, 그렇다 하더라도 엘리어트가 직접 퀸틸리아누스의 책을 세밀하고 구체적으로 연구하면서 『가버너』에서의 교육 부분을 저술했다고 확실하게 말할 수는 없다. 특히 엘리어트와 친분이 있던 에라스무스가 엘리어트의 『가버너』가 출판되기 2년 전인 1529년에 퀸틸리아누스의 흔적이 짙은 그의 『아동교육론』을 출판했다는 사실은 엘리어트가 에라스무스를 통해 퀸틸리아누스의 사상을 대신 접할 수 있었다는 위의 렘버그의 논의에 힘을 실어 준다.[5] 같은 맥락에서 엘리어트가 퀸틸리아

---

p. 53.

4 Stanford Lehmberg, *Sir Thomas Elyot Tudor Humanist*(Austin: University of Texas Press, 1960), p. 75 이하 참조.

5 페어슈트라테는 에라스무스의 『아동교육론』을 영어로 번역해 출판하면서 그 서문에서 퀸틸리아누스가 에라스무스의 주된 자료임을 밝혔다. Desiderius

누스의 영향이 감지되는 파트리치의 『군주정』을 모델로 그의 『가버너』를 저술했다는 일련의 주장들은 퀸틸리아누스가 엘리어트의 직접적인 자료라는 가정에 반하는 것으로 볼 수 있다.[6]

퀸틸리아누스가 엘리어트의 교육사상의 주된 채널이 아니었다면, 그래서 에라스무스나 파트리치와 같은 인문주의자들이 퀸틸리아누스의 교육사상을 엘리어트에게 전달하는 부수적인 필터의 역할을 담당했다면, 이제 남은 문제는 엘리어트가 그의 『가버너』에서 교육의 문제를 논하면서 직접적으로 참고한 자료가 무엇이냐는 것이다. 이 질문에 답하기 위해 우리는 엘리어트와 플루타르코스Plutarchos의 사상적 '친화성'에 주목할 필요가 있다. 플루타르코스의 『아동교육론Peri Paidon Agoges』은 퀸틸리아누스의 『웅변가교육론』과 함께 르네상스 시대에 가장 널리 알려진 고대의 교육 논고였다. 1497년에 이탈리아의 인문주의자인 구아리노 다 베르나Guarino da Verna는 그리스어로 쓰인 플루타르코스의 『아동교육론』을 라틴어로 번역했고, 1533년경에 엘리어트는 구아리노의 라

Erasmus, "A Declamation on the Subject of Early Liberal Education for Children[이하 On Education for Children]," in *Collected Works of Erasmus, vol. 26*, ed. J. K. Sowards(Toronto: University of Toronto Press, 1974), p. 293 참조. 김성훈은 「토마스 엘리어트, 튜더 잉글랜드의 교육 이론가」, 34쪽, 주석 8에서 에라스무스와 엘리어트의 교육사상을 비교하는 문헌들의 목록을 상세히 제시했다.

6 렘버그는 퀸틸리아누스의 교육사상이 파트리치의 저작들에서 찾아진다고 주장하고 엘리어트가 최소한 파트리치의 『군주정』은 알고 있었을 것이라고 가정한다. Lehmberg, *Sir Thomas Elyot*, p. 77 참조. 크로프트는 『가버너』의 저자가 파트리치의 『군주정』을 모델로 삼고 있다는 주장을 펼쳤다. 크로프트는 엘리어트의 책과 파트리치의 책의 내용을 비교하면서 유사한 부분을 발췌해 보여주고 있다. Thomas Elyot, *The Boke named the Gouernour*, ed. Heny Croft, 2 vols.(London, 1880), 1: 1xv, 328-332 참조. 이와 비슷한 시도가 August Lepzien, *Ist Thomas Elyot ein Vorgänger John Locke's in der Erziehungslehre?*(Leipzig: Druck von Oswald Schmidt, 1896), pp. 34-39에서 찾아진다.

틴어 번역본을 다시 영어로 중역했다.[7] 이러한 사실로부터 우리는 엘리어트가 플루타르코스의 『아동교육론』을 직접 읽었고, 엘리어트의 『가버너』에서의 교육 논의가 대부분 플루타르코스의 『아동교육론』에서의 논의를 반복하고 있는 것이었다고 추측할 수 있다.

이러한 배경을 바탕으로 나는 1차적으로 엘리어트의 『가버너』에서의 교육이론을 살펴보고, 나아가 궁극적으로 엘리어트의 교육 도식에서 찾아지는 플루타르코스의 흔적을 추적한다. 기본 가정은 엘리어트가 『가버너』에서 그의 교육이론을 전개하면서 플루타르코스의 『아동교육론』을 직접적으로 참조했고, 퀸틸리아누스의 『웅변가교육론』은 에라스무스나 파트리치와 같은 인문주의자들의 저술을 통해 간접적으로 인용했다는 것이다. 그러나 렘버그가 잘 지적했듯이 퀸틸리아누스와 플루타르코스의 교육적 사고가 서로 크게 다르지 않은 상황에서 엘리어트가 퀸틸리아누스와 플루타르코스 중에 누구의 영향을 더 많이, 더 직접적으로 받았는지를 판단하는 일은 쉽지 않다.[8] 다만 나는 엘리어트가 플루타르코스의 『아동교육론』을 스스로 번역·출판했다는 역사적 사실에 주목함으로써 플루타르코스가 엘리어트의 직접적인 자료라는 가정을 세우고 그에 입각해 엘리어트와 플루타르코스의 교육이론에서 찾아지는 상호 유사성을 논의하고자 한다.

---

7 Lehmberg, *Sir Thomas Elyot*, p. 75 참조. 엘리어트는 플루타르코스의 『아동교육론』을 번역하면서 구아리노의 라틴어 번역본 외에 1509년에 베니스에서 출판된 그리스어 원전과 주변에서 구할 수 있었던 다양한 라틴어 축약본들을 함께 사용한 것 같다. Pearl Hogrefe, *The Life and Times of Sir Thomas Elyot Englishman*(Ames: Iowa State University Press, 1967), p. 228 참조.

8 Lehmberg, *Sir Thomas Elyot*, p. 76 참조.

Ⅱ 『가버너』에서의 교육이론

엘리어트는 그의 『가버너』서문에서 "나는 이 책을 국가의 지배계급에 속한 사람들의 교육을 다룬다는 점에서 '가버너'라 부른다"고 적었다.[9] 엘리어트의 목적은 장차 국가를 책임질 유능하고 믿을만한 지배계층을 교육을 통해 길러내는 것이었다. 그러나 엘리어트가 살던 시대의 상황은 그의 목적, 즉 영국의 지배층 자녀들의 교육과 도덕적 완성에 우호적이지 못했다. 카스파리가 잘 지적했듯이 16세기 전반기의 영국사회에서 귀족계급은 주로 "투박하고 교양 없는" 지방의 젠트리 집단으로 그들은 고대의 귀족들과 달리 학식과 지혜에 부정적인 태도를 갖고 있었기 때문이다.[10] 따라서 엘리어트는 영국 귀족들의 교육을 위한 이상적인 계획을 제시하면서 먼저 그의 시대의 학문의 쇠퇴를 비판한 다음, 그것의 회복을 위한 대안적 논의를 전개했다.

1. 비판적 논의

엘리어트는 『가버너』 1권에서 튜더시대의 영국 귀족들이 그들의 자녀교육을 경시하고 있다고 비판했다. 그는 그 이유를 "부모들의 자만 pride, 탐욕avarice, 소홀함negligence"에서 찾았고, "좋은 교사의 부족fewness of good grammarians"을 또한 언급했다.[11]

우선 엘리어트는 고대인들과 비교해 보았을 때 영국의 귀족들이 배움을 천시하는 '자만'에 빠져있다고 생각했다. 존 스켈턴John Skelton이 노래

---

9 Thomas Elyot, *The Book named The Governor*, ed. Stanford Lehmberg(London: Dent, 1962), p. xiii.

10 Fritz Caspari, *Humanism and the Social Order in Tudor England*(New York: Teachers College Press, 1968), p. 150.

11 Elyot, *The Governor*, p. 40.

했듯이 "귀족으로 태어난 자들은 배움을 수치스러운 것"으로 간주해야 했는데, 배움은 단지 서기에게나 필요한 저급한 것이었기 때문이다.[12] 실제로 튜더 잉글랜드의 한 귀족은 배움이 있는 자를 멍청한 비렁뱅이로 멸시하면서 "좋은 집안에서 태어난 아이들은 멋지게 사냥을 하거나 우아하게 매를 훈련시키면서 소일해야지 공부 같은 시골뜨기 촌놈들한테나 어울리는 일을 해서는 안 된다"고 증언했다.[13] 자연스러운 결과는 장차 영국의 지배자들로 자라나야 할 아이들이 배움과 학식으로부터 멀어지는 것이었다.

> 그들[부모들]의 배움에 대한 경시가 도를 넘었기 때문에 귀족가문의 아이들은 배움을 전혀 또는 거의 경험할 수 없었다. 그들은 대부분 젊은 시절을 들짐승과 매를 사냥하는 일과 같은 옥외활동으로 허비했다. 그 밖의 여가시간에는 …… 주사위 놀이를 하거나 아니면 다른 불건전한 게임을 하면서 빈둥거렸는데, 그 안에는 도덕적 타락이 숨겨져 있었다.[14]

같은 맥락에서 엘리어트와 동시대를 살았고 그와 친분이 있었던 모어는 "나는 오늘날 부와 권세를 지닌 사람들이 다른 잡다한 일에 신경을 쓰느라 학문하는 일에 소홀함을 잘 알고 있다. 그들은 단지 하루를 사냥개와 매와 말과 함께 사냥터에서 보내면서 허비할 뿐이다"라고 말하면서 영국 귀족들의 무지와 배움에 대한 부정적인 태도를 비판했다.[15]

---

12 John Skelton, *Poetical Works*, ed. A. Dyce, *2 vols.*(London: 1843), 1: 334, quoted in J. H. Hexter, "The Education of the Aristocracy in the Renaissance," *The Journal of Modern History 22*(March 1950): 2.

13 Hexter, "The Education of the Aristocracy in the Renaissance," p. 2.

14 Elyot, *The Governor*, pp. 41-42.

15 Elizabeth Rogers, ed., *The Correspondence of Sir Thomas More*(Princeton: Princeton University Press, 1947), pp. 404-405.

다음으로 엘리어트는 튜더 잉글랜드의 귀족들이 보여주는 자녀교육에 대한 무관심이 그들의 '탐욕'과 어느 정도 관련이 있다고 생각했다. 당시 영국의 귀족들은 아이들의 교육을 그들의 영지 안에서 하는 것을 선호했다. 아직 중세의 흔적이 남아있던 16세기 전반기의 영국 사회에서 지방에 영지를 소유한 귀족들은 그들의 아이들을 '교육'이라는 이름 하에 영지 밖의 다른 세상으로 내 보내는 일이 위험하다고 판단했다. 그런데 그들이 아이들의 교육을 그들의 영지 안에서 하려는 것은 아이들의 안전 외에 다른 중요한 이유가 있었다.

> [아이들이] 집에서 또는 인근 마을에서 다른 집안의 아이들이나 친구들과 함께 교육을 받을 때 돈이 적게 든다. 교사가 학식이 뛰어난 사람인지, 아니면 무지한 사람인지에 대해서는 관심이 없다. 그들[부모들]은 가능한 적은 돈에 고용할 수 있는 교사를 찾을 뿐이다. 그들에게 교사가 훌륭한 사람인지의 여부는 중요하지 않았다.[16]

위의 인용구에서 엘리어트는 영국의 귀족들이 돈을 아끼기 위해 아이들을 "좋은, 그러나 비용이 많이 드는 학교"로 보내지 않고, 또 그들의 교육을 도덕적으로 그리고 지적으로 유능한 교사에게 맡기지 않는다는 사실을 지적했다.[17] 그런데 흥미로운 것은 자녀교육과 관련해서는 그들의 '지갑'을 여는데 인색한 귀족들이 솜씨 좋은 요리사와 매사냥꾼을 고용하는 데는 기꺼이 돈을 쓰려한다는 것이었다. 그 결과 엘리어트는 영국의 귀족들이 아이들의 교육을 능력 있는 전문가가 아닌 무지한 노예나 야만인 또는 신분이 불안정한 사람들에게 맡긴다고 주장했다. 엘리어트가 『가버너』에서 튜더 잉글랜드의 귀족들이 경제적인 이유

---

16 Elyot, *The Governor*, p. 43.
17 Lehmberg, *Sir Thomas Elyot*, p. 53.

에서 아이들의 교육을 책임질 유능한 가정교사를 고용하는 일을 꺼린 다는 사실을 지적했을 때, 그의 비판은 단지 영국의 귀족들에게만 국한 되는 것이 아니었다. 왜냐하면 국적 없는 세계인이었던 에라스무스 역 시 그의『아동교육론』에서 다른 유흥거리에는 돈을 잘 쓰면서 자식교 육에만 극도로 인색한 귀족들의 우스꽝스러운 행태를 풍자하고 있기 때문이다.

> 어느 풍자가가 말했듯이 아버지는 아들에게 돈을 가장 적게 쓴 다. 따라서 크라테스의 일기장에 적혀 있는 다음의 문구를 여기에 인용하는 것은 적절하다. "요리사에게 10므나를, 주치의에 1드라크 마를, 아첨꾼에 5탈런트를, 좋은 충고를 해주는 사람에게 고맙다는 말을, 매춘부에게 1탈런트를, 그리고 끝으로 집에 기거하는 철학자 에게 3페니를 준다." 이 엉뚱한 기술 속에 단지 한 항목이 빠져 있는데 그것은 말하자면 아들의 선생에게 1페니를 준다는 것이다.[18]

설령 귀족집안의 부모들이 자녀교육에 관심이 있다 하더라도, 그들에 게 교육은 아버지의 '지붕' 아래에서 주변에서 쉽게, 즉 값싸게 구할 수 있는 가정교사를 통해 아이들에게 라틴어를 읽고 쓰는 법을 가르치 는 일이었다. 그나마 아이들이 14살이 되면 교육은 모두 끝이 났다. 이제 아이들은 문법을 어느 정도 알고, 말을 조금 할 수 있고, 그리고 글을 띄엄띄엄 쓸 수 있다. 부모들은 이 정도의 학습에 만족했는데, 엘리어트는 그 이유를 다음과 같이 설명했다.

> 부모들은 …… 아이들이 라틴어로 적당히 말을 하고, 대충 문장 을 지어보일 수 있으면 된다고 생각했다. 그들이 영지에서 한가하 게 살아가거나 궁정에서 생활하는데 기본적인 라틴어 지식만 있으

---

18 Erasmus, *On Education for Children*, pp. 313-314.

면 충분했기 때문이다. 이러한 이유에서 그들은 모든 쓸모 있는 학습과 그들이 지금까지 배웠던 것을 연마하는 일로부터 면제되었다.[19]

물론 엘리어트는 귀족가문의 아이들이 14살이나 15살이 되었을 때 법률을 공부하기 시작한다는 사실을 잘 알고 있었다. 그러나 엘리어트와 같은 인문주의자들에게 있어서 교육은 어디까지나 고대 그리스와 로마의 언어와 문학을 공부하는 것이었다. 이러한 관점에서 엘리어트가 14살이 되면 교육이 모두 끝이 난다고 적었을 때 그는 튜더 잉글랜드 사회에서 귀족들의 교육에 대한 방만한 태도, 즉 '소홀함'을 묘사하는 동시에 고전학 공부의 가치를 제대로 이해하지 못한 채 아이들을 서둘러 법률학교에 보내는 그의 시대의 잘못된 교육적 관습을 비판하는 것이었다.

끝으로 엘리어트는 튜더 잉글랜드에 좋은 교사가 많지 않다는 사실을 지적했다. 그는 "오늘날 얼마나 많은 아이들의 훌륭하고 깨끗한 영혼이 무지한 학교교사들에 의해 짓밟히고 있는가!"라고 탄식하고 있다.[20] 여기서 학교교사는 문법교사grammarian를 지칭한다. 그러나 엘리어트에게 문법교사는 단순히 '언어'를 가르치는 교사가 아니었다. 오히려 엘리어트는 퀸틸리아누스의 권위에 의존해 문법교사를 고대 그리스와 로마의 문학을 비롯해 역사, 수사, 음악, 철학 등을 함께 가르치는 교사로 보았다.[21] 그렇다면 엘리어트가 아이들의 교육을 책임질 유능한 교사가

---

19 Elyot, *The Governor*, p. 44.
20 *Ibid.*, p. 57.
21 Quintilian, *Institutio Oratoria*, trans. H. E. Butler, *4 vols.*(Cambridge: Harvard University Press, 1996), 1: 47, 63, 65 참조. 여기서 퀸틸리아누스는 문법교사의 일을 자세하게 설명하고 있다.

부족하다고 했을 때 이것은 문법, 회화, 작문 등을 가르치는 교사가 부족하다는 것이 아닌 다양한 학문적 지식을 갖춘 교양 있는 교사가 부족하다는 것을 의미했다.

2. 대안적 논의

엘리어트는 튜더사회에서 학습의 타락을 가져온 원인들을 밝힌 후, 그것들과 반대로 행동하면 교육이 좋은 방향으로 변화될 수 있다고 주장했다. 이러한 동의반복적인 처방에 따르면 엘리어트가 『가버너』에서 제안하는 교육적 대안은 다음의 세 가지 명제로 정리될 수 있다.

첫째, 영국의 귀족들은 학식을 서기에게나 필요한 저급한 것으로 간주하는 '자만'에서 벗어나야 한다. 엘리어트는 헨리1세Henry I 도 지혜로운 '서기clerk'로 공공연히 불렸다는 역사적 선례를 들면서, 또 고대 로마의 안토니누스Antoninus 황제가 철학자로 불렸다는 사실을 언급하면서 영국의 귀족들이 배움을 통해 지식과 지혜를 연마하는 것이 결코 책망받을 일이 아님을 강조했다. 오히려 엘리어트는 학식과 덕망이 높았던 고대의 여러 위인들의 이름을 열거하면서 학습이 영예로운 일임을 주장했다.

> 누가 테베의 용장 에파미논다스Epaminondas의 학식과 철인으로서의 자질을 비난할 것인가? 누가 율리우스 카이사르Julius Caesar의 웅변술이 키케로Cicero 다음으로 가장 훌륭했다는 사실을 비난할 것인가? 누가 하드리아누스Hadrianus 황제의 광범위한 그리스어, 라틴어, 자유학예에 관한 지식과 그가 지식 세계의 중심지였던 아테네에서 다른 권위 있는 철학자들과 수사학자들과 벌인 장시간의 성공적인 논쟁을 비난할 것인가? …… 누가 게르마니쿠스Germanicus의 학식이 동시대의 다른 시인들의 학식과 견주어 손색이 없었다는 점을 비난할 것인가? …… 끝으로 우리는 뛰어난 학식이 귀족들에

게 칭송 받을 일이지 결코 비난 받을 일이 아니라는 사실을 알렉산
더 세베루스Severus Alexander, 타키투스Tacitus, 프로부스 아우렐리우스
Probus Aurelius, 콘스탄티누스Constantinus, 테오도시우스Theodosius, 그
리고 카롤루스Carolus Magnus의 삶을 통해 잘 알 수 있다.[22]

위의 인용구에서 엘리어트는 영국의 귀족들이 고대인들의 예를 따라
배움을 칭송하고 자녀교육에 관심을 가질 것을 주장했다. 그러면서 그
는 귀족가문의 아이들이 그들의 몸을 잘 움직이고 쾌락을 느끼는 데
만족하지 말고, 그들의 마음을 또한 인간답게 만들기 위해 노력해야
한다고 주장했다. 여기서 엘리어트의 목적은 영국의 지배계급에 속한
아이들이 그들의 기지를 부지런히 단련해, 철학자 디오게네스Diogenes가
재치 있게 표현하고 있듯이 "극장 관중석에 나란히 놓여있는 돌멩이들"
처럼 살아가지 않는 것이었다.[23]

둘째, 영국의 귀족들은 자녀교육에 있어서 돈을 아끼려는 '탐욕'에서
벗어나야 한다. 엘리어트는 아킬레우스Achileus의 교육을 피닉스Phenix에게
맡긴 펠레우스Peleus나 알렉산더Alexander the Great의 교육을 아리스토텔레
스Aristoteles에게 맡긴 필리포스Philippos의 경우처럼 영국의 귀족들이 아이
들의 교육을 책임질 훌륭한 교사를 찾기 위해 비용과 수고를 아껴서는
안 된다고 주장했다. 아이들의 선천적인 능력, 성향, 기질 등은 후천적인
학습을 통해 완성되어야 하며, 좋은 교육을 위해서는 "지혜롭고 영리한
정원사"에 비유되는 교사가 있어야만 하기 때문이다.[24]

엘리어트는 좋은 교사의 조건으로 우선 도덕적 자질을 꼽았다. 모방

---

22 Elyot, *The Governor*, p. 42.

23 Erasmus, *On Education for Children*, p. 304; Elyot, *The Governor*, p. 43 참조.

24 Elyot, *The Governor*, p. 15. 엘리어트는 좋고 값비싼 식물을 재배하는 방식을
   귀족가문의 아이를 교육하는 방법과 동일시했다.

력과 수용력이 강한 유년기의 아이들에게 잘못된 관습과 범례는 그들의 도덕적 타락으로 이어지기 쉽기 때문이다. 이런 관점에서 엘리어트는 아이들의 교육을 책임질 교사는 학식과 도덕성을 겸비해야 한다고 주장했다. 엘리어트가 제안하는 좋은 교사의 다른 하나의 조건은 가르치는 방법과 관련되었다. 그의 주장에 따르면 지혜로운 교사는 먼저 그의 학생의 본성을 잘 파악해야 한다. 교사가 그의 학생의 성향, 적성, 능력 등을 고려했을 때 교육은 성공적일 가능성이 높기 때문이다. 다음으로 신중한 교사는 학습과 놀이의 조화를 추구해야 한다. 그는 계속되는 학습으로 지친 그의 학생의 영혼에 음악, 회화, 조각 등의 여가활동을 통해 휴식을 제공해야 한다. 한편 유능한 교사는 칭찬, 격려, 유인과 같은 온화한 교육방법을 사용해야 한다. 엘리어트는 당시 성행하던 "무의미한 학습과 보복적인 처벌"에 반대했고, 나아가 귀족가문의 아이들을 폭력적이고 강압적인 방법으로 교육하는 일이 부적절하고, 또 불필요한 일이라는 퀸틸리아누스의 충고를 받아들였다.[25]

마지막으로 셋째, 영국의 귀족들은 자녀교육에 대한 느슨한 태도, 즉 '소홀함'에서 벗어나야 한다. 엘리어트는 주위의 관행에 맞서 아이들의 교육을 14살 이후에도 계속 진행해야 한다고 생각했다. 렘버그가 잘 표현하고 있는 것처럼 아이들의 교육이 부모들의 무지나 무관심 때문에 중간에 종료된다면 그들이 받았던 유년기의 좋은 교육은 모두 쓸모없는 것이 되기 때문이다.[26] 따라서 엘리어트는 "귀족가문의 아이

---

25 James Bowen, *A History of Western Education*, 3 vols.(London: Methuen, 1975), 2: 400. 퀸틸리아누스는 다음의 몇 가지 이유에서 매질을 반대했다. 첫째, 매질은 노예들에게나 어울리는 명예롭지 못한 방법이다. 둘째, 매질은 잘못을 교정하기보다는 고착시킬 가능성이 높다. 셋째, 유능한 교사는 매질을 필요로 하지 않는다. 넷째, 매질은 항구적인 처방이 될 수 없다. 마지막으로 매질은 고통이나 두려움을 각인시킨다. Quintilian, *Institutio Oratoria*, 1: 59-61 참조.

들이 21살이 될 때까지 자유학예를 지속적으로 공부해야 한다"고 주장했다.[27] 그러면서 그는 아이들이 14살이 되면 논리, 수사, 역사, 지리 등을 학습하고 17살부터는 아리스토텔레스, 키케로, 플라톤 등의 도덕 철학을 읽어야 한다고 제언했다. 엘리어트는 인문주의자로서 그에게 고대 그리스와 로마의 저작들은 지혜와 학식의 원천이었기 때문이다. 이러한 이유에서 엘리어트는 귀족집안의 아이들이 그리스어와 라틴어 지식을 심화시키고 고대의 저술들을 부지런히 읽어야 한다고 충고했고, 이를 위해 그들이 과식, 폭주, 늦잠 등을 피해야 한다고 고대인들의 입을 빌려 주장했다.

> 그들[아이들]은 고기와 술을 게걸스럽게 먹어서는 안 된다. 잠을 너무 많이 자서도 안 된다. 잠은 8시간 정도 자면 적당하다. 늦잠은 학습에 큰 장애가 될 뿐만 아니라, 몸과 정신을 건강하게 유지하는 데 방해가 된다. 아울루스 겔리우스Aulus Gellius의 지적대로 아이들이 고기를 탐식하고 잠을 너무 많이 잤을 때 그들은 학습능력이 저하되고, 게으름이 찾아오고, 기지에 녹이 슬어 제대로 성장하기 힘들기 때문이다. 갈렌Gallen은 아이들이 술을 마셔서는 안 된다고 주장했다. 술은 아이들의 몸에 해를 입히고 정신을 몽롱하게 만들기 때문이다.[28]

한편 엘리어트는 아이들이 14살이 되었을 때 그들의 신체를 단련하는 일을 소홀히 해서는 안 된다고 주장했다. 엘리어트는 우선 아이들의 여가활동과 건강을 위해 신체운동을 강조했다. 아이들은 몸을 움직임으로써 마음에 휴식을 제공하고, 적당한 운동을 통해 건강을 유지할 수

26 Lehmberg, *Sir Thomas Elyot*, p. 53 참조.
27 Hogrefe, *Life and Times of Thomas Elyot*, p. 149.
28 Elyot, *The Governor*, p. 40.

있기 때문이다. 그러나 여기에는 다른 중요한 이유가 있었다. 바커의
주장대로 튜더 잉글랜드의 귀족들은 여전히 "중세적 의미에서 기사들"
이었고, 따라서 그들은 어느 정도 전쟁수행 능력을 겸비하고 있어야
했기 때문이다.[29] 이런 맥락에서 엘리어트는 "전쟁이나 그 밖의 다른
상황에서 경험하는 육체적 고난들을 잘 이겨낼 수 있는" 신체운동들에
관해 기술하면서 레슬링, 달리기, 수영, 무기술, 승마, 궁술, 사냥 등
아이들의 몸을 강인하게 만들어 주면서 동시에 그들의 전쟁수행 능력을
향상시켜 주는 운동들을 강조했다.[30]

Ⅲ 플루타르코스의 흔적

엘리어트는 플루타르코스의 『아동교육론』을 그의 누이인 마저리 푸
튼햄Margery Puttenham에게 헌정하기 위해 번역·출간하면서 이 책의 서문
에서 그 자신이 아이가 없음을 암시하고, 그의 누이에게 플루타르코스
의 충고를 명심하면서 어린 조카를 덕과 학식을 겸비한 훌륭한 지배계
급의 아이로 교육시킬 것을 당부했다.[31] 그런데 엘리어트는 『가버너』에
서 교육의 문제를 논하면서 플루타르코스의 『아동교육론』을 많이 참고
한 것 같다. 플루타르코스와 마찬가지로 엘리어트는 본성의 차이를 인

---

29 Ernest Barker, *Traditions of Civility*(Cambridge: Cambridge University Press, 1948), p. 132.

30 Elyot, *The Governor*, p. 60.

31 엘리어트는 모어의 학생이었던 마가레트 배로Margaret Barrow와 결혼했다. 아이가 없었던 엘리어트는 플루타르코스의 『아동교육론』을 번역·출판하면서 그의 실천적 관심을 조카들의 교육에 두었다. S. J. Curtis and M. E. A. Boultwood, *A Short History of Educational Ideas*(London: University Tutorial Press, 1963), p. 142; Lehmberg, *Sir Thomas Elyot*, p. 127; Hogrefe, *Life and Times of Thomas Elyot*, pp. 227-230 참조.

정하는 가운데 교육의 이점을 강조했고, 아이들의 교육을 책임질 교사를 선정하는 데 무관심한 귀족 부모들의 행태를 비판했기 때문이다. 또한 엘리어트는 고전의 도덕적 가치와 아이들의 신체훈련 그리고 인간적인 훈육을 주장했는데, 이것은 플루타르코스의 『아동교육론』의 내용을 반복하는 것으로 볼 수 있기 때문이다. 그러므로 이하에서는 교육에 관한 엘리어트와 플루타르코스의 생각을 비교·검토하면서 그들의 교육적 사고에서 찾아지는 유사성을 살펴보고자 한다.

1. 본성 대 양육

비록 엘리어트는 인간의 타고난 본성을 부정하지 않았지만, 그의 중심적인 논지는 어디까지나 인간이 학습, 즉 교육을 통해 비로소 참된 의미에서 인간이 된다는 것이었다. 따라서 엘리어트는 인간의 선천적인 기질이나 성격이 고정불변의 요소라고 생각하지 않았고, 교육의 도움 없이 인간의 도덕적 완성을 주장하는 것은 잘못이라고 생각했다. 오히려 엘리어트는 인간의 타고난 본성이 후천적인 학습을 통해 변화될 수 있다고 보았다. 이런 맥락에서 앞서 언급했듯이 엘리어트는 혈통 좋은 집안의 아이들이 무지와 배움에 대한 부정적인 태도에서 벗어나 그들의 타고난 성향이나 기질을 학습을 통해 적극적으로 개선시켜 나가야 한다고 주장했다.

그런데 인간의 본성이 교육에 의해 완성된다는 엘리어트의 주장은 플루타르코스의 『아동교육론』에서의 논의를 생각나게 한다. 플루타르코스는 인간 본래의 특성을 후속적인 학습이나 연습 또는 훈련을 통해 보완해야 한다고 주장하면서 혈통, 부, 명예, 아름다움, 건강, 권력의 유한함과 덧없음을 지적하고 이 세상에서 단지 배움만이 영원하고 가치가 있음을 말하고 있기 때문이다. 따라서 플루타르코스는 "모든 일의 처음에도, 중간에도, 마지막에도 좋은 교육이나 적합한 훈련"이 있어야 하며 "이것[교육 또는 훈련]이 도덕적 우수함과 행복을 향해 나아가는 데 도움이 된다"고 적었다.[32] 특히 플루타르코스는 리쿠르구스Lycurgus의 두 마리 개에 대한 이야기를 통해 인간의 본성이 후천적인 학습에 의해 좋은 방향으로 변화될 수 있다는 사실을 강조했다.

> 스파르타의 법률 제정가인 리쿠르구스는 한 어미에서 태어난 두 마리의 강아지를 데려와 그들을 서로 다른 방식으로 길렀다. 그 결과 한 마리는 해롭고 탐욕스러운 개가 되었고, 다른 한 마리는 냄새를 잘 맡는 좋은 개가 되었다. 어느 날 리쿠르구스는 동료 시민들을 한데 모아놓고 "스파르타 시민들이여, 나는 지금 여러분들에게 인간의 삶에 있어서 훈련, 학습, 지도가 얼마나 중요한지를 증명해 보이겠소"라고 말했다. 그는 시민들이 지켜보는 앞에서 위의 두 마리의 개를 풀어 놓고 그들 앞에 먹이가 담겨 있는 접시와 사냥을 위한 산토끼를 함께 내려놓았다. 그러자 한 마리는 사냥감을 향해 달려가고, 다른 한 마리는 접시에 코를 박기 바빴다. 이 광경을 지켜보던 스파르타의 시민들이 어리둥절해 하자, 리쿠르구스는 "이 두 마리의 개는 같은 어미에서 나왔으나 서로 다르게 양육되었고, 따라서 한 마리는 먹이를 탐하는 개가, 또 다른 한 마리는 훌륭한 사냥개가 되었다"고 말했다.[33]

그렇다면 엘리어트가 『가버너』에서 "인간의 타고난 성향이 학습과 모방에 의해 더 좋은 방향으로 나아갈 수 있다"라고 주장했을 때 그는 양육[교육]을 본성보다 중시하는 플루타르코스의 『아동교육론』에서의 견해를 반복하고 있는 것이었고, 위의 리쿠르구스의 일화를 염두에 두면서 다른 잡다한 일에 신경 쓰느라 학문하는 일에 소홀한 그의 시대의

---

32 Plutarch, "The Education of Children," in *Moralia*, trans. F. C. Babbitt(Cambridge: Harvard University Press, 2000), 1: 25.

33 *Ibid*., p. 13.

부와 권세를 지닌 사람들의 행태를 풍자하고 있는 것이었다.[34]

2. 교사선정의 문제

엘리어트는 튜더 잉글랜드의 귀족들이 집안의 다른 모든 일들은 믿을만하고 전문성이 있는 사람들에게 맡기면서 정작 아이들의 교육은 인격도 학식도 없는 잡부에게 맡기는 어리석은 실수를 범하고 있다고 주장했다. 그런데 이와 비슷한 주장이 플루타르코스의 『아동교육론』에서 찾아진다. 플루타르코스는 귀족들의 교육에 대한 무관심을 풍자하고 부모들의 교육적 책임을 환기시키면서 다음과 같이 말하고 있기 때문이다.

> 오늘날 사람들의 일상적인 행태는 우스꽝스럽다. 그들은 가장 믿을만한 노예들에게 농장의 관리를 맡긴다. 또 다른 노예들을 선별해 배의 선장, 공장의 지배인, 아니면 집사나 회계사의 일을 맡긴다. 이와는 반대로 그들은 술꾼에 탐식가이며 아무 일에도 쓸모가 없는 노예를 불러와 그에게 아들의 교육을 맡긴다.[35]

또한 엘리어트는 '두 명의 노예를 살 수 있는 돈으로 한 명의 가정교사를 고용해야 하는가?'라고 묻고, 그렇게 해야만 하는 이유를 "잘 교육받은 한 명의 아들이 백 명의 요리사와 사냥꾼보다 그[부모]에게 더 큰 안락함과 영예를 제공"하기 때문이라고 설명했다.[36] 그런데 이 질문

---

34 Elyot, *The Governor*, p. 28. 동일한 이야기가 에라스무스의 『아동교육론』에 실려 있다. Erasmus, *On Education for Children*, p. 301 참조. 엘리어트와 에라스무스의 친분을 고려했을 때 우리는 엘리어트가 직접적으로 플루타르코스를 통해, 그리고 간접적으로 에라스무스를 통해 리쿠르구스의 두 마리 개에 대한 일화를 알게 되었다고 추측할 수 있다.

35 Plutarch, *The Education of Children*, pp. 17-19.

은 원래 플루타르코스의 『아동교육론』 속에 실려 있는 철학자 아리스티 푸스Aristippus의 일화에 바탕을 두는 것이었다.

> 한 남자가 다가와 얼마를 주면 그의 아이를 가르쳐줄 수 있는지를 물었다. 아리스티푸스는 "1000드라크마"라고 말했다. 그러자 그 남자는 "맙소사! 얼마라고, 1000드라크마가 있다면 노예도 한 명 살 수 있소"라고 외쳤다. 이에 아리스티푸스는 "같은 돈으로 당신은 두 명의 충성스러운 노예를 살 수 있지요, 당신의 아들과 당신이 구입한 나를 말이오"라고 재치 있게 대답했다.[37]

엘리어트는 영국의 귀족들이 경제적인 이유에서 아이들의 교육을 책임질 유능한 가정교사를 고용하기를 망설이는 것도 문제지만, 그에 못지않게 무능한 교사들이 아이들에게 배움에 관한 나쁜 인상을 심어주는 것도 잘못이라고 생각했다. 그러므로 엘리어트는 "가장 좋은 것은 [아이들이] 처음부터 훌륭한 교사의 가르침을 받는 것"이라고 말하고 그 이유를 퀸틸리아누스의 권위에 의존해 "한번 마음속에 들어온 것은 다시 밖으로 빼내기가 어렵기 때문"이라고 설명했다.[38] 이러한 관점에서 엘리어트는 교사가 "부드럽고, 신중하고, 친밀한 성품을 가진, 그래서 아이들이 모방을 통해 훌륭하게 될 수 있는 사람"이어야 한다고 주장했다.[39]

그런데 유년기의 잘못된 관습과 범례에 의한 지적·도덕적 타락은 플루타르코스가 그의 『아동교육론』에서 경고하고 있는 것이기도 했다. 플루타르코스는 아이의 교육을 "도덕적으로 깨끗하고, 행실이 바르며,

---

36 Elyot, *The Governor*, p. 44.

37 Plutarch, *The Education of Children*, p. 21.

38 Elyot, *The Governor*, p. 58; Quintilian, *Institutio Oratoria*, 1: 21 참조.

39 Elyot, *The Governor*, p. 19.

경험적으로 검증된 최상의 사람"에게 맡겨야 한다고 주장하면서 모방력과 수용력이 강한 유년기에 "아킬레우스의 교사였던 피닉스와 같은 본성을 지닌 사람"의 가르침을 받는 일이 중요함을 강조했기 때문이다.[40] 보웬의 설명에 따르면 플루타르코스의 이러한 견해는 "지혜와 인격이 훈련과 학습에서 비롯된다는 고대 그리스의 이상"에 바탕을 두는 것으로서 부모들이 "도덕적인 성품과 전문적인 능력을 겸비하고 아동기의 특성과 아이들의 학습과정을 공감하고 이해할 수 있는 교사"를 찾기 위해 관심을 갖고 노력을 해야만 한다는 것을 의미했다.[41]

3. 교육과정과 방법

엘리어트는 귀족계급의 아이들이 교육을 가능한 빨리 시작하고, 또 가능한 좋은 교사의 가르침을 받아야 한다고 충고하면서 그들의 지적훈련을 위한 교육과정을 제안했다. 엘리어트는 아이들이 13살 때까지 경험해야 할 학습의 순서와 내용을 자세히 기술하고 있지만, 그의 주된 관심은 14살 이후에 아이들이 받아야 할 학습의 범위를 밝히는 것이었다. 주지하다시피 엘리어트는 귀족가문의 아이들이 14살이 되면 교육을 마치거나, 아니면 법률학교에 진학해 직업훈련을 받는 그의 시대의 관습에 비판적이었다. 오히려 엘리어트는 아이들이 14살이 되었을 때 고전학을 본격적으로 공부하기 시작해야 한다고 생각했다. 특히 엘리어트는 아이들이 17살이 되었을 때 렘버그가 "엘리어트의 학문의 집의 갓돌"로 간주한 고대의 도덕철학moral philosophy을 공부해야 했다.[42] 지배계급의 아이들은 플라톤, 아리스토텔레스, 키케로의 도덕적 가르침을

---

40 Plutarch, *The Education of Children*, p. 19.

41 Bowen, *A History of Western Education*, 1: 164.

42 Lehmberg, *Sir Thomas Elyot*, p. 61.

통해 "그들의 기개를 이성으로 조절"할 수 있는 능력을 길러야 하기 때문이다.[43]

한편 플루타르코스는 그의『아동교육론』에서 유년기의 교육과 교사 선택의 중요성을 강조한 후 고전교육의 가치를 주장했다. 이때 플루타르코스는 "고대의 문헌"을 "농부의 연장"에 비유하면서 교육의 주요 수단으로 강조했다.[44] 물론 플루타르코스는 엘리어트와 달리 아이들이 연령별로 읽어야 할 구체적인 독서목록은 제시하지 않았다. 하지만 자유민의 아이들이 지식의 원천인 고전학을 공부해야 한다는 플루타르코스의 충고는 지배층의 아이들이 고대 그리스와 로마의 저술들을 부지런히 읽어야 한다는 엘리어트의 충고와 맥을 같이 한다고 볼 수 있다. 특히 귀족계급의 아이들이 철학을 공부함으로써 "영혼의 가장 중요한 부분인 오성"을 도야하고 도덕적 완성에 도달할 수 있다는 엘리어트의 주장은 철학을 다른 모든 교과보다 중요시한 플루타르코스의『아동교육론』에서의 기술을 떠오르게 한다.[45] 플루타르코스 역시 자유민의 아이들이 철학을 반드시 학습할 필요가 있음을 강조하면서 다음과 같이 말하고 있기 때문이다.

> 철학을 통해 명예로운 것과 부끄러운 것, 정의로운 것과 정의롭지 못한 것, 해야만 하는 것과 해서는 안 되는 것에 관한 지식에 도달할 수 있다. 또한 인간이 신, 부모, 연장자, 법, 이방인, 권력자, 친구, 여성, 아이들, 하인들과 어떻게 관계를 맺고 살아가야 하는지를 알게 된다. …… 인간은 마땅히 신을 숭배하고, 부모를 공경하고, 연장자를 존경하고, 법을 준수하고, 여성을 아끼고, 아이들을 사랑

---

43 Elyot, *The Governor*, p. 39.
44 Plutarch, *The Education of Children*, p. 37.
45 Hogrefe, *Life and Times of Thomas Elyot*, p 145.

하고, 노예를 학대해서는 안 된다. 가장 중요한 것은 성공에 너무 기뻐하지 말고, 불행에 너무 낙심하지 않는 것이다. 그리고 쾌락을 지나치게 탐하거나 거친 성품을 갖지 않는 것이다. 이 모든 것은 철학을 공부함으로써 얻을 수 있다. 왜냐하면 [철학은] 성공에 자만하지 않는 마음, 시샘하지 않는 절제된 본성, 쾌락을 통제하는 이성을 보여줌으로써 인간을 지혜로움으로 안내하기 때문이다.[46]

엘리어트의 교육과정을 구성하는 다른 하나의 축은 아이들의 신체훈련이다. 엘리어트가 제안하는 레슬링, 달리기, 수영, 무기술, 승마, 궁술, 사냥 등은 이중적인 목적이 있었다. 하나는 아이들의 여가활동이나 건강을 위한 것이었고, 다른 하나는 전쟁에 대비해 아이들에게 군사훈련을 시키는 것이었다.[47] 특히 엘리어트는 신체훈련의 군사적 목적에 주목했다. 빈도프가 잘 지적했듯이 16세기 전반기의 영국에서 지방에 영지를 소유한 군소 귀족들은 그들과 계약관계에 있던 왕의 안위와 국가의 안보를 위해 군사적 의무를 수행해야 했기 때문이다.[48]

그렇다면 플루타르코스는 어떠한가? 플루타르코스 역시 그의 『아동교육론』에서 자유민의 아이들이 몸과 마음을 함께 단련해야 한다고 전제하고, 그들이 학습에 방해가 되지 않을 정도의 운동을 통해 그들의 몸을 품위 있고 건강하게 만들어야 한다고 주장했다. 그러나 플루타르코스의 주된 목적은 엘리어트의 경우와 마찬가지로 신체운동을 통해 아이들에게 전쟁수행 능력을 길러주는 것이었다. 이를 위해 플루타르코스는 "아이들이 창을 던지고, 활을 쏘고, 사냥을 하는 방법을 훈련해야

---

46 Plutarch, *The Education of Children*, pp. 35-37.
47 김성훈, 「토마스 엘리어트, 튜더 잉글랜드의 교육 이론가」, 48-49쪽 참조.
48 Stanley Bindoff, *Tudor England*(Harmondsworth: Penguin Books, 1951), pp. 52-56 참조.

한다"고 말하고 아이들이 다양한 무기를 사용할 수 있는 것이 좋고 유용한 일임을 강조했다.[49] 그렇다면 여러 가지 신체활동을 통해 전쟁 터에서 요구되는 능력을 훈련해야 한다는 주장은 엘리어트의 교육적 사고에서 찾아지는 플루타르코스의 또 다른 흔적이다.

다음으로 엘리어트와 플루타르코스는 물리적인 강제가 아닌 심리적 인 보상에 따르는 교육을 강조하면서 한 목소리를 냈다. 먼저 엘리어트 는 아이들을 "부끄러움"과 "칭찬"을 통해 교육할 것을 주장한 다음, 유능한 교사는 부끄러움이라는 재갈을 이용해 아이들의 행동을 통제하 고 칭찬을 받으려는 욕구로부터 아이들을 학습과 덕으로 인도할 수 있어야 한다고 설명했다.[50] 이와 유사하게 플루타르코스는 귀족집안의 아이들을 매질과 같은 폭력적인 방법이 아닌 격려와 이성과 같은 온화 한 방법을 통해 교육시킬 것을 주장했다. 여기서 플루타르코스는 엘리 어트와 마찬가지로 "칭찬"과 "책망"이라는 심리적인 방법을 사용하려 했는데 "칭찬은 아이들에게 명예로움을 향해 나아가도록 하고, 책망은 그들에게 명예롭지 못함에서 멀어지도록 하기 때문이다.[51]

교육방법과 관련된 다른 하나의 유사점은 엘리어트와 플루타르코스 가 교육을 점진적으로 행하면서 학습과 놀이의 조화를 추구했다는 것이 다. 엘리어트는 우선 교사가 계속되는 학습으로 아이의 영혼을 지치게 해서는 안 된다고 말하고 그의 영혼에 음악, 회화, 조각, 운동 등의 여가 활동을 통해 절제된 휴식을 제공해야 한다고 주장했다.[52] 같은 맥락에 서 플루타르코스는 농부가 물을 적당히 주면서 식물을 재배하는 것과

---

49 Plutarch, *The Education of Children*, p. 39; Lehmberg, *Sir Thomas Elyot*, p. 64 참조.
50 Elyot, *The Governor*, p. 27.
51 Plutarch, *The Education of Children*, p. 41.
52 Elyot, *The Governor*, p. 20 참조.

마찬가지로 교사도 학습의 양을 적절하게 조절하면서 아이의 마음을 성장시켜 나가야 한다고 주장했다. 신중한 교사라면 아이에게 쉼 없이 공부를 강요하는 대신 주기적으로 휴식을 제공해 그의 기지를 재충전해 주어야 하기 때문이다. 다음은 플루타르코스의 말이다.

> 아이들은 계속되는 일로부터 벗어나 숨을 쉴 수 있는 공간을 가져야 한다. 우리의 삶은 휴식과 일로 이루어져 있기 때문이다. 이러한 이유에서 깨어 있는 시간이 있으면 잠을 자는 시간이 있고, 전쟁이 있으면 평화가 있으며, 폭풍이 있으면 고요함이 있다. 또한 열심히 일을 하는 때가 있으면 휴가를 떠나는 때도 있다. 간단히 말해 휴식은 일에 생기를 불어넣는다.[53]

Ⅳ 나가며

엘리어트의 『가버너』를 읽다보면 흥미로운 사실을 하나 발견하게 된다. 엘리어트가 그의 교육이론을 본격적으로 전개하는 『가버너』 1권 4장에서 27장까지 플루타르코스의 이름이 한 번도 찾아지지 않는다는 것이다. 이와는 대조적으로 엘리어트는 퀸틸리아누스를 교육의 권위자로 여러 번 묘사했고, 또 그와 동시대를 살며 친분이 있었던 에라스무스의 유명성에 몇 번 의존하기도 했다.[54] 이것이 의미하는 바는 무엇일까?

앞에서 살펴본 것처럼 엘리어트의 교육적 사고는 플루타르코스의 교육적 사고와 여러 중요한 점에서 일치하며, 엘리어트가 플루타르코스의 『아동교육론』을 번역·출판한 것은 역사적 사실이다. 이러한 상황에

---

53 Plutarch, *The Education of Children*, p. 43.
54 퀸틸리아누스와 관련해 앞의 주석 21과 25를 참조. 에라스무스의 이름을 언급한 예는 Elyot, *The Governor*, pp. 34, 39에서 찾아진다.

서 엘리어트가 『가버너』에서 교육의 문제를 논하면서 플루타르코스의
이름을 단 한 차례도 언급하지 않았다는 것은 아이러니가 아닐 수 없다.
그러나 반대로 생각하면 엘리어트가 그의 자료로서 플루타르코스의
『아동교육론』을 당연시했고, 이러한 이유에서 그는 플루타르코스의 이
름을 공개적으로 밝힐 필요가 없었을 수도 있다. 다른 하나의 가능성은
플루타르코스가 『아동교육론』의 원저자가 아니라는 주장으로부터 유
추할 수 있다.[55] 엘리어트는 이미 고대로부터 제기되어 왔던 플루타르
코스의 『아동교육론』을 둘러싼 의사疑似논쟁을 숙지하고 있었고 저자가
불명확한 상황에서 플루타르코스의 이름을 구체적으로 거론하는 일을
꺼렸을 수도 있다. 분명한 것은 엘리어트는 플루타르코스의 『아동교육
론』의 내용을 잘 알고 있었고, 결과적으로 엘리어트가 『가버너』에서
교육에 관해 기술하면서 플루타르코스의 교육계획을 의식적이든, 무의
식적이든 많이 반영했다는 것이다.

　일단 엘리어트의 교육이론에서 플루타르코스의 흔적이 확인되면, 다
음으로 왜 이런 종류의 논의가 필요한지를 생각해 보아야 한다. 다시
말해 엘리어트와 플루타르코스의 교육적 만남이 갖는 역사적 의의가
무엇이냐는 것이다. 이 질문에 답하기 위해 우리는 '고대문학의 부활'을
의미하는 인문주의의 개념에 주목해야 한다. 엘리어트가 튜더시대의
지배층을 위한 이상적인 교육 시스템을 논하면서 고대에 가장 영향력
있던 교육관련 문헌의 하나인 플루타르코스의 『아동교육론』을 '다시re'
발견해 재구성한 일은 교육적 관점에서 르네상스, 즉 고대문학의 부활
이 있었음을 명확하게 알리는 것이었기 때문이다.

---

55 "플루타르코스의 작품 모음집 맨 앞에 실려 있는 글은 플루타르코스가 저술하지
　않았다는 것이 일반적인 견해이다. 이 글의 진위성에 대한 논쟁은 여기에 소개하기
　에 너무 길다. 관심 있는 사람들은 비텐바흐의 판 6권 29-64쪽을 참조하라."
　Plutarch, *The Education of Children*, p. 3.

특히 인문주의의 정신이 고양되고 있었던 16세기 전반기의 영국사회에서 엘리어트는 플루타르코스의 『아동교육론』을 영어로 번역하고, 또 이 책의 내용을 『가버너』에서 영어로 재진술함으로써 그 자신이 영국의 인문주의 교육이론가였음을 입증했다고 볼 수 있다.[56] 그러나 16세기 영국사회에서 엘리어트의 인문주의 교육이론가로서의 역할과 위상에 대한 구체적 논의는 이 글의 범위를 벗어나며 이러한 작업은 그의 계승자들인 로저 아스캄Roger Ascham과 리처드 멀캐스터Richard Mulcaster의 교육이론을 함께 검토했을 때 더욱 분명히 드러날 수 있을 것이다.[57] 따라서 엘리어트로부터 시작해 아스캄을 거쳐 멀캐스터로 이어지는 16세기 영국 교육학의 계보를 추적하고 엘리어트가 튜더 잉글랜드 사회에 인문주의 교육사상을 전파하는 역사적 과정을 탐색하는 일은 다음의 과제로 넘긴다.

---

56 엘리어트의 『가버너』는 영어로 쓰인 교육에 관한 최초의 책이다. 엄밀한 의미에서 '영국' 교육사상사는 엘리어트로부터 시작되었다고 볼 수 있다.

57 로저 아스캄의 『스콜마스터The Schoolmaster』(1570)와 리처드 멀캐스터의 『포지션스 Positions』(1581)에 관한 연구를 말한다.

참고문헌

김성훈, 「토마스 엘리어트, 튜더 잉글랜드의 교육 이론가: 에라스무스 식 인문주의 교육관을 넘어서」, 『영국연구』 13(2005).

Barker, Ernest, *Traditions of Civility*(Cambridge: Cambridge University Press, 1948).

Bindoff, Stanley, *Tudor England*(Harmondsworth: Penguin Books, 1951).

Bowen, James, *A History of Western Education, 3 volumes*(London: Methuen, 1975).

Caspari, Fritz, *Humanism and the Social Order in Tudor England*(New York: Teachers College Press, 1968).

Curtis, S. J. and M. E. A. Boultwood, *A Short History of Educational Ideas* (London: University Tutorial Press, 1963).

Elyot, Thomas, *The Book named The Governor*, ed. Stanford Lehmberg(London: Dent, 1962).

Elyot, Thomas,, *The Boke named the Gouernour, 2 volumes*, ed. Heny Croft (London, 1880).

Erasmus, Desiderius, A Declamation on the Subject of Early Liberal Education for Children, trans. Beert C. Verstraete in J. K. Sowards, ed., *Collected Works of Erasmus, Volume 26*(pp. 295-346)(Toronto: University of Toronto Press, 1974).

Hexter, J. H., "The Education of the Aristocracy in the Renaissance," *The Journal of Modern History 22*(March 1950).

Hogrefe, Pearl, *The Life and Times of Sir Thomas Elyot Englishman*(Ames: Iowa State University Press, 1967).

Lehmberg, Stanford, *Sir Thomas Elyot Tudor Humanist*(Austin: University of Texas Press, 1960).

Lepzien, August, *Ist Thomas Elyot ein Vorgänger John Locke's in der Erziehungslehre?*(Leipzig: Druck von Oswald Schmidt, 1896).

Pfeiffer, Rudolf, *History of Classical Scholarship from 1300 to 1850*(Oxford: Clarendon Press, 1999).

Plutarch, "The Education of Children," in *Moralia*, trans. F. C. Babbitt (Cambridge: Harvard University Press, 2000).

Quintilian, *Institutio Oratoria, 4 volumes*, trans. H. E. Butler(Cambridge: Harvard University Press, 1996).

Rogers, Elizabeth, ed., *The Correspondence of Sir Thomas More*(Princeton: Princeton University Press, 1947).

Rusk, Robert, *The Doctrines of the Great Educator*(London: Macmillan, 1954).

Skelton, John, *Poetical Works, 2 volumes*, ed. A. Dyce(London: 1843).

Chapter

XII

플루타르코스(?)의 재발견

"에라스무스의 『아동교육론』에서 찾아지는 플루타르코스의 흔적"

(『교육철학』 46, 2009: 47-63)

에라스무스의 『아동교육론』에서
찾아지는 플루타르코스의 흔적

Ⓘ 들어가며

플루타르코스Plutarchos와 에라스무스D. Erasmus, 이 두 인물 간에는 어떠한 공통점이 있을까? 플루타르코스는 기원 후 1세기에 활동했던 그리스의 철학자이자 저술가였다. 그리고 에라스무스는 16세기 알프스 이북 지역을 대표하는 인문주의자였다. 이들 사이에 존재하는 1500년에 가까운 시간적 간극과 서로 다른 삶의 행적을 고려했을 때 양자 간에는 공통분모가 존재하지 않는 것처럼 보인다.

그러나 교육적인 관점에서 접근했을 때 상황은 달라진다. 플루타르코스는 흔히 『영웅전Bioi Parallelo』의 저자로 알려져 있다. 그러나 그는 또한 『도덕집Ethika』을 후세에 남겼다. 이것은 플루타르코스의 다방면의 글과 편지를 한데 모아 놓은 것이었다. 여기서 우리의 관심을 끄는 것은 『도덕집』 제1권의 맨 앞에 실려 있는 아동교육에 관한 논고이다.[1] 비록 원 저자가 플루타르코스가 아니라는 주장이 있으나,[2] 이 글에서 플루타

---

1 "Peri Paidon Agoges." 나는 바비트가 영어로 번역한 Plutarch, *The Education of Children*을 참조했다.

2 "플루타르코스의 작품 모음집[『도덕집』] 맨 앞에 실려 있는 [아동교육에 관한]

르코스는 출생에서 청소년기까지 아이들의 교육과 관련된 그의 생각을 명확하고 체계적으로 밝혔다.[3]

한편 에라스무스는 『우신예찬*Moriae Encomium*』이나 『격언집*Adagia*』의 저자로 유명하다. 그러나 그는 또한 교육과 관련된 논고를 몇 편 남겼다.[4] 그중에 『아동교육론*De Pueris Instituendis*』이 가장 대표적이다.[5] 이 글은 원래 에라스무스가 그의 『문체론*De Copia*』의 부록으로 작성한 것이었다(Erasmus, 1985: 292). 따라서 에라스무스의 주된 관심은 『문체론』에서 설명한 수사학적인 원칙들을 '아동교육'이라는 주제 하에 문학적으로 시연하는 것이었다(Rummel, 1981: 127-140). 그러나 오늘날 에라스무스의 『아동교육론』이 사람들의 관심을 끄는 것은 그의 수사학적인 논의 전개보다 그 안에 담겨 있는 아이들의 교육에 대한 이상과 원칙 때문이다.[6]

글은 플루타르코스가 저술하지 않았다는 것이 일반적인 견해이다. 이 글의 진위성에 대한 논쟁은 여기에 소개하기에 너무 길다. 관심 있는 사람들은 비텐바흐 판 제6권 29-64쪽을 참조하라"(Plutarch, 2000: 3).

3 저자를 둘러싼 의사疑似 논쟁과 별개로, 기원전 1세기 경에 작성된 플루타르코스의 『아동교육론*Peri Paidon Agoges*』은 후기 헬레니즘 시대를 대표하는 교육저술이다. 이 글에서 플루타르코스는 그의 시대에 목격되는 그리스 교육의 이상을 논했다. 이것은 당시 성행하던 자유교육*enkyklios paideia*의 이상으로서 그 정점에는 철학교과가 있었다. 하지만 플루타르코스는 고대 그리스의 귀족적이고 이상적인 교육론을 계승하는 반면 헬레니즘 시대의 새로운 개인주의적 교육관을 수용해 플라톤식의 국가주의적 사고에 함몰되지 않았다. 또한 플루타르코스는 퀸틸리아누스 Quintilianus와 같은 로마시대의 교육저술가와 유사성을 보이면서 그의 사상적 경계를 고대 그리스의 전통 밖으로 확장시켰다(Bowen, 1972-1981, 1: 163-165 참조).

4 『기독교 군주의 교육*Institutio Principis Christiani*』, 『교육방법론*De Ratione Studii*』, 『아동교육론*De Pueris Instituendis*』 등을 말한다.

5 페어슈트라테의 영어 번역본은 원래 A Declamation on the Subject of Early Liberal Education for Children이라는 제목을 달고 있다. 여기서는 Erasmus, On Education for Children으로 표기했다.

일반적으로 말해, 플루타르코스의 『아동교육론』은 서양 고대의 주요 교육논저들 중의 하나이고, 에라스무스의 『아동교육론』은 르네상스 시대의 인문주의 교육관을 대변하는 저작이다. 이와 같은 평가를 토대로 우리는 플루타르코스와 에라스무스를 '교육이론가'라는 공통분모 위에 올려놓을 수 있고, 나아가 그들의 교육논고에서 찾아지는 상호 관련성에 주목할 수 있다. 특히 다음의 세 가지 관점에서 그러하다.

첫째, 제목의 유사성이다. 서양 고대의 주요 교육저술들 중에 '아동교육'을 직접 제목으로 달고 있는 것은 플루타르코스의 『아동교육론』이 유일하다.[7] 한편 르네상스 시대의 교육문헌들 중에 '아동교육'이라는 문구를 제목으로 사용하고 있는 것은 몽테뉴M. Montaigne의 『아이들의 교육에 대하여De l'éducation des enfants』를 제외하면 에라스무스의 『아동교육론』이 가장 대표적이다.

둘째, 주장의 유사성이다. 플루타르코스와 에라스무스는 인간의 바람

---

6 에라스무스는 그의 3년간의 이탈리아 체류의 마지막 해인 1509년에 『아동교육론』을 저술했다. 그러나 이 책의 출판은 에라스무스가 기독교 가정의 도덕적 기초와 교육의 문제에 관심을 갖게 되는 1520년대 후반기까지 미루어졌다. 에라스무스가 20년 남짓 미 출판 상태로 남아있던 『아동교육론』의 출판을 결심하게 된 것은 그 안에 아이들의 바른 교육을 위한 지침과 부모들의 자녀교육에 대한 책임이 잘 기술되어 있었기 때문이다. 1529년에 출판된 에라스무스의 『아동교육론』은 고대의 자유교육의 이상을 그의 시대의 기독교 정신에 입각해 재구성한 것으로 볼 수 있다. 에라스무스의 사상적 정체성은 '기독교 인문주의'에서 찾을 수 있고, 그의 교육목적은 종교적 신실함에 학문적 지혜를 더하는 것이라고 말할 수 있다(Erasmus, 1985: 293; Woodward, 1904: 73 참조).

7 고대 그리스와 로마를 대표하는 교육저작들로 플라톤Platon의 『국가Politeia』, 아리스토텔레스Aristoteles의 『정치학Politiká』, 크세노폰Xenophon의 『키루스교육Cyropaedia』, 이소크라테스Isokrates의 『소피스트에 반하여Kata ton Sophiston』와 『안티도시스Peri Antidoseos』, 플루타르코스Plutarchos의 『아동교육론Peri Paidon Agoges』, 퀸틸리아누스Quintilianus의 『웅변가교육론Institutio Oratoria』 그리고 키케로Cicero의 『웅변가론De Oratore』이 있다.

직한 성장을 위해 교육이 필요하다고 보았다. 인간은 그의 이성적이고 도덕적인 본성을 교육을 통해 완성하고, 그 과정에서 지혜롭고 올바르게 삶을 사는 방식을 배워야 하기 때문이다(Plutarch, 2000: 19; Erasmus, 1985: 301, 310). 이러한 맥락에서 그들은 교육의 중요성에 공감했고, 부모들의 교육적 책임을 강조했으며, 교육의 과정에서 인문주의 교과와 온화한 교육방법을 선호했다.

셋째, 근거의 유사성이다. 플루타르코스와 에라스무스는 유사한 개념을 소개하고, 또 동일한 일화를 인용하면서 그들의 주장을 정당화했다. 몇 가지 예를 들어보면, 그들은 리쿠르구스Lycurgus의 두 마리 개에 관한 이야기를 통해 교육의 이점을 설명했고, 디오게네스Diogenes의 이야기를 통해 교육이 아이들이 태어나기 전부터 시작한다는 사실을 지적했으며, 아리스티푸스Aristippus의 이야기를 통해 좋은 교사의 필요성에 주목했다.

정리하면, 플루타르코스와 에라스무스는 각각 아동교육에 관해 글을 쓰면서 비슷한 주장을 유사한 개념이나 동일한 일화에 의존해 전개했다. 이러한 사실로부터 우리는 교육이라는 주제와 관련해 플루타르코스와 에라스무스의 사상적 '친화성'을 주장할 수 있고, 이 두 교육이론가 사이의 시간적 간극을 고려했을 때 에라스무스가 그의 『아동교육론』을 저술하면서 플루타르코스의 저작을 참조했을 것이라고 가정할 수 있다(Woodward, 1904: 86; Erasmus, 1985: 293).

이 글은 플루타르코스와 에라스무스 간의 이러한 관계설정에 기초해 플루타르코스가 에라스무스의 교육사고에 미친 영향을 살펴보려는 시도이다. 이를 위해 나는 위에서 언급한 두 개의 교육논고를 함께 읽어가면서 에라스무스의 교육사고에서 찾아지는 플루타르코스의 흔적을 추적하고자 한다. 그 과정에서 논의의 초점은 플루타르코스와 에라스무스가 한 목소리를 내는 데 주저하지 않았던 다음의 세 가지 주장에 맞추어진다. 첫째, 타고난 재능보다 후천적인 양육, 즉 교육이 인간에게 더욱 중요하다. 둘째, 아이들의 교육을 덕과 학식을 겸비한 유능한 교사에게 맡겨야 한다. 셋째, 마음의 자유를 위한 교과를 가르치고 아이들의 심리와 능력에 따르는 훈육을 실시해야 한다.

이러한 작업을 통해 나는 그동안 중요성에 비해 연구가 소홀했던 플루타르코스와 에라스무스의 교육사상에 대한 학문적 관심을 촉발시키고, 나아가 고대의 교육저작들이 르네상스 시대의 인문주의 교육이론 가들에게 영향을 주었다는 가설적인 생각을 이론적으로 뒷받침하고자 한다. 아울러 플루타르코스와 에라스무스의 아동교육론이 우리 교육에 주는 시사점을 알아보면서 교육고전 탐구의 현대적 의미를 되새기려 한다.

Ⅱ 교육의 중요성

에라스무스는 『아동교육론』에서 인간의 행복을 결정하는 세 가지 요소로 "본성nature, 방법method, 실천practice"을 강조했다(Erasmus, 1985: 311). 여기서 본성은 인간의 선천적인 성향과 능력을, 방법은 후천적인 학습을, 그리고 실천은 실생활에서의 연습이나 훈련을 의미한다. 에라스무스는 위의 세 가지 요소가 서로 긴밀히 결합되어 본성은 방법을 통해 개발되고 방법은 실천을 통해 완성되어야 한다고 보았다(보이드, 2008: 231; 김명신, 1996: 293-295 참조).

에라스무스가 인간의 행복을 위해 제안한 세 가지 요소는 플루타르코스가 『아동교육론』에서 인간의 도덕적 완성을 위해 제안한 세 가지 요소를 상기시킨다. 플루타르코스는 "본성nature, 이성reason, 습관habit" 간의 동시 작용을 통해 인간이 완벽하게 올바른 행동을 할 수 있다고 주장했다. 여기서 본성은 타고난 기질상의 특징을, "이성"은 "학습활동”을, “습관”은 “부단한 연습”을 뜻한다(Plutarch, 2000: 9). 그렇다면 에라스무스의 본성, 방법, 실천은 플루타르코스의 본성, 이성, 습관의 다른 표현일 뿐, 양자 사이에 근본적인 의미의 차이는 존재하지 않는다고 볼 수 있다.

비록 에라스무스는 인간의 천부적인 재능의 존재를 인정하고, 인간이 반복되는 생활 경험을 통해 어느 정도 지혜에 도달할 수 있다는 사실을 부정하지 않았지만, 그럼에도 불구하고 그의 중심적인 논지는 인간이 학습, 즉 교육을 통해서 비로소 참된 의미에서 인간이 되고 또 행복해진다는 것이었다.[8] 그러므로 에라스무스는 인간의 선천적인 기질이나 성격이 고정불변의 요소라고 생각하지 않았으며, 교육의 혜택 없이 단지 실천적인 경험을 통해서만 지혜에 도달할 수 있다고 주장하는 것은 잘못이라고 생각했다. 오히려 에라스무스는 인간의 선천적인 본성이 후천적인 학습을 통해 변화될 수 있다고 보았으며(Woodward, 1906: 116), 시행착오의 뼈아픈 경험보다 학습이라는 안전한 방법을 통해 이해와 지혜에 도달할 것을 충고했다. 다음은 에라스무스의 말이다.

> 인간의 본성이 가르침과 연습에 의해 거의 모든 형태의 학습에 변형되어 적용될 수 있다고 생각했다. 우리는 코끼리에게 외줄 타기를, 곰에게 춤을, 그리고 당나귀에게 마술을 가르칠 수 있다. 마찬가지 논리에서 우리가 인간에게 가르치지 못할 것이 무엇이란 말인가? 인간은 타고난 소질과 적성을 완전히 뜯어고칠 수는 없어도 [교육을 통해] 그의 본성을 어느 정도 보충할 수는 있다(Erasmus, 1985: 317).

---

8 “인간은 확실히 태어나는 것이 아닌 만들어지는 것이다”(Erasmus, 1985: 304). 칸트I. Kant의 『교육학 강의*Über Pädagogik*』 첫 구절을 생각나게 한다. “인간은 교육을 필요로 하는 유일한 존재이다”(Kant, 1878: 61).

한편 플루타르코스는 "학습 없는 재능은 맹목적이고, 재능 없는 학습은 불완전하며, 학습과 재능이 모두 없는 경험은 효과적이지 못하다"고 말하면서 앞서 언급한 본성, 이성, 습관 간의 조화로운 결합이 인간의 행복을 결정한다고 주장했다(Plutarch, 2000: 9). 특히 그는 인간의 타고난 능력을 후천적인 학습과 경험을 통해 보완할 것을 제언했다.

> 천부적인 재능을 갖고 있지 못하나 배움과 실천을 통해 유덕한 인간이 되려고 부단히 노력하는 사람은 그의 부족한 능력을 곧 메우고 남들보다 앞서 나갈 수 있다. 왜냐하면 무관심은 타고난 소질을 무디게 하고, 학습은 미천한 본성을 바로잡아 주기 때문이다. 또 소홀함은 쉬운 것도 놓치게 하지만, 용의주도함은 어려운 것도 이루게 하기 때문이다. 우리는 열심히 노력하고 실천하는 것이 얼마나 효과적이고 생산적인 결과를 가져오는지를 잘 안다. 이것은 낙수가 바위에 구멍을 내고, 인간의 잦은 손길이 강철을 마모시키며, 지면과 맞닿아 있는 전차의 바퀴가 휘어지는 것과 같은 이치이다(Plutarch, 2000: 9-11).

같은 맥락에서 에라스무스는 스파르타의 입법가 리쿠르구스의 두 마리 개에 대한 일화를 소개하면서 교육이 인간에게 중요함을 우회적으로 강조했다.

> 혈통은 좋으나 훈련을 잘 받지 못한 개는 눈앞의 먹이에만 온통 관심이 있을 뿐 사냥감은 그냥 흘려보냈지만, 혈통은 나쁘나 훈련을 잘 받은 개는 눈앞의 먹이는 쳐다보지도 않고 사냥감을 쫓는 데만 혈안이 되었다. 이 이야기는 본성의 힘은 강하나, 교육의 힘은 더욱 강하다는 사실을 보여준다(Erasmus, 1985: 301).

그런데 리쿠르구스의 두 마리 개에 대한 일화는 원래 플루타르코스의 『아동교육론』에 실려 있는 것이었다. 플루타르코스는 리쿠르구스의 이야기를 통해 천부적인 재능의 부족이 학습과 훈련을 통해 극복될 수 있다는 사실을 주장하고 있기 때문이다. 반대로 말하면 타고난 능력이 아무리 뛰어나도 그것이 교육의 도움을 받지 못한다면 아무 소용이 없다는 것이다. 그렇다면 에라스무스는 『아동교육론』에서 리쿠르구스의 순종과 잡종의 두 마리 개에 대한 이야기를 되풀이함으로써 교육을 본성보다 중시하는 플루타르코스의 견해를 반복하고 있는 것이다. 위의 에라스무스로부터의 인용문을 아래의 플루타르코스로부터의 인용문과 비교해 보았을 때 리쿠르구스의 일화에 대한 에라스무스의 자료가 플루타르코스의 『아동교육론』이라는 가정은 수용가능하다.

> 스파르타의 법률 제정가인 리쿠르구스는 한배에서 나온 두 마리의 강아지를 데려와 그들을 서로 다른 방식으로 길렀다. 그 결과 한 마리는 해롭고 탐욕스러운 개가 되었고, 다른 한 마리는 냄새를 잘 맡는 좋은 개가 되었다. 그러자 리쿠르구스는 어느 날 동료 시민들을 한데 모아 놓고 "스파르타의 시민들이여, 나는 지금 여러분들에게 인간의 삶에 있어서 훈련, 학습, 지도가 얼마나 중요한 것인지를 증명해 보이겠소"라고 말했다. 그리고 나서 그는 시민들이 보는 앞에서 위에서 언급한 두 마리의 개를 풀어 놓고 그들 앞에 먹이가 담겨 있는 접시와 사냥을 위한 산토끼를 함께 내려놓았다. 그러자 한 마리는 사냥감을 향해 달려가고, 다른 한 마리는 접시에 코를 박기 바빴다. 이 광경을 지켜보면서 스파르타의 시민들이 어리둥절하고 있자, 리쿠르구스는 "이 두 마리의 개는 같은 배에서 나왔으나 서로 다르게 양육되었고, 따라서 한 마리는 먹이를 탐하는 개가, 또 다른 한 마리는 훌륭한 사냥개가 되었다"고 말했다(Plutarch, 2000: 13).

에라스무스와 플루타르코스는 교육이 인간에게 중요하다는 생각에서 아이들의 교육을 가능한 일찍 시작할 것을 충고했다. 그들은 심지어 오늘날 '태교'라 부르는 일에 공감했다.[9] 또 아이들이 태어나면 그들을 곧 몸과 마음이 건강한 유모에게 맡겨야 한다고 주장했다. 그러나 엄밀한 의미에서 교육은 아이들이 교사의 가르침을 받을 만큼 성장했을 때 시작하는 것이고, 따라서 에라스무스와 플루타르코스는 유년기의 교육을 논하면서 교사 선정과 관련된 부모들의 교육적 책임에 주목했다.

Ⅲ 부모들의 교육적 책임

에라스무스는 그의 『아동교육론』에서 부모들이 흔히 아이들의 교육에 관심이 없고, 따라서 그들을 자질이 부족한 교사에게 맡긴다고 비판했다.[10] 그러면서 그는 이러한 사람들은 부모라는 이름을 가질 자격이 없으며, 나아가 아동교육법에 의해 처벌을 받아야 한다고 말했다. 에라스무스는 그 이유를 다음과 같이 설명했다.

---

9 에라스무스와 플루타르코스의 견해에 따르면, 부모들은 아이들이 태어나기 전부터 자녀교육에 관심을 가져야 하고 장차 아이의 아버지가 될 사람은 좋은 집안에서 교육받은 여자를 아내로 맞이해야 한다. 또한, 남편은 술에 취하거나 감정적으로 흥분된 상태에서 아내와 잠자리를 가져서는 안 된다. 그의 몸속에 남아 있는 나쁜 기운이 감염을 통해 자궁 속의 태아에게 전달될 수 있기 때문이다. 이때 흥미로운 사실은 에라스무스가 플루타르코스의 『아동교육론』에 실려 있는 철학자 디오게네스의 이야기를 그의 『아동교육론』에서 재진술했다는 것이다. "일찍이 한 성인은 감정적으로 행동하는 젊은이를 보고 '나는 자네의 부친께서 자네를 만취한 상태에서 임신시켰다는 사실에 놀라서는 안 될 것 같네'라고 말했다"(Erasmus, 1985: 315; Plutarch, 2000: 7 참조).
10 에라스무스는 항상 교사를 높게 평가했다. "한 예로, 그는 1511년에 학교교육의 내적 가치를 묻는 논쟁에 참여했다. 이것은 '누가 학교에서 아이들이나 가르치면서 시간을 허비할 것인가?'라는 질문에 의해 촉발되었다. 이러한 빈정댐에 맞서 에라스무스는 '나는 아이들에게 덕과 학문을 가르치는 일을 가장 명예롭다고 생각한다'고 응수했다"(Bowen, 1972-1981, 2: 347).

바보가 아닌 이상 생판 모르는 사람에게 말이나 별장의 관리를 맡기지 않는다. 그럼에도 가장 소중한 재산인 아들의 교육은 낯선 이방인에게 맡기려 한다. 참으로 어리석지 않은가? 매사에 전문가를 찾는 사람이 아들의 교육 문제에 있어서는 전문가는커녕 아무한테나 일을 맡긴다. … [따라서] 아들의 교육은 게으르고 무지한 짐승 같은 자에게 위임된다. 진실로 장인의 솜씨를 요하는 일에 모순되게도 노예들 중에 가장 별 볼일 없는 자가 임명되는 것이다. 이보다 정도에 어긋나는 일이 있겠는가(Erasmus, 1985: 313)?

같은 맥락에서 플루타르코스는 그의 『아동교육론』에서 무지하고 경험이 없는 교사에게 아이들의 교육을 맡기는 부모들의 어리석음을 지적했다.

오늘날 사람들의 일상적인 행태는 우스꽝스럽다. 그들은 가장 믿을만한 노예에게 농장의 관리를 맡긴다. 또 다른 노예들을 선별해 배의 선주, 공장의 지배인, 아니면 집사나 회계사의 일을 맡긴다. 이와는 반대로 그들은 술꾼에 탐식가이며 아무 일에도 쓸모가 없는 노예를 불러와 그에게 아들의 교육을 맡긴다. 그러나 무릇 좋은 교사란 아킬레스Achilles의 교사였던 피닉스Phoenix와 같은 본성을 지닌 사람이어야 한다(Plutarch, 2000: 17-19).

그렇다면 왜 사람들은 아이들의 교육을 '피닉스와 같은 본성을 지닌 사람'에게 맡기려 하지 않는가? 에라스무스와 플루타르코스는 1차적인 원인이 부모들의 무지나 부주의, 또는 경험 부족에 있다고 보았다. 그러나 문제가 되는 것은 부모들이 교사 선정에 필요한 지식, 정보, 경험 등을 가지고 있음에도 불구하고 계속해서 아이들의 교육을 무지한 노예나 야만인, 또는 신분이 불안정한 사람들에게 맡긴다는 것이다. 에라스무스와 플루타르코스는 그 이유를 우선 경제적인 관점에서 설명했다

(Woodward, 1904: 93). 즉 부모들은 돈을 아끼려는 목적에서 아이들을 위해 능력 있는 가정교사를 고용하는 일을 꺼린다는 것이다. 여기서 흥미로운 것은 에라스무스와 플루타르코스가 그들의 주장을 전개하는 과정에서 동일한 일화철학자 아리스티푸스에 관한 이야기를 소개하고 있다는 것이다. 그렇다면 이 일화에 대한 에라스무스와 플루타르코스의 진술을 서로 비교하는 것은 에라스무스의 『아동교육론』에서의 플루타르코스의 흔적을 살펴보는 데 도움이 될 것이다. 먼저 플루타르코스의 말을 들어보자.

> 한 남자가 그에게 다가와 얼마를 주면 그의 아이를 가르쳐줄 수 있는지를 물었다. 아리스티푸스는 "1000드라크마"라고 말했다. 그러자 그 남자는 "맙소사! 얼마라고, 1000드라크마가 있다면 노예도 한 명 살 수 있소"라고 외쳤다. 이에 아리스티푸스는 "같은 돈으로 당신은 두 명의 노예를 살 수도 있지요, 당신의 아들과 당신이 구입한 나를 말이오"라고 응수했다(Plutarch, 2000: 21).

한편 에라스무스는 동일한 이야기를 단지 아리스티푸스가 1000드라크마가 아닌 500드라크마를 요구했다고 수정해 재진술했다.

> 어느 날 지갑에는 돈이 가득하나 머리는 텅 빈 시민 한 명이 철학자 아리스티푸스에게 접근해 그에게 얼마를 주면 아들의 교육을 맡아줄 수 있는지를 물었다. 그러자 이 철학자는 한 치의 망설임도 없이 500드라크마를 요구했다. 그러자 시민은 깜짝 놀라 "지금 당신이 제안한 돈은 매우 큰 액수요. 그 정도 돈이면 쓸만한 노예도 한 명 살 수 있지요"라고 되물었다. 이에 아리스티푸스는 "당신의 말은 맞소 그러나 당신은 같은 돈으로 한 명이 아닌 두 명의 충복을 얻을 수 있소. 자신의 의무를 잘 수행하는 아들과 그런 아들을 가르치는 철학자를 말이오"라고 재치 있게 대답했다(Erasmus, 1985: 314).

이러한 경제적인 요인 외에 에라스무스와 플루타르코스는 지각 있는 부모들이 친구의 권유나 부탁 때문에 또는 친구의 호의 때문에 아이들의 교육을 책임질 교사를 선택하는데 있어서 그들의 판단력을 사용하지 않는다고 주장했다(Woodward, 1904: 93). 플루타르코스는 『아동교육론』에서 친구에 대한 호의 때문에 아이들을 경험이 미천하고 믿음이 덜 가는 교사에게 맡기는 부모들의 어리석음을 "친구의 부탁으로 훌륭한 선장을 물리고 솜씨 없는 키잡이를 고용하는 선주"의 어리석음에 비유했다. 그러면서 그는 "아버지라는 이름을 가진 사람이 아이들의 교육을 생각하는 것보다 다른 사람들의 부탁을 들어주는 데 관심을 더 가져도 되겠는가?"라고 되물었다(Plutarch, 2000: 21).

이와 비슷한 구절이 에라스무스의 『아동교육론』에서 발견된다. 에라스무스는 친구의 추천으로 잘 가르칠 교사를 대신해 능력이 떨어지는 교사를 선택하는 부모들의 어리석음을 지적하면서 다음과 같이 반문하고 있기 때문이다.

> 왜 당신은 스스로 그렇게도 바보스럽게 구는가? 배를 항해시킬 때 당신은 스스로 최고의 키잡이를 찾아내 세상 사람들의 의견에 동요됨이 없이 그를 고용하지 않는가? 그런 당신이 왜 당신 아들의 인생의 항해를 준비시켜줌에 있어서는 그렇게도 당신 자신의 판단력을 사용하려 하지 않는가? 그것이 당신 아들뿐만 아니라 당신의 가족과 나아가 사회 전체의 복지와도 밀접하게 관계되는 중요한 일인데 말이다(Erasmus, 1985: 314).

이와 같은 비판적인 논의를 통해 에라스무스와 플루타르코스는 교사 선정과 관련된 부모들의 관심과 노력을 간접적으로 촉구했다. 그러나 아이들을 학식과 도덕성과 경험을 두루 갖춘 교사의 지도 아래 놓는다고 해서 부모들의 교육적 책임이 모두 끝난 것은 아니다. 오히려 부모들은 계속해서 교사와 학생 모두를 관찰해야 한다. 그들이 자주 교실을 찾아가 아이들이 얼마나 향상되었는지를 확인할 때 교사는 더욱 열심히 교육에 임할 것이기 때문이다. 이것은 에라스무스의 표현에 따르면 "말을 빨리 달리게 하기 위해서는 현장에서 주인의 발자국 소리가 들려야만 한다"는 것이고(Erasmus, 1985: 315), 플루타르코스의 표현에 따르면 "말을 견실하게 살찌우기 위해서는 왕의 잦은 방문이 있어야만 한다"는 것이다(Plutarch, 2000: 45). 요컨대 에라스무스와 플루타르코스는 부모들의 끊임없는 주의와 응시가 아이들의 교육을 좋게 만들 수 있다고 믿었던 것이다.

Ⓘ Ⓥ 교육의 과정

아이들의 교육을 책임질 교사를 선정하는 일이 일단락지어지면, 다음으로 교육과정의 문제를 생각해야 한다. 즉 아이들에게 무엇을 가르칠 것인지를 논의해야 한다. 에라스무스는 인문주의자로서 교육과정을 고대의 언어와 문학으로 구성하고자 했다(Woodward, 1906: 111; Woodward, 1904: 101 이하 참조). 특히 그는 아이들이 철학의 유익하고 안전한 가르침을 받아야 한다고 충고했는데 "철학은 영혼에 밝은 눈을 달아주어 우리가 앞으로 삶을 어떻게 살아야 하는지를 알려주기 때문이다"(Erasmus, 1985: 311).[11]

---

11 에라스무스뿐만 아니라 대부분의 인문주의 교육이론가들이 도덕철학의 교육적 효용에 공감했다. 예를 들면, 몽테뉴는 아이들이 고대 그리스와 로마의 철학을 공부하면서 교육의 목적인 삶의 지혜에 도달할 수 있다고 주장했고(몽테뉴, 2005: 220; 김성훈, 2007: 142), 엘리어트Thomas Elyot는 아이들이 플라톤, 아리스토텔레스, 키케로의 도덕적 가르침을 통해 이성적인 삶을 살 수 있는 토대를 구축할 수 있다고 주장했다(Elyot, 1962: 39).

이와 비슷한 주장이 플루타르코스의 『아동교육론』에서 찾아진다. 플루타르코스는 아이들이 철학을 공부함으로써 그들의 도덕적 완성을 이루고, 이를 통해 행복한 삶에 도달할 수 있다고 믿었기 때문이다.

> 철학을 통해 명예로운 것과 부끄러운 것, 정의로운 것과 정의롭지 못한 것, 해야만 하는 것과 해서는 안 되는 것에 관한 지식에 도달할 수 있다. … 가장 중요한 것은 성공에 너무 기뻐하지 말고, 불행에 너무 낙심하지 않는 것이다. 그리고 쾌락을 지나치게 탐하거나 거친 성품을 갖지 않는 것이다. 이 모든 것은 철학을 공부함으로써 얻을 수 있다. 왜냐하면 [철학은] 성공에 자만하지 않는 마음, 시샘하지 않는 절제된 본성, 쾌락을 통제하는 이성을 보여줌으로써 인간을 지혜로움으로 안내하기 때문이다(Plutarch, 2000: 35-37; Bowen, 1972-1981, 1: 164 참조).

그런데 플루타르코스가 아이들이 읽어야 할 구체적인 독서목록을 제시하지 않았고, 또 학자연하는 에라스무스가 플루타르코스의 신체교육론을 수용하지 않았다는 점에서, 이들 간의 교육과정 사고는 '철학의 교육적 효용성'이라는 공통분모 이상으로 나아가지 못한다. 하지만 우리의 관심이 아이들이 배워야 할 내용에서 아이들을 교육하는 방법으로 돌려졌을 때 에라스무스의 교육적 사고에서 찾아지는 플루타르코스의 흔적은 다시 짙어진다.

에라스무스는 그 자신의 경험으로부터 학교에서 행해지는 상습적인 구타가 아이들의 심신에 큰 해를 입힐 뿐만 아니라 그들의 교육에 전혀 도움이 되지 않는다는 사실을 잘 알고 있었다.[12] 이러한 이유에서 그는

---

12 에라스무스는 9살 때 데벤터Deventer의 교회학교에 입학했다. 이 학교는 네덜란드와 인근 독일 지역에서 명성이 높았던 인문주의 학교였다. 그러나 에라스무스는 훗날 이 학교의 수업방식과 교육과정, 특히 혹독한 훈육방법을 신랄하게 비판했다.

교사가 회초리가 아닌 아이들의 자발성에 의존하는 인간적인 훈육을 펼쳐야 한다고 주장했고, 이것은 커티스와 보울트우드(Curtis & Boultwood, 1963: 127)의 평가에 따르면 "에라스무스의 교육사상에의 공헌" 중의 하나였다. 이를 위해 에라스무스는 아이들의 심리상태를 이용하는 교육방법을 선호했다. 특히 그는 "아이들의 마음속에 있는 '승리와 경쟁의 동기, 불명예에 대한 두려움, 그리고 칭찬을 받으려는 욕구'"를 교육에 적극적으로 활용하려 했다(김성훈, 2005: 38). 이것은 에라스무스가 교육의 과정에서 아이들의 내적 동인을 강조함으로써 학습의 자발성과 효과를 극대화하려 했음을 의미한다. 이런 관점에서 에라스무스는 교사가 칭찬과 꾸지람을 번갈아 사용하면서 아이들 간의 선의의 경쟁을 촉진시켜야 한다고 주장했다.

> 아이들에게는 승리하고 경쟁하려는 마음이 있다. 또한 불명예에 대한 두려움과 칭찬을 받고 싶은 욕구가 있다. … 교사는 이러한 아이들의 내적 동인을 교육적으로 승화·발전시켜야 한다. 교사가 간청, 유인, 칭찬, 보상 등에 의해 아이들의 노력을 이끌어낼 수 없다면, 그는 아이들 상호 간의 경쟁에 의존해야 한다. 교사는 옆의 아이를 칭찬함으로써 다른 아이의 경쟁심을 부추길 수 있기 때문이다. [하지만] 승리가 모든 것이 되어서는 안 된다. 그보다 열심히 노력을 하면 현재의 불명예를 씻어낼 수 있다는 희망이 패배자의 마음속에 항상 있어야 한다. … [따라서] 교사는 종종 아이들의 능력이 부족하다 하더라도 그들에게 승리의 환영을 맛볼 수 있게 배려해야 한다(Erasmus, 1985: 340).

에라스무스가 그의 시대에 성행하던 체벌에 반대하면서 아이들의

에라스무스가 『아동교육론』에서 회상하고 있는 암울한 학창시절은 이때의 경험을 반영하는 것으로 볼 수 있다(Erasmus, 1985: 326; Woodward, 1904: 2-3).

교육을 칭찬이나 부끄러움과 같은 심리적인 방법에 따라 진행할 것을 주장했다면, 플루타르코스는 그의 『아동교육론』에서 자유민의 아이들을 교육하면서 "구타blows"와 "학대ill-treatment"가 아닌 "격려encourage-ment"와 "이성reasoning"의 방법에 의존해야 한다고 충고했다(Plutarch, 2000: 41). 육체적 처벌은 노예에게나 어울리는 방법으로 아이들이 이러한 강압적이고 강제적인 훈육에 익숙해지면 그들은 고통과 타락에 의해 어눌하고 무감각한 존재들로 자라날 것이기 때문이다.[13] 따라서 플루타르코스는 에라스무스와 마찬가지로 아이들의 교육방법으로 "칭찬"과 "책망"이라는 심리적인 방법을 선호했다(김성훈, 2009: 20). 다음은 플루타르코스의 말이다.

> 자유민의 아이들에게는 육체적 처벌보다 칭찬과 책망이 더 유익한 방법이다. 왜냐하면 그들은 칭찬을 통해 명예로움으로 나아가고, 책망을 통해 명예롭지 못함에서 멀어지기 때문이다. 그러나 책망과 칭찬은 교대로, 또 다양한 방식으로 사용되어야 한다. 아이들이 오만할 때는 책망을 통해 그들에게 부끄러운 마음을 심어주어야 하고, 아이들이 낙심할 때는 칭찬을 통해 그들의 기운을 북돋아 주어야 한다. 이것은 마치 유모가 우는 아이에게 젖을 물려 그의 마음을 편안하게 해주는 것과 같다. 또한 아이들을 칭찬할 때도 절제가 있어야 한다. 그렇지 않으면 아이들이 지나치게 자신감을 가져 종국에는 스스로를 망치기 때문이다(Plutarch, 2000: 41).

에라스무스는 또한 "아이들의 능력을 고려하는 점진적이고 자연스러운 교육방법"을 주장했다(김성훈, 2005: 38). 그는 교사가 아이들에게

---

13 퀸틸리아누스의 흔적이 찾아지는 대목이다. 그는 『웅변가교육론』 제1권에서 아이들을 교육하는데 있어서 매질이 부적절하며 또 불필요한 방법임을 강조했기 때문이다(Quintilianus, 1996, 1: 59-61 참조).

과도한 학습을 강요하는 대신 아이들의 수준에 맞게 학습의 양과 속도를 조절할 수 있어야 한다고 생각했다. 그렇게 했을 때 아이들은 피로와 권태를 느끼지 않은 채 학습을 해 나갈 수 있기 때문이다. 이것은 에라스무스의 비유에 따르면 "적은 양의 음식과 물이 천천히 계속해서 제공될 때 아이들의 몸에 영양이 바르게 공급되는 것처럼, 적절한 양의 학습이 단계별로 제공될 때 아이들의 마음이 배움에 가깝게 된다"는 것이다(Erasmus, 1985: 335).

한편 플루타르코스는 그의 『아동교육론』에서 유년기의 한계를 인정하면서 에라스무스가 "피곤함을 동반하지 않는 학습방법"이라 부른 것을 중요시했다(Erasmus, 1985: 335). 에라스무스의 경우에서처럼 플루타르코스는 아이들에게 지나치게 압력을 가하고 그들에게 전력으로 공부할 것을 강제해서는 안 된다고 주장했다. 교사가 아이들에게 능력 밖의 과제를 부여하면 그들은 그것을 수행할 수 없게 되어 스스로 자신감을 잃고 우울해 하기 때문이다. 이러한 상태를 플루타르코스는 농부가 식물을 재배하는 방식에 빗대 "식물이 물을 적당히 주면 잘 자라고 너무 많이 주면 썩는 것처럼, 인간의 마음도 학습량이 적절하면 성장하고 과하면 낙담한다"고 설명했다(Plutarch, 2000: 43).[14]

Ⓥ 나가며

플루타르코스와 에라스무스의 교육적 만남을 규명하는 일은 무엇보다도 교육 분야에서 르네상스, 즉 고대문학의 부활이 있었음을 입증해

---

14 이밖에 에라스무스와 플루타르코스는 교육의 방법으로 '놀이play'의 개념에 주목했다. 그러나 에라스무스는 학습을 놀이의 형태로 제시할 것을 주장했고(Erasmus, 1985: 339), 플루타르코스는 학습의 과정에서 필요한 휴식이나 여가의 개념으로 놀이를 강조했다(Plutarch, 2000: 43 참조).

주었다는 점에서 그 의미를 찾아볼 수 있겠다. 사실 플루타르코스의
『아동교육론』은 르네상스 시대에 재발견된 고대의 권위 있는 교육저작
의 하나였다.[15] 그리고 르네상스 시대에 간행된 인문주의 교육서들을
살펴보면 플루타르코스의 흔적을 쉽게 찾아볼 수 있다. 그럼에도 불구
하고 플루타르코스가 인문주의 교육이론가들에게 준 교육적 영향을 분
석하는 연구는 그동안 소홀했다.[16]

　이러한 인식 하에 이 글은 플루타르코스가 에라스무스의 교육사고에
미친 영향을 살펴보려는 것이었다. 이를 위해 나는 플루타르코스와 에
라스무스의 사상적 '친화성'에 주목하면서 에라스무스의 『아동교육론』
에서 찾아지는 플루타르코스의 흔적을 추적했다. 지금까지의 논의를
정리하면 다음과 같이 요약할 수 있겠다.

　첫째, 플루타르코스와 에라스무스는 인간의 행복 또는 도덕적 완성을
위한 '세 가지 요소'[17]를 논하면서 타고난 본성의 존재나 역할을 부정하
지 않는 한편 후천적인 양육과 학습의 가치를 높이 평가했다. 같은 맥락
에서 그들은 리쿠르구스의 잘 알려진 두 마리 개에 관한 일화를 소개하

15　플루타르코스의 『아동교육론』은 르네상스 시대에 가장 먼저 번역된 초기 희랍
　　저작의 하나였다. 이 논고는 에라스무스뿐만 아니라 다른 인문주의 교육저술가들
　　에게도 커다란 영향을 주었다(Woodward, 1904: 86). 이 시대에 발견된 또 다른
　　고대의 유명한 교육관련 저작은 퀸틸리아누스의 『웅변가교육론』이었다. 이 책이
　　인문주의 교육사상가들에게 중요한 이론적 지침을 제공했다는 것은 주지의 사실
　　이다(김성훈, 2009: 2).
16　플루타르코스가 영국의 인문주의자인 토마스 엘리어트의 교육이론에 미친 영향
　　을 분석하는 김성훈(2009)의 연구가 유일하다.
17　에라스무스는 인간의 행복을 결정하는 '세 가지 요소'로 본성, 방법, 실천을
　　강조했고, 플루타르코스는 인간의 도덕적 완성을 위한 '세 가지 요소'로 본성,
　　이성, 습관을 강조했다. 앞서 논의한 것처럼, 에라스무스의 본성, 방법, 실천은
　　플루타르코스의 본성, 이성, 습관의 다른 표현일 뿐, 양자 사이에 근본적인 의미의
　　차이는 존재하지 않는다. 앞의 2절에서의 논의를 참조하라.

면서 유년기의 교육적 중요성을 강조했다.

둘째, 플루타르코스와 에라스무스는 아이들의 교육과 관련된 부모들의 책임에 주목했다. 그들은 디오게네스의 일화를 통해 심지어 아이들이 태어나기 전부터 장차 부모가 될 사람들은 자녀교육에 관심을 가져야 한다고 주장했다. 또한 그들은 아리스티푸스의 일화를 통해 부모들이 아이들의 교육을 책임질 훌륭한 교사를 선정하기 위해 수고와 비용을 아껴서는 안 된다고 주장했다.

셋째, 플루타르코스와 에라스무스는 자유교육의 이상을 논했다. 그들에게 교육은 지혜롭고 바른 삶을 위한 과정이었다. 따라서 그들은 아이들의 지적·도덕적 완성에 도움이 되는 인문주의 교과, 특히 철학을 강조했다. 한편 그들은 강제나 강압보다는 칭찬과 격려에 따르는 인간적인 훈육과 아이들의 능력을 고려하는 점진적인 학습방법을 선호했다.

하지만 이러한 논의 전개와 별개로 에라스무스의 『아동교육론』에는 플루타르코스의 영향을 받지 않은 독자적인 주장들이 담겨 있다.[18] 또한 에라스무스의 『아동교육론』에서 다른 교육문헌들의 영향이 감지되는 것도 사실이다.[19] 이러한 관점에서 실제로 얼마만큼 에라스무스가 플루타르코스의 영향을 받았는지를 밝히는 일은 추가적인 연구를 필요로 한다. 특히 에라스무스의 『아동교육론』이 고대의 교육관련 문헌들뿐만 아니라 당시 풍부하게 전개된 인문주의 교육담론들의 영향을 많이 받았

---

18 교육에 관한 사회·심리학적인 통찰과 육체적 처벌에 관한 심도 깊은 논의는 에라스무스의 독립적인 사고이다. 특히 신체적 처벌이 아이들의 마음에 공포심을 유발해 그들을 겁먹게 하고 동시에 순종적인 존재로 만든다는 에라스무스의 주장은 독창적이다(Erasmus, 1985: 293).
19 퀸틸리아누스의 『웅변가교육론』이 가장 대표적이다. 에라스무스의 『아동교육론』을 영어로 옮긴 페어슈트라테는 그의 책 서문에서 에라스무스가 플루타르코스와 퀸틸리아누스의 영향을 가장 많이 받았다고 주장했다(Erasmus, 1985: 293).

다고 보았을 때, 에라스무스와 플루타르코스의 교육적 관계에만 집중하는 작금의 연구는 논리의 단순화와 비약으로 이어질 수 있는 위험이 있다. 따라서 플루타르코스뿐만 아니라 다른 고대와 동시대의 교육저술가들이 에라스무스의 교육사고에 미친 영향을 포괄적으로 논의하는 일이 향후 요청된다고 하겠다. 나아가 에라스무스의 교육이론이 갖는 독자성에 관한 탐구 역시 앞으로 진행해야 할 연구과제로 남겠다.

마지막으로, 플루타르코스와 에라스무스의 아동교육에 관한 논의가 현대 교육에 주는 시사점을 생각해보면 다음과 같다.

첫째, 오늘날 우리는 세계 자본주의 시대에 살면서 인간이라는 말보다 인적자원/자본이라는 말을 선호하고, 교육은 흔히 개인적이고 사회적인 투자로 간주된다. 하지만 인간은 시장의 대리인이 아니며, 교육은 투자 대비 회수율에 입각한 경제활동이 아니다. 이러한 관점에서 인간의 본성이 지혜롭고 바르게 삶을 살아가는 데 있고, 이를 위해 교육이 필요하다는 플루타르코스와 에라스무스의 주장은 친시장적이고 도구주의적인 사고에 매몰되어 있는 현대인들에게 교육 본연의 과업이 '인간의 지적·도덕적 완성'에 있다는 평이한, 그러나 잊기 쉬운 사실을 다시 각인시켜 준다.

둘째, 플루타르코스와 에라스무스는 교육문제에 있어서 교사의 역할을 강조했다. 그들은 좋은 교사의 자질로 학식과 경험 그리고 도덕성을 주장했다. 또한 교육의 과정에서 교사가 '회초리'가 아닌 아이들의 심리와 능력을 고려하는 온화한 교육방법을 사용할 것을 권했다. 이러한 교사관은 현대 교사교육에 시사하는 바가 있다. 오늘날 우리의 교사교육 시스템은 단기간의 정량화된 지표와 표준화된 시험을 강조하면서 단편적인 지식으로 무장된, 경험이 부족한 교사들을 길러내고 있고, 주변에서 종종 목격되는 학교 내의 체벌은 플루타르코스와 에라스무스가 바라는 도덕적이고 아이들의 본성을 고려하는 교사의 양성이 여전히 미해결의 과제임을 암시하고 있기 때문이다.

셋째, 우리 사회가 급속도로 자본화되면서 인문학의 위기가 불거져 나왔다. 이에 문학, 역사, 철학과 같은 교과들은 교육의 유용성 논리에 밀려 그 가치를 제대로 인정받지 못하고 있는 것이 현실이다. 이러한 관점에서 인문학의 중요성에 주목하는 플루타르코스와 에라스무스의 교육관은 오늘날 재고의 가치가 있다. 특히 플루타르코스와 에라스무스는 철학의 교육적 효용성을 강조했는데 아이들은 철학을 공부하면서 잘삶의 의미를 깨닫고, 나아가 지혜로운 삶의 기술art을 배울 수 있기 때문이다. 결국 오늘날 철학과 같은 인문교과는 인간의 바람직한 성장에 도움이 되는 실용적인 교과로 재평가 되어야 할 것이다.

참고문헌

김명신(1996). 에라스무스. 『위대한 교육사상가들 I』. 서울: 교육과학사. 274-305.

김성훈(2005). 토마스 엘리어트, 튜더 잉글랜드의 교육 이론가: 에라스무스 식 인문주의 교육관을 넘어서. 『영국연구』 13. 31-56.

김성훈(2007). 몽테뉴의 교육사상 연구. 『인문과학』 40. 133-156.

김성훈(2009). 『가버너』에 나타난 토마스 엘리어트의 교육이론과 플루타르코 스의 영향. 『영국연구』 21. 1-25.

몽테뉴, M. 손우성 역(2005). 『몽테뉴 나는 무엇을 아는가』. 서울: 동서문화사.

보이드, W. 이홍우·박재문·유한구 역(2008). 『서양교육사』. 파주: 교육과학사.

Bowen, J.(1972-1981). *A History of Western Education, 3 Vols*. London: Methuen & Co.

Curtis, S. J. & Boultwood, M. E. A.(1963). *A Short History of Educational Ideas*. London: University Tutorial Press.

Elyot, T.(1962). *The Book named The Governor*. London: Dent.

Erasmus, D.(1985). A Declamation on the Subject of Early Liberal Education for Children(B. Verstraete trans.). *Collected Works of Erasmus, Vol. 26*(pp. 295-346). Toronto: University of Toronto Press.

Kant, I.(1878). *Über Pädagogik*. Langensalza: Druck und Verlag.

Plutarch(2000). The Education of Children(F. C. Babbitt trans.). *Plutarch Moralia, Vol. 1*(pp. 4-69). Cambridge: Harvard University Press.

Quintilianus(1996). *Institutio Oratoria, 4 Vols*. Cambridge: Harvard University Press.

Rummel, E.(1981). Structure and Argumentation in Erasmus' *De pueris instituendis. Renaissance and Reformation* 5(1981). 127-140.

Woodward, W. H.(1904). *Desiderius Erasmus concerning the Aim and Method of Education*. Cambridge: At the University Press.

Woodward, W. H.(1906). *Studies in Education during the Age of the Renaissance 1400-1600*. Cambridge: At the University Press.

XIII

영국인 교사

“『스콜마스터』 1권에 나타난 아스캄의 교육개혁론 고찰”

(『교육사상연구』, 24(1), 2010: 1-16)

『스콜마스터』 1권에 나타난
아스캄의 교육개혁론 고찰

Ⓘ 머리말

로저 아스캄Roger Ascham, 1515-1568의 『스콜마스터The Scholemaster』는 그보다 약 40년 전에 출판된 토마스 엘리어트Thomas Elyot의 『가버너The Governor』와 함께 르네상스 시대에 영국인 저술가에 의해 출판된 가장 초기의 교육저작이다(Ryan, 1963: 251). 일반적으로 아스캄과 엘리어트의 교육논고는 인문주의라는 보편적 틀 속에서 저술되었고, 양자 간의 시간적 간극을 고려했을 때 아스캄이 엘리어트의 『가버너』의 존재와 중요성을 인식하면서 그의 교육에 대한 논의를 전개했다고 볼 수 있다.

실제로 아스캄이 『스콜마스터』에서 강조하고 있는 교육의 중요성, 부모들의 교육적 책임, 온화한 교육방법, 좋은 교사의 중요성 등은 모두 엘리어트의 『가버너』에서의 주장을 되풀이하는 것이었다. 그리고 우드워드의 관찰대로 엘리어트가 에라스무스Desiderius Erasmus의 『아동교육론De Pueris Instituendis』을 참조하면서 『가버너』에서의 교육이론을 저술했다면,[1] 엘리어트의 영향이 직·간접적으로 감지되는 아스캄의 『스콜마스

---

1 우드워드(Woodward, 1906: 275)는 그의 주장의 근거로 다음의 세 가지 점을

터』에서 에라스무스와 같은 인문주의자의 흔적이 찾아질 가능성이 또한 크다.

그렇다고 해서 아스캄의 교육이론에서 독자적인 '목소리'가 찾아지지 않는다는 것이 아니다. 아스캄은 엘리어트와 달리 명성 있는 희랍어·라틴어 학자로서 "사어死語를 배우는 가장 좋은 방법"을 제시했고, 그의 시대의 관습적 사고에 반해 투박한 기지가 학습에 적합한 기지임을 새롭게 강조했다(Quick, 1903: 82로부터 재인용). 또한 아스캄은 아이들을 사랑으로 가르치라는 당대의 인문주의자들의 충고에 만족하지 않은 채 아이들의 행동과 도덕을 엄하게 훈육해야 한다고 주장한 신실한 교육자였다. 특히 아스캄은 후일 '그랜드 투어The Grand Tour'로 알려진 대륙여행의 교육적 효용성을 논하면서 이 주제와 관련해 선구자적인 입장에 있었다.[2]

더욱이 아스캄은 대학의 학자이자 엘리자베스 여왕Queen Elizabeth의 가정교사로서 지방 젠트리 출신의 벌률가였던 엘리어트보다 16세기 영국 사회에서 그의 교육개혁자로서의 입지와 영향력이 높았다. 이것은 『스콜마스터』의 저술배경을 보아도 알 수 있는데 아스캄은 그의 교육논고를 여왕이 런던의 전염병을 피해 국가의 주요 각료들과 함께 윈저Windsor 성에 머물 때 에드워드 새크빌Edward Sackville 경의 권유로 저술했

제시한다. 첫째, 엘리어트와 에라스무스는 아동기의 올바른 말하기 습관을 강조했다. 둘째, 엘리어트와 에라스무스는 유년기의 교육이 즐거운 놀이의 형태가 되어야 함을 강조했다. 셋째, 엘리어트와 에라스무스는 아이들이 대화를 통해 라틴어를 학습해야 함을 강조했다.

2 영국의 상류층은 이후 몇 세기 동안 '그랜드 투어'를 교육의 마지막 단계로 강조했다. 아스캄(Ascham, 1967: 66)은 그 출발점이 되는 16세기 영국사회에서 지혜롭고 정직한 가정교사와 동행하지 않는 대륙여행이 영국의 젊은이들을 "돼지의 위, 당나귀의 머리, 여우의 두뇌, 늑대의 배를 가진 괴물"로 둔갑시켜 놓을 수 있음을 경고했다.

기 때문이다. 이러한 관점에서 16세기 동안 아스캄의 『스콜마스터』가 최소한 영국에서 대중적으로 널리 읽혔다는 사실은 놀라운 일이 아니다. 그리고 그의 저작은 당시 대부분의 교육논고들이 라틴어로 저술된 것과 달리 모국어인 영어로 저술되었기 때문에 학문의 언어, 즉 희랍어와 라틴어에 무지했던 영국의 많은 귀족 부모들과 학교 교사들에게 아이들의 교육을 개선할 수 있는 실천적 지혜를 제공할 수 있었다.

뿐만 아니라 아스캄의 교육이론은 500년 가까운 시간적 간극을 뛰어넘어 오늘날 우리나라의 교육 현실에 주는 시사점이 있을 수 있다. 이중 번역으로 알려진 아스캄의 라틴어 교수법은 오늘날 아이들의 언어학습에 여전히 유용하게 사용될 수 있고, 아이들의 기질에 대한 아스캄의 논의는 우리를 교육의 가능성과 한계에 대한 논쟁 속으로 초대하며, 학습과 훈육에 대한 아스캄의 균형 있는 성찰은 교육의 시장적 재구조화가 성행하는 현대사회에서 교육 본연의 의미를 되짚어 보도록 하기 때문이다.

이러한 배경을 바탕으로 이 글에서는 아스캄이 『스콜마스터』 1권에서 제안하는 교육개혁론을 탐구하고자 한다.[3] 우선 나는 아스캄의 생애와 『스콜마스터』의 저술배경을 개괄할 것이다. 이어 아스캄의 교육개혁자로서의 모습을 라틴어 교수법, 아이들의 기지, 학습과 훈육, 여가활동의 네 가지 관점에서 고찰하고, 이를 바탕으로 그의 교육사상의 현대적

---

3 아스캄의 『스콜마스터』는 2권으로 구성되어 있다. 1권에는 "Teaching the Bringing up of Youth"라는 제목으로 아이들의 교육에 관한 "일반적인 원칙"이 담겨 있고, 2권에는 "Teaching the Ready Way to the Latin Tongue"이라는 제목으로 라틴어 학습에 관한 "방법론적 논의"가 담겨 있다(Ryan, 1963: 254). 나는 『스콜마스터』 2권에 대한 분석을 시도하지 않았다. 그 내용이 주로 "아이들의 교육"보다 "언어 교수법"에 제한되어 있어 아스캄의 교육론을 전체적으로 조명하는 데 도움이 되지 않기 때문이다(Curtis & Boultwood, 1963: 145).

의미를 논할 것이다. 이 연구는 일차적으로 16세기 영국 교육학에 대한 이해의 지평을 넓히는 데 공헌하고, 나아가 오늘날 우리나라 교육 현실을 반성적으로 회고하는 데 일조할 것이다.

(II) 전기적 배경

아스캄의 친구이자 웨스트민스터Westminster 학교의 교사였던 에드워드 그런트Edward Graunt는 아스캄의 삶을 기억하는 연설[4]을 했고, 이것은 사무엘 존슨Samuel Johnson의 손을 거쳐 1763년에 세상에 알려졌다.[5] 그런트의 기억과 존슨의 기술(Johnson, 1886: 11-12)에 따르면 아스캄은 1515년에 요크셔Yorkshire의 커비 윅Kirby Wicke에서 태어났다. 그의 아버지 존 아스캄John Ascham은 스크룹Scroop 가문의 집사였다. 아스캄은 처음에 집에서 교육을 받다가, 안토니 윙필드Anthony Wingfield의 집안으로 보내졌다. 그곳에서 아스캄은 윙필드 가문의 아이들과 함께 가정교사의 가르침을 받았다. 아스캄은 일찍부터 학문에 재능을 보여 윙필드는 1530년에 그를 케임브리지Cambridge의 세인트 존스 칼리지St. John's College 로 보냈다.

아스캄이 윙필드의 후원으로 케임브리지 대학에 입학했을 때 그곳은 인문주의 정신으로 충만해 있었다. 동로마제국의 멸망 이후 서구 유럽에는 희랍어에 능통한 동방의 학자들이 유입되었고, 인쇄술의 발달은 서적의 대중적 확산을 가져왔으며, 종교개혁은 진리에 대한 열정을 고

---

4 "Oratio de vita et obitu Rogeri Aschami." 그런트의 연설문은 아스캄에 대한 최초의 전기이다(Benndorf, 1905: 10, 주석 1).

5 제임스 베네트James Bennet는 1763년에 『로저 아스캄의 영어 저술들English Works of Roger Ascham』을 편집·출판했다. 그 안에 그런트의 기억에 기초하는 존슨의 아스캄 전기, 「로저 아스캄 회고록A Memoir of Roger Ascham」이 들어있다.

취시켰다(Ibid.: 12-13). 이제 영국에서도 희랍어가 가르쳐졌고, 존 체크John Cheke와 같은 뛰어난 학자는 세인트 존스 칼리지를 새로운 지적생활의 중심지로 만들었다(Ryan, 1963: 16).

아스캄은 케임브리지에 진학하자마자 지식의 지평을 넓히는 작업에 동참했고, 이것은 그의 희랍어 학습으로 이어졌다. 아스캄은 로버트 펨버Robert Pember의 영향으로 희랍어를 열심히 공부했다(Benndorf, 1905: 13). 아스캄은 1534년에 대학을 졸업하고 세인트 존스 칼리지의 펠로우fellow가 되었다. 아스캄은 그가 펠로우로 선출된 1534년 3월 23일을 "두 번째 생일"로 간주했다(Johnson, 1886: 14). 아스캄은 희랍어 강독으로 유명했고 라틴어 실력이 출중했다. 그러나 그는 이 시절 책에만 파묻혀 지내지 않았다. 아스캄은 고대인들의 충고에 따라 악기를 연주하고, 여가시간에는 활쏘기[6]를 즐겼기 때문이다.

케임브리지에서 성공적인 학자의 삶을 살고 있었던 아스캄은 1548년에 엘리자베스 공주의 가정교사로 발탁되었다. 이후 약 2년 동안 그는 엘리자베스 공주를 가르쳤고, 1550년에는 독일 대사 리처드 모리진Richard Morisine 경의 비서로 임명되어 대륙으로 떠났다. 그러나 아스캄은 1553년에 에드워드 왕King Edward이 죽자 영국으로 소환되었다. 그는 곧 메리 여왕Queen Mary의 라틴어 비서가 되었고, 1558년에 엘리자베스 여왕이 등극한 후에는 그녀의 가정교사로 다시 임명되었다(Ibid.: 23-28).

엘리자베스 여왕의 재임기간인 1563년에 아스캄은 에드워드 새크빌 경을 만나 『스콜마스터』의 저술을 권유받았다. 『스콜마스터』 서문에 잘 기술되어 있는 것처럼, 1563년에 런던에 전염병이 창궐해 엘리자베스 여왕은 윈저 성으로 거처를 옮겼다. 그해 12월 10일 윌리엄 세실William

---

6 아스캄은 활쏘기를 학식 있는 사람들에게 어울리는 운동으로 강조하면서 1544년에 『톡소필루스Toxophilus』를 출판했다.

Cecil 경의 방에서 국가의 저명한 인사들이 함께 저녁을 먹으면서 아이들의 교육에 관해 논의를 하게 되었다. 그러나 아스캄은 저녁식사 후 엘리자베스 여왕에게 희랍어를 읽어주기 위해 자리를 떠났고, 이러한 그를 새크빌 경이 여왕의 방까지 뒤따라와 아스캄에게 그의 손자인 로버트 새크빌Robert Sackville의 교육을 위한 논고를 저술해 줄 것을 부탁했다 (Ascham, 1967: 5-8).

아스캄은 고민 끝에 새크빌 경의 부탁을 받아들여 1564년부터 책을 쓰기 시작했고, 1566년에 오늘날 대영박물관에 남아 있는 『스콜마스터』 1권의 원고를 완성한 것으로 보인다(Ryan, 1963: 253). 그러나 아스캄은 1566년에 새크빌이 죽은 후 2년여 동안 그의 책을 써내려갈 수 없었다. 따라서 그가 다시 펜을 잡고 2권을 끝마친 것은 그가 죽음을 맞이하는 1568년이었다. 결국 『스콜마스터』의 출판은 "요한 슈트름Johann Sturm이 로저 아스캄의 부인으로 기꺼이 천거할" 마가레트 아스캄Margaret Ascham 의 몫이었다(Laurie, 1903: 61).

아스캄의 『스콜마스터』는 1570년 런던에서 세실 경에게 헌정되는 형태로 출판되었다. 그의 책은 대중적으로 인기가 있어 16세기가 끝나기 전까지 최소한 4번 재판되었다.[7] 그러나 17세기에 접어들면서 아스캄의 책은 점차 사람들의 기억에서 멀어졌고, 1711년에 제임스 업톤 James Upton이 『스콜마스터』의 개정판을 발행하기 전까지 "아스캄은 영어로 된 글을 남긴 저자로서 거의 알려지지 않았다"(Johnson, 1886: 33). 이후 소수의 학식 있는 사람들의 필요와 기호에 따라 19세기와 20세기를 거치면서 아스캄의 『스콜마스터』는 여러 번 재판되었다.

---

7 『스콜마스터』의 초판을 발행했던 존 데이John Day가 1571년, 1573년, 1579년에 각각 새로운 판을 출판했다. 그리고 1589년에 아벨 제프스Abel Jeffes가 5번째 판을 출판했다(Ascham, 1967: x1 참조).

Ⅲ 아스캄의 교육개혁론

1. 라틴어 학습에 대하여

아스캄은 당시 학교에서 일반적으로 행해지던 라틴어 수업이 지루하고 성과가 없으며 혹독한 체벌을 동반한다고 비판했다. 그는 그 이유를 문법중심의 엄격한 교수법과 성급한 말하기 학습, 그리고 온화한 성품을 지닌 교사의 부족에서 찾았다.

우선 아스캄은 아이들이 문법책이나 어휘집을 강제로 암기하면서 라틴어에 대한 혐오감과 배움 자체에 대한 부정적인 이미지를 형성한다고 보았다. 라틴어 학습을 개선하기 위해 아스캄은 아이들이 '이중번역 double translation'을 통해 라틴어를 자연스럽게 배워야 한다고 주장했다. 이를 위해 아스캄(Ascham, 1967: 14)은 아이들이 키케로Marcus Cicero의 『서간집Ciceronis epistolarum libri』을 읽고 번역하면서 라틴어를 공부해야 한다고 충고했다.[8] 그가 제안하는 구체적인 방법은 다음과 같다.

> 우선 교사는 아이에게 편지의 작성 경위와 내용을 알기 쉽게 가르친다. 다음으로 교사는 아이에게 편지를 영어로 해석해 주면서 그의 이해를 돕는다. 마지막으로 편지에 담겨 있는 문법을 철저하게 분석한다. 반복 학습을 통해 어느 정도 완벽에 이르렀을 때 아이는 노트를 한권 가지고 방해받지 않을 곳으로 자리를 옮겨 그가 배운 편지를 영어로 번역한다. 그리고 그것을 교사에게 보여준다. 이때 아이는 교사에게 그의 라틴어 책을 함께 준다. 약1시간 정도 지난 후 아이는 두 번째 노트를 가져와 그가 얼마 전에 영어

---

8 아스캄은 슈트름이 아이들의 능력을 고려하면서 편집한 키케로의 『서간집』을 권했다. 슈트름은 16세기 독일의 인문주의 교육사상가로서 아스캄과 서신교환을 하고 있었다(Johnson, 1886: 24).

로 번역한 편지를 다시 라틴어로 번역한다. 이제 교사는 아이가 라틴어로 번역한 편지와 키케로의 원래 편지를 나란히 놓고 서로 비교하면서 아이가 잘한 부분에 대해서 칭찬을 아끼지 않는다 (Ibid.: 14-15).

이중번역은 원래 키케로의 『웅변가론*De Oratore*』과 플리니우스小Plinius 의 『서간집*Epistulae*』에서 희랍어를 배우는 효과적인 방법으로 언급된 것이었다(Laurie, 1903: 74, 84). 이러한 이중번역의 방법을 아스캄은 라틴어 학습에 적용해 학생이 교사의 안내에 따라 번역을 하면서 동시에 문법을 배워야 한다고 생각했다. 이것은 문법 규칙이 실제 문장에서 어떻게 사용되고 있는 지를 보여주는 것으로서 "교사의 지겨움"과 "학생의 어려움"을 덜어주고, "교사와 학생 모두의 차가움과 불편함"을 완화시켜주는 자연스럽고 효과적인 방법이다(Ascham, 1967: 16).

다음으로 아스캄은 아이가 좋지 못한 환경에서 라틴어로 말하는 법을 성급하게 배우는 그의 시대의 관행을 개혁하고자 했다. 그는 아이가 잘못된 단어를 선택해 어설프게 말을 하는 것이 그의 라틴어 학습에 도움이 되기보다는 해가 된다고 판단했기 때문이다. 그러나 아스캄 (Ibid.: 17)은 아이가 라틴어로 말을 하기를 바라는 부모들의 마음을 잘 알고 있었고, 라틴어를 배우는 가장 좋은 방법은 라틴어를 매일 사용하는 것이라는 의견에 동의했다. 다만 그는 16세기 영국에서 로마인들이 사용하던 "고전적 라틴어"를 더 이상 들을 수 없고, 아이가 살아 있는 언어로서 라틴어를 배울 수 없는 상황에서 차선책으로 이중번역을 통한 라틴어 학습을 주장했던 것이다(Weidemann, 1900: 44).

이러한 관점에서 아스캄은 아이가 라틴어로 말을 할 수 있는 것도 중요하지만 그가 '무엇을' 말하는지가 더욱 중요하다고 생각했다. 따라서 그는 아이가 부끄럼 없이 아무 말이나 하지 말고, 늘 이성의 안내를 받아 가장 좋은 말을 신중하게 사용해야 한다고 주장했다. 여기서 아스캄(Ascham, 1967: 17)은 "머리brain가 혀tongue를 지배해야 한다"는 비유를 통해 언어학습에 있어서 내용이 형식보다 우선함을 강조했다.

끝으로 아스캄(Ibid.: 20)은 그의 시대의 많은 교사들이 학생들을 개인적인 화풀이나 쾌락의 대상으로 여겼다고 비판했다. 그의 바람은 아이를 교육하는 교사가 부드러운 성품을 지니고 있어야 한다는 것이었다. 그래서 아이가 "온화하고 친절한 교사"의 가르침을 받으면서 "배움의 즐거움"을 느낄 수 있어야 한다는 것이었다(Benndorf, 1905: 27). 이를 위해 그는 교사가 아이의 실수를 서둘러 혼내기보다 친절하게 바로잡을 것을 충고했다. 예를 들면, 교사가 키케로의 원본과 아이의 번역본을 서로 비교하면서 아이에게 키케로라면 이런 경우에 이렇게 했을 것이라고 친절하게 말하면서 아이의 잘못된 어휘선택과 문장배열, 또는 문법 사용을 바로잡는 것이다(Ascham, 1967: 15).

2. 학습에 적합한 기지에 대하여

아스캄은 당시 학교교사들의 성품이 거칠고 난폭한 것도 문제지만, 그에 못지않게 그들이 아이들의 기지를 잘못 파악해 교육을 성공보다 실패로 몰아가는 경우가 많다고 비판했다. 따라서 아스캄은 교사가 무엇보다도 아이가 학습에 적합한 기지를 가지고 있는지를 판단할 수 있어야 한다고 보았다.

이러한 맥락에서 아스캄은 교사가 "아이들의 본성의 세밀한 관찰자"가 될 것을 충고했다(Weidemann, 1900: 27). 그러면서 그는 아이들의 타고난 본성의 차이를 고려하면서 그들의 기지를 "기민한 기지quick wits"와 "투박한 기지hard wits"로 구분했다. 아스캄이 설명하는 기민한 기지와 투박한 기지의 특징은 다음과 같다.

기민한 기지는 쉽게 받아들이나 오래 유지하지 못하고, 쉽게 달아오르나 곧 차갑게 식으며, 빠른 결과를 가져오나 깊은 감동은 주지 못한다. 이것은 날카로우나 쉽게 마모되는 칼날과 같은 것으로 그러한 기지는 편하고 즐거운 공부에는 어울리나 중요하고 어려운 학문에는 적합하지 않다. … 투박한 기지는 어렵게 받아들이나 확실하게 지속되고, 지겨워하지 않으면서 노력하며, 새로움에 현혹됨이 없이 늘 한결같고 조심한다. 이러한 기지는 가볍고 쉬운 일이 아닌 무겁고 힘든 일을 기꺼이, 철저히 한다. 그래서 기민한 기지가 바라기만 할뿐 이루지 못하는 학문의 완성에 도달한다(Ascham, 1967: 21, 24).

교사들은 흔히 기민한 기지의 아이를 "비범"하다고 칭찬하고 투박한 기지의 아이를 "나태"하다고 나무랐는데 전자가 후자보다 학습 속도가 빠르기 때문이다(Ryan, 1963: 255). 그러나 아스캄은 아이의 기지가 타고나기를 기민한 것과 아이가 학습[9]을 통해 그의 기지를 기민하게 만드는 것을 선호하지 않았다. 기민한 기지를 가진 아이는 말을 잘하는 사람은 될 수 있어도 판단을 잘하는 지혜로운 사람은 될 수 없기 때문이다. 실제로 아스캄(Ascham, 1967: 21)은 그 자신의 학습과 경험에 비추어 나이가 들어 지혜와 학식으로 이름 난 사람들이 어려서는 기민한 기지의 소유자가 아니었음을 강조했다.

한편 아스캄은 아이의 단단하고 거칠며 무뚝뚝한 기지가 교육과 결합했을 때 그는 세상을 지혜롭고 행복하게 살아갈 수 있는 힘을 얻게 된다고 믿었다. 그는 그 이유를 다음과 같이 설명했다.

---

9 아스캄(Ascham, 1967: 23)은 갈렌Galen과 플라톤Platon의 입을 빌려 "음악"과 "수학" 교과의 위험성을 경고했다. 이들 교과는 아이의 기지를 날카롭게 만들 수는 있어도 그가 세상에서 다른 사람들과 행복하게 살아가는 데는 도움이 되지 못하기 때문이다.

투박한 기지는 새롭고 신기한 것을 탐하지 않기 때문에 타인의 문제에 관심을 갖거나 간섭을 하는 대신 항상 자기 자신의 문제에 부지런히 주의를 기울인다. 그러므로 스스로 지혜롭게 되고, 타인에 의해 정직하다는 평가를 받는다. 투박한 기지는 침착하고, 흔들리지 않으며, 입이 무겁고, 마음이 차 있다. 서둘러 약속을 하지 않으나 일단 약속을 하면 그것을 끝까지 지킨다. 아무 말이나 함부로 하지 않으며, 늘 그 내용을 생각한다. 그러므로 중요한 문제에 관해 글을 쓰거나 충고를 할 때 성급하게 말을 하기보다 깊이 고민하고 판단한다. 결국 이러한 기지를 가진 사람들은 스스로 가장 행복하고 또 세상에서 가장 존경을 받는다(Ibid.: 24).

위의 인용구에서 아스캄은 투박한 기지가 학습에 적합한 기질임을 강조했다. 그러나 부모와 교사들은 기민한 기지를 선호했다. 이것은 학문에 적성이 있는 아이가 집과 학교에서 냉대를 받는 것을 의미했다.

부모는 조용하고 한결같은 그러면서 다소 투박한 기지의 아이를 학교로 보내 공부시키지 않는다. 설령 이러한 좋은 기질의 아이가 학교로 보내진다 하더라도 그는 교사의 주목을 거의 받지 못한다. 그는 배움을 경험하지 못하고, 낙담하며, 모든 것에 뒤쳐진다. 그가 남들보다 앞서는 것은 교사의 잦은 책망과 그로 인한 학습에 대한 혐오감이다. 이제 그는 학문이 아닌 다른 종류의 삶에 관심을 갖는다(Ibid.: 24-25).

결국 아스캄은 투박한 기지의 아이들보다 기민한 기지의 아이들을 선호하는 그의 시대의 '가벼움'을 비판했다. 그러면서 그는 부모와 교사들이 아이들의 타고난 기질을 잘 파악해 교육의 가능성을 제고할 것을 주장했다. 비록 아스캄(Ibid.: 26, 28)은 기민한 기지의 소유자도 뛰어난 학자가 될 수 있음을 그의 스승이었던 존 체크의 예를 통해 설명했지만, 그럼에도 불구하고 그는 대학에 보내서는 안 되는 아이를 대학에 보내는 아버지의 어리석음을 지적하면서 아이의 기질에 따른 교육의 한계를 인정했다.

3. 아이들의 학습과 훈육에 대하여

아스캄은 "경험이 최상의 교사"라는 동시대 부모들의 성급한 가정을 문제시 했다(Ryan, 1963: 258). 그는 인문주의자로서 아이들을 지혜롭고 훌륭하게 키우기 위해서는 무엇보다도 학습이 중요하다고 믿었기 때문이다. 이를 위해 아스캄은 경험을 맹목적이고 위험한 것으로 보고 경계했다. 반면에 그는 아이들의 지적 호기심과 기억력이 왕성한 유년기를 학습의 적기로 간주하면서 아이들을 학습의 유익한 교훈들로 안내하기 위해 어려서부터 "계획적이고 적극적인 교육활동"이 필요하다고 주장했다(Weidemann, 1900: 24).

또한 아스캄(Ascham, 1967: 33)은 "아이들의 천성이 놀이를 좋아하고 배움은 싫어한다"는 동시대인들의 주장에 동의하지 않았다. 그는 아이들이 배움을 힘들고 지겨워하는 "원인"이 그들의 타고난 본성이 아닌 "교사의 잘못된 교육"에 있다고 믿었기 때문이다(Laurie, 1903: 77). 따라서 아스캄은 아이들의 학습에서 강제와 두려움의 흔적을 제거하고 그 자리를 놀이와 즐거움으로 채울 것을 주장했다. 교사가 아이들을 부드럽게 달래면서 학습을 일종의 놀이로 간주한다면 그들은 학교를 즐겁게 갈 것이기 때문이다.

비록 아스캄은 아이들의 마음속에 배움에 대한 사랑을 심어주고 싶었지만, 그는 그에 못지않게 아이들을 반듯한 신사로 키우고 싶었다. 이를 위해 아스캄은 그의 시대의 교사가 아이를 부드럽게 배움으로 안내하는 사람과 아이의 잘못된 행동을 바로잡는 사람의 역할을 동시에 수행해야 한다고 생각했다(Weidemann, 1900: 30; Ascham, 1967: 37 참조). 아이를 학식과 덕을 겸비한 신사로 키우기 위해 교사는 아이를 사랑으로 가르칠 뿐만 아니라 엄하게 훈육해야 하기 때문이다.

그러나 당시 영국의 상황은 아스캄의 바람과 같지 않았다. 벤도르프 (Benndorf, 1905: 28)가 잘 지적한 것처럼 귀족 가문의 아이들은 과도한 자유를 누리면서 그들의 욕구에 따른 무절제한 삶을 살고 있었기 때문 이다. 아스캄은 그 이유를 다음과 같이 설명했다.

> 아이들은 좋은 돌봄과 관심이 가장 필요할 때 방치된다. 그들은 어려서 잘 교육받지 못하고, 따라서 나이가 들어 혈기왕성해 지면 방종한 삶을 산다. 어린 신사의 눈과 귀에 나쁜 것이 들어오면, 그의 마음이 또한 병이 들어 그는 유년기에 받았던 좋은 교육까지 도 모두 토해낸다. 그리고 그의 마음이 공허함으로 가득 차, 그는 장차 배움을 멀리하고 충고에 염증을 느낄 것이다. 그 결과 부모들 은 자식교육에 들인 비용과 수고에도 불구하고 근심과 걱정의 열매 만을 수확한다(Ascham, 1967: 39-40).

계속해서 아스캄은 아이들의 자유분방한 삶과 그로 인한 도덕적 타락 이 상류층에 국한된 것이 아닌 국가 전체에 널리 퍼져있음을 개탄했다.

> 이러한 도덕적 비행은 궁정에서만 목격되는 것이 아니라 국가 전체에 산재해 있다. 순수함과 겸손함은 이미 사라졌고, 그 자리를 젊음의 무례함과 뻔뻔스러움이 차지했다. 그와 함께 노년의 권위와 연장자에 대한 존경심이, 또한 의무감이 잊혀졌다. 간단히 말해 방 종함이 도처에 난무하고, 모두가 그것에 취해있다(Ibid.: 44).

아스캄은 그의 시대의 도덕적 타락을 치유하기 위해 "가정에서의 주의 깊은 훈육"을 강조했다(Weidemann, 1900: 23). 그는 학습의 경우 와 마찬가지로 아이의 훈육을 가능한 일찍 시작할 것을 충고했다. 아이 가 좋은 것과 나쁜 것을 모두 쉽게 받아들이는 유년기에 그를 선하게 교육시키는 일이 중요하기 때문이다. 이때 부모의 역할은 아이에게 도덕적인 지식을 가르치는 것이 아니라 그를 주변의 나쁜 영향으로부터 보호하는 것이다. 이것은 후에 루소J. J. Rousseau가 『에밀Émile』에서 주장한 '소극적 교육negative education'을 떠오르게 한다(보이드, 2008: 369).[10] 아스캄(Ascham, 1967: 45-46)은 루소처럼 유년기의 "무지"를 강조하고 인위적인 "지식"보다 자연의 "순수함" 또는 "순박함"을 선호했기 때문이다.

구체적으로, 아스캄은 어린 신사들이 지혜와 덕으로 유명한 사람들은 가까이 하는 반면 그들에게 나쁜 영향을 줄 수 있는 부도덕한 사람들은 멀리해야 한다고 충고했다. 그는 아이들이 "모방"을 통해 그들의 "영혼을 형성"해 간다는 사실을 잘 알고 있었기 때문이다(Weidemann, 1905: 23). 더해 아스캄은 어린 신사들이 주변의 "잘못된 의견"에 현혹되지 말아야 한다고 주장했다. 아스캄(Ascham, 1967: 41-42)이 보기에 "실수와 상상이 진리와 판단의 자리를 대신"하는 경우가 많았고, 그 결과 사람들은 "부끄러움을 모르는 아이를 유덕하고 대범한 아이"로 간주하는 반면 "순수하고 선량한 아이는 교양 없고 무뚝뚝한 아이"로 여기는 잘못을 범했기 때문이다.

정리하면, 아스캄은 유년기의 학습을 소홀히 하는 그의 시대의 교육적 관습을 반대하면서 아이들을 가능한 일찍 학습의 유익한 교훈들로 안내하고자 했다. 그의 바람은 아이들이 부지런히 학문과 지혜를 연마해 학식과 덕을 겸비한 신사로 거듭나는 것이었다. 특히 아스캄은 당시 영국사회에서 쉽게 목격되던 아이들의 도덕적 타락을 비판하면서 아이

---

10 "최초의 교육은 주로 소극적이어야 한다. 이 시기의 교육은 덕이나 진리를 가르치는 것이 아니라, 마음을 악과 오류로부터 보호하는 것이다"(Rousseau, 1892: 59).

들을 사랑으로 가르치는 일뿐만 아니라 그들을 엄하게 훈육하는 일이
또한 중요하고 가치 있는 일임을 강조했다.

4. 신체훈련과 여행에 대하여

아스캄(Ibid.: 52)은 어린 신사들이 공부를 열심히 해야 하나 그렇다고
해서 "책에만 파묻혀" 지내서는 안 된다고 충고했다. 쉼 없는 공부는
아이들의 기지를 무디게 하는 반면 적절한 휴식은 아이들의 학습의욕을
북돋기 때문이다. 특히 아스캄은 "학습에 적합한 기지"를 가진 아이들이
"열등하고 어리석은 기지"의 아이들보다 "많은 여가활동"을 가져야 한다
고 주장했는데 우수한 기지의 아이들은 그렇지 않은 아이들보다 "계속되는
공부"로 인해 더 큰 피해를 입을 수 있기 때문이다(Wright, 1904: 3).

이러한 관점에서 아스캄은 귀족 집안의 아이들이 즐거운 학습과 엄격
한 훈육을 경험하는 동시에 건전한 여가활동을 즐겨야 한다고 생각했
다.[11] 이때 아스캄은 로리(Laurie, 1903: 81)가 잘 지적한 것처럼 그의
"고대 편향적인 사고"를 드러냈다. 아스캄(Ascham, 1967: 53)은 고대
아테네의 신체훈련에 주목하면서 아이들이 "뮤즈Muses", "아폴로Apollo",
"팔라스Pallas"의 가르침을 받아야 한다고 주장했기 때문이다. 여기서
'뮤즈'는 학문과 가무의 신이었고, '아폴로'는 궁술과 악기의 신이었으
며, '팔라스'는 전쟁의 신이었다. 따라서 아스캄(Ibid.: 53)은 "학습은
건전한 놀이와 적절한 운동을 수반하고, 전쟁 역시 학문과 지혜의 감독
을 받아야 한다"라고 말했다.

---

11 아스캄은 건전한 여가활동을 강조했다. 특히 그는 궁술에 관한 책을 쓰면서
  영국의 귀족 아이들에게 적합한 운동과 놀이의 예를 제공했다. 그러나 아스캄
  자신의 삶은 그의 원칙에 위배되었다. 그는 노년에 "주사위놀이dice"와 "닭싸움
  Cock-fighting"과 같은 도박에 중독되어 가난하고 비참하게 생을 마감했기 때문이다
  (Laurie, 1903: 59; Johnson, 1886: 29).

부연하면, 아스캄(Ibid.: 53)은 고대인들의 가르침에 따라 아이들이 "낮에 공공의 장소에서 몸을 움직이면서 하는 여가활동"을 선호했다. 여기에는 달리기, 높이뛰기, 레슬링, 수영과 같은 운동과 춤, 노래, 악기 연주, 매사냥, 테니스와 같은 놀이가 포함되었다. 뿐만 아니라 아스캄은 아이들이 승마, 창술, 궁술을 배우고 각종 무기 사용법을 익히면서 "전쟁을 준비할 수 있어야 한다"고 주장했다(Weidemann, 1900: 32). 아스캄은 아직 "상비군과 같은 중앙집권적 군대"가 정비되어 있지 않았던 16세기 영국사회에서 아이들은 고대의 자유민들처럼 "평상시에는 지혜로움"으로, "전시에는 강인함"으로 국가에 봉사할 수 있어야 한다고 믿었기 때문이다(Bindoff, 1951: 52; Ascham, 1967: 40).

다음으로 아스캄은 당시 영국의 귀족들이 "교육의 마지막 단계"로 간주하던 여행의 문제를 논했다(Weidemann, 1900: 34). 그는 지혜와 권위를 겸비한 가정교사의 보호와 감독 없이 아이들이 무작정 외국을 여행하는 일이 위험하다고 판단했다. 특히 그는 영국의 신사자제들이 이탈리아를 여행하는 관습에 반대했다. 학문의 땅으로서 이탈리아의 명성은 이미 사라진 지 오래였기 때문이다.

> 이탈리아와 로마가 말과 행동 모두 뛰어난 위인들을 많이 길러내면서 세상의 중심으로 인정받던 시절이 있었다. 그러나 그러한 시절은 갔고, 같은 땅에 과거와 현재는 흑과 백처럼, 또 덕과 악처럼 서로 다른 모습을 보인다. …… 오늘날 이탈리아는 과거의 영예를 가지고 있지 못하다. 그러므로 젊은이들이 지혜로움과 정직함을 찾아 배우는데 적합한 장소가 아니다. 이곳에서 아이들은 좋은 학생이 되지도 못하고, 또 자기 자신의 참된 주인이 되지도 못한다 (Ascham, 1967: 60-61).

아스캄은 플라톤Platon이 시칠리아Sichilia를 방문한 예를 들어 현재의 이탈리아는 과거의 시칠리아처럼 도덕적 타락과 정치적 분열이 난무한 곳임을 강조했다. 아스캄은 영국의 신사자제들이 무분별하게 이탈리아를 여행하는 일이 교육적으로 바람직하지 않다고 생각했다. 과거에 플라톤이 목격했던 것처럼, 오늘날 이탈리아에서 아이들은 단지 "레텐λήθην, 망각", "뒤스마티안δυσμαθίαν, 지적인 나태", "아프로쉬넨ἀφροσύνην, 어리석음", "위브린ὕβριν, 오만함"을 경험할 뿐이기 때문이다(Ibid.: 64).

또한 아스캄은 이탈리아를 다녀온 젊은 신사들이 "그렇지 않은 사람들을 무시하고 영국의 도덕적 관습을 멸시"하는 세태를 비판했다(Benndorf, 1905: 29). 특히 아스캄은 이탈리아에서 돌아온 사람들이 영국에 알려지지 않은 사악한 풍습들을 가져와 영국인들을 타락시킨다고 주장했다. 이러한 이유에서 그는 당시 영국에서 성행하던 이탈리아 서적의 무분별한 번역·출판을 문제시했다(Ryan,1963: 259). 이탈리아에서 유입된 불온서적들은 "런던의 모든 상점에서 그럴 듯한 제목으로 판매되면서 정직한 사람들을 타락시키고 소박하고 순수한 기지를 현혹"시키기 때문이다(Ascham, 1967: 67).

그러나 아스캄은 여행의 교육적 효과 자체를 부정한 것은 아니었다. 그는 아이들의 바람직한 여행지로 종교적 신실함이 남아 있던 쮜리히Zürich와 슈트라스부르크Strasbourg를 언급하고 있기 때문이다. 다만 아스캄(Ibid.: 62)은 영국의 어린 신사들을 "오디세이아Odysseia"에 비유하면서 오디세이아가 "팔라스Pallas"의 보살핌을 받은 것처럼 그들 역시 지혜롭고 정직한 가정교사의 안내를 받으면서 이탈리아를 여행하는 것이 좋다고 충고했을 뿐이다. 바이더만(Weidemann, 1900: 34)의 지적대로 아이들이 여행을 통해 "세상과 세상 사람들에 대한 시야"를 넓히기 위해서는 그들과 동행하는 "가정교사"의 "세심한 주의"가 필요하기 때문이다.

Ⅳ 맺음말

이상에서 나는 『스콜마스터』 1권에 나타난 아스캄의 교육개혁론을 살펴보았다. 이 연구는 그동안 우리나라에서 소홀했던 16세기 영국 교육학의 단면을 보여준다는 점에서 그 의미를 찾아볼 수 있겠다.[12] 비록 16세기 영국 교육학은 오늘날 "교육학자와 역사학자 양측으로부터 홀대받는 그림자 영역"이 되어가고 있지만, 역사적으로 이 시기는 영국 교육학의 태동기로 볼 수 있다(설혜심, 2009: 29). 왜냐하면 16세기 들어서 비로소 '영국인'이라는 정체성과 함께 '영어'로 쓰인 교육논고들이 나오기 시작했고, 그 결과 '영국의 교육사상가'라는 새로운 민족적/국가적 범주가 형성되었기 때문이다.[13] 이러한 관점에서 영국 교육학의 역사는 엄밀한 의미에서 모국어 문헌들이 본격적으로 등장하는 16세기에 그 기원을 두어야 하며, 아스캄과 같은 엘리자베스 시대의 교육이론가를 탐구하는 일은 16세기 영국 교육학 연구에, 나아가 영국 교육사 연구

---

12 교육적인 관점에서 『스콜마스터』에 대한 학문적 논의는 1900년에 바이더만의 『교사, 로저 아스캄Roger Ascham als Pädagoge』과 1905년에 벤도르프의 『16세기 영국 교육학Die Englishe Pädagogik im 16 Jahrhundert』이 출판되면서 시작되었다. 그러나 바이더만과 벤도르프의 선구적인 작업 이후 아스캄의 교육이론을 주제로 하는 연구는 답보 상태를 벗어나지 못했다. 다만 서양교육사를 전공하는 사람들이 르네상스 시대의 교육 역사를 다루면서 아스캄의 삶과 사상을 간단히 소개했을 뿐이다. 우리나라의 경우에는 아스캄의 『스콜마스터』가 아직 우리말로 옮겨지지 않았을 뿐만 아니라, 아스캄의 교육사상에 관한 독립적인 연구가 전무한 실정이다.

13 물론 그 전에도 교육에 관해 글을 남긴 영국인들이 있었다. 일례로 역사는 8세기경 카를 대제Charles the Great의 궁전에서 궁정학교를 운영했던 영국인 교사 알쿠인 Alcuin of York을 기억한다. 우리는 알쿠인이 성공한 교사이자 교육저술가였다는 사실을 잘 알고 있으나 그는 영어가 아닌 라틴어로 글을 썼고, 따라서 그는 진정한 의미에서 '영국인' 교육저술가는 아니었다(김성훈, 2005: 52, 주석 68 참조)

에 의미 있는 자료를 제공할 것이다.

사상적 측면에서, 아스캄의 교육개혁론에는 16세기 영국 교육학의 두 특징인, 인문주의적 요소와 영국적인 요소가 모두 담겨 있다. 우선 아스캄은 인문주의 교육이론의 영향을 받아 그의 시대의 교육 현실을 비판하고 또 새로운 대안을 제시했다. 아스캄은 고대인들의 가르침에 따라 새로운 라틴어 교수법을 제시한 실천적인 교육자였으며, 아이의 기질에 따른 교육의 한계와 가능성을 고민한 신실한 교육이론가였다. 뿐만 아니라 아스캄은 그의 교육논고를 영어로 저술함으로써 학문의 언어에 무지했던 영국의 대다수 귀족들에게 아이들의 학습과 훈육에 관한 고대인들의 지혜를 제공했다. 하지만 아스캄은 과거의 인문주의 정신에만 머물러 있지 않았다. 그는 현재를 살면서 영국의 신사계급을 국가의 필요에 따라 교육시킬 것을 주장했고, 이를 위해 그의 시대의 잘못된 교육관습을 개혁하려 했기 때문이다. 특히 아스캄은 16세기 영국의 정치적·종교적 격변 속에서 사회개혁을 위한 교육의 중요성을 강조하고, 심신의 조화로운 발달이라는 인문주의의 이상을 국가에 대한 봉사라는 애국적 목적에 사용하려 했다. 이러한 관점에서 아스캄은 영국의 젊은이들, 특히 신사계급의 아이들을 훌륭하게 교육하는 데 관심이 있었다. 그는 귀족 가문의 아이들이 그들의 마음을 지혜와 덕으로 채우고 그들의 몸을 강인함으로 단련해 국가에 봉사할 수 있어야 한다고 믿었기 때문이다.

마지막으로 아스캄의 교육이론이 갖는 실천적 의의를 현대 교육과 결부시켜 생각해 보면 다음과 같다.

첫째, 아스캄의 라틴어 교수법은 현대 언어학습에 시사하는 바가 있을 수 있다. 아스캄은 키케로와 플리니우스가 희랍어를 배우는 방법으로 제시한 이중번역을 그의 시대의 라틴어 학습에 적용해 존슨 박사Dr. Johnson의 말대로 "언어학습과 관련된 최상의 충고"를 했다(Quick, 1903:

82로부터 재인용). 같은 맥락에서 우리는 아스캄의 라틴어 교수법을 현대언어학습에 적용할 수 있다. 특히 아이들이 모국어가 아닌 외국어를 학습할 때 아스캄이 제안하는 이중번역의 방법은 여전히 유효하다. 물론 언어를 배우는 가장 좋은 방법은 일상적인 대화를 통해서이다. 그러나 모국어가 아닌 경우 어설픈 말하기보다 체계적인 읽기와 번역을 통해 아이들은 언어를 더 자연스럽고 의미 있게 배울 수 있다.

둘째, 아스캄의 인간본성론은 현대인들의 '교육만능설'에 일침을 가하는 것으로 볼 수 있다. 오늘날 부모와 교사들은 아이들의 타고난 성향이나 능력을 고려함이 없이 그들을 자신들이 원하는 '거푸집' 속에 집어넣으려 한다. 그 결과 부모들도 교사들도 아이들도 모두 만족하지 못하는 부자연스러운 교육활동이 발생한다. 이와 대조적으로 아스캄은 특정 학습에 적합한 기질이 있음을 주장하면서 교육의 가능성과 한계를 동시에 지적했다. 이것은 교육의 가능성에 대한 과도한 믿음 하에 교육의 한계를 인정하는 일에 소홀한 현대인들에게 교육의 시작이 후천적 양육 nurture이 아닌 선천적 본성nature에 있음을 일깨운다.

셋째, 아스캄의 교육목적은 영국의 귀족계급 아이들을 학식과 덕을 겸비하고 신체적으로 강인한 신사들로 키우는 것이었다. 여기서 '영국의 귀족계급'과 '신사'라는 수식어를 제외하면 아스캄의 교육목적은 현대 교육이 추구해야 할 목적으로 손색이 없다. 오늘날 우리는 세계 자본주의 시대를 살면서 교육의 시장화와 그에 따른 인간성의 상실을 경험하고 있다. 이러한 후기 자본주의 시대에 아스캄의 교육관은 '심신의 조화로운 발달'이라는 교육 본연의 목적을 우리의 기억 전면으로 불러올 수 있고, 그 과정에서 우리가 잘삶the good life의 의미를 재고하는 일을 돕는다.

넷째, 아스캄의 학습관과 훈육관은 오늘날에도 유효한 것처럼 보인다. 우리는 학교현장에서 여전히 체벌을 목격하고 있고, 현대 교육은 아이들의 바른 훈육보다 그들의 경쟁적인 성취를 강조하고 있기 때문이다. 이런 관점에서 우리는 아스캄이 주장하는 온화한 학습과 엄격한 훈육이 오늘날 '진부한' 것으로 치부될 수 있는지를 되물어야 한다. 특히 아스캄이 제안하는 학습과 놀이의 조화가 현대 교육에 어느 정도 반영되어 있는지를 살펴보고, 청소년기의 무분별한 외유外遊가 아이들의 도덕적 타락을 초래한다는 아스캄의 경고를 숙고해야 할 것이다.

참고문헌

김성훈(2005). "토마스 엘리어트, 튜더 잉글랜드의 교육 이론가: 에라스무스식 인문주의 교육관을 넘어서". 『영국연구』 13. 31-56.

보이드, 윌리엄(2008). 『서양교육사』(이홍우, 박재문, 유한구 옮김). 파주: 교육과학사.

설혜심(2009). "역사를 왜, 어떻게 배워야 하는가?: 근대 초 영국의 교육담론 분석". 『영국연구』 21, 27-54.

Ascham, R.(1967). *The Schoolmaster*. Ithaca: Cornell University Press.

Benndorf, C.(1905). *Die Englishe Pädagogik im 16 Jahrhundert: Elyot, Ascham und Mulcaster*. Wien: Wilhelm Braümuller.

Bindoff, S.(1951). *Tudor England*. Harmondsworth: Penguin Books.

Curtis, S. & Boultwood, M.(1963). *A Short History of Educational Ideas*. London: University Tutorial Press.

Johnson, S.(1886). *A Memoir of Roger Ascham*. Boston: Chautauqua Press.

Laurie, S.(1903). *Studies in the History of Educational Opinion from the Renaissance*. Cambridge: The University Press.

Quik, R.(1903). *Essays on Educational Reformers*. New York: D. Appleton and Co.

Rousseau, J.(1892). *Émile*. William Payne(trans.). New York: D. Appleton and Co.

Ryan, L.(1963). *Roger Ascham*. Stanford: Stanford University Press.

Weidemann, G.(1900). *Roger Ascham als Pädagoge*. Berlin: Buchdruckerei von Gustav Schade.

Woodward, W.(1906). *Studies in Education during the Age of the Renaissance 1400-1600*. Cambridge: At the University Press.

Wright, A.(ed.).(1904). *English Works of Roger Ascham*. Cambridge: The University Press.

Chapter

XIV

신의 나라를 꿈꾸며

"『교육론』에 나타난 밀턴의 교육개혁사상 고찰"

(『인문과학』, 47, 2011: 57-80)

『교육론』에 나타난 밀턴의
교육개혁사상 고찰

① 들어가며

밀턴John Milton, 1608-1674의 삶을 돌이켜 보았을 때 그는 분명 잘 교육
받은 사람이었다. 그는 아버지의 배려로 어려서부터 가정교사의 가르침
을 받았고, 세인트 폴 스쿨St. Paul's School을 거쳐 케임브리지Cambridge에
서 공부를 하였다. 밀턴은 또한 부친의 경제력에 기대어 대학을 졸업한
뒤 6년 동안 런던 근교의 해머스미스Hammersmith와 호턴Horton에서 학구
적 은둔과 여가를 즐겼다. 게다가 밀턴은 대륙여행을 통해 그의 오랜
교육적 여정을 성공적으로 끝마칠 수 있었다.[1] 바로 이 무렵 밀턴은
런던 교외의 앨더스게이트Aldersgate에서 존슨 박사Dr. Johnson가 "비루한
일mean employment"이라고 폄하한 어린 조카들을 가르치는 일을 시작했
다.[2]

우리는 밀턴의 가정교사로서의 모습을 그의 학생이었던 필립스
Edward Phillips의 기술을 통해 엿볼 수 있다. 필립스는 그의 삼촌을 엄격한

---

1 박상익, 『밀턴평전』(서울: 푸른역사, 2008), 1장.
2 Samuel Johnson, *Lives of the English Poets*(London: Oxford University Press, 1968), vol. 1, p. 78.

교사로 기억했다. 밀턴의 교육과정은 광범위했고 그의 교육방법은 혹독했다.[3] 비록 밀턴은 아이들과 자유롭게 대화를 나누고 설득과 모범을 통해 교육을 하는 것이 가장 효과적이라고 생각했지만, 그렇다고 해서 그의 교실에서 지겨움과 강제의 흔적을, 특히 조카들의 울음소리를 완전히 사라지게 할 수는 없었다. 밀턴이 실천에 옮기고자 했던 교육은 "호메로스Homeros가 오디세이아Odysseia에 부여한 강인한 근육"을 필요로 했기 때문이다.[4]

밀턴의 앨더스게이트에서의 교육 실험은 성공적이었다. 그의 조카들은 훗날 "그의 삼촌의 뛰어난 판단력과 교육방법을 동시대 학교교사들의 현학적인 태도와 비교하면서 높이 칭송"했다.[5] 그러나 밀턴의 이 주제, 즉 교육에 대한 관심은 전문적인 것이 아니었다. 그의 머릿속에는 직업적인 교사가 되려는 생각이 들어 있지 않았기 때문이다. 흥미로운 것은 밀턴이 가르치는 일을 시작한 5년 뒤인 1644년에 그의 『교육론Of Education』을 출간했다는 점이다. 물론 밀턴은 자발적이라기보다는 하틀립Samuel Hartlib의 간청을 받고 교육에 관한 논고를 저술했다.[6] 그렇지만

3 S. S. Laurie, *Studies in the History of Educational Opinion from the Renaissance* (Cambridge: At the University Press, 1905), p. 164; William Riley Parker, "Education: Milton's Ideas and Ours", *College English 24*(1), 1962, p. 10.

4 John Milton, *The Prose Works*(London: Henry G. Bohn, 1848), vol. 3, p. 478.

5 Parker, "Education: Milton's Ideas and Ours", p. 10.

6 하틀립은 폴란드계 아버지와 영국계 어머니 밑에서 태어났다. 그는 1628년부터 영국에 거주하면서 영국의 사회개혁에 중요한 역할을 하였다. 특히 그는 교육을 개혁하는 일에 관심을 갖고 코메니우스Johann Amos Comenius의 범지사상을 영국에서 실현하고자 했다. 이를 위해 그는 코메니우스의 저서들을 번역해 소개했을 뿐만 아니라, 그의 영국 방문을 주선하면서 런던 근교에 범교육기관을 설립하려고 했다. 그러나 1642년 영국에 내전이 발발하자 코메니우스는 대륙으로 떠났고 하틀립의 계획은 수포로 돌아갔다. 하지만 하틀립은 그의 꿈을 접지 않고 영국의 청교도 개혁자들에게 코메니우스 식의 노력을 계속할 것을 독려했다. 밀턴의

밀턴은 "교육을 개혁하는 일"이 "우리가 생각할 수 있는 가장 뛰어나고 고결한 계획 중의 하나"라고 말하면서, 또 "교육을 개혁하는 일 없이 국가는 쇠퇴하고 말 것"이라고 말하면서 그의 교육개혁에 대한 열의와 진정성을 보여주었다.[7]

이러한 관점에서 우리는 '교사' 밀턴은 주장할 수 없다 하더라도, '교육개혁자' 밀턴은 주장할 수 있다. 교육개혁자로서 밀턴은 "그 시대의 전통에 반대했을 뿐만 아니라 그 전통을 개혁하려는 동시대인들의 주장에도 반대"했다.[8] 이것은 밀턴의 교육사상이 어느 정도 독자성을 가지고 있었음을 의미했다. 그가 어려서 받았던 훌륭한 교육과 젊은 시절의 학문적 편력 그리고 앨더스게이트에서의 경험은 밀턴의『교육론』저술에 풍부한 자양분을 제공했다. 그 결과 밀턴은 청교도들의 교육 논고를 읽는데 무관심했고, 심지어 코메니우스의 저작들까지 공개적으로 반박했다.[9] 그러나 밀턴의 이러한 "콧대 높은 자기 의존성"에도 불구하고 그의『교육론』에는 고대인들의 가르침과 가정교사로서의 경험뿐만 아니라 동시대 교육사상가들의 주장이 함께 담겨 있었다.[10] 밀턴처럼 뛰어

『교육론』역시 이러한 배경에서 저술된 것으로 볼 수 있다. 이숙종,『코메니우스의 교육사상』(서울: 교육과학사, 1996), 325쪽 이하; John William Adamson, *Pioneers of Modern Education in the Seventeenth Century*(New York: Teachers College Press, 1971), 6-7장.

7 Milton, *The Prose Works*, p. 462.

8 Parker, "Education: Milton's Ideas and Ours", p. 1.

9 "여기서 나는 과거의 유명한 저자들의 견해를 반복하지 않을 것이다. 나는 또한 오늘날 교수법으로 유명한 저자의 저작들을 애써 찾지 않을 것이다." Milton, *The Prose Works*, p. 464. 이 인용문에서 '교수법으로 유명한 저자'는 코메니우스였다. 밀턴의 코메니우스에 대한 냉소적인 태도는 하틀립이 밀턴의 논고를 등한시하는 결과를 초래했다. 하틀립은 밀턴이 코메니우스 학파가 아님을 뒤늦게 깨닫고, 그의 부탁으로 저술된『교육론』을 익명匿名으로 출간했기 때문이다.

10 밀턴은 하틀립과 같은 동시대 청교도들의 개혁사상에 영향을 받았다. 그는 또한

난 인물도 그 시대의 정신과 사상으로부터 완전히 독립적일 수는 없었기 때문이다.[11]

이 글에서는 '밀턴'과 '교육'이라는 얼핏 보기에 어울리지 않을 것처럼 보이는 두 개의 주제를 서로 연결시켜 밀턴의 교육개혁사상을 탐구한다. 이를 위해 나는 먼저 그 시대의 교육에 대한 밀턴의 비판적 태도를 살펴볼 것이다. 이어 밀턴의 『교육론』에 나타난 그의 숭고한 목적과 세속적 방법에 주목할 것이다. 앞으로 살펴보면 알겠지만 밀턴은 신의 형상을 닮으려는 숭고한 목적을 인간 세상에 대한 체계적인 연구를 통해 달성하고자 했기 때문이다. 계속해서 나는 밀턴의 교육개혁론의 성격을 그 시대의 주요 특징들인 자유주의, 실학주의, 범지사상의 틀 속에서 논의할 것이다. 마지막으로 나는 밀턴의 교육적 사고에 내재하는 몇 가지 문제점을 지적한 다음, 그의 『교육론』이 현대 교육에 공헌할 수 있는 바가 무엇인지를 생각해 볼 것이다.

주지하다시피 밀턴은 영국문학사의 거장giant이다. 밀턴의 양대 서사시는 일반인들에게도 낯설지 않고, 그의 『아레오파지티카Areopagitica』는 자유의 선언문manifesto으로 유명하다. 그러나 밀턴은 교육을 연구하는 사람들에게도 작은 논고를 하나 남겼다. 그 분량을 고려한다면 밀턴의 『교육론』은 다소 실망스러운 것이었다.[12] 그러나 아담슨의 주장대로 "밀턴이 그의 주제를 다루면서 보여주었던 열정과 도덕적 고결함은

그 시대의 실학주의 교육사상가들의 영향을 받았다. 청교도 교육자들이 밀턴의 마음 속에 유토피안적 이상을 심어주었다면, 실학주의자들은 실천을 위한 '그 방법the method'을 처방했다. Gauri Viswanathan, "Milton and Education", B. Rajan and E. Sauer eds., *Milton and the Imperial Vision*(Pittsburgh: Duquesne University Press), 1999, pp. 280-281.

11 Laurie, *Studies in the History of Educational Opinion from the Renaissance*, p. 160.

12 *Ibid.*, p. 159.

그의 논고에 시대를 뛰어넘는 위대함과 가치"를 제공했다.[13] 따라서 오늘날 우리는 밀턴의 『교육론』에서 찾아지는 많은 약점들에도 불구하고 가르치는 일을 개선하는 데 관심을 가진 "이 가장 유명한 영국인"의 말에 귀 기울이고, 그로부터 시적인 영감과 실천적인 교훈을 얻기 위해 노력해야 할 것이다.[14]

Ⅱ 비판으로부터

비스워나단의 지적대로 밀턴은 많은 점에서 세상 사람들과 의견을 달리했다.[15] 교육도 예외가 아니어서 밀턴은 그의 『교육론』에서 17세기 영국의 학교교육에 대한 "날카로우면서도 매우 호소력 있는 비판"을 전개했다.[16] 우선 밀턴은 학교에서 행해지던 과도한 문법학습에 반대했다. 아이들은 학습이라는 이름하에 주로 라틴어 문법을 기계적으로 암기했다. 그는 학문의 언어로서 라틴어 학습의 중요성을 인정했지만, 아이들이 아침부터 저녁까지 라틴어 문법책만 공부해서는 안 된다고 생각했다. 그렇게 했을 때 "학습을 재미없고 성공적이지 못하게 하는 일반적인 실수"가 반복되기 때문이다.[17]

밀턴은 또한 어린 학생들에게 성급하게 글쓰기를 강요하는 잘못된 교육 관습을 비판했다. 그는 아이들이 쓸 내용이 없고, 생각을 표현하지

---

13 Adamson, *Pioneers of Modern Education in the Seventeenth Century*, p. 120.

14 Robert Hebert Quick, *Essays on Educational Reformers*(Bristol: Thoemmes Press, 1999), p. 212.

15 Viswanathan, "Milton and Education", p. 283.

16 Laurie, *Studies in the History of Educational Opinion from the Renaissance*, p. 172.

17 Milton, *The Prose Works*, p. 465.

못하며, 판단하는 능력이 부족할 때, 서둘러 작문연습을 시작해서는 안 된다고 생각했다. 밀턴은 그 이유를 다음과 같이 설명했다.

> [이것은] 앞뒤가 뒤바뀐 가혹한 요구이다. 작문을 하고, 시를 짓고, 연설문을 작성하는 것은 농익은 판단력을 자랑하는 사람들 그리고 오랜 시간 독서와 관찰을 통해 머리가 우아한 경구들과 풍부한 상상력으로 가득 차 있는 사람들에게나 어울리는 일이지 머리가 비어 있는 아이들에게 강제할 일이 아니다. 서투른 풋내기들한테 그러한 기대를 해서는 안 된다. … 때 아닌 과일을 따려 해서는 안 되는 것과 같은 이치다.[18]

밀턴은 과도한 문법공부와 성급한 글쓰기가 교육을 쓸데없이 어렵고 비능률적으로 만들어 아이들의 마음에 "학습에 대한 증오와 멸시"를 불러일으킨다고 보았다.[19] 그는 또한 문법학습에 시간을 낭비하고 작문연습에 조급함을 보이면 언어학습의 결과가 만족스럽지 못할 것이라고 경고했다. 실제로 밀턴은 라틴어 학습을 예로 들면서 영어식 라틴어 발음이 "초기 프랑스어law French"의 생경한 수준을 벗어나지 못하고 있다고 지적했다.[20]

계속해서 밀턴은 학교에서 목격되는 무분별한 외국어 학습에 주목했다. 그는 외국어 학습이 유익하다는 점에 동의했다. 아이들이 "지혜를 쫓는데 열심이었던 사람들의 언어들"을 가르침 받으면 국경과 시대를 뛰어 넘어 지혜를 얻을 수 있기 때문이다.[21] 그러나 밀턴은 정확한 지식

---

18 *Ibid.*, p. 465.
19 *Ibid.*, p. 466.
20 *Ibid.*, p. 468.
21 *Ibid.*, p. 464; Ann Forrest, Educational Schemes and Reformers in England during the Early Seventeenth Century, Unpublished Master Thesis, University

없이 외국의 언어들을 단지 입으로만 흉내 내서는 안 된다고 생각했다. "외국어는 다른 문화의 경험과 전통을 습득하는" 수단이지 그 자체로 목적은 아니었기 때문이다.[22] 따라서 밀턴은 외국어 몇 개를 어설프게 가르치려면 차라리 모국어를 철저하게 가르쳐서 유용한 지식을 전달하는 것이 더 좋다고 충고했다.

> 비록 언어학자는 바벨Babel이 쪼개어 놓은 세상의 언어들을 모두 숙지하고 있다고 만족스럽게 말하겠지만, 만일 그가 단어적인 또는 어휘적인 지식 외에 그 언어들에 담겨 있는 쓸모 있는 내용들을 학습하지 않는다면, 그는 모국어에 능통한 농부나 상인보다 학식이 뛰어난 사람이라고 존경을 받을 수 없다.[23]

밀턴이 언어형식주의의 폐단을 지적했을 때 그는 또한 체벌의 문제를 염두에 두고 있었다.[24] 그는 아마도 그 자신의 경험을 통해 체벌의 심각성을 인식하고 있었을 것이다. 밀턴은 체벌이 학습의 의욕과 열정을 감소시킨다고 반대했다. 밀턴은 "교사가 모범을 보이고, 부드럽게 설득을 하고, 적절한 동기를 부여하면 아이들은 기꺼이 따르고, 즐겁게 학습하며, 덕을 칭송할 것"이라고 생각했다.[25] 그의 이러한 생각은 다분히 이상적인 것이었지만, 학교에서의 체벌이 아동학대의 문제로 비화된 17세기 영국사회에서 학습경험은 즐거워야 한다는 밀턴의 주장은 현실적인 요구이기도 했다.[26]

---

of Alberta, 1970, p. 88.

22 Parker, "Education: Milton's Ideas and Ours", p. 11.

23 Milton, *The Prose Works*, p. 464.

24 Forrest, Educational Schemes and Reformers in England, p. 92.

25 Milton, *The Prose Works*, p. 468.

26 1669년 영국의회에 아동보호를 위한 청원서Children's Petition가 상정되었다. 이것은

밀턴의 학교교육에 대한 비판은 대학으로 이어졌다. 밀턴은 중세풍의 "스콜라교육을 대학의 오래된 잘못"으로 지목하고, "야만적인 시대의 잔재인 대학제도를 폐지"할 것을 주장했다.[27] 그는 "스콜라적 논리와 정형화된 토론이 지력개발에 도움이 되지 못할 뿐만 아니라 어린 아이들의 마음을 난해한 내용들로 가득 채워서 학습을 싫어하도록 만든다"고 주장했다."[28] 개인적으로도 밀턴에게 대학생활은 만족스럽지 못했다. 그는 지도교수와의 관계가 좋지 않아 중간에 정학을 당한 뒤에 새로운 교수 밑에서 학업을 마치고 졸업을 했다. 밀턴은 케임브리지 대학에서 제공하는 스콜라적 교육과 교육과정에 실망했고, 크라이스트 칼리지 Christ's College 시절을 불행한 시기로 회상했다.[29] 자연스러운 결과는 밀턴이 잉글랜드의 양대 대학을 대신할 새로운 교육기관을 구상하는 것이었다.

마지막으로 밀턴은 당시 영국 귀족들 사이에서 유행하던 대륙여행의 문제를 거론했다. 그랜드 투어The Grand Tour로 알려진 2-3년 동안의 프랑스와 이탈리아 여행은 15-16세기를 거치면서 영국 상류층의 교육적 관행이 되었다.[30] 외국여행은 견문을 넓히는 교육의 중요한 수단이었다.

17세기 영국의 학교에서 난폭한 매질이 성행하고 있었음을 보여준다. 그 시대의 교육개혁자들은 이러한 야만적인 교육 관습에 반대했다. 그들은 체벌을 교육의 마지막 수단으로 간주하면서 불가피한 경우에만 제한적으로 사용할 것을 주장했다. C. B. Freeman, "The Children's Petition of 1669 and Its Sequel", *British Journal of Educational Studies* 14(May), 1966, pp. 216-223.

27 Milton, *The Prose Works*, p. 465.

28 Viswanathan, "Milton and Education", p. 287.

29 박상익, 『밀턴평전』, 78-80쪽; James Holly Hanford, *A Milton Handbook*(New York: Appleton, 1946), pp. 355-364.

30 그랜드 투어의 기원은 시드니 경Sir Philip Sidney이 1572년부터 3년 동안 유럽대륙을 여행한 것이었다. 17세기에 영국 귀족들은 가정교사를 동반해서 유럽여행을 떠나기 시작했다. 그리고 18세기에 영국사회가 정치·경제적으로 안정되면서

그러나 밀턴은 "모든 일에는 적합한 시기"가 있다고 전제하고, 국내에서 형식적인 교육을 모두 끝마친 뒤에 마지막으로 외국에서 여행과 수학을 하는 것이 바람직하다고 생각했다.[31] 그렇지 않고 영국의 귀족자제들이 어린 나이에 대륙여행을 떠나면, 밀턴의 표현대로 "우리의 전도유망한 젊은이들은 파리에서 보잘 것 없고 방탕한 삶을 살다가 다시 돌아올 때는 흉내 잘 내는 원숭이나 얼간이로 바뀌어져 있을 것"이다.[32]

Ⅲ 숭고한 목적, 세속적 방법

밀턴은 혁명의 시대를 살았던 급진적인 성향의 개혁자였다. 밀턴은 교육의 사회적 중요성에 주목하면서 "교육을 개혁하는 일"이 "우리가 생각할 수 있는 가장 뛰어나고 고결한 계획 중의 하나"라고 주장했다.[33] 그가 보기에 당시 영국 사회에서 교육은 점진적인 변화보다 근본적인 개혁이 필요했다. 따라서 밀턴은 기존의 교육시스템을 문제시하고, 중등학교와 대학을 통합한 새로운 형태의 교육기관, 즉 '아카데미Academy'의 설립을 계획했다.

밀턴은 영국의 모든 도시에 아카데미를 세울 것을 주장했다. 아카데미는 20명의 교사들과 130명의 학생들이 함께 생활하는 교육공동체로서 그의 교육개혁론의 핵심이었다. 밀턴은 전체가 "4800단어"에 불과한 그의 『교육론』에서 유년기의 교육을 기술하지 않았다.[34] 그의 주된 관심

상류층 자제들의 대륙여행은 급속도로 증가했다. 설혜심, 「아버지의 이름으로?: 그랜드 투어의 동행교사」, 『영국연구』 20, 2008, 158-160쪽.

31 Forrest, Educational Schemes and Reformers in England, p. 79.

32 Milton, The Prose Works, p.478.

33 Ibid., p. 462.

34 Parker, "Education: Milton's Ideas and Ours", p. 3.

은 12살부터 21살까지의 소년들을 체계적으로 교육하는 것이었다. 밀턴은 그 시대의 "젊은이들이 학교와 대학에서 말장난을 하면서 또는 배울 필요가 없는 것들을 배우면서 시간을 낭비하고 있다"고 지적하고, 아카데미에서 소년들은 일주일 내내 아침부터 저녁까지 광범위한 교육내용을 부지런히 학습해야 한다고 주장했다.[35]

밀턴과 같은 공화주의자에게 교육은 "국가의 유능한 시민"을 길러내는 일이었다.[36] 이것은 아카데미가 단순히 성직자를 양성하거나 전문적인 기술을 훈련시키는 기관이 아니었음을 의미했다. 그보다 밀턴은 "명예롭고 뛰어난 사람들"을 머릿속에 그리면서 아카데미에서 "일반적인 교양교육"을 제공하고자 했다.[37] 밀턴의 목적은 덕과 자유와 같은 인간의 보편적 진리를 추구하고, 이를 바탕으로 실추된 인간성을 회복하는 것이었다.

> 학습의 목적은 우리 최초의 부모들의 잘못을 바로잡는 것이다. 이를 위해 우리는 신에 대한 올바른 지식을 되찾고, 그 지식으로부터 신을 사랑하고 모방하며, 가능한 신을 닮으려고 노력해야 한다. 그리고 우리의 영혼을 신성과 결합될 수 있는 참된 덕으로 가능한 완벽하게 무장해야 한다. 그러나 우리의 이성이 육신 속에서 감각적인 것들을 통해 작용하기 때문에, 또 신과 그 밖의 눈에 보이지 않는 것들에 대한 지식이 눈에 보이는 열등한 피조물에 대한 질서정연한 숙고orderly conning를 통해서 명확해지기 때문에, 그 같은 방법을 모든 지혜로운 학습에 적용하는 것이 반드시 필요하다.[38]

---

35 Milton, *The Prose Works*, p. 466.
36 Viswanathan, "Milton and Education", p. 280.
37 Milton, *The Prose Works*, pp. 467-468.
38 *Ibid.*, p. 464.

이 잘 알려진 인용문에서 밀턴은 "인간의 낙원에 대한 열망에 호소하고 현재의 타락한 삶에 대한 경각심을 높일" 수 있었다.[39] 그러나 그는 인간 본래의 자리를 되찾으려는 숭고한 목적을 달성하기 위해 "세속적 earthly" 방법에 의존했다.[40] 밀턴은 인간이 감각적인 세상에 대한 '질서 정연한 숙고'를 통해 신과 인류에 대한 지식을 얻고, 그 지식에 의해 신의 의지가 무엇인지를 깨닫고 실천할 수 있어야 한다고 생각했기 때문이다. 더불어 밀턴은 인간의 영혼을 덕과 종교심으로 채워 우리가 이 세상에서 신의 형상을 닮을 수 있도록 노력해야 한다고 주장했다.[41]

교육적인 관점에서 밀턴이 말한 질서정연한 숙고는 학습의 "규칙적인 과정methodical course"을 강조한 것이었다.[42] 그는 권위 있는 교육저술가들의 영향을 받아 학습을 "눈에 보이는 것에서 눈에 보이지 않는 것으로, 감각적인 것에서 지적인 것으로, 알고 있는 것에서 알고 있지 못한 것"으로 순차적으로 진행할 것을 주장했다.[43] 밀턴의 이러한 생각은 그의 교육과정에 반영되어 있다. 밀턴은 그의 백과사전적 지식을 단계적으로 조직하면서 아이들이 이성에 눈을 뜨기 전에는 교육과정을 주로 시각적이고 감각적인 지식으로 구성하고, 그 후에는 지적이고 도덕적인 지식으로 구성할 것을 제안했기 때문이다.

같은 맥락에서 밀턴은 모든 학습에는 적절한 시기가 있다고 전제하고 학습을 "쉬운 것에서 어려운 것으로, 구체적인 것에서 추상적인 것"으로 점진적으로 진행할 것을 충고했다.[44] 주변에 있는 친숙한 것을 먼저

39 Michael Allen, "Divine Instruction: Of Education and the Pedagogy of Raphael, Michael, and the Father", *Milton Quarterly 26*(4), 1992, p. 120.

40 Forrest, Educational Schemes and Reformers in England, p. 80.

41 Viswanathan, "Milton and Education", p. 288; Thomas Festa, *The End of Learning: Milton and Education*(New York: Routledge, 2006), p. 38.

42 Milton, *The Prose Works*, p. 474.

43 Forrest, Educational Schemes and Reformers in England, p. 80.

배운 뒤에 멀리 있는 낯선 것을 배울 때 학생들의 교육경험은 만족스러운 것이 될 수 있기 때문이다. 예컨대 밀턴은 아이들이 모국어를 외국어보다 먼저 배우고, 자기수양과 개인적인 의무에 관한 지식을 배운 뒤에 시민적인 의무와 신에 대한 의무를 배우는 것이 좋다고 생각했다.

밀턴의 교육과정과 교수법에 대한 논의에 있어서 우리가 유념해야 할 사항은 "그의 세상이 '책'으로 둘러싸인 세상"이었다는 점이다.[45] 물론 밀턴은 그의 교육 도식에서 실재적인 지식을 강조했다. 그러나 밀턴은 실생활에 유용한 지식을 고전에 대한 질서정연한 숙고를 통해 얻고자 했다. 그는 현실 속의 실재와 관련된 고대의 권위서들을 연령별로 나열하고, 그것들의 내용을 체계적으로 연구하는 데 관심이 있었기 때문이다. 따라서 우리는 밀턴이 『교육론』에서 제안하는 광범위한 독서 목록을 살펴보면서 로리가 "고전적 백과사전주의자"라고 부른 그의 정체성을 확인할 수 있다.[46]

> [문법에 대한] 초보적인 학습을 끝마친 뒤에 처음으로 학습할 책들은 농업에 관한 저자들과 카토[Cato], 콜루멜라[Columella], 그리고 바로[Varro]이다. … 이러한 책들을 읽은 후에 그들은 지구본과 지도의 사용을 가르쳐주는 동시대 저자들을 공부해야 한다. 그와 동시에 라틴어를 배웠던 방식으로 그리스어를 배우고, 아리스토텔레스[Aristoteles]의 자연과학 저작들과 테오프라스투스[Theophrastus]의 식물사를 읽는다. … 이제 학생들은 천문학과 기하학에 대한 라틴어와 그리스어 저자들을 읽는다. 그리고 삼각술, 공학, 축성술, 해양술을 공부한다. 이를 위해 외부의 전문가들이 교실 안으로 초빙된다. 여

---

44 Parker, "Education: Milton's Ideas and Ours", p. 8.
45 Quick, *Essays on Educational Reformers*, p. 212.
46 Laurie, *Studies in the History of Educational Opinion from the Renaissance*, p. 180.

기에 물리학이 추가되고, 자연사와 심지어 해부학과 의학을 배운다. … 학생들이 18살이 되면 … 플라톤Platon, 키케로Cicero, 크세노폰Xenophon의 도덕집을 공부한다. 그리고 그리스어와 라틴어 또는 이탈리어로 쓰인 희극들과 가정경제의 문제를 다루는 비극들을 읽는다. 그러고 나서 정치사회에 대한 연구를 진행한다. 다음으로 법의 이론과 실제를 배운다. 이때 로마법과 영국의 시민법을 함께 공부한다. 더불어 일요일과 매일 저녁에 신학과 교회사를 공부하고, 헤브루어로 성경을 읽는다. … 학생들이 20살 정도 되면 … 역사서, 영웅서사시, 그리스의 비극들, 그리고 유명한 정치적 연설문들을 데모스테네스Demosthenes, 키케로Cicero, 에우리피데스Euripides, 소포클레스Sophocles의 기개와 열정을 느끼면서 읽고 암기한다. … 마지막으로 21살이 되면 논리학, 수사학, 시학을 아리스토텔레스와 플라톤의 저작을 통해 공부한다.[47]

밀턴은 그의 『교육론』에서 "즐거운delight"이라는 단어를 자주 사용했다.[48] 이것은 그가 당시 학교에서 행해지던 무분별한 학습과 과도한 체벌에 반대했었음을 말한다. 밀턴은 학습을 즐거운 것으로 만들기 위해 몇 가지 방법을 고려했다. 우선 밀턴은 교육의 과정에서 학습의 '계속성'을 강조했다. 아이들은 이미 배운 것을 반복할 때, 또 그것을 토대로 새로운 내용을 배울 때 익숙함이 주는 즐거움을 느낄 수 있기 때문이다.[49] 다음으로 밀턴은 학습에서 "개인차individual differences"를 중시했다.[50] 그는 아이들의 타고난 능력을 고려해 학습의 양과 속도를 조절할 때 교실에서 이른바 회초리와 눈물이 사라질 것이라고 믿었다. 마지막으로 밀턴은 "교사가 부드럽게 설득을 하고 스스로 모범을 보일 때

---

47 *Ibid.*, pp. 165-167.
48 Forrest, Educational Schemes and Reformers in England, p. 92.
49 Parker, "Education: Milton's Ideas and Ours", p. 5.
50 Forrest, Educational Schemes and Reformers in England, p. 93.

아이들은 학습에 흥미를 가질 것"이라고 주장했다.[51]

다시 밀턴의 '숭고한' 목적으로 돌아와서, 그는 인간의 최초의 잘못을 반복하지 않기 위해 우리의 영혼을 덕으로 채울 것을 주장했다. 밀턴이 제안하는 방법은 "플라톤, 크세노폰, 키케로, 플루타르코스, 그리고 라에르티우스Laërtius와 같은 고대의 도덕철학자들을 학습"하는 것이었다.[52] 비스워나단의 관찰대로 밀턴의 머릿속에는 "고전교육이 인격 형성에 도움이 된다"는 "기독교적 인문주의"의 주장이 들어 있었기 때문이다.[53] 비록 밀턴은 선과 악을 구별하는 도덕적 힘을 얻기 위해 '이교도' 철학자들의 가르침에 의존했지만, 그렇다고 해서 그가 종교학습을 소홀히 한 것은 아니었다. 밀턴의 소년들은 매일 저녁에 구약 성서와 복음서를 읽고, 일요일이면 신학과 교회사를 공부해야 했기 때문이다.[54]

밀턴은 "평시와 전시에 모두에 유익한 교육"을 계획했다.[55] 이때 전자는 교육의 지적·도덕적 이상과 관련되었고, 후자는 교육의 신체적·군사적 목적과 관련되었다. 밀턴은 아이들이 규칙적으로 운동을 하면서 몸을 단련해야 한다고 주장했다. 구체적으로 소년들은 "점심 식사에 앞서 1시간 30분 동안 검술 연습"을 하고, "가장 영국적인 운동인 레슬링"을 했다.[56] 특히 밀턴은 내전이라는 정치적 상황을 고려하여 아카데미에서 군사훈련을 강조했다.[57] 그는 소년들을 일종의 사관후보생들로 간주하고 그들에게 군사훈련을 시켰다. 그 과정에서 소년들은 모의 전

---

51 Milton, *The Prose Works*, p. 468.

52 *Ibid.*, p. 472.

53 Viswanathan, "Milton and Education", p. 279.

54 Milton, *The Prose Works*, pp. 469, 473.

55 *Ibid.*, p. 475.

56 *Ibid.*, p. 475.

57 Parker, "Education: Milton's Ideas and Ours", p. 8; Adamson, *Pioneers of Modern Education in the Seventeenth Century*, p. 122.

쟁을 계획·실행하고 다양한 군사 전략과 전술을 익혔다. 밀턴의 바람은 소년들이 이러한 군사훈련을 통해 지도력을 함양하고, 창의성을 개발하며, 강인함을 획득하는 것이었다. 그리고 궁극적으로 마음과 몸의 조화를 통해 전인적인 발달을 이루는 것이었다.

군사훈련의 유용성은 마음과 몸의 조화 속에서 온전한 인간으로 발달하는데 있다. 우리는 몸 안의 덕과 몸 밖의 움직임군사/신체 훈련이 서로 관련되어 있다는 사실을 잘 알고 있지만, 정작 밀턴이 그것을 매우 중요시했다는 사실은 종종 인식하지 못한다. 그[밀턴]가 처방하는 운동은 '강인함과 인내에 관한 강의들 또는 교훈들과 조화를 이루면서 그들[소년들]이 용맹함을 칭송하고 비겁함에 기인하는 잘못된 행동을 혐오하도록 할 것이다.' 밀턴이 강조하는 군사전략과 훈련, 레슬링, 펜싱, 해전, 그리고 행군의 진정한 이점은 신체적 훈육을 통해 몸균형과 강인함을 추구하는과 마음덕과 자유를 추구하는이 보조를 맞추어 발달한다는 것이다. 이것은 마치 마음의 순수함을 보호하기 위해 그 주변을 강철로 에워싸는 것과 같다.[58]

위의 인용문에서 우리는 다시 밀턴의 "세속적 욕구secular impulse"를 목격한다.[59] 밀턴이 심신의 조화로운 발달을 염두에 두면서 신체와 영혼의 융합을 강조했을 때, 그는 신체적 주관을 터부시하는 중세의 금욕주의에서 벗어나 있었기 때문이다.[60] 사실 밀턴에게 몸은 부정과 억압의 대상이 아니었다. 그에게 몸은 인식과 행동의 주체였다. 인간은 몸의 움직임을 통해 세상을 지각할 수 있기 때문이다. 이러한 이유에서 밀턴은 신체적 움직임 또는 기능을 중시했다. 그리고 신체적 감각기관을

---

58 Forrest, Educational Schemes and Reformers in England, pp. 94-95.
59 Viswanathan, "Milton and Education", p. 280.
60 Robert Rusk, The Doctrines of the Great Educators(London: Macmillan, 1954), pp. 108-109.

사용할 수 있는 교육활동을 강조했다. 여기에는 군사훈련 외에 주변 세상을 경험적으로 지각하는 활동이 포함되었다. 밀턴의 소년들은 날씨가 좋은 계절이면 영국 전역으로 여행을 떠나, 하늘과 땅의 아름다움을 느끼고 중요한 장소의 지형지물을 직접 관찰해야 했다.[61]

밀턴이 제안하는 이러한 "현장학습은 교육적으로 유익했을 뿐만 아니라 그 자체로 즐거운 일"이었다.[62] 다만 교실 밖의 학습에도 순서가 있어서 아이들은 가까운 세상을 먼저 경험한 뒤에 차츰 멀리 있는 세상을 경험해야 했다. 따라서 밀턴의 소년들은 학교 근처의 장소를 방문하는 일로부터 시작해서 단계적으로 인근 마을과 도시로 연구여행을 떠난 다음, 나라 밖의 세상을 경험해야 했다. 특히 밀턴은 교육의 마지막 단계로서 외국여행을 강조했다. 그의 견해에 따르면, 외국여행은 "해당 여행지의 모든 사람들로부터 호의와 존경을 얻고, 각 여행지의 가장 탁월한 집단과 더불어 교제와 우정을 나눌 만큼 성숙한 학생들"에게는 공식적 교육을 완성하는 최상의 기회였다.[63] 그러나 앞서 살펴본 것처럼 밀턴은 성급한 외국여행은 도움이 되기보다는 해롭다고 판단하면서, 아이들이 국내에서 모든 학습을 마친 뒤에대략 21살에서 24살 사이에 국외에서 "경험을 넓히고 [사물을] 지혜롭게 관찰하는 것"이 바람직하다고 주장했다.[64]

Ⅳ 몇 가지 특징

17세기 영국사회의 키워드keyword는 자유였다. 두 번의 혁명을 거치면

---

61 Milton, *The Prose Works*, p. 477.
62 Forrest, Educational Schemes and Reformers in England, p. 86.
63 박상익, 『밀턴평전』, 100쪽.
64 Milton, *The Prose Works*, p. 478.

서 영국인들의 마음속에는 인간의 자유로운 삶에 대한 열망이 싹트기 시작했다. 이 시대를 대표하는 철학자인 로크John Locke는 그의 잘 알려진 『오성론An Essay Concerning Human Understanding』에서 이성적 자유를, 『정부론Two Treatises of Government』에서 정치적 자유를, 『관용론A Letter Concerning Toleration』에서 종교적 자유를 주장하면서 절대주의의 전단적 지배에 항거했다.[65] 그렇다면 로크와 동시대를 살았던 밀턴의 경우는 어떠한가? 밀턴 역시 17세기의 아이로서 자유의 강력한 옹호자였다. 밀턴의 양대 서사시는 인류의 최초의 타락과 회복과정을 논하면서 자유의지의 중요성을 노래했고, 『아레오파지티카』는 언론과 출판의 자유를 외쳤으며, 이혼을 주제로 하는 일련의 에세이들은 이성적 판단의 자유를 강조했기 때문이다.

교육과 관련해서도 밀턴은 자유주의자였다. 그러나 그가 생각하는 자유는 하고 싶은 대로 행동하는 욕망 또는 의지의 자유가 아니었다. 그보다 자유는 도덕적으로 올바른 것을 선택하고 행동하는 이성의 자유였다.[66] 밀턴과 같은 혁명적 논객에게 마음의 자유를 목적으로 하는 교육은 '세속적' 이상인 공화정의 실현을 위해 반드시 필요한 것이었고, '숭고한' 이상인 "낙원의 회복을 위한 기독교적 순례의 과정"에서도 없어서는 안 되는 것이었다.[67] 이에 우리는 도덕적 자유주의를 밀턴의

---

65 김성훈, 「존 로크의 자유-개인주의 교육관」, 『교육철학』 33, 2005, 180쪽.

66 밀턴은 인간의 마음속에 신의 형상인 이성이 들어 있다고 믿었다. 신은 인간에게 이성을 주어 스스로 선과 악을 선택할 수 있도록 했다. 그리고 이성적인 존재인 인간은 도덕적으로 선한 것을 선택할 것이므로 그에게 사고와 행동의 자유를 부여하는 것은 정당했다. 결국 밀턴에게 자유는 인간 양심의 발로로서 이성적인 능력 또는 힘을 의미했다. Festa, *The End of Learning: Milton and Education*, pp. 38-43.

67 Forrest, Educational Schemes and Reformers in England, p. 96; Viswanathan, "Milton and Education", p. 286.

교육 도식에서 찾아지는 첫 번째 특징으로 간주할 수 있다. 밀턴은 그 시대의 자유주의 정신에 영향을 받아 스콜라적 종교교육이나 전문적인 직업훈련과는 다른 "완전하고 고결한 교육"을 계획했고, 그 과정에서 영혼의 자유를 위한 지적, 도덕적, 신체적 훈육을 강조했기 때문이다.[68]

다음으로 우리는 밀턴의 『교육론』에서 찾아지는 실학주의적 성격에 주목해야 한다. 교육의 역사에서 17세기는 흔히 실학주의Realism의 시대로 알려져 있다. 실학주의는 지식의 원천으로서 세상 속에서의 감각적인 경험과 관찰을 강조한다. 사람들이 주변 세상을 직접 보고, 생각하고, 느끼기 시작했다는 것은 그만큼 학자연하는bookish 인문주의자들의 영향력이 감소되었음을 의미했다. 그러나 밀턴의 인식론에 있어서 '책'과 '세상'은 극단적인 대립의 형태를 띠지 않았다. 오히려 밀턴은 책 속에서 세상을 학습할 것을 주장함으로써 "인문주의와 실학주의 간의 화해"를 추구했다.[69] 이런 그를 역사는 '인문적 실학주의자'라고 불렀는데 밀턴은 실생활에 도움이 되는 내용을 '고전'에서 찾고자 했기 때문이다.[70]

부연하면 밀턴은 학생들에게 실재적이고 고전적인 교육과정을 처방하면서 책에 대한 간접적인 학습을 세상에 대한 직접적인 경험보다 우선시했다. 그의 가정은 이론적 지식이나 이해가 충분하지 못한 상황에서 성급하게 세상으로 나가는 것은 교육적으로 바람직하지 않다는

---

68 Milton, *The Prose Works*, p. 467.

69 S. Curtis and M. Boultwood, *A Short History of Educational Ideas* (London: University Tutorial Press, 1963), p. 215.

70 몬로의 분석에 따르면, 17세기 실학주의는 그 성격에 따라 인문적 실학주의, 사회적 실학주의, 감각적 실학주의로 구분되었다. 밀턴은 라블레F. Rabelais와 함께 인문적 실학주의자에 속했다. 몬로의 이러한 분류는 20세기 교육사 연구자들의 전형이 되었다. 폴 몬로, 조종인 옮김, 『교육사개설』(서울: 교육과학사, 1999), 231쪽 이하.

것이다. 그러므로 밀턴은 교실 안에서의 학습을 성공적으로 끝마친 아이들에게 여행과 같은 교실 밖의 학습을 제안했고, 시각적이고 감각적인 지식과 관련해서도 "아이들이 먼저 책을 읽은 다음에, 전문가의 설명을 듣고, 마지막으로 직접 경험을 해야 한다"고 주장했다.[71] 그는 아이들의 학습을 '책'에서 시작해 점진적으로 '세상'으로 넓혀나가는 것이 자연의 질서에 부합하는 쉽고 즐거운 방법이라고 생각했기 때문이다. 그렇다고 해서 밀턴이 인문주의의 왜곡된 형태인 키케로주의Ciceronianism의 폐단을 인식하지 못하고 있었거나 감각적인 세상에 대한 경험적 지식의 가치를 폄하한 것은 아니었다. 다만 밀턴은 모든 지식이 직접적인 경험을 통해서 획득되는 것은 아니며, 따라서 개인적인 체험이 언제나 학습의 제1순서가 될 필요는 없다는 "다소 수정된 실학주의자"의 모습을 보여주었던 것이다.[72]

밀턴의 교육개혁론에서 찾아지는 다른 하나의 특징은 범지학Pan-sophia의 전통이었다. 범지학은 원래 16-17세기 유럽에서 전개된 종교운동으로서 그 목적은 모든 사물에 대한 지식을 통해 신의 뜻을 바르게 이해하는 것이었다. 교육과 관련지어 생각해보면, 범지학은 백과전서식의 광범위하고 포괄적인 교육을 의미했다. 이미 베이컨Francis Bacon은 '솔로몬의 집Solomon's House' 사상을 통해 모든 지식의 종합을 묘사하고 교육이 인간 지식의 총체를 축적해 가는 과정임을 암시했다.[73] 그러나 이숙종의 주장대로 "모든 지식의 종합적 체계인 '새 철학'을 정립"한 사람은 코메니우스였다.[74] 코메니우스는 모든 것을 알아야 한다는 범지

---

71 Forrest, Educational Schemes and Reformers in England, p. 86.
72 Laurie, *Studies in the History of Educational Opinion from the Renaissance*, p. 160.
73 Adamson, *Pioneers of Modern Education in the Seventeenth Century*, p. 54.
74 이숙종, 『코메니우스의 교육사상』, 316쪽.

사상의 명제로부터 출발해 모든 지식의 백과사전식 통합을 주장한 다음, '모든 사람에게 모든 것을 가르치는 완전한 기술'을 상세히 이론화했기 때문이다.[75]

밀턴의 경우 범지학의 이상은 "[신에 대한] 불완전하고 타락한 지식의 폐허를 복원"하는 종교적 목적과 결부되었다.[76] 그러나 앞서 살펴본 것처럼 밀턴의 이러한 숭고한 목적은 세속적 방법에 의존했다. 그는 피조물에 대한 광범위하고 체계적인 연구를 통해 조물주에 대한 참된 지식에 도달할 수 있다고 믿었기 때문이다. 따라서 밀턴의 교육과정은 모든 사물에 대한 광범위하고 포괄적인 지식을 포함했고, 그의 교수법은 자연의 원리에 따르는 질서정연한 학습을 강조했다. 결국 밀턴은 범지사상의 영향을 받아 "지식을 통한 인간의 구원"을 주장했고, 구체적으로 아이들에게 "많은 것을, 짧은 기간에, 확실하게" 가르치는 방법이 무엇인지를 숙고했던 것이다.[77]

Ⓥ 한계 및 의의

밀턴은 하틀립의 부탁을 받고 그의 『교육론』을 저술했다. 그러나 밀턴의 원고가 완성되었을 때 하틀립의 반응은 예상외로 냉담했다. 하틀립은 밀턴의 원고를 바로 출판하는 대신 주변의 지인들에게 보내 검토하도록 했다.[78] 하틀립은 밀턴의 논고에 실망해서 그것을 세상에 내

---

75 코메니우스의 『범교육학*Pampaedia*』과 『대교수학*Didactica Magna*』을 참조하라. 『범교육학』은 '모든 지식을 포함하는 전체적 체계'를 다루었고, 『대교수학』은 '모든 것을 철저하게 가르치는 방법'을 소개했다.

76 Festa, *The End of Learning: Milton and Education*, p. 44.

77 Milton, *The Prose Works*, p. 463; Laurie, *Studies in the History of Educational Opinion from the Renaissance*, p. 176.

놓는데 망설였던 것으로 보인다.[79] 그렇다면 하틀립은 왜 밀턴의 노력에 만족하지 못했을까? 이 질문에 답하기 위해 우리는 밀턴의 『교육론』에 내재하는 몇 가지 문제점을 지적해야 한다.

첫째, 우리는 밀턴의 『교육론』에서 찾아지는 계급적 · 성적[性的] 편견을 고려해야 한다. 밀턴은 모든 사람들을 위한 교육을 계획하지 않았다.[80] 그는 좋은 집안에서 태어나 장차 국가의 지도자로 성장할 소년들을 교육하는 데 관심이 있었다. 이때 좋은 집안은 밀턴 자신이 속한 신흥 중산층과 전통적인 귀족계급을 포함했다. 밀턴은 또한 가부장적인 전통의 지배를 받았다. 그는 "소녀들의 교육"을 논의하지 않은 채 단지 소년들의 지적, 도덕적, 신체적/군사적 훈육만을 강조했기 때문이다.[81] 흥미로운 것은 밀턴 자신이 범지학의 영향을 받고 있었음에도 불구하고, 그의 『교육론』은 계급적 · 성적 벽장에 갇혀 '모두'를 위한 교육을 표방하지 않았다는 점이다. 이 대목에서 하틀립과 같은 17세기의 교육개혁자들은 밀턴의 논고가 코메니우스 식의 이상에서 오히려 퇴보한 것으로 판단했을 가능성이 크다.[82] 자연스러운 결과는 밀턴의 『교육론』이 동시대의 교육사상가들에게 크게 환영받지 못했다는 것이다.

둘째, 우리는 밀턴의 『교육론』에 나타난 유토피안적인 낭만성에 주목해야 한다. 밀턴의 삶에서 교사로서의 경험은 1640년대 런던의 앨더스게이트에서 어린 조카들을 몇 년 가르친 것이 전부였다. 그는 전문적인 의미에서 교사가 아니었으며, 박상익의 추측대로 "자신이 받았던 교육

---

78 Forrest, Educational Schemes and Reformers in England, p. 80.
79 Parker, "Education: Milton's Ideas and Ours", pp. 4, 6.
80 Quick, Essays on Educational Reformers, p. 213.
81 Curtis and Boultwood, A Short History of Educational Ideas, p. 215; Parker, "Education: Milton's Ideas and Ours", p. 4.
82 Rusk, The Doctrines of the Great Educators, p. 108.

을 외조카들에게도 베풀고 싶었던 것"으로 보인다.[83] 이러한 관점에서 밀턴의 교육에 대한 지식은 "공립학교에 대한 경험이 아닌 개인적인 가정교사의 경험"으로부터 비롯된 제한적인 것이었다.[84] 더군다나 총명하고 학구적이었던 그러나 직업적인 교사는 아니었던 밀턴에게 모든 것은 너무나 쉽고 명료해서 그는 학생들이 12-21살까지 현세와 내세에 필요한 모든 것을, 그것도 즐겁게 가르침 받을 수 있다고 주장했다. 그런데 밀턴의 이러한 교육계획은 그 목적의 숭고함과 방법의 정당함에도 불구하고 동시대의 학교교육과 비교해 보았을 때 "학생들의 소질과 교사들의 능력을 과장"한 "지나친 상상력"의 산물이었다고 비판받을 수 있다.[85] 러스크가 지적한 것처럼 "뛰어난 능력과 열정을 가진 교사가 한 두 명의 학생에게 개별적으로 적용하는 교육이론을 보통의 교사가 보통의 학교에서 다수의 학생들에게 적용할 수는 없기 때문이다."[86]

끝으로 셋째, 우리는 밀턴의 『교육론』과 관련해 독창성originality의 문제를 언급해야 한다. 교육의 역사적 흐름 속에서 밀턴은 인문주의와 실학주의가 혼재하는 시대를 살았다. 그는 과도기의 사상가로서 튜더시대Tudor England의 인문주의자들만큼 과거에 열정적이지도 않았고, 동시대의 실학주의자들만큼 현재에 충실하지도 못했다. 단지 밀턴은 과거와 현재가 교차하는 지점에서 그다지 새로울 것 없는 아이디어들을 아담슨이 "교육의 역사에서 무시해도 좋은 분량"이라고 말한 인쇄용지 8쪽에 재구성해 놓았을 뿐이다.[87] 한편 밀턴이 그 자신의 표현대로 "다년간의

83 박상익, 『밀턴평전』, 121쪽.
84 Rusk, *The Doctrines of the Great Educators*, p. 113.
85 Laurie, *Studies in the History of Educational Opinion from the Renaissance*, p. 174.
86 Rusk, *The Doctrines of the Great Educators*, p. 113.
87 Adamson, *Pioneers of Modern Education in the Seventeenth Century*, p. 127.

연구와 숙고의 결과"로서 독자적이고 창의적인 교육사상을 전개할 수 있었다 하더라도, 하틀립이 밀턴에게 『교육론』의 저술을 부탁한 시점은 분명 적절하지 못했다.[88] 포레스트의 관찰대로 1640년대 밀턴은 "모든 문학적 프로젝트를 뒤로 한 채 종교적·시민적 자유를 위한 정치적이고 사회적인 투쟁"에 적극적으로 참여하고 있었고, 이 실천하는 공화주의자에게 그 주제가 무엇이든지간에 팸플릿pamphlet 이상의 '독창적'인 글을 저술할 여력은 남아 있지 않았기 때문이다.[89]

이제 남은 문제는 이러한 한계에도 불구하고 밀턴의 『교육론』과 그 안에 담겨 있는 개혁 사상이 오늘날 재고再考의 가치가 있느냐는 것이다. 역사적인 관점에서 보았을 때 밀턴은 "영국 일류 작가들의 이름이 거의 찾아지지 않는 교육분야에서 영국문학에 양적으로 기여"를 했다.[90] 그리고 그의 『교육론』은 그보다 반세기 뒤에 출간된 로크의 『교육에 관한 고찰Some Thoughts Concerning Education』과 함께 17세기 영국 교육학을 대표하는 저작으로 받아들여지고 있다. 물론 밀턴이 양대 서사시와 『아레오파지티카』의 저자가 아니었다면, 그의 『교육론』은 사람들의 관심 밖에 있었을지도 모른다.[91] 그러나 밀턴의 『교육론』은 17세기 전반기 영국사

---

88 Milton, *The Prose Works*, p. 464.
89 Forrest, *Educational Schemes and Reformers in England*, p. 79. 이 시절 밀턴은 주로 팸플릿작가로 활동했다. 그는 사회적 현안들에 대한 소책자, 즉 팸플릿을 써서 출간함으로써 대중들과 소통할 수 있었다. 밀턴은 대중들을 상대로 설교할 수 있는 성직자도, 또 의회에서 발언을 할 수 있는 의원도 아니었다. 그가 자신의 주장을 공개적으로 표현할 수 있는 유일한 수단은 팸플릿이었고, 그 안에서 이 혁명 정부의 대변인은 그 시대의 주요 쟁점들을 대중들의 관점에서 심도 깊게 논의했다. 바로 이 무렵 하틀립은 밀턴에게 교육에 관한 독창적인 논고를 부탁했고, 하틀립의 부탁을 뿌리치지 못했던 밀턴은 그에게 아담슨의 표현대로 "타임스The Times에나 기고할" 면피성 논고를 주었다. 박상익, 『밀턴평전』, 2장; Adamson, *Pioneers of Modern Education in the Seventeenth Century*, p. 127.
90 Adamson, *Pioneers of Modern Education in the Seventeenth Century*, p. 118.

회에서 교육의 자유주의적 이상과 실학주의 교육사상의 전개, 그리고 범지학의 수용 정도를 파악하는데 유용하고, 이러한 이유에서 교육사가들은 밀턴의 논고에서 목격되는 교육개혁에 관한 간결하면서도 강렬한 기술에 주목하고, 그 함축적인 문장들에 대한 '질서정연한 숙고'를 시도할 필요가 있다.

이러한 역사적 평가 외에 『교육론』에 나타난 밀턴의 개혁사상은 현대 교육에 주는 시사점이 있을 수 있다. 우선 밀턴의 이상인 '완전하고 고결한 교육'은 오늘날 유행하는 교육의 시장화 담론과 대립각을 세우면서 현대인들이 잊고 있는 교육 본연의 의미를 상기시킬 수 있다. 밀턴은 스콜라교육의 폐단을 지적하면서 교육이 단순히 성직자 양성이나 직업훈련을 위한 도구적인 활동이 아님을 강조했다. 그에게 교육은 인간의 잃어버린 자유의지를 회복하기 위한 도덕적 기획이었고, 공화정의 충실한 시민을 길러내기 위한 정치적 기획이었다. 만일 밀턴이 살아서 21세기 교육 현장을 목격한다면, 그는 자본의 논리에 따라 교육이 상업화되고 인간이 상품화되는 현상을 비판하고, 아카데미에서 제공하는 자유교육을 통해 너스바움이 "조용한 위기The Silent Crisis"라고 명명한 현대 교양교육의 위기를 극복할 것을 주장했을 것이다.[92]

다음으로 힐웨이의 주장대로 "밀턴의 『교육론』이 교육이론보다 교수법에 대한 논고"라면, 그 안에는 교육의 방법과 관련된 실천적인 논의가 담겨 있을 것이다.[93] 밀턴은 학습경험이 즐거워야 한다는 고대인들의 가르침을 교육이 자연의 질서를 따라야 한다는 동시대 교육개혁자들의

---

91 Rusk, *The Doctrines of the Great Educators*, p. 104.

92 Martha Nussbaum, *Not for Profit: Why Democracy Needs the Humanities* (Princeton: Princeton University Press, 2010), p. 1.

93 Tyrus Hillway, "Milton's Theory of Education", *College English 5*, Oct. 1943- May 1944, p. 376.

주장과 접목시켜 교수요목의 체계적 배열과 반복적 운영 그리고 설득과 모범을 중시하는 교수법을 강조했다. 밀턴은 또한 "르네상스 시대의 교육사상가로는 매우 이례적으로" 교육에서 개인차의 문제를 논의했다.[94] 그는 "신이 모든 사람들에게 똑같은 재능을 부여하지 않았다"는 가정 하에 교사가 학생들 개개인의 타고난 능력과 소질을 고려하여 학습의 단계를 위계적으로 조직·운영하는 것이 자연의 질서에 부합한다고 믿었다.[95] 밀턴의 이러한 방법적 사고는 오늘날에도 여전히 유효하다. 밀턴의 논고가 출간되고 370년 가까이 지난 현재에도 그가 살았던 시대와 마찬가지로 학교체벌의 금지를 위한 법적 논의가 진행 중이고, 무분별한 선행학습과 성급한 조기 해외유학으로 인한 교육과정의 파행적 운영이 목격되며, 수준별/선택중심 교육과정과 같은 개별화 교수전략을 통해 교육에서 개인차의 문제를 해결하려는 노력이 찾아지고 있기 때문이다. 이에 우리는 학교교실에서 고역과 지겨움의 흔적을 지우기 위해서, 또 교육결과의 질을 높이기 위해서 학습의 올바른 순서를 지키고 '적합한 시기'를 기다리며 실천하는 밀턴 식의 지혜Miltonic Wisdom가 필요하다고 하겠다.

마지막으로 밀턴은 1640년대 영국의 정치적 격변 속에서 사회개혁을 위한 교육의 중요성에 주목했다. 그는 올바른 교육개혁 없이 국가는 쇠퇴할 것이라고 경고했다. 밀턴의 계획은 영국 각 도시에 150명을 수용하는 아카데미를 세우고, 그 안에서 중등학교와 대학을 포함하는 9년간의 교육 프로그램을 제공하는 것이었다. 밀턴의 아카데미는 그가 살았던 시대와 마찬가지로 오늘날에도 여전히 실현가능성이 높지 않다. 그러나 파커의 해석대로 밀턴이 "국가교육 시스템"을 강조한 것이었다면,

---

94 Parker, "Education: Milton's Ideas and Ours", p. 8.
95 Forrest, Educational Schemes and Reformers in England, p. 93.

그래서 모든 아카데미가 "공통교육과정을 운영하면서 교육의 수준을 전국적으로 균등하게 유지해야 한다"고 주장한 것이었다면, 그의 입장은 매우 현대적인 것이었다.[96] 오늘날 대부분의 국가들은 표준화된 교육과정과 중앙집권적인 평가체계를 강화하면서 밀턴이 아카데미의 설립을 통해 꿈꾸었던 국가 주도의 교육개혁을 실천에 옮기고 있기 때문이다.

96 Parker, "Education: Milton's Ideas and Ours", p. 13.

참고문헌

김성훈, 「존 로크의 자유-개인주의 교육관」, 『교육철학』 33(교육철학회, 2005).

몬로, 폴, 조종인 옮김, 『교육사개설』(서울: 교육과학사, 1999).

박상익, 『밀턴평전』(서울: 푸른역사, 2008).

설혜심, 「아버지의 이름으로?: 그랜드 투어의 동행교사」, 『영국연구』 20(영국사
학회, 2008).

이숙종, 『코메니우스의 교육사상』(서울: 교육과학사, 1996).

Adamson, J. W., *Pioneers of Modern Education in the Seventeenth Century*(New
York: Teachers College Press, 1971).

Allen, M., "Divine Instruction: Of Education and the Pedagogy of Raphael,
Michael, and the Father", *Milton Quarterly* 26(4), 1992.

Curtis, S. and Boultwood, M., *A Short History of Educational Ideas*(London:
University Tutorial Press, 1963).

Festa, T., *The End of Learning: Milton and Education*(New York: Routledge,
2006).

Forrest, A., Educational Schemes and Reformers in England during the Early
Seventeenth Century, Unpublished Master Thesis, University of Alberta,
1970.

Freeman, C. B., "The Children's Petition of 1669 and Its Sequel", *British
Journal of Educational Studies* 14(May), 1966.

Hanford, J. H., *A Milton Handbook*(New York: Appleton, 1946).

Hillway, T., "Milton's Theory of Education", *College English* 5, 1943-1944.

Johnson, S., *Lives of the English Poets, vol. I*(London: Oxford University Press,
1968).

Laurie, S. S., *Studies in the History of Educational Opinion from the Re-
naissance*(Cambridge: At the University Press, 1905).

Milton, J., *The Prose Works, vol. III*(London: Henry G. Bohn, 1848).

Nussbaum, M. C., *Not for Profit: Why Democracy Needs the Huma-*

nities(Princeton: Princeton University Press, 2010).

Parker, W. R., "Education: Milton's Ideas and Ours", *College English 24*(1), 1962.

Quick, R. H., *Essays on Educational Reformers*(Bristol: Thoemmes Press, 1999).

Rusk, R. R., *The Doctrines of the Great Educators*(London: Macmillan, 1954).

Viswanathan, G., "Milton and Education", B. Rajan and E. Sauer eds., *Milton and the Imperial Vision*(pp. 273-293)(Pittsburgh: Duquesne University Press, 1999).

Chapter

XV

자본주의의 어두운 그림자

"마르크스의 소외의 개념이 교육에 주는 함의"

(『인문과학논총』, 28, 2011: 301-321)

마르크스의 소외의 개념이 교육에 주는 함의

①' 머리말

  냉전 종식 후 세계는 서구 자본주의 질서에 따라 재편되고 있다. 그 과정에서 사회의 다른 분야들과 마찬가지로 교육 역시 시장의 논리에 따라 재구조화되고 있다. 이러한 변화의 중심에는 신자유주의Neo-liberalism라는 시장 이데올로기가 존재한다. 신자유주의는 일종의 시장 근본주의로서 "전지전능한 시장 신에 의한 [인류의] 구원"을 주장한다(Cox, 1999: p. 18). 교육적인 관점에서 신자유주의는 국가의 교육에의 간섭을 최소화하는 가운데 개인들의 자유, 선택, 경쟁을 통해 교육 시스템의 질적質的 향상을 모색한다(Pring, 1986; Quicke, 1988).

  신자유주의자들의 가정은 학교가 "자유롭고 합리적이며 자기 이익을 추구하는 [시장적] 개인들에게 스스로 삶을 계획하고 실천에 옮길 수 있는 자율적인 환경을 제공해야 한다"는 것이다(King, 1995: p. 19). 그러나 교육의 시장적 재구조화에 비판적인 사람들은 자본주의화된 학교 교실에서 목격되는 학생들 간의 지나친 경쟁적 개인주의가 학교를 생활이 아닌 투쟁의 장소로 둔갑시키고, 그 속에서 학생들은 시장과 경쟁의 원칙에 입각해 점점 낱알화되어 스트라이크(Strike, 1989: p. 135)가 말한

"주변 세상과의 조화로운 상호작용 및 그러한 총체적 경험을 통한 참된 인간되기"에서 멀어지게 된다고 경고한다.

뿐만 아니라, 친시장적인 교육개혁은 학생들의 상품화와 학교의 생산 공장화를 촉진시킬 위험이 있다. 자본주의 시대의 학교교육은 인간을 시장에서 경쟁력 있는 유능한 상품으로 만드는 일에 집중한다. 학생들은 학교에서 인적자원 또는 인간자본으로 간주되고, 그들의 교육활동은 미래의 노동 시장에서 자신들의 자본 가치를 높이는 데 도움이 되는 친시장적 활동들로 채워진다(Woodhall, 1987; Smith, 2003). 그 결과 자본주의 시스템 하에서 학생들은 자본 축적의 논리에 따라 그들의 인간으로서의 잠재능력이나 다면적 본성을 실현하지 못한 채 인간 본성의 황폐화를 경험한다.

> [자본주의 사회에서] 우리의 삶은 창조적 작업, 놀이, 여가, 예술적 표현, 지적 자극, 사랑, 유대, 그리고 협동을 특징으로 하는 풍부한 사회생활에서 유리된 채 무미건조하게 메말라간다. 인간의 풍부하고 다양한 가능성은 하나의 협소하고 소외된 목적, 즉 개인의 자본 축적에 예속된다.[1]

우리는 자본주의 사회에서 인간이 겪는 이러한 비인간화의 과정을 마르크스의 소외의 개념을 통해 설명할 수 있다. 마르크스는 19세기 근대 산업사회의 각종 폐해를 목격하면서 자본주의 시스템에 대한 부정적인 태도와 비판적인 시각을 형성했다. 그는 자본주의 형태의 생산 방식이 인간 본성의 창의적이고 사회적은 측면을 억압할 위험이 있다고 생각했다. 특히 마르크스는 자본주의 질서 하에서 인간의 활동이 소외된 노동으로 전락하는 현상에 주목하면서 시장의 상품 생산 논리가

---

1 D. McNally(2002), *Another World Is Possible: Globalization, Anti-Capitalism*, Winnipeg: Arbeiter Ring Publishing, p. 83.

인간 존재의 전체적이고 참된 발달에 방해가 된다고 주장했다.

　같은 맥락에서 우리는 자본주의 형태의 학교에서 학생들이 경험하는 인간성의 왜곡을 마르크스의 소외의 개념을 가지고 설명할 수 있다. 이때 기본 가정은 근대 산업사회에서 노동자들이 노동의 소외를 겪는 것처럼, 현대 자본주의 학교교실에서 학생들은 교육활동의 소외를 경험한다는 것이다. 앞서 언급했듯이, 오늘날 학교는 점차 자본의 논리에 따라 시장화 되고, 교육은 상품을 생산하는 도구적인 활동으로 전락하고 있다. 이러한 관점에서 마르크스의 소외의 개념을 통해 자본주의 형태의 학교에서 학생들의 교육활동이 그들의 참된 본성으로부터 이탈하는 현상을 논의하는 일은 가치가 있다. 우선 마르크스의 소외의 개념은 자본주의 교육 시스템의 어두운 측면인 학생 소외의 문제를 들추어냄으로써 오늘날 탈주하는 기관차와 같은 교육의 시장화 담론에 브레이크를 걸 수 있고, 다음으로 현대 교육의 병리적인 자기중심성과 자본축적의 논리를 뛰어 넘어 학교교육의 공동체주의적이고 민주적인 가능성을 논의하는 데 출발점이 될 수 있다.

　이러한 문제의식에 이끌려 이 글에서는 마르크스의 소외의 개념을 분석하고 그것이 현대 교육에 주는 메시지가 무엇인지를 살펴본다. 나는 먼저 마르크스의 소외된 노동의 개념을 분석할 것이다. 이어 그의 소외된 노동의 개념을 교육의 문제에 적용하여 현대 학교교육에 대한 비판적 이해를 시도할 것이다. 그 과정에서 나는 자본주의 학교 질서 하에서 학생들의 교육활동이 소외된 노동으로 전락할 위험이 있음을 지적하고, 나아가 인간성 회복을 위한 탈자본주의적 교육 비전을 제안할 것이다.

Ⅱ 소외의 개념

마르크스Karl Marx, 1818-1883는 인간을 사회적이고 창조적인 존재로 보았다. 먼저 인간은 출생과 더불어 특정 사회에 속하는 사회적인 존재이다. 이것은 자연스러운 과정으로서 마르크스는 그의 『포이어바흐 논고Ludwig Feuerbach』(1845)에서 인간 삶의 본질이 조화로운 사회관계에 있음을 주장했다(Feuer, 1959: pp. 243-245). 다음으로 인간은 주변 환경의 능동적인 창조자이다. 마르크스는 역사를 만들고 변화시키고 진보시키는 인간의 의식적이고 실천적인 능력을 강조했다. 마르크스의 『자본론Das Kapital』(1867)에서의 말을 들어보자.

> 인류의 역사는 … 인간이 만들어 가는 것으로서 … 인간이 자연을 다루는 방식을 보여주고, 인간 삶에 직접적으로 도움이 되는 생산적인 활동이 무엇인지를 밝혀준다. 그렇게 함으로써 인간이 주변 환경과 사회적 관계를 맺고, 그에 따른 결과로서 정신적인 의식을 형성하는 일을 돕는다.[2]

마르크스는 인간을 사회적이고 창의적인 존재로 간주한 반면에 이러한 인간 본연의 특성이 자본주의 사회에서 심각하게 왜곡되고 있음을 비판했다. 그러나 그는 인류 역사의 선형적linear 발달을 가정하면서 자본주의가 역사의 종착점이 아닌 과도기라고 진단했다. 그에게 자본주의는 진일보한 공동체 사회로 가기 위한 역사적으로 왜곡된 상태에 불과했다. 따라서 인류의 진보는 "참된 역사 이전의 역사prior history"인 자본주의와 "참된 역사real history"인 공동체주의 간의 변증법적 투쟁을 통해

---

2 K. Marx(1957), *Capital*, 2 Vols., E. Paul, & Paul, C., Trans., London: J. M. Dent, pp. 392-393, Note 2.

실현 가능하다고 마르크스는 주장했다(Nyberg, 1967: p. 280).

이러한 관점에서 마르크스는 자본주의 사회 질서의 역사적 보편성 universality을 부정하면서 산업화 시대에 역사와 인간성이 대립의 상태에 놓여 있다는 사실을 강조했다. 그의 견해에 따르면, 산업화 사회에서 인간의 가치는 시장의 가치에 귀속되어, 자본의 관계가 인간의 사회적 이고 창의적인 발달에 제약을 가하고, 그 결과 개인들은 인간의 참된 본성과 능력으로부터 이탈하게 된다. 이러한 현상을 마르크스는 '소외 Entfremdung'의 개념을 가지고 설명했다.

마르크스는 자본주의의 근간을 이루는 사유재산제도가 한 개인나의 다른 개인타인으로부터의 소외를 초래하고, 한 집단프롤레타리아의 다른 집단부르주아지으로부터의 소외를 부추긴다고 보았다. 사람들이 그들의 경제적 지위에 따라 계층화되는 자본주의 사회에서 사유재산제도는 인간들 사이의 '사회적 거리social distance'를 심화시켜 사회의 통합을 어렵게 만들기 때문이다. 이러한 관점에서 마르크스는 사유재산제도가 폐지되었을 때 인간의 사회적 본성은 실현되고, 나아가 인간사회는 조화롭게 발달할 수 있다고 주장했다.

마르크스는 사유재산제도와 더불어 산업화 시대의 주요 특징 중 하나인 노동의 분화가 인간의 소외를 불러온다고 생각했다. 사유재산제도가 한 개인의 다른 개인으로부터의 소외를 심화시킨다면, 노동의 분화는 인간의 노동을 '낱알화atomization' 하면서 그의 창조적 능력을 효과적으로 억압한다. 인간은 자본주의라는 하나의 거대한 기계를 구성하는 개별 부품들로 쪼개지고, 그 과정에서 인간 개개인은 틀에 박힌 일상에 귀속되어 그의 창의적 본성으로부터 이탈estrangement, 즉 소외를 경험한다(Hurst, 2000: p. 23 참조).

마르크스의 소외의 개념을 더 잘 이해하기 위해서 우리는 그의 초기 저작인 『소외된 노동Entfremdete Arbeit』(1844)을 살펴보아야 한다. 그는 인간의 실천적인 활동인 노동이 자본주의 사회에서 소외된 노동으로 전락하는 과정을 네 가지 관점에서 설명했다.

첫째, 인간은 노동의 산물과 소외된 객체로서의 관계를 맺는다. 이러한 관계는 감각적인 외부세계, 자연계의 사물들과 소외되고 적대적인 관계를 맺는 것을 말한다. 둘째, 인간은 노동의 과정에서 생산 활동과 소외된 관계를 형성한다. 이때 인간은 그의 활동이 그 자신으로부터 이탈하고 있음을 경험한다. 셋째, 인간은 인류의 종족種族 본성으로부터 소외되면서 … 그의 노동을 단순히 개인적인 생존을 위한 수단으로 만든다. 넷째, 인간은 다른 인간들로부터 소외된다. … 동료 인간들로부터 소외된다는 것은 내가 타인들로부터 소외되고, 다시 타인들이 인간의 삶으로부터 소외된다는 것을 의미한다.[3]

위의 잘 알려진 인용문에서 마르크스는 인간이 자본주의 질서 하에서 노동의 산물, 생산의 과정, 인간의 본성, 그리고 주변 동료들로부터 소외를 경험한다고 주장했다. 그의 견해에 따르면, 자본 관계가 사회적·인간적 발달에 제약을 가하는 상황에서 인간의 노동은 더 이상 자아실현을 위한 창의적이고 실천적인 활동이 아니었다. 그보다 인간의 노동은 상품 생산 논리에 따른 계산의 대상이었다. 마르크스는 인간의 노동이 시장에서 사고 팔 수 있는 '무기력한 상품an inert commodity'으로 전락하는 과정을 그의 『공산당 선언문Manifest der Kommunistischen Partei』(1848)에서 다음과 같이 묘사했다.

자기 자신을 조각으로 쪼개어 팔아야만 하는 사람들은 다른 모든

---

3 E. Fromm(1963), *Marx's Concept of Man*, New York: Frederick Ungar Publishing, pp. 99, 103.

상업적인 물건들과 마찬가지로 하나에 상품에 불과하다. 그들은 궁극적으로 변화무쌍한 경쟁 속에서 부침浮沈을 거듭하고, 들쭉날쭉한 시장의 상황에 무방비로 노출된다.[4]

또한, 『임금 노동과 자본Lohnarbeit und Kapital』(1849)이라는 글에서 마르크스는 자본주의 사회에서 소외된 노동 또는 상품화된 노동이 불가피한 현상임을 강조했다.

> 인간의 노동은 생의 활동life-activity으로서 그 자신의 삶을 보여준다. 그런데 그가 이러한 삶의 활동인 노동을 단순히 생존을 위해 타인에게 판매한다면, 그의 노동은 생명을 부지하는 수단이 된다. 그는 살기 위해 노동을 하는 상황에 직면하는 것이다. 이제 그는 노동을 그의 삶의 유의미한 부분으로 보지 않는다. 그보다 노동을 희생하여 그의 삶을 존속시키려 한다. 노동은 그가 만들어 타인에 건네주는 상품과 같은 것이기 때문이다.[5]

위의 인용문에서 마르크스는 근대 산업화 사회에서 인간이 노동을 매개로 삶을 유지한다는 사실에 주목했다. 여기에는 자본 축적의 논리가 담겨 있다. 인간은 그의 생계를 지속하기 위해 노동을 상품화하여 시장에서 돈과 교환하기 때문이다. 특히 사회적 다수에 해당하는 생산자 계급에게 노동은 잠재적 능력이나 다면적 본성을 실현하기 위한 유목적적 활동이라기보다는 단순히 의식주를 해결하는 방법적 수단에 불과했다.

---

4 J. E. Toews(Ed.).(1999), *The Communist Manifesto by Karl Marx and Frederick Engels with Related Documents*, Boston: Bedford, p. 71.

5 K. Marx(1891), *Wage Labor and Capital*, J. L. Joynes, Trans., Chicago: C. H. Kerr, p. 20.

이러한 자본주의적 관점과 대조적으로 마르크스는 상품과 인간 사이에 명확한 경계선을 그었다. 그에게 인간은 시장에서 판매되는 상품이 아니었다. 그는 인간의 가치를 상품의 가치로 변형시키는 시장의 도구주의적instrumental 논리에 맞서 인간의 노동에 가격을 매기는 행위는 자본주의자들의 금전적인 이익에만 공헌할 뿐, 그 자체로 목적이 되어야 하는 인간의 도덕적 이상에 커다란 위협이 된다고 주장했다. 이러한 맥락에서 마르크스는 자본주의 사회에서 목격되는 소외 또는 소외된 노동이 인간의 사회적이고 창의적인 본성의 타락을 가져오는 주된 원인이라고 주장했다.

이상의 논의를 정리하면 마르크스의 소외의 개념은 다음의 세 가지로 요약될 수 있다. 첫째, 소외는 자본주의 사회에서 타인과 자기 자신으로부터 고립된 삶을 살 수밖에 없는 개인들을 묘사하는 개념이다(Hurst, 2000: p. 12 참조). 둘째, 소외는 의식적이고, 창조적이고, 그리고 사회적인 활동으로부터 이탈한 인간의 노동을 설명하는 개념이다. 마지막으로 셋째, 소외는 자본주의 생산 시스템이 올만(Ollman, 1971: p. 131)의 표현대로 "인간의 심신心身과 사회화 과정에 미친 파괴적devastating 효과"를 일컫는 개념이다.

Ⅲ 교육적 함의

앞에서 나는 마르크스의 소외의 개념을 살펴보았다. 이번 절에서는 마르크스의 소외의 개념이 교육에 주는 시사점을 비판적으로 논의할 것이다. 그 과정에서 논의의 초점은 자본주의 학교교실에 잠재되어 있는 학생들의 소외의 문제에 맞추어질 것이다.

보울즈와 긴티스(Bowles & Gintis, 1976)가 지적한 것처럼, 근대 산업사회에서 학교교육은 소외된 활동으로서 교육 시스템이 조장하는 학생들의 의식과 행동은 타인과의 사회적 거리를 멀게 하고 자기 자신의 창의적 본성으로부터 이탈을 심화시킨다. 이를 두고 사럽(Sarup, 1978: p. 129)은 자본주의 사회에서 행해지는 교육을 인간성이 왜곡되는 "비인간화의 과정"으로 규정했다. 노동자들이 자본주의 공장 시스템 하에서 노동의 결과, 생산의 과정, 인간의 종족 본성, 그리고 주변의 인간들로부터 무기력한 이탈을 경험하는 것처럼, 학생들은 자본주의 학교 질서 하에서 교육활동에의 주도권을 잃은 채 지식, 학습, 창조적이고 사회적인 본성, 그리고 동료 학생들로부터 소외를 경험할 것이기 때문이다.

> 소외된 노동의 개념은 학교에서 학생들이 그들의 교육활동에 대한 주도권을 상실하고 있음을 보여주고, 그들이 학교에서 제공하는 교육과정으로부터 이탈하고 있음을 보여준다. 나아가 학생들이 학교활동에 대한 동기부여를 교육활동의 과정이나 결과에 대한 참된 속함integration이 아닌 시험 점수와 같은 외재적 보상체계에 의존하고 있음을 보여준다.[6]

학생들이 학교교실에서 교육적 주권을 상실하여 그들의 교육활동이 공장 노동자들의 소외된 노동과 별반 차이가 없을 때 학생들은 인간의 의식적, 창조적, 그리고 사회적 특성을 온전하게, 전체적으로 유지할 수 없다. 위에서 언급한 네 가지 쪼개짐을 겪은 후 학생들 개개인은 무기력한 파편 조각으로 전락할 것이기 때문이다. 이러한 관점에서 올만(Ollman, 1971: p. 135)의 주장대로 "소외의 본질은 전체를 무수한 부분들로 분쇄하여 인간의 사회적 존재로서의 삶을 더 이상 가능하지 않도록 만드는 데 있다."

---

6 S. Bowles, & Gintis, H.(1976), *Schooling in Capitalist America*, New York: Basic Books, p. 131.

구체적으로 자본주의 형태의 학교교육은 다음의 두 가지 점에서 학생 소외를 불러일으킬 수 있다. 첫 번째 종류의 소외는 학생들이 상품 생산의 논리에 따라 낱알화·비인간화되는 현상과 관계된다. 이것을 플라메나츠(Plamenatz, 1975: p. 14)[1]는 "영혼의 소외spiritual alienation"라고 불렀다. 그 이유는 학생들이 학교에서 자본 축적을 위한 기계적인 삶을 살면서 인간의 잠재적 가능성으로부터 심리적 단절을 경험하기 때문이다. 이러한 종류의 소외는 학생들의 능동적인 교육실천을 저하시켜 그들이 학교에서 "공허하고 무의미한 배회하는 삶"을 사는 것을 촉진시키고, 그만큼 그들의 창조적 자아실현에 걸림돌이 된다(Wood, 2004: p. 8).

두 번째 종류의 소외는 개별 학생들 간의 사회적 거리와 관계된다. 자본주의 학교교실에서 학생들은 시장과 경쟁의 원칙에 입각해 개인적인 성취에 몰두하고, 그 과정에서 그들이 의식하던 또는 의식하지 않던 간에 동료 학생들로부터 물리적 '멀어짐'을 경험한다. 이것은 교실-속-세상으로부터의 단절을 의미한다는 점에서 "사회적 소외social alienation"라고 명명될 수 있다(Elster, 1985: p. 100). 부연하면, 개인주의적인 분위기가 팽배한 학교환경에서 학생들은 학교를 상호 협동적이고 협력적인 사회관계를 형성하는 생활의 장소로 이해하기보다는 경쟁과 선택을 통해 자기 이익을 극대화하는 성취의 장소로 간주한다는 것이다(Fletcher, 2000: p. 72 참조). 자연스러운 결과는 학생들이 학교에서 사회적 존재로서의 인간의 삶을 살지 못하면서 그들의 공동체적 본성을 억압하는 것이다.

비록 모든 학생들이 자본주의 학교 시스템 하에서 일정 부분 소외를 경험하겠지만, 일반적으로 더 문제가 되는 것은 학교에서 '실패자' 또는 '낙오자'라는 타이틀을 부여받는 학생들의 경우이다(Gamoran & Berends, 1987 참조). 이들 덜 유능한 그렇지만 수적으로 결코 적지 않은 학생들은 학교생활에 유의미하게 참여하거나 속하지 못하면서 변두리

화marginalization를 경험하고 주변인으로서의 삶을 강요받는다. 특히 학교
의 교육활동이 학생들 간의 공동체적 연대보다 개인적인 차이를 부각시
키는 방향으로 설정되었을 때 학교에서 사회적 약자에 해당하는 학생들
은 위에서 언급한 심리적이고 사회적인 소외를 경험할 수밖에 없다.
일례로, 학교에서 개인들의 학력 차이에 따른 수준별 수업 전략을 사용
하게 되면, 다수의 경험적 연구들이 경고하고 있는 것처럼, 일반적으로
중간 이하의 능력 그룹에 편성된 학생들의 경우 개인적인 자존감의
상실과 학교에서의 사회적 이탈은 더욱 심화될 것이다(Ireson *et. al.*,
2001; Ireson & Hallam, 2001: ch. 3; Willig, 1963; Powell *et. al.*, 1985:
pp. 119-124).

우리나라의 경우 학교교실의 자본주의화는 20세기 말 교육의 시장적
재구조화와 함께 본격적으로 시작되었다. 자유, 경쟁, 선택이라는 신자
유주의 교육 논리는 학교를 개인들의 자기 이익과 성취를 위한 공간으
로 변모시켰다. 이러한 개인주의적 분위기 속에서 학교교육은 학생들의
개인적 차이와 자율적 선택을 존중하는 교육과정과 수업 방법을 선호하
게 되었다.[7] 일각에서는 친시장적인 학교 문화가 교육의 효율성과 질을
개선할 뿐만 아니라 학교 구성원 모두에게 이익을 가져다 줄 것이라고
말하고 있지만, 비판자들의 생각은 이와 다르다. 그들은 학생들 간의
다름과 경쟁적 개인주의에 기초하는 일련의 교육 정책이 학교에서 소수
엘리트의 지적 편의를 위해 사회적 다수social majority의 '교육적 죽음'을
정당화하고, 학교에서 소위 '승자들'과 '패자들' 간의 사회적·심리적
거리를 심화시키며, 마지막으로 학교를 개인적인 성취를 위한 다윈 식

---

7 실제로 현행 학교 교육과정의 근간을 이루는 7차 교육과정은 수준별 교육과정과
   선택중심 교육과정을 공식적으로 표방하고 있으며, 2007 개정 교육과정에서의
   부분적인 수정을 거쳐 최근에 발표된 미래형 교육과정에서도 개별화 교수 전략은
   여전히 중시되고 있다.

의 투쟁Darwinian Struggle의 장소로 만들어 심지어 사회적 강자들마저 끊임없는 불안과 긴장 속에서 참된 자아의 목소리에 귀를 기울이지 못하게 한다고 주장하고 있다.[8]

이처럼 마르크스의 소외의 개념은 자본주의 학교에서 목격되는 학생들의 소외를 설명하는 데 유용한 방식이다. 특히 학교에서 중심부에 위치하지 못한 채 주변부를 배회하는 학생들의 소외된 삶을 비판적으로 조명할 수 있다. 그렇지만 마르크스의 소외의 개념은 또한 현대 학교교육에 건설적인 제안을 할 수 있다. 자본주의 형태의 학교에서 목격되는 학생 소외의 문제는 학교교육의 의미와 역할을 탈자본주의적인 관점에서 재고하도록 하기 때문이다. 최소한 다음의 세 가지 관점에서 그러하다.

첫째, 학교는 나와 타인이 사회적 관계를 맺는 공적 공간이다. 오늘날 학교는 어떻게 보면 개인의, 개인에 의한, 개인을 위한 곳이다. 하우저와 쿠즈믹(Houser & Kuzmic, 2001: p. 449)의 표현대로 현대 교육 담론은 "처음부터 끝까지 개인적인 것"으로 가득 차 있다. 이러한 병리적인 자기중심성과 대조적으로 마르크스는 나보다 우리를 강조했다. 그의 '소외된 노동'은 자본주의 사회에서 인간의 공동체적 본성이 억압되고 있는 현상을 비판하는 것이었다. 교육과 관련지어 생각해 보면 마르크스의 소외의 개념은 교육의 과정에서 개인적인 성취보다는 사회적인 관계를 강조하면서 학교를 공동체적 삶의 공간으로 인식할 것을 암시하고 있다.

둘째, 학교에서 교육은 인간의 자아실현을 위한 유목적적 활동이다. 마르크스는 자본주의 사회에서 인간이 상품 생산 논리에 따라 자신의

---

8 학교사회에서 지적 엘리트들이 경험하는 소외와 관련해서는 다음의 글들을 참조하라. Boaler *et. al.*, 2000; Boaler, 1997a, b.

창의적이고 실천적인 본성으로부터 이탈, 즉 소외를 경험한다고 주장했다. 그의 노동 소외의 개념은 현대 학교교육에서도 목격된다. 글로벌 자본주의의 출현과 함께 교육은 더 이상 인간의 자아실현을 위한 의식적인 활동이 아니라 인적자원의 육성을 위한 소외된 노동에 불과하기 때문이다. 이러한 비판적 관점에서 마르크스의 소외의 개념은 학교교육의 목적으로서 인간의 잃어버린 인간성 회복과 이를 위한 학교의 탈도구주의화, 즉 학교를 인간의 창의적이고 실천적인 활동이 가능한 참된 노동의 공간으로 재개념화할 것을 주문하고 있다.

마지막으로 셋째, 학교는 사회적 다수의 목소리가 존중되는 민주적인 장소이다. 길(Gill, 1995: p. 400)의 표현을 빌리면 교육의 시장적 재구조화는 "정의의 정치학"보다 "수월의 정치학"에 바탕을 두고 있다. 학교에서 소수의 지적 엘리트들이 교육적 의사소통의 중심부를 차지하면서 다수의 보통 학생들은 주변인으로서의 삶에 만족할 것을 강요받기 때문이다. 마르크스의 소외의 개념은 이러한 자본주의 형태의 학교교육에서 변두리화를 경험하는 사회적 다수의 삶에 현대 교육개혁자들이 관심을 가질 것을 촉구한다. 민주주의 사회에서 학교교육은 공공의 선으로서 사회적 다수의 삶에 봉사할 윤리적 책임이 있기 때문이다.

Ⅳ 맺음말

이상에서 마르크스의 소외의 개념을 분석의 틀로 삼아 자본주의 형태의 학교에서 학생들이 경험할 수 있는 소외의 문제를 살펴보았다. 나는 마르크스의 인간관으로부터 논의를 시작하여 인간이 자본주의 사회 질서 하에서 그의 종족 본성으로부터 이탈하는 현상을 설명한 다음, 그러한 인간 소외의 개념이 교육에 주는 함의가 무엇인지를 알아보았다. 지금까지의 논의를 정리하면 다음과 같다.

첫째, 마르크스는 자본주의 사회에서 인간성이 왜곡되는 현상을 설명하기 위해 소외된 노동의 개념을 사용했다. 그는 근대 산업화 시대에 인간의 노동은 사회적이고 창조적인 활동으로부터 이탈하여 상품화되고 있다고 진단했다. 노동을 매개로 삶을 살아가는 자본주의 형태의 사회에서 인간의 노동은 유목적적 활동이라기보다는 방법적 수단에 불과하기 때문이다. 더욱이 자본주의 사회에서 사유재산제도는 나와 타인 간의 사회적 거리를 멀어지게 하고, 노동의 분화는 인간 삶을 낱알화하여 그의 창조적 능력을 억압한다고 마르크스는 주장했다.

둘째, 마르크스의 소외의 개념은 학생들이 학교에서 경험하는 노동의 상품화와 사회·심리적 고립감을 설명하는 데 유용하다. 자본주의 학교 시스템 하에서 학생들의 교육활동은 상품 생산 논리에 따른 소외된 노동에 불과하다. 학생들은 학교라는 생산 공장의 분업 라인에 위치하여 무기력하고 무덤덤한 파편 조각으로서의 삶을 살아간다. 그 결과 학생들은 그들 노동의 산물인 지식을 소유하지 못하고, 노동의 과정인 교수·학습과정에 의식적으로 참여하지 못하며, 그들의 창조적이고 사회적인 본성을 실현하지도 못한다. 한 마디로 말해 학생들은 학교에서 교육활동의 주도권을 상실한 채 안으로는 영혼의 상실과 밖으로는 사회적 변두리화를 경험한다는 것이다.

셋째, 마르크스의 소외의 개념은 자본주의화된 학교교실의 어두운 그림자인 학생 소외의 문제를 밖으로 드러내 보여주는 과정에서 필연적으로 우리에게 교육의 참된 의미와 학교의 바람직한 역할이 무엇인지를 생각하도록 한다. 자연스러운 결과는 친시장적인 교육 담론을 뛰어넘어 학교교육의 새로운 가능성을 모색해 보는 것이다. 이러한 관점에서 마르크스의 소외의 개념은 교육을 인간성의 실현을 위한 의식적이고 실천적인 활동으로, 또 학교를 사회적 다수의 행복을 위한 삶의 공간으로 이해할 것을 요구하면서 사회-민주적socio-democratic인 학교교육 모델에 대한 사고를 자극한다고 볼 수 있다.

결과적으로 이 글은 경쟁적 개인주의가 성행하는 현대 학교교육에서 학생들이 직면할 수 있는 위험 중의 하나가 그들의 사회적이고 창조적인 본성으로부터의 이탈, 즉 소외라는 것을 경고하려는 시도였다. 특히 마르크스의 소외의 개념을 통해 자본주의 학교 시스템 하에서 주변부에 위치하는 다수의 보통 학생들이 변두리화와 자존감의 상실을 경험하고 있다는 것을 강조하려는 것이었다.

하지만 이러한 이론적 담론의 전개와 별개로 실제로 얼마만큼 학생들이 자본주의 형태의 학교에서 심리적·사회적 소외를 경험하고 있는가는 또 다른 차원의 연구를 필요로 한다. 외국의 경우 학생들이 학교에서 경험하는 소외를 실천적으로 규명하는 참여관찰 연구들이 적지 않게 찾아지고 있지만, 우리나라의 경우 이러한 노력은 상대적으로 소홀했다. 따라서 학생 소외에 관한 이론적·개념적 연구뿐만 아니라, 학교 현장에서 학생들의 노동 소외가 어떤 방식으로 어떻게 진행되고 있는지를 경험적으로 탐구해 볼 필요가 있다.

또한, 이 글은 자본주의 형태의 학교에서 나타날 수 있는 학생 소외의 문제를 논의한 뒤에 그 대안으로 학교교육의 탈시장적인 비전을 제시했다. 그런데 이러한 당위적인 방향 제시는 현실성이 얕은 이론적인 논의라는 한계가 있다. 우리는 마르크스의 소외의 개념을 통해 인간을 인적자원으로, 학교를 상품 생산 공장으로 간주하는 현대 교육의 시장적 재구조화를 성공적으로 비판할 수 있지만, 그러한 비판을 넘어 향후 현실적인 대안을 마련하고 구체적인 전략을 수립할 필요가 있다. 따라서 학교에서 학생 소외를 최소화할 수 있는 교육과정과 교수법에 관한 이론적이고 실천적 논의 역시 앞으로의 연구과제로 남겠다.

참고문헌

Boaler, J.(1997a). When even the winners are losers: Evaluating the experiences of top set students. *Curriculum Studies, 29(2)*, 165-182.

Boaler, J.(1997b). Setting, social class and survival of the quickest. *British Educational Research Journal, 23*(5), 575-595.

Boaler, J. *et. al.*(2000). Student's experience of ability grouping disaffection, polarization and the construction of failure. *British Educational Research Journal, 26*(5), 631-648.

Bowles, S., & Gintis, H.(1976). *Schooling in capitalist America.* New York: Basic Books.

Cox, H.(1999). The market as god. *The Atlantic Monthly, March,* 18-23.

Elster, J.(1985). *Making sense of Marx.* Cambridge: Cambridge University Press.

Feuer, L. S.(Ed.).(1959). *Marx and Engels: Basic writings on politics and philosophy.* Garden City: Doubleday.

Fletcher, S.(2000). *Education and emancipation: Theory and practice in a new constellation.* New York: Teachers College Press.

Fromm, E.(1963). *Marx's concept of man.* New York: Frederick Ungar.

Gamoran, A., & Berends, M.(1987). The effects of stratification in secondary schools: Synthesis of survey and ethnographic research. *Review of Educational Research, 57*(4), 415-435.

Gill, S.(1995). Globalization, market civilization, and disciplinary neoliberalism. *Journal of International Studies, 24*(3), 399-423.

Houser, N. O., & Kuzmic, J. J.(2001). Ethical citizenship in a postmodern world: Toward a more connected approach to social education for the twenty-first century. *Theory and Research in Social Education, 29(3)*, 431-465.

Hurst, C.(2000). *Living theory: The application of classical social theory to contemporary life.* Boston: Allyn and Bacon.

Ireson, J. *et. al.*(2001). Ability grouping in secondary schools: Effects on pupils' self concepts. *British Journal of Educational Psychology, 71,* 315-326.

Ireson, J., & Hallam, S.(2001). *Ability grouping in education.* London: Paul Chapman Publishing.

King, F.(1995). Neo-liberalism: Theoretical problems and practical inconsistencies. In M. Mills, & F. King(Eds.), *The promise of liberalism: A comparative analysis of consensus politics*(pp. 15-36). Aldershot: Dartmouth.

Marx, K.(1891). *Wage labor and capital.* J. L. Joynes, Trans. Chicago: C. H. Kerr.

Marx, K.(1957). *Capital, 2 Vols.* E. Paul & Paul, C., Trans. London: J. M. Dent.

McNally, D.(2002). *Another world is possible: Globalization, anti-capitalism.* Winnipeg: Arbeiter Ring Publishing.

Nyberg, P.(1967). The communal man: Marx. In P. Nash *et. al.*(Eds.), *The educated man: Studies in the history of educational thought*(pp. 277-303). New York: John Wiley & Sons.

Ollman, B.(1971). *Alienation: Marx's conception of man in capitalist society.* Cambridge: Cambridge University Press.

Plamenatz, J. P.(1975). *Karl Marx's philosophy of man.* Oxford: Clarendon Press.

Powell, A. G. *et. al.*(1985). *The shopping mall high school: Winners and losers in the educational marketplace.* Boston: Houghton Mifflin Company.

Pring, R.(1986). Privatization of education. In R. Rogers(Ed.), *Education and social class*(pp. 65-82). London: The Falmer Press.

Quicke, J.(1988). The 'new right' and education. *British Journal of Educational Studies, 26*(1), 5-19.

Sarup, M.(1978). *Marxism and education.* London: Routledge.

Smith, D. G.(2003). Curriculum and teaching face globalization. In W. Pinar(Ed.), *International handbook of curriculum research*(pp. 35-51). Mahwah: Lawrence Erlbaum Association.

Strike, K. A.(1989). *Liberal justice and the Marxist critique of education: A study of conflicting research programs.* New York: Routledge.

Toews, J. E.(Ed.).(1999). *The communist manifesto by Karl Marx and Frederick Engels with related documents.* Boston: Bedford.

Willig, C. J.(1963). Social implications of streaming in the junior school. *Educational Research, 5,* 151-154.

Wood, A. W.(2004). *Karl Marx.* New York: Routledge.

Woodhall, M.(1987). Human capital concepts. In G. Psacharopoulos(Ed.), *Economics of education: Research and studies*(pp. 21-24). Oxford: Pergamon.

타고나는가, 만들어지는가

"서양 고대 교육문헌에 나타난 본성 대 양육 논쟁"

(『교육사상연구』, 27(3), 2013: 117-135)

서양 고대 교육문헌에 나타난
본성 대 양육 논쟁

(I) 들어가며

　호메로스Homeros가 그의 양대 서사시에서 칭송했던 용맹과 지혜의
덕arete은 하늘이 고귀한 혈통을 지니고 태어난 자들aristos에게 부여한
것이었다.[1] 자연의 법을 강조할 뿐 인간의 간섭을 허용하지 않는 이러한
귀족적인 삶의 이상은 고대 그리스 사회에서 새로운 경제적 계급이
등장하는 기원전 7세기를 전후로 변화의 조짐을 보였다. 최소한 경제적
인 측면에서 귀족들을 능가하는 힘을 갖게 된 신흥 부르주아지 계급은
우수함의 원천으로서 혈통보다 재산을 강조했고, 인간의 노력을 통해
획득하는 부와 능력을 앞세워 귀족들의 생득권으로서의 정치적 특권에
위협을 가했다(Cary & Haarhoff, 1961: 27-28).

　귀족 계급의 세력 약화를 가져온 이러한 사회적 변화는 대중들의
세력이 커지는 기원전 500년 이후 인간의 덕[우수함]에 관한 논쟁으로
이어졌다. 흔히 본성 대 양육 논쟁으로 알려져 있는 이 논쟁에서 본성은

1　어원적으로 덕arete과 고귀함aristos은 모두 인간적인 우수함, 뛰어난 능력, 탁월함
　등을 의미하는 말이었다. 호메로스 시대의 그리스인들은 덕을 고귀한 태생의
　속성으로 간주하면서 귀족들의 통치를 당연시했다(Jaeger, 1960: 1, 5-6).

자연적으로 존재하는 것physis을 의미했고, 양육은 인위적으로 만들어진 것nomos을 의미했다.[2] 전통적으로 귀족들은 자신들의 우월한 지위를 신이 부여한 능력을 통해 정당화했다. 일찍이 메가라의 귀족 시인 테오그니스Theognis는 귀족들의 통치를 타고난 덕에 따르는 필연으로 규정하면서 이에 반하는 삶의 방식은 자연을 거스르는 것으로서 해로운 결과를 초래할 것이라고 경고했다(Davies, 1873: 132, 145).[3] 다른 한 명의 귀족 시인 핀다로스Pindaros는 고대 올림픽 경기의 우승자들에게 바치는 일련의 송시에서 그들의 덕은 개인적인 노력의 산물이라기보다는 물려받은 혈통의 우수함에 기인한다고 가정한 다음, 특정 귀족 집안에서 몇 대에 걸쳐 우승자가 나온다는 점을 들어 인간의 덕, 즉 탁월함은 본래부터 존재하는 것이지 후천적으로 길러지는 것이 아니라고 주장했다(Jaeger, 1960: 1, 214-215; Beck, 1964: 70).[4]

---

2 본래 자연적인 발생이나 성장을 의미하였던 피시스physis는 소크라테스Sokrates 시대에 이르러 혈통과 태생을 의미하게 되었다(Heinimann, 1987: 89, 95; Naddaf, 2005: 34). 한편 노모스nomos는 원래 인위적인 풍속과 질서를 의미하였는데 그리스 사회의 문명화가 진척됨에 따라 점차 야만적인 삶의 방식과 대비되는 것으로서 인간적인 삶의 방식을 의미하게 되었다(Heinimann, 1987: 78, 110; Ostwald, 1969).

3 테오그니스는 그의 조국 메가라에서 벌어지고 있었던 전통적인 귀족 계급과 신흥 부르주아지 계급 간의 긴장과 갈등을 몸소 겪으면서 귀족들의 통치를 무너뜨리려는 사람들을 사회의 혼란을 부추기는 선동자들로 간주했다(Jaeger, 1960: 1, 196). 테오그니스의 현존하는 단편들, 특히 그가 메가라의 젊은 귀족 청년 키르누스Kyrnus에게 보냈던 일련의 교훈시에는 당시 메가라에서 벌어지고 있던 전통적인 귀족 계급과 신흥 부르주아지 계급 간의 갈등과 귀족정의 파괴자들을 사회의 혼란을 부추기는 선동자들로 묘사하고 있는 테오그니스의 모습이 담겨 있다(Banks, 1873: 438-494).

4 핀다로스의 시에서 반복적으로 찾아지는 요소는 경기의 승자와 그 승자의 가문을 함께 칭송한다는 것이었다. 예를 들어 핀다로스는 올림픽 송시 두 번째 글에서 사륜마차 경주의 승자인 테론Theron을 칭송하면서 그의 조상들의 고귀한 덕을

이와 대조적으로 일반 대중들은 덕은 학습의 결과라는 소피스트들의 주장에 귀를 기울였다. "덕은 모두에게 열려 있다"는 프로타고라스 Protagoras의 주장(Beck, 1964: 159)이나 "덕은 가르칠 수 있다"는 프로디코스Prodikos의 주장(Ibid.: 183)은 대중들의 정치적 참여를 정당화하는 이론적 기제로 작용할 수 있었다.[5] 덕은 타고나는 것이 아니라 인간의 노력을 통해 습득하는 것이라는 소피스트 식의 명제는 귀족들의 통치가 자연의 덕에 따르는 필연, 즉 본래부터 존재하는 것physis이 아니라는 것을 말해주었기 때문이다.

소피스트들은 또한 인간의 적합한 삶의 방식으로서의 양육nomos에 주목하면서 정치적인 문제로부터 시작한 본성 대 양육 논쟁을 교육적인 문제로 인식하는 데 이바지했다(Ostwald, 1969). 실제로 소피스트들이 주로 활동했던 기원전 5-4세기 동안 고대 그리스의 저술가들은 본성과 양육의 문제를 교육과 관련지어 다양하게 논의했다. 앞으로 살펴보면 알겠지만, 플라톤Platon은 타고난 덕에 따른 귀족주의를 옹호했고, 아리스토텔레스Aristoteles는 인간을 습관의 동물로 규정하면서 플라톤과 대립각을 세웠다. 크세노폰Xenophon은 본성 대 양육 논쟁을 남녀의 교육 문제에 적용했으며, 이소크라테스Isokrates는 본성에 따른 한계를 염두에 두면서도 교육의 가능성을 논했다.

기원전 4세기 이후 고대 그리스 사회가 정치적·문화적으로 쇠퇴하기 시작하면서 본성 대 양육 논쟁은 점차 헬레니즘 시대의 철학자들과

또한 칭송했다. 테론의 우승은 단순히 개인적인 성취를 넘어 몸 속에 흐르고 있는 혈통의 우수함을 만천하에 알리는 것이었다(Pindar, 1852: 12).
5 프로타고라스와 프로디코스는 덕의 학습 가능성을 강조하면서 양육을 본성보다 우선시했지만, 그렇다고 해서 그들이 하늘이 부여한 능력의 차이를 부정했던 것은 아니다. 다만 인간의 양육을 통해 타고난 재능을 보완하고 완벽하게 만들 수 있다고 믿었던 것이다(Beck, 1964: 159, 182-183).

로마 시대의 교육저술가들의 탐구 주제로 옮겨갔다. 헬레니즘 시대의 희소한 교육문헌들 가운데 우리는 플루타르코스Plutarchos의 저작들 속에서 혈통과 양육 간의 해묵은 논쟁을 다시 확인할 수 있다. 그리고 고대 로마 사회에서 웅변가 교육에 대한 이론적인 논의가 본격화되는 1세기 이후 이소크라테스 식의 본성 대 양육 논쟁은 재점화되었다. 일반적으로 탁월한 웅변가들은 자연의 재능이나 특질들을 강조하면서 본성 쪽에 가까이 서 있었던 반면, 퀸틸리아누스Quintilianus와 같은 교사들은 후천적인 양육을 중시하면서 그들의 직업적 정체성에 충실했다.

이 글은 고대 그리스 사회에서 정치적 이해관계로부터 출발한 본성 대 양육 논쟁이 교육적인 문제로 전환되는 기원전 500년 이후 이 주제를 교육적인 관점에서 접근한 서양 고대의 문헌들을 살펴보고, 그 결과로서 본성과 양육 문제를 둘러싼 고대인들의 교육 담론을 이해하려는 것이었다. 이를 위해 나는 기원전 5-4세기의 그리스 교육문헌들을 필두로 하여 본성 대 양육 논쟁과 관련된 헬레니즘 및 로마 시대의 교육문헌들을 분석 대상에 포함시켰다. 구체적으로 본성 대 양육이라는 이론적 틀 속에 범주화시킬 수 있는 6명의 고대의 교육저술가[6]를 선별하여 그들의 교육 저작들에 나타난 본성과 양육의 문제를 고찰하였다.

이 작업은 서양 고대사회에서 본성과 양육의 문제를 둘러싸고 다양한 교육 담론이 존재했음을 규명해 보았다는 점에서 의미를 찾을 수 있겠다. 그러나 이러한 이론적인 담론의 전개와 별개로 실제로 고대의 교육 현장에서 이 문제가 어떻게 인식되고 수용되었는지는 앞으로 연구할 필요가 있는 남겨진 과제라 하겠다.

---

6 플라톤, 크세노폰, 아리스토텔레스, 플루타르코스, 이소크라테스, 퀸틸리아누스를 말한다.

Ⅱ 본성으로부터

화이트헤드(Whitehead, 1978: 39)는 서양철학사를 플라톤에 대한 주해의 역사로 정의한 바 있지만, 플라톤은 서양교육사를 공부하는 사람들에게도 중요한 인물이다. 특히 플라톤의 대화편『국가*Politeia*』는 서양교육학의 출발을 알리는 저작으로 유명하다. 플라톤의『국가』는 교육학의 여러 쟁점들을 포함하고 있지만, 지금 이 글에서의 주제와 관련해 우리의 관심을 끄는 것은 플라톤의 인간 본성에 대한 생각이다.

플라톤의『국가』는 '정의란 무엇인가?'라는 다소 철학적인 질문으로부터 시작한다. 그런데 플라톤의 정의론은 그의 인간론과 관련이 있었다. 플라톤은 정의로운 인간을 말하면서 머리, 가슴, 배의 유기적 연대를 강조했다. 이때 머리는 지혜를, 가슴은 기개를, 배는 절제를 각각 의미했고, 이 세 요소 간의 조화로운 결합 속에서 정의로운 삶은 가능했다. 흥미로운 것은 플라톤이 이러한 '개인주의 심리학'을 국가에 대한 일반적인 논의로 확대했다는 것이다(Nettleship, 1958: 68; 1961: 3).

구체적으로 플라톤은『국가』4권에서 영혼을 이루는 요소들과 국가를 구성하는 계급들 간의 상호 관련성에 주목하면서 보이드(Boyd, 1937: 57)가 "윤리학과 정치학의 경계지대"라고 표현한 곳에 머물렀다. 그곳에서 플라톤은 사적私的 가치를 공적公的 가치로 전환하면서 개인의 정의 문제를 국가의 정의 문제로 확대해 논의했다. 플라톤은 개인과 마찬가지로 국가도 머리[지혜]에 해당하는 통치자 계급, 가슴[기개]에 해당하는 수호자 계급, 배[절제]에 해당하는 생산자 계급이 제각기 맡은 역할을 잘 수행할 때 정의로운 상태에 도달할 수 있다고 주장했다. 플라톤은 국가의 올바름이 그 안의 세 부류가 저마다 제 일을 함에 달려 있다고 생각하는 한편 인간의 타고난 덕이 통치자 계급에 적합한 사람이 있고, 수호자 계급에 적합한 사람이 있고, 생산자 계급에 적합한 사람이 있다고 보았다. 이러한 가정으로부터 플라톤은 인간의 천성을 금, 은, 동에 비유했다.

> 신은 인간을 서로 다르게 만들었다. 당신들 중에는 국가를 통치할 사람들이 있다. 그들은 금의 본성을 소유한 사람들로서 최고의 명예를 누린다. 다음으로 은의 본성을 지닌 사람들이 있다. 그들은 국가의 수호자들이 될 것이다. 마지막으로 국가의 농업과 생산을 담당할 사람들이 있다. 그들은 동과 철의 본성을 가지고 있다(Plato, 1871: 243).

위의 인용문에서 플라톤은 아이의 선천적인 본성에 따라 그 아이의 양육, 즉 교육 단계를 조절할 것을 암시했다. 실제로 『국가』에 나타난 플라톤의 교육 계획은 단계별로 아이의 타고난 덕이 금, 은, 동 어디에 해당하는지를 확인하는 과정이었다. 플라톤은 먼저 통치자와 수호자 계급을 위한 초등교육을 계획하면서 지혜와 기개가 결핍된 동의 본성의 아이들을 걸러냈다. 이어 플라톤은 17·18살부터 20살까지 군사훈련을 통해 국가수호 임무에 적합한 은의 본성의 아이들을 가려냈다. 마지막으로 플라톤은 금의 본성을 지닌 아이들만을 대상으로 20살부터 35살까지 광범위한 수학 및 철학 교육과정을 계획했다. 이 경우에도 플라톤은 아이들의 타고난 덕의 정도에 따라 그들이 받을 교육의 정도와 사회적 역할을 달리 처방했다(Plato, 1871: 373-377).

이처럼 플라톤은 인간이 서로 다르게 태어난다는 명제에 주목했다. 앞에서 언급했듯이 '신이 인간을 서로 다르게 만들었다'면, 인간을 서로 다르게 키우는 것은 신의 뜻이었다. 나아가 부모가 아닌 아이의 타고난 본성[덕]에 따라 사회계층을 이동시키는 것은 자연의 이치였다. 플라톤의 설명을 들어보자.

신은 국가의 통치자들에게 모든 아이들을 주의 깊게 관찰하면서 그들의 타고난 본성을 확인할 것을 명했다. 만일 금이나 은의 본성의 부모에게서 동과 철의 본성의 아이가 태어난다면, 사회적 지위를 하락시키는 것이 자연의 법칙이다. [……] 이와 반대로 상인계급에서 신분이 상승해서 통치자와 수호자가 되는 영예를 누리는 아이들도 있을 수 있다. 신탁의 예언대로 동이나 철의 본성의 사람이 국가를 통치했을 때, 국가는 쇠퇴할 것이기 때문이다(Plato, 1871: 243).

이런 관점에서 플라톤의 이상국가는 바로우(Barrow, 1975: 161)가 "산술적인 분배와 대비되는 것으로서 기하학적인 분배"라고 말했던 것에 토대를 두었다.[7] 플라톤은 『국가』에서 인간 본성을 질적으로 구분하면서 모두를 똑같이 취급하는 평등보다 다름에 차이를 두는 공평에 관심을 가졌다. 플라톤에게 다른 것을 다르게 다루는 것은 인간을 공정하게 취급하는 정의로운 일이었고(Barrow, 1976: 71-72), 아이의 양육에 앞서 그 아이의 타고난 덕을 먼저 확인해야 할 중요한 이유였다.

플라톤이 아이의 타고난 본성을 강조했을 때, 그는 성별에 따른 본성의 차이를 고려하지 않았다. 플라톤은 스파르타 시스템을 염두에 두면서 남녀의 구분없이 타고난 덕에 따라 양육의 수준을 달리할 것을 제안했다. 그러나 고대 그리스의 대부분의 도시국가에서, 특히 플라톤의 조국이었던 아테네에서는 성별에 따른 본성의 차이를 중시했다. 다시 말해 남성과 여성은 서로 다른 본성을 갖고 태어나므로 서로 다르게 양육

---

7 산술적인 분배는 모든 것을 모든 사람에게 균등하게 분배하는 개념인 반면에 기하학적인 분배는 사람들의 차이에 따라 서로 다른 양을 비례적으로 분배하는 개념이다. 플라톤은 다른 것을 다르게 다루는 기하학적인 분배를 통해 모든 사람들을 공정하게 취급하면서 결과적으로 모두에게 동일한 정도의 행복을 보장해 주고자 하였다(Barrow, 1975: 160-161).

되어야 한다는 것이었다. 이러한 견해는 플라톤과 동시대를 살았던 크세노폰의 저작 『가정경제론Oikonomikos』에서 뚜렷이 목격된다.

크세노폰의 『가정경제론』은 가장 오래된 경제학 관련 저작의 하나로 알려져 있지만, 교육적인 관점에서도 중요하다. 이 책에서 크세노폰은 가정경제를 효과적으로 운영하는 실천적 지침과 함께 고전기 아테네의 사회상과 지적 분위기 그리고 여성의 지위와 교육에 관해 기술했다. 크세노폰의 입장은 그 시대의 주류 아테네인들의 생각과 다르지 않아서 그는 여성이 가사와 육아에 적합한 본성을 갖고 태어나는 반면에 남성은 가정 밖의 일에 적합한 본성을 갖고 태어난다고 주장했다.

> 신은 처음부터 여성의 본성을 집안의 일에 적합하게, 그리고 남성의 본성을 집밖의 일에 적합하게 만들었다. 신은 추위와 더위, 여행과 원정을 참고 견딜 수 있는 남성에게 집밖의 일을 맡겼고, 그러한 노고를 감당하지 못하는 여성에게 집안의 일을 맡겼다. 신은 모성애가 강한 여성에게 아이를 낳아 키우는 의무를 부과했다. 신은 또한 남성보다 조심성이 많은 여성에게 집안 곳간의 관리를 맡겼다. [……] 반면에 신은 집밖의 일을 담당하는 남성에게 외부의 침입자에 맞서 싸울 수 있는 용기를 주었다(Xenophon, 1997: 421).

자연스러운 결과는 여성은 집안에서 그리고 남성은 집밖에서 양육하는 것이었다. 크세노폰에 따르면, 여성들이 남성들처럼 체육관에 가서 몸을 단련하고 학교에 가서 마음을 단련하는 것은 그들의 본성에 맞지 않는 일이었다. 그보다 여성들은 집안의 여성 구역에 머물면서 "가정을 훌륭하게 관리하는 능력"을 길러야 했다(Oost, 1977-1978: 225). 구체적으로 크세노폰은 여성들이 아이를 낳아 키우고, 음식과 의복을 준비하고, 곳간을 관리하는 일을 배우고 익혀야 한다고 주장했다.

여성의 본성이 집안의 일을 돌보는데 적합하다는 크세노폰의 견해는 스파르타의 남성적인 여성관과 비교해 보았을 때 아테네 사회의 보수성을 보여주는 것이었고(Cary & Haarhoff, 1961: 291-292), 푸코와 같은 탈근대주의자의 눈에는 여성을 집안에 가두어놓는 가부장적인 것이었다.[8] 그러나 조금 각도를 달리해 보면, 크세노폰의 생각은 그렇게 보수적이지도 가부장적이지도 않았다. 크세노폰은 여성에게 집밖으로 돌아다니는 남성을 대신해 가정사를 책임지고, 아이들을 돌보고, 집안의 재산을 관리하는 안주인의 권위를 부여했다. 나아가 크세노폰은 여성의 지적인 능력이나 자기 통제력이 남성에 비해 뒤떨어진다고 보지 않았다. 크세노폰이 보기에 남성과 여성은 능력에서 차이가 있는 것이 아니라 역할에서 차이가 있기 때문이다.

> 신은 남성과 여성 모두에게 기억력과 주의력을 공평하게 부여했다. 그들이 서로 도움을 주고받아야 하기 때문이다. 신은 또한 남성과 여성 모두에게 적절한 자기 통제력을 주었고, 남성의 일과 여성의 일을 차별하지 않으면서 더 잘한 것에 권위를 주었다. 남성과 여성은 타고난 소질이 똑같지 않으므로 서로 상대방을 더 많이 필요로 한다. 그리고 그들은 서로에게 쓸모가 있는데, 하나가 잘 못하는 일을 다른 하나가 잘 하기 때문이다(Xenophon, 1997: 423).

위의 인용문에서 크세노폰은 앞서 플라톤이 그러했듯이 신의 권위에 입각해 자신의 입장을 정당화했다. 신이 남성을 집밖의 일에 적합하게 그리고 여성을 집안의 일에 적합하게 만들었다면, 크세노폰은 남성과 여성을 타고난 덕에 따라 서로 다르게 키우면서 그들이 가장 잘 할 수 있는 일을 가르치는 것이 신의 뜻이라고 믿었다. 그렇게 했을 때

---

8 푸코는 『성의 역사』 2권에서 『가정경제론』에 나타난 크세노폰의 여성관이 고대 그리스의 남성 중심 이데올로기의 전형이라고 비판했다(Foucault, 1990: 152-165).

남성과 여성은 각자의 본성에 맞는 일을 하면서 동시에 서로 간의 부족함을 채워줄 수 있기 때문이다.

이처럼 크세노폰은 『가정경제론』에서 남성의 일과 여성의 일을 구분하면서 남성과 여성의 타고난 덕에 따라 양육을 달리할 것을 주문했다. 이는 플라톤이 『국가』에서 인간 본성의 질적인 차이에 입각해 양육의 단계를 조절한 것과 맥을 같이 한다. 차이가 있다면, 크세노폰이 플라톤 식의 일반적인 논의에 성적性的인 색깔을 입혔다는 것일 뿐, 크세노폰과 플라톤은 모두 본성 대 양육 논쟁에서 본성 편에 가깝게 서 있었다.

Ⅲ 본성에서 양육으로

라파엘로Raffaelo의 '아테네 학당'[9]에서 플라톤과 아리스토텔레스의 모습은 사뭇 대조적이다. 벽화 속 플라톤의 손이 하늘 위를 향하고 있는 반면에 아리스토텔레스의 손은 땅 아래를 향하고 있다. 플라톤이 천상의 이데아를 마음속에 품고 있었다면, 아리스토텔레스는 지상의 현실계를 주시하고 있었던 것이다. 또, 지금의 주제와 관련해 플라톤의 '손'이 하늘이 내린 본성, 즉 천성을 가리키고 있었다면, 아리스토텔레스의 '손'은 지상의 경험, 즉 인간의 양육을 가리키고 있었던 것이다.

조금 더 자세히 라파엘로의 그림을 들여다보면 아리스토텔레스의 다른 한 손에는 『니코마코스 윤리학Ethika Nikomacheia』이 들려 있다. 『니코마코스 윤리학』은 아리스토텔레스가 리케이온Lykeion에서 사용했던 강의 노트를 그의 아들 니코마코스가 책으로 엮은 것이다. 이 책에서 아리스토텔레스는 인간 삶의 목적이 행복에 있고, 행복한 삶은 잘삶에

---

9 라파엘로가 1511년 교황 율리우스 2세Julius II의 부탁을 받고 교황청 서재에 그렸던 그림이다.

달려 있고, 다시 잘삶은 도덕적으로 올바른 삶이라는 일련의 논의를 전개했다. 논의의 자연스러운 귀결점은 인간 개개인의 행복한 삶을 위해서 도덕적 양육이 중요하다는 것이었다. 이와 관련해 아리스토텔레스는 본성, 가르침, 습관이라는 세 가지 가능성을 고려했다.

> 어떤 사람들은 우리의 타고난 본성이 도덕적으로 선하다고 생각하고, 다른 사람들은 습관을 통해, 또 다른 사람들은 가르침을 받아 그렇게 된다고 생각한다. 그러나 타고난 본성은 신의 은총을 받은 사람들에게만 해당되는 것으로서 우리가 개입할 여지가 없고, 가르침의 효과 또한 모두에게 똑같지 않다는 문제점이 있다. 그러나 씨앗을 키우는 땅처럼 아이의 영혼은 어려서부터 좋고 나쁜 것에 대한 습관을 통해 계발될 수 있다. 정념에 따라 삶을 사는 사람은 가르침에 귀를 기울이지 않을 뿐만 아니라, 그것을 이해하지도 못할 것이다(Aristotle, 1963: 270).

위의 인용문에서 아리스토텔레스는 인간 본성에 관한 사변적 논쟁보다 인간행동에 관한 실천적 논의에 관심을 보였다. 아리스토텔레스에게 중요한 것은 인간의 타고난 도덕적 본성보다 현실 세계에서 올바르게 행동할 수 있는 도덕적 지식이었다. 아리스토텔레스(Aristotle, 1963: 142)에 따르면, 이러한 도덕적 지식은 "실천적 지혜phronesis"10로서 이론적인 가르침을 통한 설득보다 오랜 훈련을 통한 습관의 결과였다. 듀란트(Durant, 1938: 87)의 수사학적 표현대로 "우리가 유덕한 존재이기 때문에 올바르게 행동하는 것이 아니라, 우리가 올바르게 행동하기 때

---

10 아리스토텔레스는 『니코마코스 윤리학』 6권에서 지혜를 의미하는 희랍어 sophia 와 phronesis를 서로 구분해 사용하면서 윤리학은 phronesis를 통해 '실천적 앎praxis'을 담보하는 학문임을 암시했다. sophia에 입각해 '관조적 앎theoria'을 추구하였던 플라톤의 인식론과 차이를 보이는 대목이다.

문에 유덕한 존재가 되는 것"이다.

이러한 관점에서 아리스토텔레스는 인간의 도덕적 양육을 어렸을 때부터 법으로 강제할 것을 제안했다(Aristotle, 1963: 271). 인간에게 고귀함을 사랑하고 천박함을 싫어하는 마음이 전혀 없는 것은 아니지만, 그렇다고 해서 도덕적 행위가 인간의 이러한 선한 감정으로부터 자발적으로 발생하는 것도 아니라는 것이 아리스토텔레스의 설명이었다. 인간은 어느 정도 덕을 사랑하는 마음을 가지고 태어나지만 스스로 절제하면서 강직하게 삶을 사는 일은 좋아하지 않는 다분히 모순적인 존재였고, 이러한 이유에서 도덕적 완성은 선한 성향을 행동으로 옮기려는 법으로 강제된 훈련과 그로 인한 습관의 형성에 의존했다.

아리스토텔레스가 인간을 어렸을 때부터 도덕적으로 바르게 훈련시키는 일이 필요하다고 주장했을 때, 그의 마음 속에는 행복은 하늘로부터 주어지는 것이 아니라 인간의 힘과 노력을 통해 얻는 것이라는 세속적인 믿음이 있었다(Curtis & Boultwood, 1963: 38). 특히 아리스토텔레스는 오랜 실천으로 몸에 배어있는 유덕함을 중시했는데, 인간의 행복은 우연한 한 번의 도덕적 행동보다 늘 한결같은 올바른 행동으로부터 비롯되기 때문이다. 아리스토텔레스(Aristotle, 1963: 14)가 "한 마리의 제비가 왔다고 해서 봄이 오는 것은 아니며, 하루의 실천만으로 행복한 사람이 되는 것도 아니다"고 힘주어 말했던 이유이다.

이상에서 아리스토텔레스의 메시지는 분명했다. 최소한 인간의 올바른 행위와 관련해 덕의 습관을 목표로 하는 양육이 타고난 성향보다 중요하다는 것이었다. 인간은 어려서부터 좋은 행동을 반복함으로써 선한 품성을 얻고, 그로부터 행복한 삶을 살 수 있기 때문이다. 이 주제와 관련해 아리스토텔레스만큼이나, 아니 그보다 더 설득적인 논의를 전개했던 고대의 교육저술가는 플루타르코스였다. 플루타르코스는 고대로부터 위작 논란[11]이 끊이지 않는, 그러나 교육적인 관점에서 후대의 저술가들에게 커다란 영향[12]을 주었던 『아동교육론*Peri Paidon Agoges*』이라는 조그마한 논고에서 인간이 태어나서 성인이 될 때까지 받아야 할 교육을 단계별로 논의했다. 그 과정에서 플루타르코스는 고대의 다른 교육저술가들과 마찬가지로 본성 대 양육의 문제에 주목했다.

가장 먼저 눈에 띄는 것은 플루타르코스가 양육의 문제를 아이가 어머니의 자궁에서 떨어져 나오는 순간부터가 아닌, 자궁에 착상되는 순간부터 고려했다는 점이다. 플루타르코스는 철학자 디오게네스*Diogenes*의 입을 빌려 양육은 참된 의미에서 아이가 세상에 태어나기 전부터 시작하고, 아이가 어머니의 뱃속에 있을 때부터, 심지어 그 이전부터 인간의 노력에 따라 자연의 길에 차이가 날 수 있다고 주장했다(Plutarch, 2000: 7). 플루타르코스의 이러한 견해는 오늘날 우리가 태교라 부르는 행위와 맥을 같이 하는 것으로서 당시로서는 매우 선구적인 논의였다.

이와 함께 플루타르코스는 그의 『아동교육론』에서 고대에 널리 알려져 있던 리쿠르구스*Lycurgus*의 두 마리 강아지 일화를 소개함으로써 본성 대 양육 논쟁에서 그의 입장이 어디에 있었는지를 명확히 했다.

> 스파르타의 법률제정가인 리쿠르구스는 한 어미로부터 나온 두 마리의 강아지를 데려와 서로 다르게 길렀다. 그 결과 한 마리는 해롭고 탐욕스러운 개가, 다른 한 마리는 냄새를 잘 맡는 좋은 개가 되었다. 리쿠르구스는 어느 날 동료 시민들이 한데 모인 곳에서

---

11 저자를 둘러싼 진위 논쟁에도 불구하고 해당 저작은 플루타르코스의 『도덕집*Ethika*』 1권 제일 앞에 실려 있다. 오늘날 일반적인 견해는 이 논고를 플루타르코스의 저술로 보지 않는 것이다(Plutarch, 2000: 3).

12 특히 르네상스 시대의 인문주의자들에게 커다란 영향을 주었다. 1411년에 구아리노*Guarino*의 라틴어 번역본이 나온 뒤 플루타르코스의 『아동교육론』은 서유럽 전역에서 인문주의 교육의 전형을 제시하는 논고로서 각광을 받았다(Woodward, 1912: 25).

"스파르타의 시민들이여, 나는 지금 여러분들에게 인간의 삶에 있어서 훈련, 학습, 지도가 얼마나 중요한지를 증명해 보이겠소"라고 말했다. 곧 리쿠르구스는 시민들 앞에 위에서 말한 두 마리 개를 풀어 놓고 그들 앞에 먹이가 담겨 있는 접시와 사냥을 위한 산토끼를 함께 내려놓았다. 그러자 한 마리는 사냥감을 향해 달려가고, 다른 한 마리는 접시에 코를 박기 바빴다. 이 광경을 지켜보며 스파르타의 시민들이 어리둥절하고 있자, 리쿠르구스는 "이 두 마리 개는 같은 어미에게서 태어났으나 서로 다르게 양육되었고, 따라서 한 마리는 먹이를 탐하는 개가, 다른 한 마리는 훌륭한 사냥개가 되었소"라고 설명했다(Plutarch, 2000: 13).

흥미로운 사실은 플루타르코스가 『도덕집』 속의 다른 하나의 논고[13]에서 동일한 일화를 소개하면서 위의 『아동교육론』에서의 기술과 달리 리쿠르구스의 강아지들이 한 어미로부터 태어난 것들이 아니었음을 강조했다는 것이다.

리쿠르구스의 강아지들은 동일한 종種이 아니었다. 한 마리는 집을 지키는 개의 피를 물려받았고, 다른 한 마리는 훌륭한 사냥개의 피를 물려받았다. 리쿠르구스는 열등한 종을 사냥개로 훈련시켰고, 우월한 종을 집에서 기르는 개로 훈련시켰다. 나중에 그들이 길들여진 대로 행동하는 것을 보면서 리쿠르구스는 좋고 나쁨이 다름 아닌 양육의 결과라고 말했다(Plutarch, 1961: 353).

위의 두 개의 인용문에서 플루타르코스는 한 어미에게서 태어난 강아지들은 말할 것도 없고, 서로 다른 혈통의 강아지들도 물려받은 피의 좋고 나쁨에 상관없이 양육의 좋고 나쁨에 따라 훌륭한 사냥개도 될

---

13 플루타르코스의 『도덕집』 3권에 실려 있는 「스파르타 격언집Lacaenarum Apophthegmata」을 말한다.

수 있고, 집에서 기르는 보통의 개도 될 수 있음을 암시했다. 이는 인간의 경우에도 똑같이 '차이'는 태생의 고귀함이나 비천함에 기인하기보다 양육의 우수함이나 열등함으로부터 비롯된다는 것으로서, 플루타르코스(Plutarch, 2000: 9)는 "천부적인 재능이 결여되어 있어도 배움과 실천을 통해 부단히 노력하는 사람은 자연의 부족함을 메울 수 있을 뿐만 아니라 남들보다 앞서 나갈 수 있다"고 주장했다. 훗날 에라스무스 Erasmus가 그의 『아동교육론De Pueris Instituendis』에서 리쿠르구스의 동일한 일화를 인용한 뒤에 "본성의 힘은 강하나, 양육의 힘은 일 한층 강하다"(Erasmus, 1985: 301)고 결론을 내렸던 것과 같은 맥락이다.

Ⅳ 본성과 양육 사이에서

앞의 두 절에서 나는 본성 아니면 양육이라는 양자택일식의 논의를 전개했다. 이번 절에서는 '본성과 양육'의 '과'라는 틈새 공간으로 들어가 '이것 아니면 저것'이 아닌 '이것과 저것 양쪽'에 대한 논의를 전개하고자 한다. 본성과 양육의 사이공간에 주목한 고대의 교육저술가로는 이소크라테스가 시기적으로 가장 앞선다.

이소크라테스는 그와 동시대를 살았던 플라톤의 그늘에 가려 현대인들에게 많이 알려져 있지 않다. 그러나 이소크라테스는 고대에 매우 영향력 있던 교사였고, 키케로Cicero에 따르면, 이소크라테스의 수사학 학교는 그로부터 그리스의 많은 유명한 정치가, 웅변가, 법률가, 역사가 등이 쏟아져 나온 이른바 "트로이의 목마"(Cicero, 1996: 269)였다. 이소크라테스는 성공한 교사였을 뿐만 아니라, 교육에 관해 글을 남긴 저술가이기도 했는데 이 글의 주제와 관련해 최소한 두 개의 교육 논고가 우리의 관심을 끈다.

우선 이소크라테스는 『소피스트에 반하여Kata ton Sophiston』라는 미완의 논고에서 그 시대의 소피스트식 교육을 비판한 뒤에 그 자신의 교육에 관한 견해를 밝혔다. 흥미로운 점은 이소크라테스가 가르치는 일을 직업으로 삼고 있었음에도 불구하고 교육의 효과만을 주장하지 않았다는 것이다. 마로(Marrou, 1956: 84)가 잘 지적한 것처럼 이소크라테스는 타고난 능력이나 특질 또는 부단한 연습을 염두에 두면서 그 자신을 "형식적인 훈련에 대한 지나친 낙관주의"에 사로잡혀 있었던 당대의 소피스트들과 구분하였다. 이소크라테스는 아마도 그의 오랜 교사 생활로부터 교육의 가능성뿐만 아니라 한계도 인식했던 것 같다.

> 탁월함을 보이는 사람들은 타고난 본성이 좋을 뿐만 아니라 실천적인 경험을 통해 교육을 받은 사람들이다. 이러한 사람들이 형식적인 훈련을 받으면 그들은 종전보다 솜씨 있고 기민해진다. 그들은 우연히 습득했을 내용들을 훈련을 통해 손쉽게 배운다. 그러나 타고난 재능이 부족한 사람들은 훈련을 받는다 해도 짧은 시간 안에 탁월함에 도달할 수 없다. 어느 정도 자기 개선과 이해력의 증진을 이룰 수 있을 뿐이다(Isocrates, 1992: 173).

이소크라테스의 이러한 조심성 있는 태도는 그의 다른 교육 논고 『안티도시스Peri Antidoseos』에서도 찾아진다.

> 학생들을 주의 깊게 살피면서 훈련을 시킨다면, 체육 교사들은 학생들의 신체능력을 향상시킬 수 있고, 철학 교사들은 학생들의 사고능력을 개선시킬 수 있다. 그러나 그러한 교사들이 학생들 모두를 유능한 운동선수나 웅변가로 만들 수 있는 지식을 가지고 있는 것은 아니다. 교사들은 교육의 결과에 어느 정도 영향은 줄 수 있지만, 학생들의 타고난 능력과 후천적 훈련이 모두 매우 뛰어난 경우가 아니라면 완벽함과 같은 결과는 기대할 수 없다(Isocrates, 1992: 291).

일반적으로 교사들은 교육의 힘을 과장하는 경향이 있다. 그러나 교사들의 이러한 직업적 편견이 위의 인용문들에서는 목격되지 않는다. 이소크라테스는 인간의 간섭 가능성을 열어 두면서도 자연의 길로부터의 완전한 탈주가 가능하지 않음을 지적했기 때문이다. 여기에는 경험 많은 교사의 농익은 판단이 작용했을 뿐만 아니라, 개인적인 결점들이 또한 영향을 미쳤다. 이소크라테스는 최고의 수사학 교사라는 칭호에도 불구하고 스스로 솜씨 있는 웅변가는 아니었다. 이소크라테스에게는 훌륭한 웅변가에게 요구되는 "웅장한 목소리와 담대한 마음"이 결핍되어 있었고(Isocrates, 1992: 379), 이러한 타고난 부족함은 이소크라테스로 하여금 어디까지가 신의 일이고, 어디서부터가 인간의 일인지를 고려하도록 했다.

이소크라테스가 신과 인간의 역할 분담을 인식했을 때 그는 동시대를 살았던 플라톤처럼 타고난 본성에 따라 양육의 방향을 달리할 것을 처방하지 않았다. 그보다 이소크라테스는 양육의 과정에서 자연으로부터의 제약이 있을 수 있다는 점을 인정하고, 그 한계로부터 새로운 교육적 가능성을 모색했다.[14] 이소크라테스는 이 세상에서 인간이 할 수 있는 최선이 무엇인지를 숙고하는 가운데 그의 직업적 소명을 "인간으로서의 가능한 모든 덕과 지혜를 갖춘 사람을 길러내는 일"에서 찾았기 때문이다(Isocrates, 1992: 393). 이를 두고 벡(Beck, 1964: 267-268)은 이소크라테스가 "본성과 양육 모두에 제 각기 알맞은 역할을 맡기면서

---

14 이소크라테스는 최소한 이론적인 관점에서 "타고난 재능이 가장 중요하고 다른 모든 것에 우선한다"는 핀다로스 식의 귀족주의적인 견해를 따랐다(Isocrates, 1992: 293; Beck, 1964: 267). 다만, 예거(Jaeger, 1960: 3, 95-96)가 잘 지적한 것처럼 이소크라테스는 교사로서의 의지와 가르침에 대한 직관적 믿음 때문에 그의 교육에 대한 염세적 태도를 본성과 양육 사이에 거주하는 실제적인 입장으로 유예하고 대체했다.

이 오래된 논쟁에 합리적인 결론을 제시했던 인물"이라고 평가했다.

고대 그리스에 이소크라테스가 있었다면, 고대 로마에는 퀸틸리아누스가 있었다. 고대의 가장 유명한 교사 중 한 명이었던 퀸틸리아누스는 20년이 넘는 교직 생활에서 은퇴한 뒤에 주변 사람들의 권유로 『웅변가교육론Institutio Oratoria』을 저술했다(Quintilian, 1996: 5). 그 제목에서 알 수 있듯이 이 책은 웅변가의 교육에 관한 논고였다. 그러나 퀸틸리아누스의 『웅변가교육론』은 단순히 웅변가를 교육하는 원리와 방법에 관한 기술적技術的인 논고가 아니었다. 그보다 로마 사회에서 교육받은 사람의 전형이었던 웅변가에 관한 철학적哲學的인 논고였다. 퀸틸리아누스에게 웅변가는 말솜씨만 뛰어난 사람이 아니라 폭넓은 교양과 도덕적 품성을 두루 갖춘 참된 의미에서 "철학자"였다(Quintilian, 1996: 15). 퀸틸리아누스는 『웅변가교육론』에서 이러한 '완전한 인간'으로서의 웅변가를 길러내는 일에 관심을 가졌고, 그 과정에서 본성과 양육의 문제를 고려했다(Rusk, 1954: 40). 우선 퀸틸리아누스는 신이 부여해 준 자연적인 능력과 특질들에 주목했다.

> 본격적인 논의에 앞서 나는 타고난 능력이 없다면 기술은 쓸모가 없다는 점을 강조하고 싶다. 재능이 결핍된 아이에게 웅변술에 관한 이러한 논고는 크게 도움이 되지 못할 것이다. 마치 척박한 땅 앞에서 훌륭한 농업서가 무용지물인 것과 같다. 이밖에도 좋은 목소리, 튼튼한 폐, 건강한 신체, 인내심과 멋진 외모 등 자연의 다른 선물들이 있다. 이러한 선천적인 특질들의 도움이 적당히 있어야만 형식적인 훈련을 통한 개선은 가능하다(Quintilian, 1996: 19).

위의 인용문에서 퀸틸리아누스는 인간의 타고난 능력과 특질들이 훌륭한 웅변가로 성장하기 위한 첫 번째 조건이라는 사실을 강조했다. 퀸틸리아누스는 그 자신의 오랜 교사 경험으로부터 이른바 '타고난'

웅변가들이 있다는 것을 알고 있었다. 또, 그에 앞서 웅변가의 조건들을 논의했던 고대 로마의 제諸 저작들, 특히 키케로의『웅변가론*De Oratore*』을 참고하면서 "인간의 기술로 만들어 낼 수 없는 자연의 선물이 있다"는 점도 충분히 인식하고 있었다(Cicero, 1996: 81). 그러나 퀸틸리아누스는 하늘이 내린 웅변가를 마음에 담아두면서 본성의 벽장에만 갇혀 있지 않았다. 오히려 퀸틸리아누스는 "로마에서 수사학을 가르친 최초의 국가 교사"[15]로서 앞에서 에라스무스가 '양육의 힘'이라고 말했던 것을 행동에 옮기기 위해 노력했다(Gwynn, 1926: 181).

엄밀히 말해 퀸틸리아누스는 타고난 능력의 차이가 있고, 그에 따른 성과의 차이가 있다는 사실을 부정하지 않았다. 그렇지만 그는 신의 형상을 닮은 예외적인 아이들만을 염두에 두면서 교육의 부차적인 역할을 논의하는 데 만족하지도 못했다. 가르치는 일을 천직으로 알고 살아 왔던 퀸틸리아누스는 자연의 축복을 받고 태어난 아이들로부터 논의를 시작하여 그렇지 못한 보통의 아이들까지 교육의 가능성을 광범위하게 고려하였다. 그 과정에서 퀸틸리아누스는 지혜로운 교사라면 아이들의 능력과 성향의 차이에 주목하면서 선천적으로 재능이 뛰어난 경우에는 그것의 완성을 위해 노력하고, 이와 반대의 경우에는 부족함을 채우고 보완하기 위해 노력해야 한다고 주장했다(Boyd, 1928: 76; Quintilian, 1996: 265). 더해 퀸틸리아누스는 아이들이 정상적으로 태어나고, 그래서 이성의 능력을 가지고 있다면, 그러한 아이들에게 필요한 것은 인간의 기술과 방법이라는 매우 교육적인 논의를 전개했다.

---

15 수에토니우스(Suetonius, 1997: 295)의 기록에 따르면, 베스파시아누스Vespasianus 황제는 자신의 사재私財로부터 로마의 라틴어 및 그리스어 교사들에게 1년에 100,000 세스테르티우스의 봉급을 주었다. 퀸틸리아누스의 연봉은 현재의 화폐가치로 £800 정도에 달했던 것으로 보인다(Curtis, & Boultwood, 1963: 51).

단지 소수의 아이들만이 지식을 습득하는 능력이 있고, 대다수의 아이들은 이해력이 떨어져 교육은 시간과 노력의 낭비라는 주장은 전혀 근거가 없다. 오히려 우리 주변의 대부분의 아이들은 기민하게 사고하고 민첩하게 행동한다. [……] 우둔해서 가르칠 수 없는 아이들은 기형적으로 태어나 비정상적인 경우이며, 그들의 수는 매우 적다. 일반적으로 아이들은 많은 일들에서 전도유망함을 보인다. 아이들의 장래성이 사장되는 것은 타고난 재능이 부족해서가 아니라 필요한 돌봄을 받지 못해서이다(Quintilian, 1996: 19-21).

결국 퀸틸리아누스는 인간의 타고난 능력이나 특질을 중시하면서도 그러한 선천적인 자질이 후천적인 돌봄을 통해 완성될 수 있다는 중용적인 자세를 견지했다. 마치 두 명의 부모가 결합해 한 명의 온전한 인간을 탄생시키는 것처럼(Quintilian, 1996: 271), 본성과 양육도 서로 완전히 조화를 이루었을 때 최고의 웅변가를 낳을 수 있다는 것이 퀸틸리아누스의 생각이었다. 이러한 관점에서 퀸틸리아누스는 양육 자체에 본성이라는 불가항력의 재갈을 물리기보다 양육과 본성의 경계를 자유롭게 넘나들면서 양자 간의 교육학적 화해를 모색했다. 퀸틸리아누스처럼 평생을 가르치는 일에 종사했던 실천적인 교사들에게 본성과 양육의 문제는 '이것 아니면 저것'이라는 상호대립적인 문제가 아닌 '이것 그리고 저것'이라는 상호보완적인 문제였기 때문이다.

Ⓥ 나가며

이 글에서는 서양 고대사회에 존재했던 본성 대 양육 논쟁을 교육적인 시각에서 규명해 보았다. 최소한 이론적인 관점에서 자연의 섭리를 우선시했던 입장, 인간의 노력을 중시했던 입장, 그리고 양자 간의 화해를 추구했던 입장이 병존하고 있었음이 드러났다. 지금까지의 논의를 정리하면 다음과 같다.

고대 그리스 사회에서 정치적인 문제로부터 시작되었던 본성 대 양육 논쟁은 기원전 5세기를 전후로 점차 교육의 문제로 전환되었다. 이 시기에 활동했던 소피스트들은 인간의 양육을 중시하면서 그 시대의 민주주의 정신에 충실했다(Ostwald, 1969). 그러나 플라톤이나 크세노폰처럼 귀족 출신의 저술가들은 타고난 능력이나 특질을 강조하면서 자연의 방식을 고수했다. 주지하다시피 플라톤은 인간의 본성을 금, 은, 동으로 구분한 다음 그에 따라 양육의 단계와 방향을 달리할 것을 처방했다. 크세노폰의 경우는 하늘이 부여한 성적性的 차이에 입각해 남성과 여성을 서로 다른 방식으로 양육할 것을 제안했다.

플라톤과 크세노폰의 이러한 주장은 러셀(Russell, 1945: 113)의 표현 대로 "모두가 자신에게 가장 알맞은 일을 하는 멋진 교훈"을 담고 있었다. 그러나 그것은 현대 사회에서 통용되는 정의의 개념과는 차이가 있어서 자유민주주의자들의 눈에 플라톤과 크세노폰의 정의관, 즉 다른 것을 다르게 취급하는 것이 정의라는 생각은 계급적이고 가부장적인 것으로 비추었다.[16] 실제로 오늘날 사람들은 '타고남'보다 '만들어짐'에 주목했던 고대의 교육저술가들을 선호하는 경향이 짙다. 특히 교육에 종사하는 사람들에게 인간은 습관의 산물이라는 아리스토텔레스의 가르침이나, 본성의 힘은 강하나 양육의 힘은 일 한층 강하다는 리쿠르구스의 메시지는 그들의 직업적인 강령으로서 손색이 없다.

비록 현대인들은 본성보다 양육을 중시하면서 고대 아테네인들과 마찬가지로 민주적인 삶의 방식을 옹호하려 하지만, 그렇다고 해서 그

---

16 예컨대 포퍼는 플라톤의 『국가』에서의 논의를 계급적 특권에 바탕을 두는 전체주의적이고 비인도주의적인 것으로 간주하면서 플라톤 식의 결과의 공정함보다 법 앞의 평등이라는 기회의 공정함을 중시했다(Popper, 1966: 131-137). 크세노폰의 여성관에 대한 비판은 앞의 주석 8번을 참조하라.

들이 자연의 축복을 받고 태어나 키케로(Cicero, 1996: 81)가 "인간이라 기보다는 신의 모습에 가까웠던 사람들"이라고 불렀던 존재들에 무감 각한 것은 아니다. 오히려 오늘날 우리는 어떤 일을 빼어나게 잘 하는 사람을 가리켜 흔히 '타고난 000'라고 말하곤 한다. 이것이 의미하는 바는 무엇인가? 최소한 현대인들도 인간에게 타고나는 무엇인가가 있 고 그것이 삶에 미치는 영향이 적지 않음을 의식하고 행동한다는 말은 아닐까? 이와 관련해 어디까지가 신의 일이고, 어디서부터가 인간의 일인지를 구분하려 했던 이소크라테스의 시도와 교육의 한계와 가능성 사이에 거주하면서 양자 간의 화해를 모색하려 했던 퀸틸리아누스의 노력은 여전히 유효하다.

인간은 타고나는가, 아니면 만들어지는가? 이 질문은 고대인들뿐만 아니라 현대인들에게도 의미 있는 질문이다. 본성과 양육의 문제를 둘 러싼 서양 고대의 담론은 현대인들에게 '타고남'이나 '만들어짐' 어느 하나에 지나치게 수렴됨이 없이 전체를 균형 있게 바라보는 신중한 삶의 자세를 요구하고 있다. 특히 교육만능주의에 빠지기 쉬운 교사들 에게 형식적인 훈련에의 맹신에서 한 걸음 물러나 핀다로스 식의 혈통 의 우수함도 겸허히 수용할 것을 시사하고 있다. 이때 중요한 것은 인간 방법의 무용론無用論을 주장해서는 안 된다는 교육적 당위와 함께 태생 적 한계로부터의 무한한 탈주도 가능하지 않다는 자연적 당위를 가슴에 새기는 일이다. 오래 전 한 튜더 잉글랜드의 신사가 '지혜롭고 영리한 정원사의 방법'이라고 말했던 것에 우리가 다시금 주목해야 하는 이유 이다.

나는 지혜롭고 영리한 정원사[교사]의 방법을 따라할 것이다. 정 원에 나무를 심고자 하는 사람은 먼저 정원 구석구석을 살피면서 가장 기름진 땅[본성]을 찾을 것이다. 이어 그곳에 씨앗[양육]을

심은 다음 잡초를 제거하고 물을 주고 지지대를 세우면서 나무의
성장을 재촉할 것이다. 이와 동일한 방식으로 나는 고귀한 혈통의
아이들을 양육할 것이다(Elyot, 1962: 15).

참고문헌

Aristotle(1963). *The Nicomachean Ethics*(D. Ross, Trans.). London: Oxford University Press.

Banks, J.(Ed.).(1873). *The Works of Hesiod, Callimachus, and Theognis*. London: Bell & Daldy.

Barrow, R.(1976). *Plato and Education*. London: Routledge. 박재문, 서영현 (역)(1987). 『플라톤과 교육』. 서울: 문음사.

Barrow, R.(1975). *Plato, Utilitarianism and Education*. London: Routledge.

Beck, F.(1964). *Greek Education: 450-350B.C.*. London: Methuen.

Boyd, W.(1937). *An Introduction to the Republic of Plato*. London: George Allen & Unwin.

Boyd, W.(1928). *The History of Western Education*. London: A. & C. Black.

Cary, M. J., & Haarhoff, T. J.(1961). *Life and Thought in the Greek and Roman World*. London: Methuen.

Cicero(1996). *Cicero, Vol. 3: De Oratore, Books I-II*(Lcl, 348)(E. W. Sutton, Trans.). Cambridge: Harvard University Press.

Curtis, S. J., & Boultwood, M. A.(1963). *A Short History of Educational Ideas*. London: University Tutorial Press.

Davies, J.(1873). *Hesiod and Theognis*. Edinburgh: William Blackwood and Sons.

Durant, W.(1938). *The Story of Philosophy*. New York: Garden City Publishing.

Elyot, T.(1962). *The Book named The Governor*. London: J. M. Dent.

Erasmus, D.(1985). A Declamation on the Subject of Early Liberal Education for Children(B. Verstraete, Trans.). *Collected Works of Erasmus, Vol. 26*(pp. 295-346). Toronto: University of Toronto Press.

Foucault, M.(1990). *The History of Sexuality, Vol 2: The Use of Pleasure*(R. Hurley, Trans.). New York: Vintage Books.

Gwynn, A.(1926). *Roman Education: From Cicero to Quintilian*. Oxford: At the Clarendon Press.

Heinimann, F.(1987). *Nomos und Physis*. Darmstadt: Wissenschaftliche Buchgesellschaft.

Isocrates(1992). *Isocrates, Vol. 2*(Lcl, 229)(G. Norlin, Trans.). Cambridge: Harvard University Press.

Jaeger, G.(1960). *Paideia: The Ideals of Greek Culture, 3 Volumes*(G. Highet, Trans.). New York: Oxford University Press.

Marrou, H.(1956). *A History of Education in Antiquity*(G. Lamb, Trans.). New York: Sheed and Ward.

Naddaf, G.(2005). *The Greek Concept of Nature*. Albany: State University of New York Press.

Nettleship, R. L.(1961). *The Theory of Education in Plato's Republic*. London: Oxford University Press.

Nettleship, R. L.(1958). *Lectures on the Republic of Plato*, London: Macmillan.

Oost, S. I.(1977-1978). Xenophon's Attitude toward Women. *The Classical World*, *71*(4): 225-236.

Ostwald, M.(1969). *Nomos and the Beginnings of the Athenian Democracy*. Oxford: Clarendon Press.

Pindar(1852). *The Odes of Pindar*(D. W. Turner, Trans.). London: Henry G. Bohn.

Plato(1871). *The Dialogues of Plato, Vol. 2*(B. Jowett, Trans.) Oxford: At the Clarendon Press.

Plutarch(2000). *Moralia, Vol. 1*(Lcl, 197)(F. C. Babbitt, Trans.). Cambridge: Harvard University Press.

Plutarch(1961). *Moralia, Vol. 3*(Lcl, 245)(F. C. Babbitt, Trans.). Cambridge: Harvard University Press.

Popper, K.(1966). *The Open Society and Its Enemies, Vol. 1: Plato*. London: George Routledge & Sons. 이한구(역)(1982). 『열린사회와 그 적들, 1권: 플라톤과 유토피아』. 서울: 민음사.

서양 고대 교육문헌에 나타난 본성 대 양육 논쟁 **421**

Quintilian(1996). *Quintilian, Vol. 1: Institutio Oratoria, Books I-III*(Lcl, 124)(H. E. Butler, Trans.). Cambridge: Harvard University Press.

Rusk, R.(1954). *The Doctrines of the Great Educators*. London: Macmillan.

Russell, B.(1945). *A History of Western Philosophy*. New York: Simon and Schuster.

Suetonius(1997). *Suetonius, Vol. 2*(Lcl, 38)(J. C. Rolfe, Trans.). Cambridge: Harvard University Press.

Whitehead, A.(1978). *Process and Reality*. New York: The Free Press.

Woodward, W. H.(1912). *Vittorino da Feltre and Other Humanist Educators*. Cambridge: At the University Press.

Xenophon(1997). *Xenophon, Vol. 4: Memorabilia, Oeconomicus, Symposium, Apology*(Lcl,168)(E. C. Marchant, & O. J. Todd Trans.). Cambridge: Harvard University Press.

새로운 '고전'을 찾다

"『국부론』에 나타난 아담 스미스의 교육론"
(『교육사상연구』, 28(3), 2014: 1-21)

『국부론』에 나타난 아담 스미스의 교육론

① 들어가는 말

1747년 아담 스미스Adam Smith, 1723-1790는 6년이 넘는 옥스퍼드 유학 생활을 마치고 스코틀랜드로 돌아왔다.[1] 잉글랜드에 남아 목사가 되기를 바랐던 어머니의 바람과 달리 스미스는 에딘버러에서의 세속적인 생활에 만족했던 것으로 보인다. 1751년 스미스는 글라스고 대학의 논리학 교수가 되었고, 이듬해 이 대학의 도덕철학 교수가 되었다. 이후 13년 남짓 스미스는 글라스고 대학에서 그의 인생 최고의 시간을 보냈는데, 이 기간 동안 가장 눈에 띄는 활동은 1759년에 『도덕감정론The Theory of Moral Sentiments』을 출간한 일이었다. 이 책은 당시 베스트셀러까지는 아니었다 하더라도 스미스의 이름을 동시대 지식인들의 마음에 각인시키는 데 성공했다. 『도덕감정론』의 유명세로 인해 버클루 공Duke of Buccleugh 측은 스미스에게 대륙여행 동행교사직을 제안했고, 스미스는 1763년부터 3년 동안 유럽의 제諸 국가, 특히 프랑스를 여행하면서 혁명 직전의 민중들의 피폐한 삶을 직접 목도했고, 그 과정에서 국가의

---

1 스미스에 대한 전기적 기술은 존 라에의 『아담 스미스의 삶』을 참조하였다.

부의 원천은 어디에 있는가라는 『국부론*The Wealth of Nations*』의 주제를 심각하게 고민하기 시작했다.

이렇게 스미스의 삶의 행적을 되짚어 보았을 때 우리는 스미스가 1776년 『국부론』을 출간할 때까지, 그러니까 그의 나이 오십을 넘어서도 동시대인들에게는 주로 『도덕감정론』의 저자로 알려져 있었다고 짐작할 수 있다. 그러나 현대인들에게 스미스의 이러한 도덕철학자로서의 경력과 명성은 다소 낯설게 들리는데, 그들에게 스미스는 『국부론』의 저자이자 자유방임을 주장했던 정치경제학자로 가장 잘 알려져 있기 때문이다(Raphael, 1985: 1; 김성훈, 2010: 99-100). 바로 이러한 경제적 관점에 묻혀 그동안 스미스의 도덕철학자로서의 모습뿐만 아니라, 지금 이 글의 주제라 할 수 있는 『국부론』에 나타난 스미스의 교육사상가로서의 모습 또한 소홀히 다루어졌던 것으로 보인다. 특히 교육 분야에서, 스미스는 교육역사가들의 관심과 주의를 크게 받지 못했는데, 이에 대한 하나의 설명은 그가 살았던 18세기가 서양 교육의 역사에서 흔히 루소J. J. Rousseau의 시대로 명명되어 그 밖의 교육사상가들은 상대적으로 세간의 주목을 덜 받았기 때문이다.

그러나 단커트(Dankert, 1974: 158)가 올바르게 주장하고 있듯이 스미스의 『국부론』은 교육에 관한 "한 뛰어난 장"을 포함하고 있으며,[2] 이 책에서 스미스가 전개했던 교육 담론은 그를 신실한 교육사상가의 한 명으로 분류하는 데 부족함이 없다. 오히려 20세기 말 세계 질서의 시장적 재편과 맞물려 현대인들은 스미스가 『국부론』에서 제안하고 있는

---

2 스미스의 교육개혁자로서의 모습을 엿볼 수 있는 『국부론』 5권, 1장에서의 논의를 말한다. 훗날 존 메이나드 케인즈John Maynard Keynes는 이 '뛰어난' 장의 3절 2항 '청소년의 교육을 위한 제 시설의 경비에 대하여'를 가리켜 "모든 대학 헌장에 반드시 포함되어야 할 문장들로 구성되어 있다"고 평가했다(Keynes, 1984: 77).

일련의 교육 명제들에 다시금 주목하는 경향이 있다. 실제로 20세기 중후반부터 신자유주의 경제학자들을 중심으로, 아무래도 경제적 동인 때문이겠지만 스미스의 『국부론』을 교육적 관점에서 다시 읽으려는 시도가 목격되고 있다. 이들 시장 근본주의자들은 말하자면 스미스의 인간자본 개념으로부터 세계 자본주의 시대의 교육의 목적을 도출하거나, 아니면 스미스의 입을 빌려 교육 예산 지출과 관련된 정부의 역할을 논의하는 데 특별히 관심을 보이고 있다.[3] 그런데 정작 교육연구자들은 오늘날에도 여전히 스미스로부터 가르침을 받는데 인색한 모습이다. 한 예로, 국제 아담 스미스 학회International Adam Smith Society에서는 계속하여 스미스에 대한 '교육' 관련 원고를 요청하고 있지만, 연구자들의 부재로 말미암아 기관지 『아담 스미스 리뷰Adam Smith Review』는 다른 주제의 논문들로 채워지고 있는 실정이다(설혜심, 2008: 159, 주석 6).

이러한 문제의식 하에 이 글에서는 『국부론』에 나타난 교육사상가로서의 스미스의 모습에 주목한다. 나는 『국부론』을 교육적 의미 해석이 가능한 텍스트로 가정하면서 그 안에 산재되어 있는 스미스의 교육적 관념들ideas을 고찰한다. 먼저, 『국부론』에 나오는 스미스의 인간자본의 개념을 소개하면서 교육이 경제적 부의 증대를 위한 개인적·사회적 투자라는 논의를 전개한다. 다음으로 앞서 단커트가 말했던 『국부론』 속의 '한 뛰어난 장'에서 스미스가 그의 자연적 자유의 원칙을 교육의 영역에 어떻게 적용하고 있는지를 살펴본다. 이때 논의의 초점은 정부의 교육비 지출의 범위를 정하는 데 맞추어진다. 마지막으로 스미스 자신의 경험이 녹아있던 그랜드 투어의 문제를 다룬다. 보기에 따라 사교육 대 공교육 논쟁으로 비출 수도 있지만, 여기서는 대륙여행의

---

3 테오도르 슐츠와 게리 벡커가 체계화시킨 인간자본론이나 밀턴 프리드만이 제안한 교육 바우처가 대표적이다. 이와 관련하여 아래 주석 4번과 10번을 참조하라.

교육적 효과에 논의를 제한한다. 나는『국부론』에서 스미스가 제안하고 있는 교육적 명제들을 일견함으로써 그동안 저평가되었던 스미스의 교육사상가로서의 면모를 제고할 수 있기를 바란다.

Ⅱ 인간자본에 대한 투자로서의 교육

우리나라 정부는 2001년 교육부를 교육인적자원부로 개명하였다. 이는 말 그대로 교육의 목적이 인적자원의 개발에 있음을 대내외적으로 천명한 것이었다. 그러한 변화는 우선은 IMF 이후 우리나라 사회의 시장적 재구조화를 반영하는 것이었고, 근본적으로는 베를린 장벽의 붕괴로부터 촉진된 20세기 말 세계 자본주의 현상의 불가피한 결과였다. 새 천년에 접어들면서 신자유주의 세계화neo-liberal globalization로 명명되는 자유 시장 경제체제의 전지구적 확산은 점차 "되돌릴 수 없는 것"이 되었고(Greider, 1997: 15), 이러한 세계 경제의 출현은 교육을 바라보는 현대인들의 시각에도 영향을 주었다. 이제 교육은 오마에(Ohmae, 1995: 23) 식으로 표현하면 "하나의 국경 없는 세계a one borderless world"에서 경쟁할 수 있는 창의적이고 생산적인 인적능력을 개발하는 일이 되었고, 지구상 대부분의 국가에서는 교육과 경제 성장 간의 밀접한 관계를 염두에 두면서 교육이라는 이름하에 인간자본에 대한 경제적 투자를 강화하는 추세에 있다(Spring, 1998: ch. 6).

흥미로운 점은 이렇듯 세계 자본주의 시대에나 어울릴법한 교육 담론을 이미 18세기에 출간된 스미스의『국부론』에서 찾을 수 있다는 사실이다. 이 책의 부제가 암시하고 있듯이 스미스는 국부의 원천이 어디에 있는지를 탐구하는 가운데 그의『국부론』서두에서 노동의 생산력 개선을 위한 자본의 용도를 논의하고 있다. 구체적으로 스미스는『국부론』2권에서 자본의 축적이 국가의 부에 미치는 영향을 고찰하고 있다. 기본 가정은 자본의 축적이 노동의 생산력 향상을 가져와 궁극적으로 국부의 증가에 공헌한다는 것이었다. 스미스는 자본을 개인이나 사회가 가지고 있는 자재 중 소유주에게 수입을 가져오는 부분으로 정의한 다음, 그 사용 방법에 따라 유동자본과 고정자본으로 구분하였다. 이때 유동자본은 상인의 재화나 화폐처럼 소유자에게 있는 동안에는 수입을 만들어내지 못하지만 사용자를 계속해서 바꾸는 교환을 통해서 수입을 가져오는 자본을 의미하였고, 이와 대조적으로 고정자본은 기계, 건물, 토지, 재능처럼 주인을 바꾸지 않으면서도, 즉 유통 없이도 수입을 제공하는 자본을 의미하였다(Smith, 2003, 상: 341-342).

지금의 주제와 관련해서는 고정자본에 대한 논의가 중요하다. 특히 우리는 스미스가 농지, 건물, 기계설비와 함께 고정자본의 하나로 간주하고 있는 '사회의 모든 주민 또는 모든 성원이 획득한 유용한 재능'에 주목해야 한다. 스미스는 자본을 토지의 개량이나 임대수입을 올릴 수 있는 건물 또는 사업상 유용한 기계의 구입에 사용하는 것만큼이나 국민 전체의 유용한 재능 습득에 사용하는 것이 필요하다고 보았다. 고정자본의 유일한 목적이 노동의 생산력 증진에 있다면, 교육이나 훈련을 통한 "직공의 개선된 솜씨"는 노동을 촉진하고 시간을 절약하고 같은 양의 노동으로 훨씬 많은 양의 수입을 가져온다는 점에서 개량된 농지, 이익을 낳는 건물, 유용한 기계와 동일한 것으로 볼 수 있기 때문이다(Ibid.: 346, 353). 스미스가 잘 교육받은 사람을 값비싼 기계에 비유한 다음의 예는 널리 알려져 있다.

> 어떤 값비싼 기계가 설치되는 경우에는 그 기계가 마멸되기까지 그것에 의해서 수행될 뛰어난 작업은 그 설치에 투하된 자본을 적어도 통상의 이윤과 함께 회수할 수 있을 것으로 기대되어야 한다. 많은 시간과 노력을 소비해서 뛰어난 기능과 숙련을 필요로 하는

어떤 직업의 교육을 받은 사람은 이러한 비용이 많이 드는 기계 중의 하나에 비교될 수 있을 것이다. 그가 습득한 일은 보통노동의 통상임금 이상으로 그의 전교육비를 적어도 그것과 동등한 가치가 있는 자본의 통상이윤과 더불어 회수하게 해줄 것이라는 것이 기대되지 않으면 안 된다. 또한 기계의 내구기간이 비교적 확실하다는 것을 고려하는 것과 마찬가지로 인간의 수명이 대단히 불확실하다는 것을 고려하여 그 회수는 합리적인 기간 내에 이루어지지 않으면 안 된다(Ibid.: 138).

위의 인용문에서 스미스는 고정자본인 유용한 재능의 획득에 들어가는 교육 경비를 이윤과 함께 회수할 수 있는 투자의 한 형태로 간주하면서 인간자본에 대한 투자가 다른 물리적 자본에 대한 투자와 마찬가지로 회수율에 따른 투자라는 점을 확인시켜 주고 있다(Schultz, 1992: 130). 이는 오늘날 우리가 인간자본론human capital theory이라 부르는 논의를 상기시킨다. 인간자본론은 말 그대로 인간은 자본이고, 그에 대한 투자는 '비용과 편익'에 대한 비교를 통해 합리적으로 결정된다는 주장이다.[4] 교육적 관점에서 부연하면, 교육에 투입된 경비와 교육으로 인한 수입 사이에는 상호 관련성이 높으므로 비용을 들여 인적능력을 획득하는 것이 미래에 이익을 발생시켜 주는 효율적 투자 행위라는 것이다(Spengler, 1977: 33).

물론 스미스가 이러한 인간자본론의 최초의 주창자는 아니었다. 그러나 단커트(Dankert, 1974)의 지적대로 우리는 인간자본의 개념을 흔히

---

4 20세기 경제학자들인 테오도르 슐츠와 케리 벡커가 체계화시킨 교육투자효율이론이다. 슐츠는 1960-1961년에 발표한 일련의 논문들에서 교육 경비를 투자의 한 형태로 간주하면서 교육을 통한 인간자본의 형성을 논의했고, 벡커는 그의 1964년 저서 『인간자본』에서 교육이나 훈련에 대한 투자를 회수율에 따라 경험적으로 분석하였다(Woodhall, 1987: 21).

스미스의 이름과 결부시켜 생각하는 경향이 있다. 이렇게 생각하는 데는 스미스의 정치경제학자로서의 명성이 어느 정도 영향을 주었음이 분명하지만, 그보다도 그가 인간자본의 개념을 매개로 현대인들에게도 익숙한 교육의 경제적 효용성에 주목했기 때문이다. 스미스에 따르면 경제적 부는 자본의 축적에 달려 있고, 인간 또한 하나의 자본이므로 그에 대한 투자는 노동의 생산력 증대를 가져와 이윤 창출에 직접적으로 영향을 미칠 수 있다(Skinner, 1996: 172; Freeman, 1984: 382-383). 특히 스미스(Smith, 2003, 상: 346)가 "[유용한] 재능은 그 획득자 개인의 재산 일부를 구성함과 동시에 그가 속해 있는 국가의 재산 일부를 구성" 하고 있다고 주장했을 때, 그의 이러한 견해는 교육이나 훈련을 통한 인간자본의 축적이 개인과 사회 모두의 소득능력을 향상시켜 준다는 오늘날의 경제학자들의 논의와 맥을 같이 하는 것이었다.

> 개인이 교육이나 직업 훈련에 참여함으로써 얻을 수 있는 이익은 노동 시장에서 직업을 구할 수 있는 잠재적 기회를 높이고 한 평생 벌어들일 수 있는 수입의 총량을 늘리는 것이다. …… 사회 또한 교육을 통해 이익을 얻게 되는데 교육받은 노동자들의 생산성 증가는 국가 사회 전체의 수입 증대에 공헌하기 때문이다(Woodhall, 1987: 22).

세계가 점차 하나 또는 몇 개의 경제 블록으로 묶이고 세계 시장에서 경제 주체들 간의 경쟁이 심화되는 상황에서 교육의 경제적 중요성, 즉 교육을 통한 개인과 국가의 경제적 번영은 과거 어느 때보다 중요하게 되었다. 앞서 밝혔듯이, 오늘날 대부분의 국가에서는 교육을 통해 세계 시장에서 경쟁할 수 있는 유능한 인적자원을 길러내는 일에 관심을 기울이고 있다. 브라운과 라우더(Brown & Lauder, 1999: 180)가 잘 지적했듯이, 세계 자본주의 시대에 국가의 부유함은 국민 개개인의 질적 수준을 개선하는 일에 달려 있으며, 이를 위해서는 무엇보다도 인간 자본에 대한 개인적이고 사회적인 투자가 선행되어야하기 때문이다. 이러한 관점에서 교육은 인간 재능의 축적을 위한 투자이며, 그 목적은 노동의 생산력을 높여 개인의 이익뿐만 아니라 국가의 부를 증대시키는 데 있다는 스미스의 주장은 250년 가까운 시간적 간극을 뛰어넘어 현재에도 여전히 유효한 논의라 말할 수 있다.

Ⅲ 교육에서 정부의 역할

앞 절에서 살펴보았던 인간자본의 개념은 교육을 경제적인 관점에서 접근하는 사람들에게 적합한 논의 주제이나, 그에 못지않게 그들에게 흥미로운 교육 담론이 『국부론』의 다른 한 부분에서 찾아진다. 스미스는 『국부론』 5권, 1장에서 국가의 의무 수행과 관련된 경비를 산정하면서 외적의 침입을 막기 위한 방위비, 사회 구성원들의 재산을 보호하기 위한 사법비와 더불어 상업과 교육의 진흥을 위한 공공사업비를 고려하고 있다(Smith, 2003, 하: 254-255). 지금의 주제와 관련해서는 공공사업을 위한 경비, 그 중에서도 스미스가 '청소년의 교육을 위한 제 시설의 경비'라고 불렀던 부분에 대한 논의가 중요하다.[5]

스미스는 국가가 국민의 교육을 진흥하기 위해서 공공시설을 건설하고 유지하는 일이 사회적으로 유용한 일이고, 개인이나 소수의 개인이 경비를 감당할 수 없는 성질의 일임을 인정하고 있지만(Ibid.: 294), 그러면서도 공공사회가 교육 경비를 부담하는 방법에 대해서는 조심스러운

---

5 그밖에도 스미스는 일반 국민의 교화를 위한 제 시설의 경비를 고찰하였다(Smith, 2003, 하: 294, 367 이하). 이러한 종교기관 역시 국민의 정신을 고양하는 교육적 성격을 가지고 있지만, 그 목적이 주로 내세의 삶을 준비하는 데 있었기에 나는 논의를 생략했다.

입장을 보였다. 스미스에 따르면 교육을 위한 제 시설은 그 운영에 필요한 경비를 크게 사회의 일반적 수입, 학생이 교사에게 지불하는 수업료, 그리고 외부의 기부재산을 통해 충당할 수 있었다. 이때 스미스는 교육을 위한 제 시설이 학생의 수업료를 통해 스스로 경비를 부담할 수 있음에도 불구하고 사회의 일반적 수입이나 외부의 공적인 기금에 전체적으로 또는 부분적으로 의존하려 할 때, 그것은 필연적으로 교사가 가르치는 일을 소홀히 하는 결과로 이어질 것이라고 경고했다(Tu, 1969: 693; Stone, 1992: 68). 이와 관련해 스미스(Smith, 2003, 하: 337)는 교사의 수입 대부분이 직업상의 보수[수업료]만을 재원으로 하는 경우와 교사의 수입이 전부 외부의 공적 자금[봉급]으로부터 충당되는 경우를 비교하면서 "어떤 직업에서든 사람들이 보이는 노력의 정도는 그 노력을 해야 할 필요성의 정도에 언제나 비례한다"는 인간 행동에 대한 다소 냉랭한 평가를 내리고 있다. 우선 스미스는 유럽의 제 대학을 예로 들어 교사의 수입이 주로 학생이 지불하는 수업료에 의존하는 경우를 살펴보았다.

몇몇의 대학교에서는 봉급은 교사의 보수의 일부분에 지나지 않으며 가끔은 대단히 적은 일부분으로, 그 대부분은 그의 학생의 사례금 또는 수업료에서 생긴다. 근면의 필요성은 항상 다소 감소되지만, 이 경우에는 전적으로 없어지는 것은 아니다. 교사의 직업상의 명성은 그에게는 여전히 어느 정도 중요하고, 그는 그의 수업을 받는 사람들의 애정이나 감사나 호의 있는 평판에 어느 정도 관심을 갖는다. 그리고 그로써 이러한 호의적 감정을 얻고자 하면 교사가 그것을 받음에 상당할 만큼 할 것, 즉 그가 그의 의무를 다하는 그 능력과 근면을 발휘하는 이외에는 방법이 없는 것 같다 (Ibid.: 338).

이어 스미스는 교사의 수입 전체가 직업상의 보수와 상관없는 봉급으로 이루어져 있는 경우를 살펴보았다.

> 다른 제 대학교에서는 교사가 그의 학생에게서 사례금 또는 수업료를 받는 것이 금지되어 있고, 그의 봉급이 그가 그의 직무에서 얻는 소득의 전부이다. 이 경우 그의 이해관심은 그의 의무에 대해서 가능한 한 완전히 대립하도록 놓여 진 것이다. 왜냐하면 될 수 있는 대로 편안하게 생활하는 것이 모든 사람의 이익이며 그가 어떤 대단히 힘[든] 의무를 이행하거나 하지 않거나 그가 받는 보수 자체가 같다면, 이 의무를 아주 등한시하든지 또는 그가 등한시하지 못하게 하는 어떠한 권력 하에 있으면, 그 권력이 허용하는 범위 내에서 될 수 있는 대로 엉성하게 해 넘기는 것이 그의 이익이라는 것은 확실하며, 적어도 이해관계가 통속적으로 이해되어 있는 한에 있어서는 그러하다(Ibid.).

위의 두 인용문을 통해 스미스가 말하고 싶었던 것은 교육을 위한 제 시설에 투하된 외부의 공적 자금이 그 본연의 목적에 이바지하기는커녕 교육 공급자들의 나태와 무능을 키워왔다는 것이었다. 문제는 그러한 상태를 어떻게 개선할 수 있느냐는 것인데, 스미스는 『국부론』 전체를 관통하는 주제이기도 한 자연적 자유와 경쟁의 원칙에 의거해 하나의 방안을 제시하였다. 스미스(Ibid.: 254)에 따르면, "각 개인은 정의의 법을 침해하지 않는 한 자기의 방식으로 자기의 이익을 추구"하고, "다른 어떤 사람, 또는 어떤 계급의 노동 및 자본과 경쟁하도록 자유로이 방임"되어야 한다. 이는 교육의 영역에서도 예외일 수 없어서 교사와 학생은 "자기 이익을 행동의 주요 원천"으로, 또 "경쟁을 노력을 위한 필수 자극"으로 간주하면서 개인적인 만족을 극대화하기 위해 노력할 것이다(Adamson, 1964: 4). 이러한 관점에서 스미스는 교사의 수입을 학생의 수업료로만 충당할 것을 제안하고 있는데, 교사 또한 "자기 이익의 최상의 중재자"로서 교육 수요자인 학생의 선택을 받기 위해서는 잘 가르치면서 그의 직업적 평판을 높일 수밖에 없기 때문이다(Free-man, 1984: 383). 자연스러운 결과는 교육 공급자인 교사가 개인적인 이해관계에 따라 교육 수요자인 학생의 선의를 획득하기 위해 최대한 노력하고, 그에 힘입어 비록 그것이 주된 목적은 아니었다 하더라도 교육의 질적 개선이 이루어지는 것이다.

이러한 일반적인 논의 외에 스미스는 한편으로는 그 자신의 경험에 비추어, 다른 한편으로는 그의 역사적 지식에 기대어 교육에서의 자유와 경쟁의 효용성을 옹호했다. 스미스는 먼저 옥스퍼드 대학 시절의 경험을 토대로 교육의 질적 개선을 위해서는 다른 무엇보다도 "노력과 보상이 서로 매우 밀접하게 관련되어 있어야 한다"고 주장했다(Dan-kert, 1974: 158). 스미스의 모학료母學寮였던 배리올Balliol은 옥스퍼드의 여러 칼리지들 중에서도 부유한 것으로 유명했다. 배리올 칼리지에서 교수들의 보수는 학생들이 지불하는 수업료와 상관없이 외부의 기부재산으로부터 안정적으로 조달되었고, 이러한 이유에서 그들에게는 스미스가 앞서 말했던 근면의 동기 같은 것은 찾아볼 수 없었다(Rae, 1895: 21). 당연히 스미스의 옥스퍼드에서의 경험은 매우 부정적인 것이었고, 그의 이러한 감정은 "옥스퍼드 대학교에서는 대부분의 정교수는 여러 해에 걸쳐 강의를 하는 체도 전혀 하지 않는다"는 냉소적인 표현으로 이어졌다(Smith, 2003, 하: 339). 더욱이 글라스고 대학에서 장학금을 받고 옥스퍼드로 유학을 왔던 스미스에게는 학료 선택의 자유가 없어서 처음에 학료를 정하지도 또 중간에 임의대로 변경하지도 못했다.[6] 스미

---

6 스미스는 옥스퍼드 배리올 칼리지 몫으로 배정되어 있던 스넬 장학금a Snell Exibition 의 수혜자 중 한 명이었다. 스넬 장학금은 재능 있는 글라스고 대학 졸업생의 잉글랜드 대학에서의 학업을 돕기 위한 것으로서 장차 스코틀랜드 교회에 봉사할 신실한 종교인을 길러내는 데 목적이 있었다(Rae, 1895: 16-17).

스는 학생의 자유로운 학료 및 지도교수 선택권에 제약을 가하는 당시 옥스퍼드의 관행이 교육 공급자들의 독점적 지위를 견고히 하는데 봉사할 뿐, 그들 상호 간의 자유로운 경쟁을 약화시켜 교육 시설 본연의 목적 달성에 부정적인 영향을 미칠 것이라고 보았다. 그 자신의 개인적인 바람과 회한이 한데 녹아 있는 다음의 인용문에서 스미스는 교육 공급자에게는 경쟁의 원리를, 교육 수요자에게는 선택의 자유를 각각 처방하였다.

> 연구비, 장학금, 급비 등의 자선적인 기금은 그 특정의 학료의 가치와는 관계없이 일정수의 학생을 어떤 학료에 필연적으로 흡수한다. 만약 이러한 자선적인 기금을 받는 학생이 스스로 가장 좋아하는 학료를 자유로이 선택할 수 있다면, 그 자유는 아마 각 학료 간에 어느 정도의 경쟁을 일으키는 데 도움이 될 것이다. 이에 반하여 각 개별 학료의 자비학생이라도 퇴학하고자 하는 학료에 허가를 청원하여 그것을 획득하지 않고서는 그 학료를 떠나 어딘가 다른 학료로 가는 것을 금지하고 있는 규정은 이 경쟁을 크게 소멸시키는 경향을 가질 것이다(Smith, 2003, 하: 340).

같은 맥락에서, 그러나 이번에는 역사적 관점에서 스미스는 고대인들의 교육 시설을 예로 들어 교육적 우수함이 자연적 자유와 경쟁의 원칙으로부터 비롯된다는 점을 재차 강조했다. 스미스에 따르면, 고대의 교육 시설에는 근대 유럽의 제 대학이나 학교들과 비교해 보았을 때 공공사회의 간섭, 규제, 강제 등이 거의 존재하지 않았다. 고대에는 교육이 각 개인의 부모나 보호자의 책임으로서 그들의 학교 및 교사 선택권은 존중되었다. 국가의 역할은 필요하다면 교육을 위한 장소를 제공하는 것이었을 뿐, 시민 교육을 직접 지도·감독하거나 교육 시설에 재정적 원조를 하는 것은 아니었다(Ibid.: 354-355). 이러한 상황에서 고대의 교사들은 근대의 교사들처럼 교육을 위한 공적 시설에 기거하면서 학생들을 관할하는 독점적 지위와 그로부터 야기되는 각종 게으름과 무능의 특권을 누리지 못했다. 그보다 고대의 교사들은 국가로부터 봉급을 받지도, 그렇다고 외부의 공공재산으로부터 보수를 받지도 못하는 사적私的인 존재들로서 자기 이익과 경쟁의 논리에 따라 그들의 교육적 우수함을 끊임없이 동료 시민들에게 증명해 보일 수 있어야 했다. 고대의 교사들은 오직 자신들의 "우월한 덕과 능력"에서 나오는 "자연적인 권위"에 힘입어 교육 수요자인 시민들의 선택을 받고, 그렇게 그들의 직업적 성공과 재정적 안정을 이루어갈 수 있었기 때문이다(Ibid.: 355). 바로 여기에 고대 교사들의 교육적 근면함과 근대 유럽 교사들의 교육적 나태함의 차이가 있었다. 고대의 교사들은 교육 시장에서 수요와 공급의 논리에 따라 부단히 자신의 상품 가치를 높이기 위해 경쟁적으로 노력해야만 했지만, 근대의 교사들은 스미스의 바람과 달리 "[그들의] 수입이 학생들의 수를 늘릴 수 있는 [직업적] 능력과 관계"없는 공공기관에 머물며 시장이라면 이미 시효가 다했을 법한 진부한 학설이나 궤변을 일삼으면서 소일했던 것이다(Skinner, 1996: 198).

이상의 논의를 종합해 보았을 때, 스미스의 주장은 오늘날 시장 근본주의자들이 제안하는 '작은정부론'으로 수렴된다.[7] 스티글리츠(Stigliz, 2001: 40)의 수사학적 표현을 빌면, 작은정부론은 "작은 정부일수록 좋은 정부"라는 논의로서 그 이면에는 "정부가 시장보다 열등하다"는 가정이 숨겨져 있다. 주요 정책으로는 자율화, 규제철폐, 균형예산, 민영화 등이 있는데(Martinez & Garcia, 1997: 2), 무엇보다도 정부가 재정균형

---

7 종교적 근본주의자들이 종교적 신에 의한 구원을 주장한다면(Castells, 1997: 12-13), 시장 근본주의자들은 시장 신에 의한 구원을 주장한다(Cox, 1999: 18). 양자 모두 신의 전지전능함을 배타적으로 믿는 '근본주의자들fundamentalists'이라는 점에서는 차이가 없다.

을 맞추기 위해 공공 영역에 대한 지출 규모를 줄여야 한다는 입장에 있다. 교육적 관점에서 생각해 보면, 국가의 교육 시설에의 과도한 재정적 간섭, 즉 공공재원의 의무적 투하가 그 본연의 목적 달성을 위해 필요하지도 또 바람직하지도 않다는 주장으로서, 앞서 스미스가 자연적 자유와 경쟁의 원리에 의해 정당화하고자 했던 것이다. 문제는 교육을 자유로 방임하라는 이러한 논의가 자칫 이번 절의 명제, 즉 교육의 진흥을 위한 공공경비의 지출이 국가의 의무 중 하나라는 사실을 퇴색시킬 위험이 있다는 것이다. 스미스 또한 그러한 우려를 염두에 두고 있었는지 다음과 같이 반문하고 있다.

> 그러면 공공사회는 국민의 교육에 대해서 아무런 주의도 할 필요가 없는가? 또는 그 필요가 있다면 국민의 계층이 다름에 따라서 공공사회가 특히 주의할 교육의 제 부분은 무엇인가? 그리고 또 그들에 대해서 어떠한 방법으로 배려를 할 것인가(Smith, 2003, 하: 359)?

위의 인용문에서도 잠시 밝혔듯이, 스미스의 해법은 국민의 계층에 따라 접근을 달리하는 것이었다. 다시 말해 정부의 주의와 배려가 필요한 사회계층과 그렇지 않은 사회계층을 구분한 다음, 공공사회가 차등적으로 교육 경비를 부담하는 것이었다. 마땅히 국가는 상류층보다 서민층의 교육에 주의를 기울여야 할 의무가 있다(Tu, 1969: 693; Curtis & Boultwood, 1960: 44). 지위와 재산을 가진 계층은 스스로 필요한 경비를 기꺼이 부담하면서 자신들에게 유용한 교육을 받을 수 있고, 이 경우 국가는 별도로 교육 경비를 산정할 필요가 없다. 하지만 산업사회에서 대다수의 노동빈민은 공공사회의 재정 지원 없이는 독서산讀書算, 3R's과 같은 가장 초보적인 교육도 받지 못한 채, 스미스(Smith, 2003, 하: 360)가 "이해력을 마비시킬 듯이 보이는 저 반쯤 잠들어 있는 것 같은 우매함"이라고 말했던 상태에 빠지고 말 것이다. 스미스가 노동자 계급의 무지와 우둔을 걱정하고 그 방지를 위해 정부가 적절한 "공교육 제도"를 마련해야 한다고 주장했을 때(Skinner, 1996: 192),[8] 그는 먼저 인간적인 이유를 염두에 두었던 것 같다. 스미스에 따르면 국가는 국민 다수의 정신적인 불구, 기형, 비열 등을 예방해야 할 도덕적 의무를 가지며, 이것이 곧 사회 일반의 수입을 서민층의 교육을 조장하고, 장려하고, 심지어 강요하는 데 사용해야 할 중요한 이유였다. 그러나 스미스는 국민성의 타락을 막는 것 말고도 공공의 이익 증진을 위해 일반 대중의 교육이 국가의 진지한 배려를 받을 가치가 있다고 보았다. 이와 관련해 스미스는 교육을 통한 인간성의 개선이 사회 공공의 질서 유지에 공헌한다는 공리적인 이유를 제시하였다.

> 그들[하층민들]이 교육되면 될수록 우둔한 국민 사이에서 가장 무서운 무질서를 일으킬 우려가 있는 광신과 미신의 망상에 빠지는 일이 더 적게 된다. 그 위에 교육을 받고 지식 있는 국민은 무지하고 우둔한 국민보다도 언제나 더 예의바르고 질서를 존중한다. …… 이러한 사람[들]이 정부의 시책에 대해서 무책임하고 불필요한 반대를 하는 위험은 적다. 정부의 안정성이 정부의 행동에 대해서의 호의적인 국민의 판단에 의존하는 바가 많은 자유국가에 있어서는 국민이 이 정부의 행동에 관해서 성급하게 또는 기분 나는 대로 판단하는 경향이 없는 것이 확실히 가장 중요한 것임에 틀림없다 (Smith, 2003, 하: 366-367).

---

8 분업의 효과에 대해서 스미스는 두 가지 상반된 입장을 보였다. 우선 『국부론』 서두에서 스미스는 노동 분화가 생산 제력의 향상을 가져와 국부의 증가에 도움이 된다는 견해를 피력했다. 하지만 『국부론』 말미에서 대중 교육의 문제를 다루면서 스미스는 노동 분화에 따른 인간 기지의 무뎌짐을 경고하고 있다. 산업 사회에서 분업은 인간의 신체 노동을 단순작업에 정치시키고, 그 결과로서 인간의 정신을 둔하게 만들기 때문이다(Dankert, 1974: 165-166, 주석 25).

결국 국가의 재정 간섭이 특별히 사회 취약층의 자기개선을 위한 교육에서 정당화된다는 스미스의 주장은 이후 자유주의자들이 선호하는 교육적 강령이 되었다. 가깝게는 이미 19세기에 존 스튜어트 밀John Stuart Mill이 『자유론On Liberty』에서 스미스 식의 교육 논의를 되풀이했고,[9] 멀게는 20세기 신자유주의자들의 저술에서, 대표적으로 밀턴 프리드만Milton Friedman의 교육 논고에서 유사한 주장을 찾을 수 있다.[10] 그러나 굳이 스미스에서 밀을 거쳐 프리드만으로 이어지는 자유주의적인 전통을 언급하지 않아도, 오늘날 우리는 충분히 스미스 식으로 교육 문제를 접근하고 있다. 스미스의 제언대로 국가의 의무 수행 경비로서 교육비를 사회 일반의 수입으로부터 산출·집행하고 있고, 정부의 특별한 배려가 필요한 사회계층에 재정 지원을 약속하고 있으며, 교육의 질적 개선이라는 미명하에 정부의 경비 지출을 점차 시장과 경쟁의 논리에 귀속시키고 있기 때문이다.

Ⅳ 그랜드 투어의 교육적 효과

앞서 스미스는 옥스퍼드의 부유한 학료를 예로 들면서 그 시대의

---

9 밀은 『자유론』 5장에서 국가의 교육적 의무가 국민 모두를 똑같이 만드는 국가 교육을 실시하는 데 있는 것이 아니라, 국민들 개개인이 자신들의 필요에 따라 자유롭게 교육의 방향을 결정하도록 방임하는 데 있다고 주장했다. 이를 위해 밀은 사회 빈곤층 아이들에게는 정부가 재정 지원을 통해 그들이 개인적으로 교육을 선택해서 받을 수 있도록 도와주어야 한다고 보았다(Mill, 2002: 138-140).
10 프리드만의 1955년 논문 "교육에서 정부의 역할The Role of Government in Education"을 말한다. 프리드만은 정부의 교육 독점을 줄이고 부모들의 교육적 영향력을 높이기 위하여 교육 바우처로 명명되는 수업료 쿠폰제를 제안했다. 프리드만에 따르면, 정부가 저소득층 부모들에게 지급하는 수업료 쿠폰은 그들의 자녀교육에 대한 권리와 학교 선택의 자유를 보장하는 데 특히 효과적일 수 있다(Friedman, 1990: 127-128, 130).

잉글랜드 대학에서 찾아지던 교육적 나태와 무능을 비판했다. 그런데 스미스가 보기에 이러한 잉글랜드 대학의 지적 타락은 그 자체로도 문제였지만, 그로부터 다른 하나의 해로운 교육적 관행이 만들어지고 있어서 더 문제였다. 그것은 '그랜드 투어The Grand Tour'로 알려진 영국 상류층 자제들의 대륙여행이었다.[11] 스미스는 잉글랜드 대학이 스스로 초래한 감이 없지 않았던 이 현상에 대해 다음과 같이 부연하고 있다.

> 잉글랜드에서는 젊은 사람들이 학교를 졸업하면 대학교에 보내지 않고 곧 그들을 제 외국에 여행시키는 것이 점점 하나의 습관으로 되어가고 있다. 우리의 젊은이들은 이 여행을 통하여 일반적으로 대단히 발전되어 귀국한다고 한다. 17세 또는 18세에 해외로 나가 21세에 귀국한다면, 귀국하였을 때에는 출발하였을 때보다도 서너 살 더 먹었고, 이 연배로서의 3-4년간에 상당한 진보를 하지 않는다는 것은 참으로 곤란한 것이다(Smith, 2003, 하: 351).

사실 그랜드 투어는 스미스가 살았던 18세기의 전유물이 아니었다. 그 시작은 필립 시드니Philip Sidney가 유럽 대륙으로 여행을 떠났던 16세기 중반으로 거슬러 올라가며,[12] 이후 그러한 대륙으로의 교육 여행은

---

11 '그랜드 투어'는 "돌아다니는 지역이 넓으며 여행 기간이 길다"는 '그랜드'와 "출발해서 원점으로 돌아오는 주유周遊"라는 '투어'가 한데 합쳐진 말이었다. 그러나 여기에는 "사회적으로 신분이 높은 사람들의 근사한grand 여행tour"이라는 의미도 담겨 있었다(설혜심, 2013: 19-20). 그랜드 투어는 이후 몇 세기 동안 엘리트 교육의 최종 단계로서 영국뿐만 다른 유럽 제 국가에서도 인기를 끌었다.

12 그랜드 투어의 원조 격인 사람은 영국 명문가의 자제였던 시드니였다. 시드니는 잉글랜드의 양대 대학에서 수학한 뒤인 1572년 5월 25일 엘리자베스 여왕Queen Elizabeth으로부터 "하인 셋, 말 네 필과 함께 영국을 떠나 2년 동안 바다 건너 지역에 머물면서 외국어를 익히고 오라"는 허가를 받고 대륙여행을 시작했다(Buxton, 1964: 39-43). 당시 열여덟 살이 채 되지 않았던 시드니는 프랑스 파리를 시작으로 독일과 이탈리아의 제 도시를 차례대로 돌아다닌 다음, 1575년 5월의

영국 귀족들 사이에서 점차 인기를 끌기 시작했다. 그러다가 17세기 말부터 영국 사회가 정치적으로 안정되고 경제적으로 풍요를 누리기 시작하면서 영국인들의 대륙으로의 '탈출exodus'은 더욱 가속화되었다. 여기에 잉글랜드의 양대 대학, 즉 옥스퍼드 대학과 케임브리지 대학에 대한 불만과 불신까지 더해지면서 18세기 영국의 상류층 부모들은 그들의 아이들을 대학에 보내느니 차라리 동행교사의 인솔 아래 다년간 유럽 제 국가로 교육 여행을 떠나보냈다(설혜심, 2013: 20, 33-36).

교육적인 관점에서 그랜드 투어에 대한 평가는 의견이 갈렸다. 일찍이 라셀(Lassels, 1670: preface, no page)은 영국의 귀족 자제들이 대륙여행을 통해 "세상이라는 위대한 책"을 직접 경험하면서 몸과 마음을 두루 단련하여 귀국할 때는 마치 "빛나는 태양"과 같은 존재가 되어 있을 것이라고 주장했다. 또 이러한 해외여행이 특별히 영국처럼 섬나라 사람들에게 필요하다는 주장이 있었는데, 호웰(Howell, 1869: 13-14)의 설명에 따르면 "그들[섬나라 사람들]은 세상의 나머지 시민들과 떨어져 살기 때문에 학문과 지식이 융성한 훌륭한 제 나라의 사정을 알 [다른] 방법이 없기 때문이다." 한편 비판자들은 청소년기의 성급한 해외여행이 도덕과 풍습의 타락을 가져온다는 점을 들어 아직 기지가 충분히 발달하지 않은 아이들을 견문을 넓힌답시고 이 나라 저 나라로 끌고 다니는 일이 개인적으로도 또 사회적으로도 바람직하지 않다고 보았다.[13] 그렇다면 스미스의 판결은 어떠했는가? 위에서도 잠시 언급

마지막 날 다시 영국으로 돌아왔다(Ibid.: 44-80).

13 이러한 비판은 이미 16세기부터 시작되었다. 일례로 아스캄은 『스콜마스터 Scholemaster』(1570)에서 당시 신사교육의 마지막 단계로 간주되었던 대륙여행, 특히 이탈리아 여행의 폐단을 지적했다. 아스캄은 학문의 땅으로서의 이탈리아의 명성은 이미 사라진 지 오래라는 전제 하에, 영국의 신사자제들이 무작정 외국을 여행하는 일이 위험하고 무익한 일이라고 비판했다(Ascham, 1967: 60-61; 김성훈,

했듯이 스미스는 그랜드 투어를 '해로운 교육적 관행'으로 규정하였다. 스미스는 영국의 젊은이들이 몇 해에 걸쳐 유럽대륙을 돌아다니면서 얻을 수 있는 이점이라곤 현지 언어 한두 개를, 그것도 피상적인 수준에서 익히는 정도일 뿐, 다른 모든 점에서는 그 교육적 효과가 매우 부정적이라고 주장했다.

> 이 여행 중에 젊은 사람들은 일반적으로 한두 가지 외국어의 지식을 어느 정도 얻을 것이다. 그러나 이 정도의 지식으로써는 이러한 외국어를 정확하게 이야기하거나 쓰는 데에는 불충분하다. 기타의 점에 있어서는 그가 본국에 돌아왔을 때에는 그가 국내에 있었더라면 그만큼의 단기간에 변화할 수 있는 정도보다도 더욱 오만하고 더욱 부정직하며 더욱 방탕하고, 학문 또는 실무에 착실히 종사할 수가 없게 되어 있는 것이 보통이다. 그러한 젊은 나이에 여행을 하고 그의 인생에 있어서 가장 귀중한 세월을 그의 부모와 친척의 감독과 통제가 미치지 않는 먼 곳에서 가장 보잘것없는 방탕에 소비함으로써 그 이전에 받은 교육에 의하여 그에게 이룩되려 했던 모든 유용한 습관은 거의 다 고정되고 굳어지기는커녕 많은 경우에 반드시 약화되거나 거의 없어지는 것이다(Smith, 2003, 하: 351).

위의 인용문에서 스미스는 영국 상류층 젊은이들이 가정교사와 함께 떠나는 대륙여행을 비판하면서 우회적으로 그들을 국내에서 '부모와 친척의 감독과 통제' 하에 교육시킬 것을 주문하고 있다. 그런데 이러한 그의 태도와는 사뭇 다르게 스미스 자신은 그랜드 투어의 동행교사 출신이었다. 스미스는 1763년 버클루 공의 가정교사가 되어 글라스고 대학의 도덕철학 교수직을 사임하고 이듬해부터 3년 동안 유럽으로

2010: 60-61).

그랜드 투어를 나섰다. 라에(Rae, 1895: 165)의 설명대로, 아마도 재정적인 이유가 컸었던 것 같다. 버클루 공 측은 스미스에게 3년 동안 동행교사비로 800파운드를 제의했을 뿐만 아니라, 노후 연금까지 약속했다. 이미 불혹을 넘긴 나이에 단지 학생들이 지불하는 수업료 또는 사례금에만 의존해 생활을 해야 했던 스미스에게, 더군다나 당시 글라스고 대학의 교수직은 스미스에게 연금을 보장해주지 못하는 상황이어서 스미스는 노년기의 경제적 안정을 위해 버클루 공의 동행교사직을 수락했던 것으로 보인다.

다시 본래의 주제로 돌아와 그렇다면 그랜드 투어 문제에서 스미스의 진의眞意는 어디에 있었는가? 위의『국부론』에서의 진술이 스미스가 대륙여행을 마치고 돌아온 1766년부터 1776년 사이에 이루어졌다고 가정해 보았을 때, 당시 고향 커콜디Kirkcaldy에 안착해 사색과 저술로 소일하고 있었던 스미스는 더 이상 경제적 동인에 갇히지 않은 채 과거 동행교사로서의 경험에 교육적 진정성을 담아 이 문제를 숙고해 볼 수 있었을 것이다. 스미스가 도달한 결론은 청소년기의 성급한 대륙여행보다는 가정에서의 또는 부모의 손길과 친인척의 눈길이 닿는 국내 공공기관에서의 교육이 아이들을 키우는 안전하고 유용한 방법이라는 것이었다. 스미스(Smith, 2003, 하: 352)가 보기에 그랜드 투어는 그 이름에서 오는 웅장함이나 근사함과 달리 부모의 입장에서는 단지 "아들을 외국에 보냄으로써 직업을 얻지 못하고 무시되고 자기의 눈앞에서 파멸해가는 아들이라고 하는 불유쾌한 대상을 적어도 얼마 동안은 보지 않아도 되는" 다분히 도피적인 성격의 외유에 불과했다. 물론 동행하는 가정교사의 입장에서는 스미스의 경우에서도 알 수 있듯이 커다란 재정적 이익과 함께 그 자신이야말로[학생이 아닌] 세상과 세상 사람들에 대한 시야를 넓힐 수 있는 더할 나위 없는 기회였겠지만, 정작 그 주인공인 학생들의 입장에서는 자칫 잘못하다가는 아스캄(Ascham, 1967: 66)이 이미 오래 전 경고했듯이 "돼지의 위, 당나귀의 머리, 여우의 두뇌, 늑대의 배를 가진 괴물"처럼 둔갑해 버릴 수 있는 위험천만하고도 헛된 일이었다.

언제부턴가 우리 주변에서도 그랜드 투어에 버금가는 청소년기의 해외유학이 성행하기 시작했다. 차이가 있다면, 유럽대륙이 미주대륙으로 바뀌었고, 동행교사의 역할을 유학 에이전트들이 대신해주고 있다는 것일 뿐, 우리나라의 부유층 자제들의 교육적 외유는 그 옛날 영국인들의 그것에 뒤지지 않는다고 볼 수 있다. 그도 그럴 것이 우리나라의 대미유학생 수는 2009년에 1위로 정점을 찍은 뒤에도 계속해서 중국, 인도와 함께 3위권을 유지하고 있다.[14] 앞의 스미스의 평가에 따르면, 그러한 현상은 우리나라 공립학교와 대학교육에 대한 불만과 불신이 가져온 자연스러운 결과인지도 모르겠다. 하지만 스미스가 힘주어 설명하고 있듯이, 그러한 청소년기의 무분별하고 성급한 외국유학은 미성숙한 아이들의 도덕적 타락과 그로 인한 사회 풍습의 퇴화를 가져올 위험이 있다. 18세기 영국 상류층 자제들의 대륙여행에 비판적이었던 스미스가 오늘날 우리나라에서 목도되는 해외유학 열풍 역시 의심가득한 눈초리로 바라보았을 것이라고 상상해 볼 수 있는 대목이다.

Ⓥ 맺는 말

1776년 3월 『국부론』이 출간되었을 때, 출판사의 우려와 달리 이 '딱

---

14 국제교육연구소Institute of International Education, IIE가 발표한 자료[Open Doors Report]에 따르면, 2012-2013년 미국 고등교육기관에 적을 두고 있는 한국출신 유학생은 모두 70,627명으로 중국과 인도에 이어 세 번째로 많았다. 이는 미국 전체 고등교육기관 국제 유학생 수의 8.6%에 해당하는 것이었다(http://www.iie.org).

딱한' 경제서는 6개월 만에 초판이 매진되는 성과를 거두었다.[15] 이 책의 대중적 성공과 관련해 여러 가지 설명이 가능하겠지만, 우리는 『국부론』 전체에서 목격되는 스미스의 "공적인 마음public spirit"에서 하나의 단서를 발견할 수 있다(Teichgraeber III, 1986: 175). 스미스는 18세기 영국 사회에서 새로운 경제적 아이콘으로 부상하고 있었던 자유무역을 주제로 상업적 자유가 국가의 부와 사회의 정의에 미치는 영향을 광범위하게 고찰했다. 스미스는 전통적인 보호무역 정책이 사회 공공의 이익에 반하는 것임을 다각도로 예증해 가면서 동시대인들에게 자유무역 정책을 그 대안으로 제시했다. 스미스의 논점은 인간의 삶의 방식을 자유 시장의 원리에 귀속시켰을 때 부유하면서도 불공정하지 않은 사회가 가능하다는 것이었다(Hont & Ignatieff, 1983: 42-44).

그렇다면 흔히 생각하는 것처럼 스미스는 『국부론』에서 자유방임이라는 이름하에 적자생존 식의 이기적인 자본주의 사회를 머릿속에 그리고 있던 것은 아니었다. 그보다 스미스는 시장의 공공성을 염두에 두면서 개인들의 자유로운 자기 이익 추구가 궁극적으로 사회 일반의 이익으로 전환될 수 있음을 가정했다(Muller, 2002: 51, 63). 바로 이러한 전제로부터 스미스의 『국부론』에서 아마도 가장 널리 알려진 하나의 개념, 즉 '보이지 않는 손'의 비유가 나왔다.

각 개인[이] 자기 자본을 될 수 있는 대로 많이 자국의 근로활동

---

15 스미스의 『국부론』은 같은 출판사에서 2주 전에 출간된 에드워드 기본Edward Gibbon의 『로마제국 쇠망사Decline and Fall of the Roman Empire』만큼이나 시장에서 반응이 좋아서 1776년 봄과 여름 동안 적게는 500부에서 많게는 1000부까지 팔려나갔다. 하지만 초판 매진 후 두 번째 판 500부를 발간하기까지 6개월, 다시 세 번째 판 1000부를 발간하기까지 6년의 세월을 더 기다려야 했다. 『국부론』에 대한 시장의 환대와 다르게 동시대인들의 역사적 평가는 다소 불확실했음을 보여주는 장면이다(Teichgraeber III, 1987: 341).

의 유지에 사용하고 그 근로활동으로 하여금 그 생산물이 최대의 가치를 가지도록 노력하게 된다면, 각 개인은 필연적으로 사회의 해마다의 수입을 될 수 있는 대로 최대로 하려고 노력한 것이 된다. 물론 그는 사회공공의 이익을 촉진하려고도 하지 않고, 그가 어느 정도 사회공공의 이익을 촉진하고 있는지도 모른다. …… 그가 그 산업을 그 생산물이 최대의 가치를 가지도록 운영하는 것은 오로지 그 자신의 이득만을 기도하는 것이다. 그리하여 그는 이 경우에 다른 많은 경우에 있어서와 같이 보이지 않는 손an invisible hand에 이끌려 그가 전연 의도하지 않았던 한 목적을 촉진하게 되는 것이다. 그것이 그가 의도한 바가 아니라는 것은 반드시 사회에 대해서 나쁜 것은 아니다. 그는 자기 자신의 이익을 추구함으로써 진실로 사회의 이익을 증진코자 의도하였을 때보다도 더욱 유효하게 사회의 이익을 증진하는 수가 많은 것이다(Smith, 2003, 상: 553.)

위의 인용문에서 스미스는 "개인과 사회의 이익이 서로 [대립하지 않고] 조화를 이루는 것"임을 암시했다(Viner, 1958: 223). 스미스의 설명은 겉으로는 자기애에 토대를 둔 이기적인 자본주의가 시장 신의 중재를 거치면서 공공의 이익 증진에 공헌할 수 있다는 것이었다. 이는 지금 이 글의 주제와 관련해 자연스럽게 스미스의 공적인 정신이 그의 교육 담론에 어떻게, 또 얼마나 반영되어 있었는지의 문제로 이어진다. 우선 스미스는 인간자본의 축적이 개인과 사회 모두에게 이로운 형태의 투자라는 사실을 지적하면서 교육을 위한 경비가 일차적으로는 개인의 수익 증대로 회수되고, 나아가 궁극적으로는 사회 일반의 공공 이익으로 전환될 수 있다고 주장하였다. 교육이나 훈련을 통한 인간 재능의 획득은 그로 인해 미래에 발생할 것으로 기대되는 수익과 그러한 인간 자본의 형성에 지출한 비용을 서로 비교해 보았을 때 효율적인 투자 행위로 볼 수 있기 때문이다.

다음으로 스미스는 자연적 자유와 경쟁의 원리에 따라 공공 교육기관의 질적 개선을 이루고자 하였다. 논의의 핵심은 교육 수요자의 선택권을 보장함으로써 교육 공급자 상호 간의 경쟁을 촉진시키는 데 있었다. 이때 정부는 사회 일반의 수입을 교육을 위한 제 시설에 지출하는 데 신중을 기해야 한다. 교육 공급자의 수입 대부분이 외부의 공적 자금이 아닌 교육 수요자가 지불하는 수업료나 사례금으로부터 충당되는 경우에만 앞서 스미스가 말했던 근면의 필요성이 생겨나서 교육 공급자들 간의 질 좋은 교육 상품을 만들기 위한 노력이 발생할 것이고, 그것이 다시 위에서 말한 '보이지 않는 손'의 작용을 통해 사회 일반의 이익으로 전환될 것이기 때문이다.

이처럼 스미스는 국가의 교육적 간섭에 부정적이었고, 그만큼 그는 시장 신의 전지전능함omnipotence을 믿고 있었다. 그렇지만 스미스가 모든 경우에서 '정부가 시장보다 열등하다'는 입장을 고수했던 것은 아니었다. 스미스는 국가에 스스로 자기 개선을 이루기 힘든 사회 계층이 있어 정부가 그러한 사람들의 교육에 재정적 원조를 해야 한다고 생각했기 때문이다. 최소한의 교육도 받지 못한 대중들의 존재가 국민성을 거칠고 우매하게 만들어 사회의 공공질서 유지에 부정적인 영향을 미칠 위험이 있다는 판단에서였다. 스미스는 또한 독서산과 같은 기초적인 교육을 받은 노동자를 양성하는 것이 노동 생산성 향상에 도움이 된다는 경제적 이유도 어느 정도 감안했던 것으로 보인다.

마지막으로 스미스는 그 시대 영국 사회에서 성행하던 그랜드 투어의 교육적 효과를 당사자 개인뿐만 아니라 국가 사회 일반에 미칠 영향과 함께 진중히 고려했다. 스미스에 따르면, 청소년기에 동행교사와 함께 3-4년 동안 유럽대륙을 여행하는 일은 득보다 실이 많은 해로운 교육적 관습이었다. 젊은이들은 부모와 친척의 감독과 통제가 미치지 않는 낯선 곳에서 도덕적 타락을 경험할 위험이 크고, 그들이 귀국할 때 함께 가져오는 이국적인 삶의 방식이 영국 사회의 풍습에 좋지 못한 영향을 미칠 수 있기 때문이다. 비록 스미스(Smith, 2003, 하: 351-352)는 대륙여행이라는 "불합리한 관행"이 당시 영국 "제 대학교가 스스로 초래한 불신" 때문이라고 진단했지만, 그렇다고 해서 이제 막 공립학교를 졸업한 미성숙한 아이들을 가정교사와 함께 외국으로 내보내는 것이 그 해결점이 될 수는 없다고 보았다. 그보다 스미스는 문제가 되고 있는 영국 대학교육의 질을 개선시켜 그들을 부모와 친척의 눈앞에서 교육시키는 것이 개인적으로도 또 국가적으로도 바람직한 일이라고 주장했다.

정리하면, 스미스가 그의 『국부론』에서 제안하고 있는 교육 명제들은 다분히 공적인 성격을 가지고 있었다. 인간자본에 대한 투자로서의 교육의 개념은 개인뿐만 아니라 국가의 경제적 부를 증진시킨다는 사회적 큰 밑그림에 토대를 두고 있었고, 국가의 교육 경비 지출과 관련해서는 시장 신의 보이지 않는 손을 통한 개인들의 구원을 주장하면서도 정부의 공적인 역할을 논의함에 소홀하지 않았으며, 청소년기의 무분별한 교육적 외유를 경계한 것은 어디까지나 공공의 이익을 위함이었다. 이에 우리는 『국부론』에 나타난 스미스의 교육론이 교육의 개인적 동인을 사회 일반의 선으로 수렴시키는 '공적인 마음'의 산물이었다고 결론지을 수 있다.

참고문헌

김성훈(2010). 『영국의 교육사상가들』. 서울: 문음사.

설혜심(2013). 『그랜드 투어: 엘리트 교육의 최종 단계』. 서울: 웅진지식하우스.

설혜심(2008). "아버지의 이름으로?: 그랜드 투어의 동행교사". 『영국연구』, 20, 157-185.

Adamson, J. W.(1964). *English Education 1789-1902*. Cambridge: The University Press.

Ascham, R.(1967). *The Schoolmaster*. Ithaca: Cornell University Press.

Brown, P., & Lauder, H.(1999). "Education, Globalization, and Economic Development". In A. H. Halsey *et. al.*(Eds.), *Education: Culture, Economy, Society*(pp. 172-192). Oxford: Oxford University Press.

Buxton, J.(1964). *Sir Philip Sidney and the English Renaissance*. London: Macmillan.

Castells, M.(1997). *The Power of Identity, Vol. 2*. Oxford: Blackwell.

Cox, H.(1999). "The Market as God". *The Atlantic Monthly, March*, 18-23.

Curtis, S. J., & Boultwood, M. E. A.(1960). *An Introductory History of English Education since 1800*. London: University Tutorial Press.

Dankert, C. E.(1974). *Adam Smith Man of Letters and Economist*. New York: Exposition Press.

Freeman, R. D.(1984). "Adam Smith, Education and laissez-faire". In J. C. Wood(Ed.), *Adam Smith: Critical Assessments, Vol. 1*(pp. 378-387). London: Croom Helm.

Friedman, M.(1990). *Capitalism and Freedom*. Chicago: University of Chicago Press. 『자본주의와 자유』(최정표 역). 서울: 형성출판사.

Greider, W.(1997). *One World, Ready or Not*. New York: Touchstone.

Hont, I., & Ignatieff, M.(1983). "Needs and Justice in the *Wealth of Nations*". In I. Hont & M. Ignatieff(Eds.), *Wealth and Virtue: The Shaping of Political Economy in the Scottish Enlightenment*(pp. 1-44). Cambridge:

Cambridge University Press.

Howell, J.(1869). *Instructions for Forreine Travell*. London.

Institute of International Education (IIE). http://www.iie.org

Keynes, J. M(1984). "Adam Smith as Student and Professor". In J. C. Wood (Ed.), *Adam Smith: Critical Assessments, Vol. 1*(pp. 75-86). London: Croom Helm.

Lassels, R.(1670). *The Voyage of Italy*. Paris.

Martinez, E., & Garcia, A.(1997). What is Neo-Liberalism? Retrieved September 28, 2002, from http://www.igc.org/envjustice/neolib.html

Mill, J. S.(2002). *On Liberty*. London: Longman. 『자유론』(김형철 역). 서울: 서광사.

Muller, J. Z.(2002). *The Mind of the Market: Capitalism in Modern European Thought*. New York: Alfred A. Knopf.

Ohmae, K.(1995). *The End of the Nation State*. Minneapolis: University of Minnesota Press. 『국가의 종말』(박길부 역). 서울: 한국언론자료간행회.

Rae, J.(1895). *Life of Adam Smith*. London: Macmillan.

Raphael, D. D.(1985). *Adam Smith*. Oxford: Oxford University Press.

Schultz, T. W.(1992). "Adam Smith and Human Capital". In M. Fry(Ed.), *Adam Smith's Legacy: His Place in the Development of Modern Economics*(pp. 130-140). London: Routledge.

Skinner, A. S.(1996). *A System of Social Science: Papers Relating to Adam Smith*. Oxford: Clarendon Press.

Smith, A.(2003). *An Inquiry into the Nature and Causes of the Wealth of Nations*(E. Cannan Ed.). Chicago: The University of Chicago Press. 『국부론』, *상·하*(최호진·정해진 역). 서울: 범우사.

Spengler, J.(1977). "Adam Smith on Human Capital". *The American Economic Review, 67*(1), 32-36.

Spring, J.(1998). *Education and the Rise of the Global Economy*. Mahwah: Erlbaum Association.

Stiglitz, J.(2001). *Joseph Stiglitz and the World Bank. The Rebel within*. London: Anthem Press.

Stone, R.(1992). "Public Economic Policy: Adam Smith on What the State and Other Public Institutions Should and Should Not Do". In M. Fry(Ed.), *Adam Smith's Legacy: His Place in the Development of Modern Economics*(pp. 63-85). London: Routledge.

Teichgraeber III, R.(1987). "'Less Abused Than I Had Reason to Expect': The Reception of *The Wealth of Nations* in Britain, 1776-1790". *The Historical Journal, 30*, 2, 337-366.

Teichgraeber III, R.(1986). *Free Trade and Moral Philosophy: Rethinking the Sources of Adam Smith's Wealth of Nations*. Durham: Duke University Press.

Tu, P.(1969). "The Classical Economists and Education". *Kyklos, 22*, 691-718.

Viner, J.(1958). *The Long View and the Short*. Glencoe: Free Press.

Woodhall, M.(1987). "Human Capital Concepts". In G. Psacharopoulos(Ed.), *Economics of Education: Research and Studies*(pp. 21-24). Oxford: Pergamon.

Chapter

두 거장의 만남

"에라스무스의 『아동교육론』에서 찾아지는 퀸틸리아누스의 흔적"

(『인문학논총』, 38, 2015: 231-258)

에라스무스의 『아동교육론』에서 찾아지는 퀸틸리아누스의 흔적

(I) 머리말

에라스무스Erasmus의 『아동교육론De Pueris Instituendis』[1]은 수사학적인 논의 전개의 바람직한 모범을 보이려는 시도였다. 이미 1509년경에 에라스무스는 그의 『아동교육론』을 완성했던 것으로 보인다. 그러나 이 조그만 논고는 그로부터 약 20년 뒤인 1529년에 에라스무스가 그의 『문체론De Copia』을 출간할 때 부록으로 함께 세상에 알려졌다. 룸멜 (Rummel, 1981)에 따르면, 에라스무스는 『문체론』에서 수사학의 제諸 원칙들을 설명한 다음, 그러한 원칙들을 『아동교육론』에서 문학적으로 시연하는 데 관심이 있었다. 에라스무스의 이러한 의도는 『아동교육론』 이 '요약'과 '논의 전개'의 두 부분으로 이루어져있다는 사실로부터도 짐작해 볼 수 있다. 에라스무스는 본격적인 논의 전개에 앞서 그의 전체 주장을 간략하게 요약함으로써 독자들의 이해를 도왔다. 이어 본문에서

---

1 라틴어 원제는 Du pueris statim ac liberaliter instituendis declamatio이다. 나는 토론토대학교에서 출간한 영어번역본, "A Declamation on the Subject of Early Liberal Education for Children"을 참조했다. 우리말로는 "아이들의 자유교육을 위한 논고"정도로 옮길 수 있으나, 이하에서는 『아동교육론』으로 약칭했다.

아이들의 교육에 대한 그 자신의 생각들을 몇 개의 설득력 있는 명제들로 구분해 제시하고, 그의 각각의 주장들을 고금의 풍부한 자료들을 통해 정당화했다(Erasmus, 1985: 292).

한편 퀸틸리아누스Quintilianus의 『웅변가교육론Institutio Oratoria』[2]은 그의 오랜 교사 생활의 산물이었다. 이 책의 서문에도 잘 나와 있듯이 (Quintilian, 1996: 5), 퀸틸리아누스는 20년 동안의 교직 생활에서 은퇴한 뒤 그의 친구들의 권유로 말하는 기술, 즉 웅변술에 관한 논고를 저술했다.[3] 퀸틸리아누스의 주된 관심은 이상적인 웅변가를 길러내는데 있었다. 그런데 그에게 이상적인 웅변가란 단순히 말솜씨만 뛰어난 사람이 아니었다. 오히려 장차 웅변가로 성장할 아이는 다른 무엇보다도 도덕적으로 선한 사람이어야 했다(Ibid.: 9). 따라서 퀸틸리아누스는 『웅변가교육론』에서 수사학 교사의 기술적인 논의에 앞서 유년기의 교육이라는 예비 단계를 두고, 그 안에서 아이가 어려서부터 올바르고 명예롭게 삶을 살아가는 방식을 배워야 함을 강조했다. 이 점에서 퀸틸리아누스는 그의 『웅변가교육론』에 동시대의 다른 '방법적'인 수사학 논고들과 달리 '철학적'이라는 수식어를 부여하고 있으나(Ibid.: 15), 여전히 퀸틸리아누스의 『웅변가교육론』은 고대로부터 이어져 내려온

---

2 라틴어 원제는 Institutio Oratoria이다. 말 그대로 『수사학교육』으로 번역할 수 있으나, 나는 뵈르너(Börner, 1911: 17, Gwynn, 1926: 186에서 재인용)의 권고대로 'orator'를 '웅변가'로 번역하여 『웅변가교육론』으로 표기했다. 그밖에도 'orator'를 '연설가'로 번역하여 『연설가교육론』으로 번역하는 경우도 있다(박영희, 2013: 78, 각주 1번; 안희돈, 2005: 219, 각주 6번).
3 퀸틸리아누스는 은퇴 후 2년여의 저술 기간을 거쳐 93-95년경에 『웅변가교육론』을 출간했다(Gwynn, 1926: 184-185). 이 책은 모두 12권으로 이루어져 있다. 2-11권까지는 수사학 교육과 이론에 관한 내용이고, 12권은 수사학 학교를 졸업한 '교육받은 웅변가'에 대한 조언을 담고 있다. 지금의 주제와 관련해서는 퀸틸리아누스가 유년기의 교육 문제를 다루었던 『웅변가교육론』 1권이 중요하다.

수사학적 전통 속에서 저술된 것으로서 마루(Marrou, 1956: 91)가 "철학적 문화"와 대비해 "수사학적 문화"라고 호명한 것에 부합하는 저작이었다.

이처럼 에라스무스의 『아동교육론』과 퀸틸리아누스의 『웅변가교육론』은 서로 다른 시대에, 서로 다른 맥락에서 저술된 것이었다. 그러나 우리는 이 두 저작을 '수사학 담론'이라는 공통분모 위에 올려놓을 수 있다. 주지한 바와 같이 『아동교육론』에서 에라스무스의 목적은 수사학적인 논의 전개에 있었고, 퀸틸리아누스의 『웅변가교육론』은 시대에 따라 평가가 다소 엇갈리기는 했지만 서양에서 수사학의 가장 중요한 고전 텍스트 중 하나였기 때문이다(김덕수, 2012: 9). 그러나 오늘날 우리는 에라스무스의 『아동교육론』은 말할 것도 없고 퀸틸리아누스의 『웅변가교육론』도 수사학적인 논의보다는 그 안에 담겨 있는 아이들의 교육에 대한 이상과 원칙 때문에 주로 관심을 갖는다. 특히 퀸틸리아누스의 『웅변가교육론』과 에라스무스의 『아동교육론』이 당대 최고의 교육 저술들이었을 뿐만 아니라, 서양 교육의 역사에서도 중요한 문헌들이었다는 현대 교육 연구자들의 평가(Boyd, 1928: 77; Bowen, 1975: 346)를 토대로 우리는 이 두 저작으로부터 수사학적인 색채를 지우는 동시에 '교육적 담론'이라는 새로운 공통점을 추출할 수 있다.

더군다나 르네상스 시대에 퀸틸리아누스의 『웅변가교육론』이 재발견되어 인문주의자들 사이에서 커다란 반향을 일으켰다는 점을 감안해 보았을 때(Woodward, 1912: 25-26), 우리는 당대 최고의 인문주의자였던 에라스무스가 『아동교육론』을 저술하면서 퀸틸리아누스의 저작을 직간접적으로 참고했었을 것이라고 추측할 수 있다.[4] 이와 관련해 우리

---

4 러스크(Rusk, 1954: ch. 3)에 따르면, 심지어 튜더 잉글랜드의 '아마추어' 인문주의자 토마스 엘리어트Thomas Elyot도 퀸틸리아누스의 저작을 숙지하고 있었다. 이는

는 먼저 에라스무스가 퀸틸리아누스를 직접 인용한 경우를 생각해 볼 수 있다. 앞으로 살펴보면 알겠지만, 에라스무스는 그의『아동교육론』에서 퀸틸리아누스의 이름을 최소한 네 차례 공개적으로 언급했다. 에라스무스는 퀸틸리아누스의 권위에 의존해 자신의 주된 교육적 주장들을 정당화했던 것인데, 이는 에라스무스의『아동교육론』에서 찾아지는 퀸틸리아누스의 직접적인 흔적으로 볼 수 있다. 다음으로 에라스무스가 퀸틸리아누스를 간접 인용한 경우를 생각해 볼 수 있다. 우리는 에라스무스가『아동교육론』에서 구체적인 인용 출처는 밝히지 않았지만 퀸틸리아누스의『웅변가교육론』에서의 내용을 동일하게 재진술하거나 유사한 논의를 전개한 경우들을 적지 않게 목격할 수 있다. 실제로 에라스무스의『아동교육론』에서는 퀸틸리아누스의『웅변가교육론』에 나타난 일화, 비유, 예시 등이 빈번히 등장하고 있는데, 이는 에라스무스의『아동교육론』에서 감지되는 퀸틸리아누스의 이른바 '보이지 않는' 흔적으로 볼 수 있다.

이와 같은 관계 설정에 기초해, 이 글에서는 에라스무스의 교육 사고에 나타난 퀸틸리아누스의 흔적을 추적하여 그들 사이의 교육적 만남을 규명하고자 한다. 이를 위해 나는 에라스무스의 대표적인 교육 논고인『아동교육론』과 퀸틸리아누스의 아동교육 사상이 담겨 있는『웅변가교육론』1권을 함께 읽어가면서 교육적 상호 관련성을 분석하였다. 그 과정에서 논의의 초점은 퀸틸리아누스와 에라스무스 간의 교육 사상적 친화성을 확인할 수 있는 다음의 세 가지 명제에 맞추어졌다. 첫째, 아이의 교육을 가능한 일찍 시작해야 한다. 둘째, 유년기 아이의 특성을

당시 인문주의의 변방이었던 영국의 지방 젠트리조차 퀸틸리아누스의 저작을 알고 있었다는 말로서, 그만큼 퀸틸리아누스의『웅변가교육론』이 그 시대의 지식인들 사이에서 보편적으로 알려져 있었음을 의미했다.

고려하는 교육 방법을 사용해야 한다. 셋째, 고전을 통해 아이의 덕성을 계발하되, 유년기의 학습 환경에도 주의를 기울여야 한다. 이제 유년기의 교육적 중요성에 대한 에라스무스의 주장으로부터 논의를 열어가 보자.

Ⅱ 유년기 학습의 중요성

에라스무스의 『아동교육론』에서의 핵심 논지 중 하나는 아이의 학습을 가능한 일찍 시작하라는 것이었다. 에라스무스(Erasmus, 1985: 319)는 "교육의 최초의 과제가 아이에게 분명하고 정확하게 말하는 법을 가르치는 일"이라고 주장했다. 아이의 말하기 능력은 앞으로 있을 모든 학습의 토대가 되기 때문이다. 에라스무스는 그의 이러한 주장을 뒷받침하기 위해 어려서부터 말솜씨가 뛰어났던 고대인들의 사례를 다수 소개하고 있는데, 그 중 고대 로마에서 대중 연설로 유명했던 퀸투스 호르텐시우스Quintus Hortensius의 딸의 언변 능력을 칭송하는 대목에서 퀸틸리아누스의 이름을 언급하고 있다.

> 일례로 퀸투스 호르텐시우스의 딸은 아버지의 웅변 솜씨를 그대로 물려받아 그녀가 세 명의 집정관 앞에서 행한 연설 중 하나는 고대에 그대로 전해졌다고 한다. 퀸틸리아누스에 따르면, 그것은 성별의 문제를 떠나 연설의 뛰어남에 기인하는 것이었다(Ibid.: 320).

한편 위의 인용문의 자료가 되었던 퀸틸리아누스의 『웅변가교육론』에서의 구절을 살펴보면, 에라스무스는 퀸틸리아누스의 아래의 진술을 거의 글자 그대로 옮겨 놓고 있다. 차이가 있다면, 에라스무스가 '호르텐시아Hortensia'라는 이름 정도를 생략한 것이다.

퀸투스 호르텐시우스의 딸인 호르텐시아가 세 명의 집정관 앞에서 행했던 연설은 여전히 사람들의 입에 오르내리고 있다. 이는 [연설의 뛰어남 때문이지] 단순히 여성이라는 이유에서 그러했던 것은 아니었다(Quintilian, 1996: 23).

에라스무스가 유년기의 학습을 강조했던 것과 별개로, 그 시대의 부모들은 헤시오도스Hesiodos의 권위를 빙자해 아이가 7살이 될 때까지 학습에 참여해서는 안 된다고 주장했다. 에라스무스의 설명에 따르면, 이러한 주장은 헤시오도스로부터 비롯된 것도 아니었고, 설령 다른 권위 있는 사람의 주장이었다 하더라도 지혜롭지 못한 것이었다. 흥미로운 점은 우리가 에라스무스의 이러한 설명을 퀸틸리아누스의 『웅변가 교육론』에서도 목격할 수 있어서 에라스무스의 자료가 퀸틸리아누스였다고 추측할 수 있다는 것이다. 이어지는 두 개의 인용문을 서로 비교해 보았을 때 우리의 이러한 가정은 더욱 분명해진다. 먼저 에라스무스의 말을 들어보자.

학식 있는 사람들은 아이들이 7살이 되기 전에 학습을 해서는 안 된다는 주장에 반대한다. 헤시오도스가 이러한 주장의 원조로 일컬어진다. 그러나 문법학자 아리스토파네스Aristophanes는 이러한 주장을 담고 있는 교훈집을 헤시오도스의 저작으로 보지 않았다. […] 그 교훈집이 헤시오도스의 저작인지에 대한 논의는 여기서는 부적절한 주제이다. 다만 헤시오도스의 권위를 빌려 다른 사람의 보다 훌륭한 충고를 무시해서는 안 된다. 사실 위와 같은 주장을 하는 사람들조차 아이들이 배움과 전적으로 담을 쌓아야 한다고 생각하는 것 같지는 않다(Erasmus, 1985: 319).

다음은 퀸틸리아누스의 말이다. 헤시오도스의 문제의 저작이 무엇이 었는지를 구체적으로 적시하는 것 말고는 위의 에라스무스의 진술과 크게 차이가 없다.

> 몇몇 사람들은 아이들이 배움에 적합한 가장 이른 시간대인 7살이 될 때까지 공부를 가르쳐서는 안 된다고 주장한다. 이들 대부분은 이러한 주장이 헤시오도스로부터 비롯되었다고 생각한다. 그러나 문법학자 아리스토파네스가 처음으로 위의 주장이 담겨 있는 '히포테케'를 헤시오도스의 저작으로 보지 않았다. 물론 에라토스테네스Eratosthenes와 같은 다른 권위 있는 사람들이 동일한 주장을 반복했지만, 아이의 마음을 잠시도 휴경지로 남겨두어서는 안 된다고 주장했던 사람들이 더 지혜로웠음은 분명하다(Quintilian, 1996: 27.)

이렇게 해서 아이의 학습을 7살이 될 때까지 미루는 교육적 관습이 고대의 권위에 따른 것도, 또 그 자체로 지혜로운 것도 아니라는 일반적인 결론에 도달한 다음, 에라스무스는 유년기의 학습에 반하는 동시대 부모들의 주장들을 하나씩 반박해 나가면서, 보웬(Bowen, 1975: 349)의 표현을 빌면 "일찍 시작하고 미성숙을 배려하며 어린 아이의 본성을 고려하라"고 충고했다. 이 과정에서 우리는 에라스무스와 퀸틸리아누스 간의 교육 사상적 친화성을 확인할 수 있고, 그에 비례해 에라스무스의 자료로서의 퀸틸리아누스의 가능성도 높아짐을 목격할 수 있다.

우선 에라스무스는 어린 나이에 아이가 배운 것을 제대로 이해할 수 없다는 동시대 부모들의 주장을 반박했다. 에라스무스가 보기에 유년기의 학습은 주로 언어를 배우는 것이고, 이러한 언어 공부에는 오히려 어린 시절만큼 좋은 때도 없었다. 에라스무스(Erasmus, 1985, 320)는 "언어 학습이 기억 능력과 모방 능력이라는 두 개의 정신 능력에 의존한다"는 점을 들어 아이가 아직 어렸을 때, 그래서 그의 기억력이 좋고 주변에서 듣고 보는 것을 따라하려는 모방의 의지가 왕성할 때, 언어 학습이 가장 성공적일 수 있다고 주장했다. 그런데 이와 같은 주장은 퀸틸리아누스의 『웅변가교육론』에서도 찾아지고 있고, 우리는 다시 에라스무스와 퀸틸리아누스 간의 교육적 만남을 상정할 수 있다. 퀸틸리아누스는 아이가 7살이 되기 전까지 공부를 시켜서는 안 된다는 동시대 부모들의 안이한 교육관에 반대하였다. 그는 어린 아이일수록 기억력이 좋고, 특히 아이의 모방 능력 그 자체가 학습의 가능성을 말해주는 척도라고 주장하면서 유년기에 교육의 기초를 확고히 다져야 한다고 믿었다 (Quintilian, 1996: 55; Curtis & Boultwood, 1963: 58).

이어 에라스무스는 어린 아이가 학습의 노고를 견딜만한 힘이 부족하다는 동시대 부모들의 주장을 반박했다. 에라스무스(Erasmus, 1985: 341)는 주변의 아이들처럼 온종일 쉼 없이 뛰어다녀야 한다면 "위대한 밀로Milo도 곧 지치고 말 것"이라고 말하면서 우리가 아이의 힘을 과소평가해서는 안 된다고 주장했다. 이 문제에 있어서도 에라스무스는 퀸틸리아누스와 견해를 같이 하고 있다. 퀸틸리아누스(Quintilian, 1996: 195)에 따르면, 공부가 아이의 심신을 지치게 만들 것이라고 우려할 필요가 없는데 "유년기만큼 피곤을 모르는 나이도 없[기 때문이]다." 이와 관련해 퀸틸리아누스(Ibid.: 195, 197)는 유년기에는 학습의 가소성이 높아 아이가 모든 것을 쉽게 배우고 그만큼 피로감을 느끼지 않는다고 주장했던 반면, 에라스무스(Erasmus, 1985: 341)는 유년기에는 공부와 놀이의 경계가 불분명하여 아이가 공부를 놀이로 간주하면서 그의 지칠 줄 모르는 삶의 에너지를 학습으로 전이시킬 수 있다고 주장했다. 결국 퀸틸리아누스와 에라스무스는 아이의 학습을 가능한 일찍부터 시작할 것을 충고함에 이견이 없었고, 그들의 눈에 아이는 어려서도 공부의 수고를 감내할 수 있을 만큼 충분히 활력 있는 존재였다.

마지막으로 에라스무스는 어린 아이가 공부로부터 얻을 수 있는 이득이 적다는 동시대 부모들의 주장을 반박했다. 비록 에라스무스는 유년기의 학습 성과가 특히 양적인 측면에서 제한적임을 알고 있었지만,[5] 그럼에도 불구하고 그는 아이가 어려서 공부로부터 얻는 이익에 비해 수고와 비용이 너무 많이 들어간다는 의견에는 동의하지 않았다. 에라스무스가 보기에 유년기의 학습은 그로부터 얻는 소득이 보잘 것 없고 사소한 것에 불과하더라도 결코 과소평가해서는 안 되는 것이었다. 에라스무스는 그 이유를 다음과 같이 설명하고 있다.

> 유년기의 학습으로부터 얻는 소득이 아무리 적다 하더라도 그것을 철저하게 자기 것으로 이해했던 아이는 훗날 기꺼이 보다 높은 학습 단계로 나아갈 수 있게 된다. 그렇지 않았다면, 아이는 단지 학습의 초보적인 단계에 머물러 있어야 했다. 퀸틸리아누스의 말처럼, 한 해 두 해 쌓인 지식이 결국에는 거대한 산을 이루고, 아동기에 벌어둔 시간은 청소년기에 커다란 이득이 되는 것이다(Erasmus, 1985: 342).

위의 인용문에서 우리는 자연스럽게 퀸틸리아누스의 이름에 주목하게 되고, 그로부터 에라스무스가 퀸틸리아누스의 『웅변가교육론』의 다음의 구절을 참조했었을 것이라고 가정할 수 있다.

> [아이가] 7살이 되기 전에 얻게 되는 이익이 얼마 되지 않는다고

---

5 에라스무스는 퀸틸리아누스의 입을 빌려 유년기의 학습량이 얼마 되지 않는다는 점을 인정하고 있다. "퀸틸리아누스도 부정하지 않았던 것처럼, 아이가 나중에 어느 정도 자라서 1년 동안 학습한 내용이 아이가 태어나서 처음 3-4년 동안 학습한 내용보다 양적으로 더 많다는 것은 사실일 것이다"(Erasmus, 1985: 342). 이 인용문에서 에라스무스가 '퀸틸리아누스도 부정하지 않았다'고 말했던 것은 『웅변가교육론』에 다음과 같은 구절이 있기 때문이다. "나는 지금 말하고 있는 유년기 전체 동안 아이가 얻을 수 있는 학습의 총량이 그가 나중에 단 1년 동안 획득할 수 있는 학습의 총량에도 거의 미치지 못한다는 사실을 잘 알고 있다"(Quintilian, 1996: 27, 29).

해서 그것을 폄하해서는 안 된다. 비록 유년기에 얻는 지식은 적고 보잘 것 없지만, 아이는 장차 그렇지 않았다면 초보적인 학습에 매달려 있어야 할 때 보다 고등 지식을 학습할 수 있게 될 것이다. 어려서부터 해를 거듭하면서 배워나간다면, 학습의 총량은 늘어날 것이고, 그렇게 아동기에 벌어둔 시간은 청소년기에 이로움을 줄 것이 분명하다(Quintilian, 1996: 29).

이상에서 우리는 유년기 학습의 가능성과 이점을 주장하는 에라스무스와 퀸틸리아누스의 논의가 상당 부분 서로 중첩되고 있음을 확인할 수 있었다. 에라스무스는 때로는 퀸틸리아누스의 이름을 직접 언급하면서, 또 때로는 출처 표시를 생략한 채 퀸틸리아누스와 동일하거나 유사한 논의를 전개하면서 그의 자료로서 퀸틸리아누스의 『웅변가교육론』을 직간접적으로 참조했던 것으로 보인다. 다음 절에서는 에라스무스가 『아동교육론』에서 강조하고 있는 다른 하나의 논점, 즉 아이를 체벌과 같은 강압적인 방법이 아닌 유년기의 특성을 고려한 온화하고 즐거운 방법을 통해 교육해야 한다는 주장이 퀸틸리아누스의 『웅변가교육론』에 어느 정도 빚을 지고 있는지를 살펴보면서 이들 간의 교육적 만남에 대한 논의를 이어가고자 한다.

Ⅲ 교육 방법에 대한 제언

에라스무스는 최소한 방법적인 측면에서 동시대를 앞서 있었다. 커티스와 보울트우드(Curtis & Boultwood, 1963: 127)의 지적대로, 에라스무스는 특히 "주변에서 성행하던 혹독한 교육 행위의 종식을 선언하면서 교육의 지향점에 대한 커다란 공헌"을 하였다. 에라스무스는 한편으로는 그 자신의 경험에 바탕을 두고,[6] 다른 한편으로는 퀸틸리아누스의 교육적 권위에 의존해 아이의 체벌에 반대하는 논의를 전개했다. 지금의 주제와 관련해 눈여겨 볼 점은 에라스무스가 퀸틸리아누스의 입을 빌려 아이를 매질하는 그 시대의 교육적 관습을 비판했다는 것이다. 퀸틸리아누스(Quintilian, 1996: 59, 61)에 따르면, 체벌은 아이에게 모멸감을 주고, 공부를 하려고 하지 않는 아이에게는 효과가 없으며, 교사가 유능하다면 불필요한 교육 방법이다.[7] 에라스무스는 퀸틸리아누스의 이러한 체벌관을 그대로 수용하고 있는데(이영준/강기수, 2003: 85), 특히 매질 그 자체가 수치스러운 행위라는 점을 부각시키는 장면에서 퀸틸리아누스의 이름을 직접 언급하고 있다.

> 우리는 체벌이 어디까지나 인간적이고 제한적인 것이어야 함을 명심해야 한다. 사람들 앞에서 매질을 위해 아이의 옷을 벗기는 행위는 그 자체로 자유민에게는 치욕을 주는 것이다. 퀸틸리아누스는 교육의 일반 원칙으로서 자유민의 아이를 매질하는 오래된 관습에 반대했다(Erasmus, 1985: 333).

위의 인용문에 나타난 퀸틸리아누스의 출처와 관련해 우리는 에라스무스가 퀸틸리아누스의 『웅변가교육론』의 다음의 구절에 주목했다고 추측할 수 있다. 위에서 에라스무스는 매질이 자유민에게 치욕을 주는 방법이라고 말하고 있는데, 이는 매질이 노예에게나 적합한 수치스러운

---

6 에라스무스는 『아동교육론』에서 그 자신도 학교에서의 혹독한 체벌의 피해자였음을 밝혔다(Erasmus, 1985: 326 참조). 우드워드(Woodward, 1904: 2-3)의 설명에 따르면, 에라스무스의 이러한 자전적 독백은 그가 9살 무렵부터 다녔던 데벤터의 성 레부인 부속학교에서의 부정적인 경험을 반영하는 것이었다.

7 퀸틸리아누스는 체벌의 비교육성을 비판했던 것인데, 그의 이러한 주장은 체벌을 교육적으로 묵인 또는 장려했던 서양 고대의 교육적 관행에 비추어 보았을 때 "특이한 것"에 해당했다(김덕수, 2012: 25). 실제로 안희돈(2010: 219)의 관찰대로 "서양 고대 교육에서 체벌은 고대 세계가 종말을 고할 때까지 교육적으로 필요한 것"으로서 광범위한 지역에서 널리 행하여졌다.

방법이라는 퀸틸리아누스의 아래에서의 주장을 동의반복 식으로 표현한 것에 불과하기 때문이다.

> 비록 아이를 때리는 일이 일반적인 관습으로 여겨지고 있고, 크리시푸스의 묵인을 받고 있지만, 나는 매질에 반대한다. 왜냐하면 매질은 무엇보다도 수치스러운 형태의 처벌로서 노예들에게 적합한 것이기 때문이다. 그리고 매질을 당하는 아이의 경우 나중에 치욕을 당했다고 생각할 수 있기 때문이다(Quintilian, 1996: 59, 61).

이렇게 해서 자유민의 아이를 체벌을 통해 교육을 해서는 안 된다는 결론에 도달한 다음, 에라스무스는 먼저 칭찬이나 부끄러움과 같은 "심리적인 원리"에 의존하는 훈육 방식을 제안했다(Woodward, 1904: 98-99; 김성훈, 2009: 56). 에라스무스에 따르면, 아이에게는 칭찬을 받으려는 욕구와 불명예를 부끄러워하는 마음이 공존해 있다. 에라스무스(Erasmus, 1985: 340)는 칭찬을 "모든 성취의 어머니"로, 또 부끄러움을 "정당한 비판에의 두려움"으로 간주하면서 아이의 마음속에 있는 경쟁의 동인을 적절히 활용한다면, 회초리라는 징벌 막대기를 사용하지 않고도 아이의 타고난 능력을 발현시켜 나갈 수 있다고 주장했다. 그런데 에라스무스의 이러한 주장은 이미 퀸틸리아누스의 『웅변가교육론』에서 맹아를 엿볼 수 있다. 보너(Bonner, 1977: 106)가 잘 지적했듯이, 퀸틸리아누스는 경쟁의 교육적 가치를 전적으로 확신하고 있었는데, 아마도 오랜 교사 경험으로부터 아이들 간의 경쟁이 교사의 간곡한 훈계나 부모의 애원섞인 바람보다 훨씬 강력한 동인이라는 사실을 체득했던 것 같다. 따라서 퀸틸리아누스(Quintilian, 1996: 31, 51)는 앞으로 웅변가로 성장할 아이의 마음속에 내재해 있는 시기심이나 활동심을 경쟁적으로 고취시켰을 때, 그래서 아이가 학습의 과정에서 남들보다 뛰어나면 칭찬의 영예를 경험하고 남들보다 뒤떨어지면 불명예의 두려움을 감수해야 할 때, 아이의 학습 의욕이 고취될 수 있고, 그만큼 학습 효과가 높아질 수 있다고 주장했다. 퀸틸리아누스가 미래의 웅변가 재목으로 다음과 같은 아이를 선호했던 이유이다.

> 나에게 칭찬에 고무되고, 성공에 기뻐하며, 실패를 슬퍼할 줄
> 아는 아이를 달라. 그러한 아이는 성공에 대한 야심찬 마음이 있어
> 공부에 매진할 것이다. 그는 또한 불명예에 입술을 깨물고 노력할
> 것이고, 명예로움에 자극되어 공부에 박차를 가할 것이다(Ibid.): 57.

계속해서 에라스무스는 유년기의 한계를 고려하는 학습 방법을 제안했다. 에라스무스가 보기에 당시 학교는 아이를 마치 어른 다루듯 하면서 아이의 능력은 염두에 두지 않은 채 과도한 학습을 강요하고, 또 과도한 체벌을 강제하고 있었다. 자연스러운 결과는 에라스무스(Erasmus, 1985: 325) 자신의 증언대로 "오늘날 학교는 고문의 장소가 되어가고 있다"는 것이었다. 에라스무스는 교실에서 들려오는 회초리 소리, 아이의 울부짖는 소리, 교사의 야만적인 고함 소리를 예방하기 위하여 아이의 눈높이에 맞게 학습의 양과 속도를 조절해야 한다고 주장했다. 이와 관련해 에라스무스는 구체적인 비유를 곁들여 논의를 전개하고 있는데, 그 과정에서 퀸틸리아누스의 『웅변가교육론』에서의 비유와 중첩되는 부분들이 찾아지고 있다. 우선 에라스무스와 퀸틸리아누스는 유년기의 학습을 입구가 좁은 용기에 물을 채우는 방법에 비유하면서 '아이'라는 입구가 좁은 물병에 '학습'이라는 물을 조금씩 천천히 부어넣을 것을 주문하고 있다. 에라스무스의 말부터 들어보자.

> 입구가 좁은 물병에 물을 담으려 할 때 […] 우리가 너무 많은
> 양의 물을 그것도 한 번에 물병 안으로 집어넣으려 한다면, 물병은
> 곧 넘치고 말 것이다. 한편 우리가 적당량의 물을 조금씩 천천히

채우려고 한다면, 물병은 이내 채워질 것이다. 물을 담는 속도는 느리겠지만, 물병은 틀림없이 채워질 것이다(Ibid.: 335).

이번에는 에라스무스가 참조했던 것으로 보이는 퀸틸리아누스의 『웅변가교육론』에서의 구절을 살펴보자.

입구가 좁은 물병에는 많은 양의 물을 한 번에 모두 담을 수 없다. 그러나 적당한 양의 물을 적당한 속도로 집어넣으려 한다면, 또 한 방울씩 점진적으로 부어넣으려 한다면, 물병은 쉽게 채워질 수 있을 것이다(Quintilian, 1996: 53).

위의 두 개의 인용문을 서로 비교해 보았을 때, 우리는 에라스무스의 자료가 퀸틸리아누스였음을 쉽게 어림잡을 수 있다. 에라스무스가 퀸틸리아누스의 오래된 비유를 통해 말하고 싶었던 것은 아이의 입장에서 교육의 과정을 바라보면서 아이의 수준에 맞는 학습이 이루어져야 한다는 것이었다(Curtis & Boultwood, 1963: 127; Laurie, 1970). 퀸틸리아누스의 권고대로 우리는 아이의 마음이 수용할 수 있는 학습의 양을 고려해야 하는데, 아직 미발달 상태인 아이는 한 번에 너무 많은 양은 소화할 수 없기 때문이다. 또, 에라스무스의 지적대로 우리는 하나씩 천천히 쌓아가는 학습 과정에 피곤함이 따르지 않는다는 사실에 주목해야 하는데, 이 대목에서 에라스무스는 고대의 한 운동선수 이야기를 통해 피곤함을 동반하지 않는, 그러나 시간이 지남에 따라 뚜렷한 성과가 나타나는 하나의 학습 방법을 암시하고 있다.

우리는 어린 송아지를 하루도 거르지 않고 날마다 일정 거리 이상을 업고 뛰었던 운동선수의 이야기를 듣는다. 그는 어린 송아지가 다 자란 큰 황소가 되었을 때조차 그의 관절을 상하게 하는 것 없이 이 일을 계속했다고 한다. 그것은 그가 매일 들고 뛰는

무게의 양을 감지도 되지 않을 정도로 아주 조금씩 적은 양 계속해
서 늘렸기 때문에 가능했다(Erasmus, 1985: 335).

위에서 에라스무스가 언급하고 있는 문제의 운동선수는 밀로였고,
그 이야기의 출처는 퀸틸리아누스의 『웅변가교육론』이었다. 여기서 퀸
틸리아누스의 주된 관심이 밀로의 일화를 빗대 도덕적 에세이를 저술하
는 하나의 방식을 소개하는 데 있었다면, 에라스무스는 동일한 이야기
를 특정 학습 방식을 옹호하는 데 사용했던 것으로 보인다. 그러나 이러
한 논점의 차이에도 불구하고 에라스무스의 위의 진술이 퀸틸리아누스
의 아래의 진술에 바탕을 두고 있었음은 자명해 보인다.

> 날마다 송아지 한 마리를 업고 뛰는 일을 습관처럼 행했던 밀로
> 는 나중에 가서는 그 어린 송아지가 다 자란 큰 황소가 되었을
> 때조차 그 황소를 짊어지고 뛸 수 있었다(Quintilian, 1996: 159).

마지막으로 에라스무스는 놀이의 방법을 통해 아이를 교육할 것을
제안했다. 앞 장에서도 잠시 언급했듯이, 에라스무스(Erasmus, 1985:
341)는 "유년기와 놀이가 서로 불가분의 관계에 있다"고 생각했다. 에
라스무스는 가르치는 일에 놀이의 외양을 제공하여 아이가 학습의 과정
을 놀이의 과정으로 인식할 때, 비로소 학습이 가능하다고 보았다.[8]
예컨대 아이에게 알파벳을 가르친다고 생각해 보자. 에라스무스는 공부
를 놀이의 일부로 만들기 위해 고대 교사들이 사용했던 많은 재치 있는
방법들을 소개하고 있다. 그 중에는 "아이가 문자 모양으로 깎은 상아를

---

8 아래 인용문에도 나와 있듯이, 퀸틸리아누스 역시 아이의 공부를 놀이의 형태로
  진행할 것을 주장했다. 어린 아이의 경우에는 다른 무엇보다도 공부를 싫어하지
  않는 마음을 갖는 것이 중요하기 때문이다(Quintilian, 1996: 29).

장난감으로 가지고 놀면서 글자를 익혀야 한다"(Ibid.: 339)는 충고도 있었는데, 그 동일한 내용이 퀸틸리아누스의 『웅변가교육론』에서도 찾아지고 있어서 에라스무스의 자료가 퀸틸리아누스였다는 가정에 힘을 실어주고 있다.

> 나는 아이들에게 문자 모양의 상아를 주어 가지고 놀게 함으로써 그들의 학습 의욕을 고취시키는 방법에 찬성한다. 그밖에도 나는 어린 아이들이 보고, 만지고, 호명하면서 즐거워할 수 있는 것은 무엇이든지 학습에 활용해야 한다고 생각한다(Quintilian, 1996: 33).

지금까지의 논의를 종합해 보면, 에라스무스는 체벌로 대표되는 그 시대의 혹독한 훈육 방식을 비판하면서 아이의 심리적 특성과 능력상의 한계를 고려하는 온화한 교육 방법을 제안했다. 또, 놀이를 수반하는 학습이 아이의 마음을 배움에 더 가깝게 한다는 생각에서 아이가 공부를 놀이의 일부로 볼 수 있는 학습 방법을 제안했다. 학습의 과정에서 "고역의 흔적을 제거하라"는 에라스무스(Erasmus, 1985: 339)의 이러한 권고는 이미 오래 전 퀸틸리아누스가 『웅변가교육론』에서 제안했던 것이기도 하며, 이번 절에서의 논의를 통해 우리는 에라스무스가 퀸틸리아누스의 저작을 직간접적으로 참조하면서 그의 교육 방법에 대한 논의를 전개했음을 확인할 수 있었다.

Ⓥ 교육과정의 문제

앞의 두 절에서 우리가 왜why 유년기부터 학습이 이루어져야 하고, 또 어떻게how 아이를 교육해야 하는지의 문제를 다루었다면, 이번 절에서는 무엇what을 아이에게 가르쳐야 하는지의 문제를 살펴본다. 이하에서도 논의의 초점은 에라스무스의 교육적 사고에 나타난 퀸틸리아누스의 흔적에 맞추어진다.

에라스무스는 당대 최고의 인문주의자 중 한 명이었다. 우리가 인문주의를 고대의 언어와 문학으로 폭넓게 정의한다면, 에라스무스는 『아동교육론』에서 인문주의 교육과정을 처방했던 것으로 볼 수 있다(김성훈, 2009: 55).[9] 우선 에라스무스는 고전어 학습을 강조했다. 에라스무스는 국적과 언어가 없는 '세계주의자'로서 당시 지식인 사회에서 국제어로 통용되고 있었던 라틴어와 문예부흥 이후 지혜의 언어로 새롭게 각광받고 있었던 그리스어를 모국어보다 중시했다(Caspari, 1968: 145; 김성훈, 2005: 45). 에라스무스는 아이의 학습을 고전어로부터 시작해야 한다는 입장이었는데, 모국어의 경우에는 특별한 훈련이나 연습 없이도 습득이 가능하다는 이유에서였다.

> 우리는 아이들이 모국어를 배우지 못할 것이라는 걱정은 할 필요가 없다. 왜냐하면 아이들은 사람들과의 일상적인 교제를 통해 모국어를 자신들의 의지와 관계없이 자연스럽게 배울 것이기 때문이다(Erasmus, 1985: 323).

한편 퀸틸리아누스의 『웅변가교육론』에는 에라스무스의 위의 진술과 유사한 진술이 찾아지고 있다. 다만 퀸틸리아누스에게는 모국어가 라틴어였으므로 그는 아이의 학습을 다른 하나의 고전어, 즉 그리스어로부터 시작할 것을 충고했다.[10]

---

9 에라스무스의 관심은 교육을 통해 유럽 사회 전체를 "하나의 공통 문화"로 묶는데 있었고, 이를 위해 그는 아이의 교육과정을 당시 새롭게 부상하고 있었던 "민족적 요소들"을 배제한 채 "보편적 문화," 즉 고대의 언어와 문학으로 구성하고자 하였다(Boyd, 1928: 183; Woodward, 1904: 84).

10 조금 다른 맥락이지만, 에라스무스(Erasmus, 1985: 339)도 그리스어 학습을 라틴

나는 아이의 학습을 그리스어로부터 시작해야 한다고 생각한다. 왜냐하면 아이는 라틴어를 일상생활을 통해 우리의 의지와 상관없이 배울 수 있기 때문이다. 그뿐만 아니라 그리스어가 장차 라틴어 공부에 도움을 줄 수 있다는 이유에서 아이는 그리스어를 먼저 배워야 한다(Quintilian, 1996: 25).

다음으로 에라스무스는 아이에게 적합한 학습으로 고대 문학을 꼽았다. 에라스무스는 고전을 통한 덕성의 계발을 염두에 둔 채 아이에게 고대 작가들의 도덕적 작품들, 예를 들어 이솝Aisopos의 우화, 오디세우스Odysseus의 이야기, 고대의 전원시와 희극 등을 선별하여 가르칠 것을 주장했다(이영준/강기수, 2003: 88; Erasmus, 1985: 336). 이때 에라스무스가 학습 내용을 선정하기 위하여 제시했던 '도덕성'이라는 잣대는 퀸틸리아누스의 『웅변가교육론』에서도 지켜지고 있어서 우리의 관심을 끈다(박영희, 2013: 93). 엄밀하게 말하면, 퀸틸리아누스의 교육과정 기준을 에라스무스가 따랐다고 보아야 할 것이다(Woodward, 1904: 111). 주지하다시피 퀸틸리아누스의 주된 목적은 이상적인 웅변가를 길러내는 것이었다. 그런데 퀸틸리아누스가 생각하는 이상적인 웅변가는 도덕적 품성과 말하는 기술을 겸비한, 그래서 일찍이 카토Cato가 '선량하면서 말을 잘하는 사람'이라고 불렀던 사람이었다(Rusk, 1954: 39; Boyd, 1928: 75).[11] 따라서 퀸틸리아누스는 장차 웅변가로 성장할 아이

어 학습보다 우선시했다. 라우머(Raumer, 1897: 120, 104)의 관찰대로 "태어난 집도, 봉사할 조국도, 섬길 교회도 없었던" 에라스무스에게 국경을 초월한 지식인의 언어였던 라틴어는 모국어나 마찬가지였다. 따라서 에라스무스는 주변에서 쉽게 접할 수 있었던 라틴어보다는 '온전한' 외국어였던 그리스어로부터 학습을 시작할 것을 충고했다. 에라스무스의 이러한 생각에는 우드워드(Woodward, 1904: 136)가 잘 지적한 것처럼, 그리스 문학이 지혜의 보고라는 학문적 판단과 그리스어 지식이 라틴어 학습에 필수불가결한 요소라는 교육적 이유도 어느 정도 작용했던 것으로 보인다.

에게 말하는 기술보다 먼저 도덕적인 가르침을 주고자 했고, 이를 위해 아이의 도덕적 훈련을 위한 일련의 독서 계획을 수립했다.

> 오늘날 성행하는 훌륭한 관습대로 호메로스Homeros와 베르길리우스Vergilius를 읽으면서 시작해야 한다. 이들 작품들을 이해하기 위해서는 아이의 지력이 더 발달해야 한다. 그러나 아직 시간이 많고 아이는 여러 번 반복해 읽을 것이기에 영웅들의 숭고함을 통해 자신의 마음을 고양시킬 수 있다. 또한 비극을 읽는 것이 유익하다. 서정 시인들은 아이의 마음을 풍요롭게 만들어 주지만, 저자와 문구를 선택할 때 매우 주의해야 한다. 왜냐하면 그리스의 서정시인들 중에는 부도덕한 인물들이 있고, 심지어 호라티우스Horatius의 작품들에서도 아이들이 읽기에는 부적합한 방종함이 목격될 수 있기 때문이다. 특히 성적性的으로 문란한 애가는 가능한 교실에서 금해야 한다. 희극의 경우에는 아이가 각양각색의 인물과 감정을 접하게 되므로 도덕적으로 해가 되지 않는 선에서 독서목록에 포함시켜야 한다(Quintilian, 1996: 149).

퀸틸리아누스의 이러한 독서목록에는 고대 철학자들의 윤리서가 포함되어 있지 않다. 훗날 에라스무스(Erasmus, 1985: 318)가 잘 설명해주고 있는 것처럼, 아이는 아직 키케로Cicero, 아리스토텔레스Aristoteles, 세네카Seneca, 플루타르코스Plutarchos의 도덕집을 읽을 지적인 준비가 되어 있지 않기 때문이다. 뒤집어 말하면, 어린 아이의 경우에는 문학적인

---

11 이런 관점에서, 퀸틸리아누스의 『웅변가교육론』은 "단순한 수사학 교본이나 문학 비평서가 아니라 하나의 교육이론서 혹은 하나의 교육사상서이기도 하다"는 안희돈(2005: 221-222)의 평가는 적절하다. 퀸틸리아누스가 『웅변가교육론』에서 제시한 완벽한 웅변가 개념, 즉 '선량하면서 말을 잘하는 사람'은 그 시대의 지식인의 전형이자 교육받은 사람의 이상에 해당했기 때문이다(박영희, 2013: 80).

이야기의 형식을 빌려 도덕적 교훈을 전달하는 것이 철학적인 설교나 훈계의 방식보다 더 적합한 학습 형태라는 것이다. 이런 관점에서 에라스무스는 아이의 교육과정을 쉽고 재미있는 그러면서도 도덕적인 고대 작가들의 우화와 이야기, 또 교훈적인 짧은 속담이나 경구 등으로 채우고자 하였고, 이로부터 우리는 퀸틸리아누스와 에라스무스의 교육과정 사고에서 '고대 문학의 도덕적 효용성'이라는 공통분모를 도출할 수 있다.

이렇게 에라스무스는 고대 작가들의 교훈적 작품들을 통해 아이에게 도덕적 삶을 '공식적'으로 가르치고자 했다. 그러나 에라스무스는 또한 오늘날 우리가 잠재적潛在的 교육과정이라 부르는 '비공식적' 학습 결과에도 관심을 가졌다.[12] 우드워드(Woodward, 1906: 125-126)의 지적대로 에라스무스는 아이의 덕성을 책을 통해서 뿐만 아니라 일상생활의 본보기를 통해서도 기를 수 있다고 믿었기 때문이다. 에라스무스(Erasmus, 1985: 321)에 따르면, 아이는 태어나자마자 주변의 모든 것을 부지불식간에 흡수하는데, 이때 아이는 특히 선한 것보다는 악한 것에 마음이 더 끌려서 도덕적으로 옳지 못한 것을 쉽게 받아들이는 경향이 있다. 그 결과 아이는 나중에 잘못을 바로 잡아야 할 나쁜 습관을 형성하게 된다. 에라스무스는 그의 이러한 주장을 퀸틸리아누스의 『웅변가교육론』에 나오는 비유와 이야기를 통해 설명하고 있고, 따라서 우리는 이들 간의 교육적 만남을 유추해 볼 수 있다. 예를 들어 에라스무스(Ibid.: 308)는 "퀸틸리아누스의 표현"이라고 말하면서 "어린 아이들이 알렉산드리아

---

12 잠재적 교육과정은 의도하지 않은 학습 결과를 총칭한다(Kridel, 2010: 439). 퀸틸리아누스와 에라스무스는 유년기의 잠재적 교육과정, 즉 의도한 바 없는데 가지게 되는 학습 경험에 주목하면서 아이가 어려서부터 정직하고, 믿을만한, 그러면서도 바른 언어를 사용하는 사람들과 함께 생활하는 일이 무엇보다 중요함을 강조했다.

의 창녀들에게서도 찾아보기 힘든 저속한 언어 사용에 방치되어 있다"라는 사실을 지적하고,[13] 그러한 좋지 못한 학습 환경에서 아이들은 자신들도 모르는 사이에 잘못된 언어 습관을 형성할 수 있음을 경계했다. 또, 에라스무스(Ibid.: 321)는 유년기 교사의 나쁜 영향이 성인이 되어서도 사라지지 않음을 강조하면서 알렉산드로스Alexandros의 이야기, 즉 "알렉산드로스의 성격적 결함은 그가 어렸을 때 가정교사였던 레오니다스Leonidas의 가르침을 받는 과정에서 은연중에 획득된 것이었고, 그러한 성격적 결함은 나중에 그가 제국의 통치자가 되었을 때도 결코 지울 수 없었다"는 이야기를 들려주고 있는데, 그 같은 이야기가 『웅변가교육론』에도 담겨 있어서 우리는 에라스무스가 디오게네스Diogenes의 원 자료를 참조하지 않았음을 전제로 퀸틸리아누스의 아래의 구절을 참조했었을 것이라고 추측할 수 있다.

> 바빌론의 디오게네스가 우리에게 전해주는 이야기에 따르면, 알렉산드로스의 교사였던 레오니다스는 그의 학생에게 모종의 성격적 결함을 옮겼고, 그러한 유년기의 잘못된 교육 결과는 그 학생이 나중에 어른이 되어 위대한 왕이 되었을 때조차 그에게서 사라지지 않았다(Quintilian, 1996: 25).

그밖에도 에라스무스(Erasmus, 1985: 306)는 아이의 마음에 한 번 각인된 나쁜 인상은 오랫동안 지속된다는 점을 "새 액체는 새 병"에 넣고, "물감은 순백의 천"에 들여야 한다는 비유를 들어 설명하고 있는데, 이는 퀸틸리아누스(Quintilian, 1996: 21)가 『웅변가교육론』에서 "새

---

13 에라스무스가 참조했던 것으로 보이는 퀸틸리아누스의 『웅변가교육론』의 구절은 다음과 같다. "우리는 그들[아이들]이 심지어 알렉산드리아의 창녀조차 입에 담지 않을 말들을 내뱉었을 때 웃고 떠들면서 즐거워한다"(Quintilian, 1996: 43).

병에 처음 배었던 냄새가 오래 지나도 사라지지 않고, 하얀 천에 들였던 색이 나중에도 지워지지 않는다"고 설명하면서 초기 환경의 중요성을 강조했던 것과 다르지 않다. 결국 에라스무스는 유년기의 인상이 가장 오래가는 것이라는 명제로부터 출발하여 어린 아이의 경우에는 나쁜 습관을 들이지 않는 것을 좋은 습관을 가르치는 것보다 우선해야 하며, 이를 위해 아이가 어려서부터 '누구[유모]'의 젖을 먹고, '누구[교사]'의 가르침을 받으며, '누구[친구]'와 함께 노느냐가 중요하다고 주장했다 (Erasmus, 1985: 312-313, 315). 그런데 에라스무스의 이러한 주장은 퀸 틸리아누스의 『웅변가교육론』에서의 가르침과도 맥을 같이 하는 것이었다. 퀸틸리아누스(Quintilian, 1996: 21, 23; 박영희, 2013: 92-93) 역시 아이의 주위를 선한 품성에 바른말을 사용하는 유모, 교사, 친구들로 둘러쌈으로써 아이가 유년기를 보내면서 좋은 언행을 암묵적으로 배울 것을, 아니면 최소한 아이의 마음이 자신도 모르는 사이에 사악함으로 물들지 않도록 조심할 것을 충고했기 때문이다.

(V) 맺음말

오랫동안 잊혀져 있었던 퀸틸리아누스의 책, 『웅변가교육론』이 성 갈렌 수도원의 도서관에서 다시 발견돼 빛을 본 것이 1416년이었음을 고려해 본다면(Pfeiffer, 1999: 32), 그 이전에 활동했던 초기 이탈리아 인문주의자들과 퀸틸리아누스 간의 '온전한' 교육적 만남을 상정하는 데는 어려움이 뒤따른다.[14] 그러나 르네상스 운동이 알프스 이북 지역으

---

14 1416년 포지오 브라치올리니Poggio Bracciolini가 재발견한 퀸틸리아누스의 『웅변가교육론』은 1470년 로마에서 출간되었다(Lehmberg, 1960: 76). 우드워드(Woodward, 1906: 8)는 1470년을 전환점으로 "15세기에 이르러 퀸틸리아누스에 대한 완전한 이해가 가능해졌다"고 주장했다. 바꾸어 말하면, 포지오의 발견이

로 확산되기 시작했던 15세기 중엽 이후 퀸틸리아누스의『웅변가교육론』은 점차 인문주의자들 사이에서 회자되기 시작했고, 종국에는 르네상스 시대에 가장 권위 있는 고대의 교육 문헌 중 하나가 되었다.

이러한 역사적 맥락에서 나는 북유럽 최고의 인문주의자였던 에라스무스의 경우를 예로 들어, 그의 대표적인 교육 논고인『아동교육론』에 나타난 퀸틸리아누스의 흔적을 살펴봄으로써 르네상스 시대에 교육 분야에서도 고대 문학의 재re발견이 있었음을 상징적으로 드러내 보였다. 지금까지의 논의를 종합해 보았을 때, 우리는 최소한 다음의 세 가지 관점에서 에라스무스가 퀸틸리아누스의 오래 전 가르침을 재발견해 동시대인들에게 전달해 주고 있었다고 결론내릴 수 있다.

첫째, 에라스무스는 아이의 교육을 가능한 일찍 시작하라는 퀸틸리아누스의 가르침을 따르고 있다. 퀸틸리아누스는 유년기의 학습을 과소평가하면서 아이의 배움을 7살이 될 때까지 미루는 그 시대의 관습을 비판하고, 아이의 교육을 출생과 함께 바로 시작할 것을 주장했다. 에라스무스(Erasmus, 1985: 299)는 퀸틸리아누스의 이러한 권고에 따라 유년기에는 학습 능력과 체력이 모자라고 학습의 성과도 뚜렷하지 않다는 동시대 부모들의 주장을 뒤로 한 채 아이가 태어나자마자 "교육의 신선주"를 마셔야 한다고 주장했다.

둘째, 에라스무스는 퀸틸리아누스의 충고대로 아이의 교육에서 가능한 고역의 흔적을 제거하고자 노력했다. 퀸틸리아누스는 아이를 매질을 통해 교육해서는 안 된다고 주장하면서 체벌의 문제점을 다각도로 지적한 다음, 아이의 심리와 능력을 고려하고 놀이를 활용한 학습 방법을 대안으로 제안했다. 에라스무스(Ibid.: 326) 역시 "가르칠 것이 없는 교

있기 전인 14세기까지는 퀸틸리아누스의 저작을 여전히 훼손된 원고를 통해 부분적으로만 이해할 수 있었다는 말이다.

사일수록 학생에게 잔인한 법"이라는 전제 하에 당시 성행하던 체벌과 같은 강제적이고 강압적인 훈육 방식에서 탈피해 퀸틸리아누스와 마찬가지로 온화하고 점진적인 그러면서도 즐거운 학습 방법을 선호했다.

셋째, 에라스무스와 퀸틸리아누스의 교육과정 사고에서는 '도덕성'이라는 공통분모를 찾아볼 수 있다. 퀸틸리아누스는 아이에게 도덕적 가르침을 전해주는 고대 작가들의 작품들로 교육과정을 구성할 것을 주장했고, 에라스무스는 퀸틸리아누스의 제안을 수용해 아이의 독서목록에 고대의 교훈적인 우화와 이야기들을 포함시켰다. 퀸틸리아누스는 또한 아이가 주변 사람들로부터 은연중에 배우는 지적·도덕적 내용들에도 관심을 가졌는데, 이와 관련해 에라스무스(Ibid.: 315)는 "아이가 어려서부터 누구의 젖을 먹고 누구와 함께 노느냐가 차이를 만든다"고 말하면서 유년기의 학습 환경을 중시했다.

주지하다시피 에라스무스와 퀸틸리아누스 간의 이러한 교육적 만남은 르네상스 시대에 고대 교육 문헌의 재생이 있었음을 예증해주는 하나의 사례였다. 그러나 오늘날의 관점에서 보면, 당대 최고의 교육 저술가들이었던 퀸틸리아누스와 에라스무스가 시공을 뛰어넘어 한 목소리로 주장했던 내용들은 그 자체로 현대 교육에도 시사 하는 바가 있을 수 있다. 예컨대 최근 우리 사회에서 문제가 되었던 보육 기관에서의 아동 체벌은 이미 에라스무스가 퀸틸리아누스의 입을 빌려 그 교육적 유해성을 신랄하게 비판했던 사안이었고, 그가 대안으로 제시했던 유년기의 특성을 고려하는 학습 방법은 현대 심리학자들의 접근과 닮아 있는 근대적인 것이었다(Curtis Boultwood, 1963: 127). 또, 퀸틸리아누스와 에라스무스는 유년기의 교육 환경이 중요함을 주장하면서 아이가 주변 사람들의 말과 행동을 자신도 모르는 사이에 학습하게 된다는 점을 경계하고 있는데, 이는 잠재적 교육과정에 대한 오늘날의 논의를 상기시킨다. 그밖에도 퀸틸리아누스와 에라스무스가 아이에게 처방했던 인문주의 교육과정은 교과 선정의 기준으로서 인간성의 고양을 강조함으로써 우리가 시장의 유용성 논리에서 벗어나 인문 교과의 교육적 가치에 다시 주목하도록 한다.

이와 같이 우리는 에라스무스와 퀸틸리아누스 사이의 교육사상적 친화성을 확인하는 과정에서 현대 교육에 주는 몇 가지 함의를 도출할 수 있다. 그러나 이에 대한 구체적인 논의는 지금 이 글의 범위를 벗어나는 것으로서 다음의 연구 과제로 넘긴다. 다만, 이 글을 끝마치기 전에 유년기의 교육적 소홀함이 인간성의 상실로 이어질 수 있다는 에라스무스와 퀸틸리아누스의 교훈적 메시지를 다시 한 번 되새길 필요가 있는데, 이는 에라스무스와 퀸틸리아누스의 교육적 사고를 연결하는 핵심 논점인 동시에 오늘을 살아가는 우리에게 주는 가장 의미 있는 가르침의 하나로 볼 수 있기 때문이다. 이어지는 두 개의 인용문에서 퀸틸리아누스와 에라스무스는 동시대 부모들의 교육적 무관심으로 인한 아이들의 도덕적 타락을 서로 유사한 형태로 증언하고 있는데, 그들의 이러한 비판을 우리는 현재를 살아가는 반면교사로 삼아야 할 것이다. 우선 퀸틸리아누스의 말을 들어보자.

> 어려서부터 '자줏빛' 옷에 익숙한 아이가 장차 어른이 되어 무엇인들 바라지 않는 것이 있을까? 아이는 말은 못해도 붉은 색은 구분할 줄 알아서 최고급의 자줏빛 옷을 입으려 안달일 것이다. 우리는 아이의 말보다 미각을 먼저 훈련시킨다. 아이는 가마를 태워 오만하게 키우고, 그가 땅이라도 밟을 성 싶으면 주변에 하인들이 대기한다. 우리는 아이들의 버릇없는 언어 사용에 즐거워한다. [⋯] 우리는 놀랄 필요가 없는데, 이 모든 것이 우리가 아이에게 가르친 것이기 때문이다. [⋯] 밤마다 주연이 열려 아이는 음탕한 노래를 듣고, 타락한 광경을 지켜본다. 그렇게 습관이 형성되고, 습관은 다시 시간이 지남에 따라 제2의 본성이 된다(Quintilian, 1996: 43).

에라스무스의 『아동교육론』에서 찾아지는 퀸틸리아누스의 흔적 **479**

마지막으로, 에라스무스의 닮은 꼴 풍자를 들어보자.

아이는 글자를 깨치기도 전에 화려한 '자줏빛' 옷을 달라 부모를
닦달하고, 비싸고 맛있는 음식에 길들여져 평범한 먹거리는 거들떠
보지도 않는다. 아이의 오만함이 하루아침에 겸손함으로 바뀔 수
있겠는가? […] 아이들은 비속어를 입 밖에 냄으로써 어른들의 귀여
움을 독차지한다. 아이들의 삶 자체가 어른들에게는 노리개에 불과
한 셈이다. […] 사치와 욕정으로 가득 찬 주연을 어려서부터 계속
해서 목격했던 아이는 밤마다 계속되는 배우들, 연주자들, 무녀들의
방문을 기억하고 이러한 타락한 삶의 방식에 너무나도 익숙해져
있어서 그러한 좋지 못한 습관이 점차 자신의 제2의 본성으로 굳어
지게 된다(Erasmus, 1985: 308).

참고문헌

김덕수(2012). 「퀸틸리아누스의 교육사상의 역사적 의의-『연설가교육론(In-stitutio Oratoria)』 1권 1-3장을 중심으로」, 『지중해지역연구』, *14*(2), 1-31.

김성훈(2005). 「토마스 엘리어트, 튜더 잉글랜드의 교육 이론가: 에라스무스 식 인문주의 교육관을 넘어서」, 『영국연구』, *13*, 31-56.

김성훈(2009). 「에라스무스의 『아동교육론』에서 찾아지는 플루타르코스의 흔적」, 『교육철학』, *46*, 47-63.

박영희(2013). 「퀸틸리아누스의 『웅변가교육』에 나타난 '선한 사람'(Vir Bonus)의 의미」, 『교육철학연구』, *35*(4), 77-104.

안희돈(2005). 「퀸틸리아누스의 교육사상의 정치적 함의-이상적 연설가상을 중심으로」, 『역사교육』, *95*, 217-242.

안희돈(2010). 「고대 로마 교육에서 학생 체벌의 문제」, 『역사교육』, *115*, 199-221.

이영준/강기수(2003). 「에라스무스의 교육사상에 대한 교육본질론적 접근」, 『부산교육학연구』, *16*(1), 77-92.

Bonner, S.(1977). *Education in Ancient Rome: From the Elder Cato to the Younger Pliny*, London: Methuen.

Bowen, J.(1975). *A History of Western Education, Vol. 2*, London: Methuen.

Boyd, W.(1928). *The History of Western Education*, London: A. & C. Black.

Caspari, F.(1968). *Humanism and the Social Order in Tudor England*, New York: Teachers College Press.

Curtis, S. & Boultwood, M.(1963). *A Short History of Educational Ideas*, London: University Tutorial Press.

Erasmus, D.(1985). A Declamation on the Subject of Early Liberal Education for Children(B. Verstraete Trans.), *Collected Works of Erasmus, Vol. 26*(pp. 295-346), Toronto: University of Toronto Press.

Gwynn, A.(1926). *Roman Education From Cicero to Quintilian*, Oxford: At the Clarendon Press.

Kridel, C.(Ed.).(2010). *The Encyclopedia of Curriculum Studies, Vol. 1*, Thousand Oaks: SAGE Publications.

Laurie, S.(1970). *Historical Survey of Pre-Christian Education*, Michigan: Scholarly Press.

Lehmberg, S.(1960). *Sir Thomas Elyot Tudor Humanist*, Austin: University of Texas Press.

Marrou, H.(1956). *A History of Education in Antiquity*(G. Lamb Trans.), New York: Sheed and Ward.

Pfeiffer, R.(1999). *History of Classical Scholarship: From 1300 to 1850*, Oxford: Clarendon Press.

Quintilian, M.(1996). *Institutio Oratoria, Vol. 1*(H. Butler Tans.), Cambridge: Harvard University Press.

Raumer, K.(1897). *Geschichte der Pädagogik vom Wiederaufblühen Klassischer Studien bis auf unsere Zeit, Bd. 1*, Langensalza: Schulbuchhandlung.

Rummel, E.(1981). Structure and Argumentation in Erasmus' *De pueris instituendis, Renaissance and Reformation, Vol. 5*, 127-140.

Rusk, R.(1954). *The Doctrines of the Great Educators*, London: Macmillan.

Woodward, W.(1904). *Desiderius Erasmus concerning the Aim and Method of Education*, Cambridge: At the University Press.

Woodward, W.(1906). *Studies in Education during the Age of the Renaissance 1400-1600*, Cambridge: At the University Press.

Woodward, W.(1912). *Vittorino da Feltre and Other Humanist Educators: Essays and Versions*, Cambridge: At the University Press.

건강한 몸에 건강한 마음

"『교육에 관한 고찰』에 나타난 로크의 교육목적론 연구"

(『인문과학논총』, 34(2), 2015: 293-317)

『교육에 관한 고찰』에 나타난 로크의 교육목적론 연구

① 들어가며

1690년을 전후로 로크John Locke, 1632-1704는 그의 이름을 역사의 수레 바퀴에 새길 주요 저작들을 동시다발적으로 출간했다. 가장 먼저 눈에 띄는 것은 『인간오성론*An Essay concerning Human Understanding*』(1689)의 출 간이었다. 이 책에서 로크는 인간의 마음을 백지에 비유하고 경험을 인식의 제1원천으로서 간주함으로써 서양 지성사에서 '경험주의자'라 는 직함을 얻었다. 다음으로, 『정부론*Two Treatises of Government*』(1690)의 출간이 눈에 들어온다. 『정부론』은 17세기 영국의 부르주아 시민 혁명 의 이론적 성명서로서 로크를 절대 권력에 저항한 자유주의 정치 사상 가의 대열에 합류시켰다. 마지막으로 로크는 『교육에 관한 고찰*Some Thoughts concerning Education*』(1693)을 출간하면서 근대 영국의 주요 교육 사상가로서의 입지를 다졌다.

로크의 『교육에 관한 고찰』은 1693년에 출간되었다. 아무래도 앞의 두 저작의 성공에 따른 결과이겠지만, 이 책은 출간 이후 판을 거듭하는 인기를 누렸다(Bowen, 1981: p. 176). 유럽 대륙에서도 로크의 책은 일찍 부터 환대를 받았던 것 같다. 브라운(Brown, 1952: p. 153)의 관찰에 따르면, 『교육에 관한 고찰』은 출간과 동시에 네덜란드의 프랑스어 잡지에 영어 초판이 그대로 실렸고, 1695년에 프랑스어 판과 1697년에 네덜란드어 판이 나오는 것을 시작으로 18세기에 독일어 판이, 19세기에 이탈리아어 판이 각각 출간되었다. 이러한 문학적 성공으로 말미암아, 이후 로크는 최소한 교육 연구자들 사이에서 『인간오성론』이나 『정부론』의 저자라기보다는 『교육에 관한 고찰』을 남긴 17세기 영국을 대표하는 교육사상가로 알려졌다. 또, 로크는 서양 교육의 사상적 흐름을 되짚어 보았을 때 베이컨Bacon, 코메니우스Comenius, 밀턴Milton 등과 함께 근대 실학주의 사조의 중심적인 인물로 자리매김하였다.[1]

그러나 임태평(2003: p. 159)이 잘 지적했듯이 로크의 이러한 교육적 명성과 별개로 우리나라에서는 그동안 로크의 교육사상에 대한 연구가 활발하지 못했다. 이를 반영하듯, 2000년 이후 국내 교육사학회, 교육철학회, 교육사상학회 등에 보고된 논문들 중에 로크의 교육사상을 주제로 하는 논문들은 서너 편에 불과한 실정이다.[2] 한편 역사학 분야에서는, 로크의 『교육에 관한 고찰』이 그의 다른 철학적 또는 정치적 논고들

---

1 위의 구분은 몬로(Monroe, 1907)에 의한 통상적인 구분이다. 퀵(Quick, 1894: p. 231)은 로크를 라블레Rabelais, 몽테뉴Montaigne, 루소Rousseau와 함께 자연주의자로 구분하고 있다. 로크를 실학주의자로 보아야 하는지, 아니면 그의 사상적 정체성을 자연주의에서 찾아야 하는지는 여전히 논란거리이다. 그러나 로크가 서양 근대를 대표하는 교육사상가 중에 한 명이었고, 그의 『교육에 관한 고찰』이 서양 교육사에서 로리(Laurie, 1905: p. vi)의 주장대로 "최상의 논고best treatise"까지는 아니었다 하더라도 역사적으로 의미 있는 논고였음은 분명하다.

2 임태평(2002, 2003)과 김성훈(2005a)의 연구가 대표적이다. 우선 임태평은 2000년대 초반 로크의 교육론에 관한 두 편의 논문을 발표했다. 임태평의 연구는 로크의 인식론과 교육론 사이의 긴장을 해소하여 로크의 경험주의 철학이 교육에 주는 시사점을 탐구하려는 시도였다. 한편 김성훈의 연구는 로크의 사상 전반을 꿰뚫는 주제로서 자유-개인주의를 상정하면서 『교육에 관한 고찰』에 나타난 로크의 자유-개인주의자로서의 모습을 교육 방법적인 측면에서 조명했다.

과 비교해 보았을 때 상대적으로 역사적 중량감이 떨어져서인지 서양사 연구자들의 주목을 크게 받지 못했다. 실제로 이 방면의 국내 전문 학술 지들, 예컨대 『역사학보』, 『서양사론』, 『영국연구』 등에서 지난 십여 년 동안의 발표 논문들을 일견해 보았을 때, 로크의 교육사상에 관한 연구는 전무한 실정이다.

이러한 문제 인식 하에, 이 글에서는 로크의 교육사상가로서의 모습 에 주목하면서 『교육에 관한 고찰』에 나타난 로크의 교육목적론을 탐구 하고자 한다. 나는 먼저 로크의 『교육에 관한 고찰』이 등장하는 배경을 간략히 기술할 것이다. 이어 로크의 교육 목적으로서의 '건강한 몸에 건강한 마음'의 이상을 논의하고, 로크의 교육 목적에 내재하는 계급적 성격을 살펴볼 것이다. 그리고 마지막으로 로크의 교육목적론의 역사적 의의를 고려할 것이다. 이 작업은 오늘날 서양사 연구자들과 서양교육 사 연구자들 사이에서 점차 그림자 영역으로 전락하고 있는 로크의 교육사상에 대한 지적인 관심을 제고하고 후속 연구를 촉진한다는 점에 서 의의를 찾을 수 있겠다.

Ⅱ 『교육에 관한 고찰』의 저술 배경

로크는 '17세기 영국'이라는 격동의 시대를 살았지만, 그의 삶은 비교 적 순탄했다. 1632년 서머싯Somerset의 청교도 집안에서 태어난 로크는 1640- 1650년대 내전의 소용돌이 속에서도 웨스트민스터스쿨과 옥스퍼 드에서 엘리트 교육을 받았다. 1661년 아버지의 유산을 물려받은 로크는 경제적으로 안정되었고, 옥스퍼드에 남아 계속 철학과 의학을 공부했다.

1666년 34살의 청년 로크는 옥스퍼드에서 우연히 애쉴리 경Lord Ashley 을 만났다. 당시 영국 정계의 핵심 인물이었던 애쉴리 경은 로크에게 그의 비서 겸 주치의가 되어줄 것을 부탁했고, 로크는 그의 제안을 수락했다. 이후 로크는 주로 런던에 머물면서 애쉴리 경의 정치활동을 도왔다. 1670년대 로크는 애쉴리 경과 정치적 부침을 함께 하면서 불안정한 삶을 이어갔다. 그러다가 애쉴리 경이 정치적으로 실각을 하는 1681년 로크는 옥스퍼드로 돌아갔다. 옥스퍼드에서 은둔생활을 하고 있던 로크는 1683년 애쉴리 경이 죽었다는 소식을 듣고 신변의 위협을 느껴 네덜란드로 망명을 떠났다.

1683년 가을 네덜란드에 도착한 로크는 1688년 윌리엄 공William of Orange과 함께 영국으로 개선할 때까지 5년간 낯선 외국생활을 이어갔다. 그러나 로크의 네덜란드 생활은 그리 나쁘지 않았던 것 같다. 로크는 네덜란드의 맑은 공기를 마시며 건강을 회복했고, 뒷날에 그의 정치적 자산이 되는 휘그Whig 인맥을 형성했으며, 강제된 여가 속에서 『인간오성론』과 『관용론A Letter Concerning Toleration』과 같은 학문적인 논고들을 저술했다.

교육적인 관점에서 로크의 네덜란드 생활은 또한 유익했다. 망명지에 도착한지 얼마 지나지 않아 로크는 그의 서머싯 친구인 클락Clarke과 서신 교환을 시작했다. 로크의 주된 관심은 재산 문제였다. 로크는 그가 없는 동안 서머싯의 영지를 클락이 대신 관리해 주기를 바랐다. 한편 클락 부부는 주로 가정 문제, 그 중에서도 자녀 양육 문제에 관해 로크의 충고를 구했다. 욜튼(Yolton, 1971: pp. 1-2)의 추적에 따르면, 로크는 네덜란드에 있었던 1684년 7월부터 클락에게 아이의 건강과 교육을 주제로 하는 장문의 편지들을 보내기 시작했다. 그들의 서신 교환은 1691년까지 계속되었는데, 이때는 이미 로크가 네덜란드 망명 생활을 마치고 영국으로 돌아온 뒤였다.

로크가 클락에게 보낸 일련의 편지들은 개인적인 성격이 짙었다. 로크는 처음부터 대중들보다는 클락의 아들만을 염두에 둔 채 그에게 적합한 교육에 대해서 말했다. 그러나 1690년경에 클락을 비롯한 친구들이 로크에게 그의 교육에 관한 편지들을 책으로 출간할 것을 권유했다. 이에 로크는 클락 부부와 주고받았던 많은 양의 편지들 중에 아이의 건강과 교육을 주제로 하는 내용들만을 간추려, 1693년 그의 『교육에 관한 고찰』을 세상에 내 놓았다. 비록 로크는 익명으로 책을 출판했지만, 사람들은 로크가 저자임을 잘 알고 있었던 것 같고, 1695년 3판을 발행할 때부터 로크의 이름이 책에 함께 실렸다.

ⓘ '건강한 몸에 건강한 마음'

로크의 『교육에 관한 고찰』은 '건강한 몸에 건강한 마음A Sound Mind in a Sound Body'이라는 유명한 말로 시작한다. 이 말은 원래 고대 로마의 시인 유베날리스Juvenalis가 그의 『풍자시The Satires』에서 사용했던 것이다.[3] 유베날리스는 인간이 소망할 수 있는 최상의 상태로서 건강한 몸과 건강한 마음을 꼽았다. 마찬가지로 로크는 인간이 살면서 가장 중요한 것이 그의 심신心身을 건강하게 유지하는 것이라고 주장했다. 로크는 그 이유를 다음과 같이 설명했다.

> 건강한 몸에 건강한 마음은 이 세상에서 인간의 행복을 묘사하는 가장 간단하면서 명료한 말이다. 이 모두를 가지고 있는 사람은 더 이상 바랄 게 없으며, 양자를 결한 사람은 다른 무엇으로도 보충할 수 없다. 인간의 행복과 불행은 대개 자신이 만들어 낸다. 마음이 현명하지 못한 사람은 정도를 걸을 수 없으며, 몸이 허약한 사람 역시 그러하다.[4]

---

3 로크는 유베날리스의 『풍자시』 10권에 나오는 "우리는 마땅히 건강한 몸에 건강한 마음을 바라야 한다"는 구절을 참조했던 것으로 보인다(Juvenal, 2008: p. 98).

계속해서 로크는 '건강한 몸에 건강한 마음'이 선천적인 특질인지, 아니면 후천적인 양육, 즉 교육의 결과인지를 고려했다.

> 몸과 마음이 건강하여 태어날 때부터 타인의 도움을 필요치 않는 사람, 요람에서부터 재능이 뛰어나 사람들을 감탄케 하는 사람이 있다는 걸 나는 안다. 그러나 이런 사람이란 매우 드물며, 대개의 경우 10명 중 9명은 교육에 의해 심신이 선해지거나 악해지며, 쓸모 있는 혹은 쓸모없게 된다. 사람마다 심한 차이를 보이게 하는 것이 바로 교육이다.[5]

위의 인용문에서 우리는 로크가 '본성 대 양육nature v.s. nurture'이라는 오래된 교육 논쟁[6]에서 후자 편에 서 있었음을 알 수 있다.[7] 그리고 로크의 교육 목적이 건강한 몸과 건강한 마음이라는 두 개의 축으로

---

4 Locke, J.(1880), *Some Thoughts concerning Education*, R. Quick, Ed., Cambridge: The University Press, p. 1.

5 Locke(1880), 위의 책, p. 1.

6 인간의 타고난 재능을 우선시할 것인지, 아니면 출생 후 경험이나 훈련을 중시할 것인지에 관한 논쟁이다. 서양의 경우 이미 고대 그리스 시대부터 이러한 논쟁은 있어왔다. 고대의 교육 문헌들에서는 본성 '대' 양육이라는 이분법적 접근보다는 본성 '과' 양육이라는 상호보완적인 입장을 선호했던 것으로 보인다(김성훈, 2013). 위의 인용문에 나타난 로크의 입장은 인간의 타고난 능력에 따른 예외적인 차이를 인정하는 가운데 인간의 노력이 만드는 보편적인 차이를 중시하는 것이었다.

7 이와 관련해 로크가 백지설을 주장했다는 사실을 상기해야 한다. 로크는 『인간오성론』에서 마음을 하얀 종이에 비유하면서 인간의 후천적 경험이 지식의 원천임을 강조했다. "우리의 마음을 모든 성격과 관념이 제거된 '하얀 종이white paper'에 비유해 보자. 마음은 어떻게 채워지는가? ……(중략)…… 나는 이 질문에 한마디로 '경험experience'으로부터라고 말한다. 우리의 모든 지식은 경험에 토대를 두고, 결국 경험으로부터 나온다"(Locke, 1838: p. 51). 한편 로크는 그의 『교육에 관한 고찰』 말미에서 "어린 아이는 하얀 종이나 밀랍과 같아서 우리가 바라는 대로 형태를 만들어갈 수 있다"고 주장하면서 위의 철학적 논의를 교육의 문제에 적용했다(Locke, 1880: p. 187).

이루어져 있었음을 유추할 수 있다. 이 중에서 로크는 먼저 아이의 몸을 강인하게 만드는 일에 주목했다. 로크(Locke, 1880: p. 2)는 "인간의 일과 행복에서 역경과 피로를 이겨낼 수 있는 체력만큼 필요한 것이 없다"고 힘주어 말하고 있는데, 이것은 그의 자전적 독백으로 볼 수 있다. 퀵(Quick, 1894: p. 227)의 지적대로, 병약한 몸 때문에 평생 골치를 앓았던 로크는 아이의 교육을 논하면서 일차적으로 '건강한 몸'에 관심을 가졌던 것이다.

로크가 건강한 몸을 중시한 다른 하나의 이유는 그의 의학적 지식과 경험 때문이었다. 로크는 대학 생활을 시작하는 1650년대부터 의학 공부에 매진했다(김성훈, 2005a: p. 177). 로크의 의학적 관심은 욜튼(Yolton, 1993: pp. 135-136)의 평가에 따르면 "로크의 다방면에 걸친 지적 관심사들 중에서 가장 강하고 오래 지속된 것"이었다. 실제로 로크는 대학을 졸업한 뒤에도 옥스퍼드에 남아 의학을 계속해서 공부했고, 1666년부터는 애쉴리 경의 주치의로 활동하면서 런던에서 그의 의사로서의 경험적 지식을 쌓았다(Dewhust, 1963: chs. 1-2 참조).

흥미롭게도, 의사 로크는 병을 고치는 소극적 의미에서의 의학보다 병을 예방하는 적극적 의미에서의 의학을 강조했다. 로크(Locke, 1880: p. 2)는 『교육에 관한 고찰』의 도입부에서 그의 "건강에 관한 고찰"이 "의사가 병들고 허약한 아이에게 해주는 것이 아닌, 의사의 도움 없이 부모가 아이의 건강을 유지하고 증진시키는 것, 적어도 병에 걸리지 않게 하는 것"임을 명시했다. 로크의 이러한 태도는 고대 그리스의 의학적 전통에 따른 것이었다. 예거(Jaeger, 1960: p. 30)가 잘 지적한 것처럼, 고대 그리스에서 의학은 사람들에게 평상시 건강을 잘 관리하는 방법을 처방함으로써 그들의 잘삶the good life을 돕는 교육학적인 성격이 강했다. 물론 의사는 병들고 허약한 사람들을 치료해야 하지만, 그의 본질적인 역할은 자연의 질서에 따라 사람들의 몸을 건강하게 만들고, 그것을 토대로 그들의 영혼을 건강하게 만드는 것이었다.

이런 맥락에서 로크는 그의 『교육에 관한 고찰』의 첫 번째 장을 아이의 체질을 건강하고 튼튼하게 만드는 일에 할애했다. 유년기의 신체와 건강에 대한 로크의 원칙은 아리스토텔레스Aristoteles 식으로 "습관이라는 강력한 힘"에 의존해 아이를 어렸을 때부터 강하고 투박하게 키우는 것이었다(Locke, 1880: p. 11).[8] 이를 위해 로크는 아이의 몸을 너무 따뜻하게 감싸기보다 신체의 각 부분을 냉수욕을 통해 단련하고, 아이가 밖에 많이 나가 신선한 공기를 마시며 뛰놀아야 한다고 주장했다. 로크는 또한 소박하고 간단한 식사와 딱딱한 침대에서의 숙면이 아이의 몸을 건강하고 튼튼하게 만든다고 생각했다. 그밖에도 로크는 아이의 건강에 중대한 영향을 미치는 것으로서 규칙적인 통변을 강조했다. 이때 로크는 약이나 의사에 너무 의존하지 말고 가능한 자연의 규칙에 따르라고 말하고 있는데, 이는 "오랫동안 의학을 연구한 사람"의 "당연한 충고"였다(Locke, 1880: p. 20).

로크는 "마음이 약한 부모들"이 한 겨울에도 얇은 옷을 입고 손과 발을 찬물로 씻고 있는 아이의 모습에, 밖에서 비와 눈을 맞고 햇볕과 바람에 살갗이 검게 그을린 아이의 모습에, 건빵으로 배를 채우고 거친 침상에서 잠을 자는 아이의 모습에 그들의 가슴을 쓸어내릴 것이라는

---

8 아이의 올바른 행동거지와 관련해서도, "습관은 이성보다 확실하고, 확고하고, 쉽게 작용한다"는 말처럼 로크는 습관을 통한 교육을 강조했다(Locke, 1880: p. 91). 이는 일찍이 아리스토텔레스가 『니코마코스 윤리학Ethika Nikomacheia』에서 주장했던 바이기도 하다. "어떤 사람들은 우리의 타고난 본성이 도덕적으로 선하다고 생각하고, 다른 사람들은 습관 또는 가르침[이성]을 통해 그렇게 된다고 생각한다. 타고난 본성은 신의 은총을 받은 사람들에게만 해당되는 것으로서 우리가 개입할 여지가 없다. 한편 가르침[이성]의 효과는 모두에게 똑같지 않다는 문제가 있다. 그러나 씨앗을 키우는 땅처럼 아이의 영혼은 어려서부터 좋고 나쁜 것에 대한 습관을 통해 계발될 수 있다"(Aristotle, 1963: p. 270).

사실을 잘 알고 있었다(Locke, 1880: pp. 5-9, 16 참조). 그럼에도 불구하고, 로크는 한편으로는 그의 의사로서의 권위에 입각해, 다른 한편으로는 고대와 동시대의 많은 역사적 실례를 통해 아이를 밖에서 거칠게 교육시켜야 한다고 충고했다. 당시의 관습에 따라 아이를 집안에서만 곱게 키우면 몸의 건강함과 체력이 떨어질 수밖에 없고, 그 결과 아이는 나중에 어른이 되어서도 생기와 활력이 넘치는 삶을 살 수 없기 때문이다.

로크의 교육 목적의 다른 한 축은 건강한 마음이었다. 로크(Locke, 1880: p. 115)는 "덕Virtue, 지혜Wisdom, 예절Breeding, 학습learning"이라는 네 가지 요소를 통해 아이의 마음을 단련하고자 했다. 우선 로크는 아이의 영혼에 덕을 심어주고자 했다. 로크는 덕의 기초로서 신에 대한 올바른 관념, 정직한 삶, 타인에 대한 배려를 강조했다. 다음으로 로크는 아이의 마음이 지혜롭기를 바랐다. 이때 지혜는 세상일을 잘 처리하는 능력을 의미했다. 이어 로크는 아이가 갖추어야 할 자질로서 훌륭한 예절을 강조했다. 로크는 아이가 스스로 자존감을 지키면서도 타인의 기분을 상하게 하지 않는 예의바르고 세련된 사람으로 성장하기를 바랐다.

마지막으로 로크는 학습을 다루었다. 로크에게 교육은 학습과 동의어가 아니었다. 로크는 말하자면 몽테뉴Montaigne 식의 논의를 전개하면서 머리를 지식으로 채우는 일보다 하루를 잘 사는 일에 주목했다.[9] 자연스러운 결과는 로크가 그에 앞서 몽테뉴가 그러했듯이 교육의 목적으로서

---

9 퀵(Quick, 1894: pp. 230-231)은 근대 교육사상의 계보를 추적하면서 로크와 몽테뉴 간의 사상적 유사성을 인정하고 있다. 몽테뉴가 『수상록Les Essais』에 남긴 두 개의 교육 관련 논고인 「현학에 대하여Du pédantisme」와 「아이들의 교육에 대하여De l'éducation des enfants」를 살펴보았을 때, 우리는 몽테뉴가 교육의 목적으로서 지식이 아닌 지혜를 강조하고, 또 아이의 몸과 마음을 어려서부터 강인하게 단련시킬 것을 충고하면서 로크와의 교육 사상적 연속성을 유지하고 있음을 목격할 수 있다(Montaigne, 2003: pp. 121, 136-137 참조).

현자賢者를 지자知者보다 우선시하는 것이었다.[10]

> 내가 학습을 이제야 고찰하고 있으며, 더욱이 학습을 사소한 문제로 생각하고 있다면 아마도 당신은 놀라지 않을 수 없을 것이다. 학문하는 사람이 이렇게 말하는 것은 의아해야 할 일이다. 왜냐하면 학습은 아이에게 유일한 것은 아니라 해도 중요한 것으로 여기고 있으며, 교육은 곧 학습이라고 생각하기 때문이다. ……(중략) …… 학습은 유익하지만 중요하지는 않다. 덕이 있고 지혜로운 사람이 대학자보다 더 중요한 사람이다. 학문은 훌륭한 정신의 소유자에게는 유익하다. 반면에 훌륭한 정신을 소유하지 못한 사람에게는 오히려 유해하다. 학문은 그런 사람을 더욱 어리석고 나쁘게 만들어 버리는 데 도움이 될 뿐이다.[11]

위의 인용문에서 우리는 로크의 학습에 관한 미온적 태도를 엿볼 수 있다. 로크는 아이의 교육에서 학습의 필요성은 인정했지만, 무분별한 학습은 아이에게 득보다는 해가 된다고 주장했다. 학습의 목적은 아이의 실천적 삶을 돕는데 있었지 학자로서의 지적인 삶을 준비시켜 주는데 있지 않았기 때문이다. 이에 로크는 아이가 갖추어야 할 학식으로서 모국어 중심의 읽고 쓰기 능력과 일반적인 수준의 지식에 만족했다.

비록 로크에게 지식은 교육의 "부차적" 목적에 불과했지만, 그럼에도 불구하고 그의 교육과정은 광범위하고 질서정연했다(Laurie, 1905: p. 184). 로크는 당시 성행하던 범지학의 영향으로 백과사전식의 지식을

---

10 *Magis magnos clericos non sunt magis magnos sapientes.* 원래 라블레의 『가르강튀아와 팡타그뤼엘La Vie de Gargantua et de Pantagruel』에 등장하는 중세 라틴어 속담이다 (Rabelais, 1994: p. 117). 이 경구를 몽테뉴가 그의 「현학에 대하여」에서 재진술하면서 교육받은 사람을 덕과 판단력을 갖춘 지혜로운 사람으로 묘사했고, 로크는 몽테뉴의 이러한 이상을 재차 수용하였다.

11 Locke(1880), 앞의 책, p. 128.

옹호하고 순차적인 학습을 강조했다(Laurie, 1905: p. 208).[12] 그렇다고 해서 로크가 모두에게 모든 것을 완벽하게 가르쳐야 한다는 코메니우스 식의 논의를 따랐던 것은 아니었다.[13] 로크의 주된 관심은 모두가 아닌 신사에게, 모든 것이 아닌 삶에 유용한 것을, 완벽하기보다 적절하게 가르치는 데 있었기 때문이다.

이러한 관점에서 로크는 아이에게 유익한 학습이 무엇인지를 고려했다. 우선 로크는 아이의 교육에서 학자의 언어인 그리스어를 제외시켰다. 라틴어의 경우 로크는 학습의 필요성은 인정했지만, 당시 문법학교 grammar school에서 행해지던 기계적인 학습에는 반대했다. 로크는 모든 아이가 문법을 배워야 하는지를 반문하면서 회화 중심의 언어 학습을 강조했다. 로크는 아이의 마음을 사어死語인 라틴어의 많고 복잡한 규칙들로 채우고 싶지 않았다. 그보다 로크는 아이가 현재 사용하고 있는 언어로 자신의 생각을 표현할 수 있기를 바랐다. 특히 로크는 아이의 모국어 구사 능력을 중시했다.

> 사람들은 언어를 정확하고 바르게 사용하는 사람을 품위 있고
> 호의적이라 생각한다. 영국 신사가 항상 영어를 사용하기 때문에
> 영어는 일차적으로 습득해야만 하는 언어이다. 그리고 더욱더 문체

---

12 범지학은 근대 유럽에서 종교적 운동으로 시작했으나 차츰 교육적 맥락에 적용되어 백과사전식의 광범위하고 포괄적인 지식을 의미하였다. 이미 베이컨의 사상으로부터 맹아를 찾아볼 수 있으나, 모든 지식의 종합적인 체계를 세운 사람은 코메니우스였다. 코메니우스는 모든 것을 알아야 한다는 범지학의 명제로부터 출발하여 모든 사람에게 모든 것을 가르치는 완전한 기술을 이론화하였다(김성훈, 2011: p. 72).

13 코메니우스의 범지학의 이상은 '건강한 몸에 건강한 마음'이라는 로크 식의 신사 교육의 이상보다 "세상의 모든 피조물에 대한 질서정연한 숙고"라는 밀턴 식의 신실한 교육 이상에 더 부합하는 것이었다(Milton, 1848: p. 464; 김성훈, 2011 참조).

를 연마하고 완전해지도록 해야 한다. 영어보다 라틴어를 더 잘하는 사람도 존경의 대상이 된다. 그러나 항상 사용하는 모국어로 자기의 생각을 잘 표현하는 쪽이 더 존경의 대상이다. 라틴어를 잘한다는 것은 그다지 중요한 의미가 담긴 재능이 아니다. 그러한 재능으로 인해 타인으로부터 허망하게 권고되는 것보다 모국어로 자기의 생각을 잘 표현하는 것이 더욱 효과적인 것이다.[14]

계속해서 로크는 아이에게 요구되는 일반적인 수준의 지식에 관해 논의했다. 앞에서와 마찬가지로 로크는 아이의 실천적 삶에 도움이 되는 지식이 무엇인지를 물음으로써 "공리주의자 utilitarian"의 모습을 보였다(Quick, 1894: p. 236). 로크는 주변에서 여전히 목격되고 있던 중세풍의 스콜라 교육을 비판하면서 아이가 자신의 생활과 실무에 적합한 지식을 배워야 함을 강조했다. 구체적으로 로크는 아이가 문법, 논리, 수사와 같은 형식적인 지식보다 산술, 기하, 천문, 지리, 역사, 법, 과학과 같은 실용적인 지식을 배우면서 사회적 삶을 준비해야 한다고 주장했다 (Locke, 1880: pp. 156-162 참조).

지금까지 우리는 로크가 『교육에 관한 고찰』에서 제안하고 있는 교육목적이 무엇이었는지를 살펴보았다. 로크는 '건강한 몸에 건강한 마음'이라는 교육의 오래된 명제를 기억해 냈고, 그것에 입각해 아이의 몸과 마음을 어렸을 때부터 건강하게 만들 것을 충고했다. 다음 장에서는 로크의 교육 목적에 대한 이러한 논의가 가지는 계급적 성격에 주목하면서 로크의 자유주의자로서의 명성이 교육적 관점에서도 유효한지를 검토하고자 한다. 그 과정에서 논의의 초점은 로크의 교육적 사유에서 목격할 수 있는 자유와 권위의 이중적 모습에 맞추어질 것이다.

---

14 Locke(1880), 앞의 책, p. 165.

Ⅳ 로크, 자유주의자?

로크라는 이름에는 '자유주의자'라는 수식어가 따라 붙는다.[15] 이는 아마도 로크가 『정부론』에서 전개한 자유주의 정치사상 때문인 것 같다. 이 책에서 로크는 인간을 자유롭고 합리적인 존재로 간주하면서 왕의 절대 권력과 전단적 지배를 비판했다(Jolley, 1999: p. 194). 그러나 로크의 자유주의 정신은 정치적 논의에만 국한되지 않았고, 그의 관심을 끌었던 다른 주제들로 옮겨갔다(김성훈, 2005a: pp. 176, 180). 예컨대, 종교의 경우 로크는 『관용론』에서 한 종교[종파]의 다른 종교[종파]에 대한 절대적 권위를 부정하면서 종교의 다양성과 자유를 주장했다. 또, 철학의 경우 로크는 『인간오성론』에서 전통이나 권위에서 비롯되는 지적 독단주의에 맞서 자유롭게 사고하고 행동하는 힘을 강조했다.

그렇다면 교육의 경우는 어떠한가? 앞서 살펴본 것처럼, 로크는 『교육에 관한 고찰』에서 육체를 경시하는 관습적 사고로부터 해방되어 교육의 우선적인 목적으로서 유년기의 건강과 신체 단련을 강조했다. 로크(Locke, 1880: p. 20)는 아이의 몸을 어렸을 때부터 강인하게 만드는 일이 중요하다고 보았는데 "몸이 마음의 지시를 따를 수 있는 체력과 활력을 유지하는 것"이 인간 행복의 일차적 조건이라고 생각했기 때문이다. 한편 로크는 당시 문법학교의 획일적인 교육 방식을 비판했다(Boyd, 1914: p. 26).[16] 특히 로크는 기계적인 고전어 학습에 반대했다.

---

15 로크는 18세기 자유방임 경제론을 주장했던 아담 스미스Adam Smith와 19세기 자유주의 사상가 존 스튜어트 밀John Stuart Mill과 함께 고전적 자유주의[영국의 자유주의]를 삼분하는 인물로 남아 있다(Haakonssen, 1988).

16 사실 로크는 학교교육 자체가 신사 교육에 도움이 되지 않는다고 생각했던 것 같다. 우선 로크는 그의 신사 교육 도식에서 학습, 특히 고전어 학습을 가장 마지막에 위치시킴으로써 학교교육을 통한 지식 획득이 그다지 중요한 것이

로크는 그리스어와 라틴어가 주는 맹목적 권위에서 벗어나 아이의 사회적 삶을 돕는 학습 내용에 주목했다. 그 과정에서 로크는 지식 교육의 절대성을 주장하지 않았다. 로크는 교육의 궁극적 목적으로서 지식으로 가득 찬 머리보다 덕과 지혜와 예의를 두루 갖추고 있는 마음을 선호했기 때문이다.

이처럼 로크는 교육 문제에 있어서도 권위와 관습에 매몰되지 않은 자유주의자였다. 그러나 『교육에 관한 고찰』에서 교육 목적에 대한 논의를 전개할 때 로크는 시대의 편견으로부터 완전히 해방되지는 못했다. 무엇보다도 계급적 관점에서 그러했다. 로크의 『교육에 관한 고찰』이 신사 자제의 교육을 위한 논고라고 했을 때, 그의 교육 목적에 대한 논의는 17세기 영국 부르주아 계급의 이해관계를 반영할 수밖에 없었다 (Benne, 1965: p. 197). 실제로 로크는 신사의 교육을 염두에 둔 채 '건강한 몸과 건강한 마음'에 관한 그의 교육적 논의를 전개했고, 그 결과 "자기수양이 잘 된 사람"이라는 "꽤 괜찮은 새로운 신사의 개념"을 그려냈다(Curtis & Boultwood, 1963: p. 252).[17] 로크는 먼저 영국 신사

아님을 암시했다. 이어 로크는 학교에서 성행하던 체벌이 신사 자제를 교육하는 방법으로 적합하지 않다는 점을 지적했다. 마지막으로 로크는 교육을 '개인적인 일'로 간주하면서 학교교육의 전체주의적 특성을 비판하였다(Boyd, 1928: pp. 289-292).

17 이와 대조적으로, 로크는 그의 자유주의자로서의 위상에 걸맞지 않은 노동자 계급의 교육관을 보여주었다. 로크는 노동자 계급의 교육에 관한 짤막한 논고, 「노동학교Working Schools」를 남겼다. 이 글에서 로크는 노동자 계급의 아이들을 게으른 존재들로 묘사하고, 그들이 사회의 짐으로 남을 것을 우려한 나머지 그들에게 최소한의 독서산讀書算 교육과 규율을 가르쳐야 한다고 주장했다. 로크의 목적은 노동자 계급의 아이들에게 초보적인 교육을 시켜서 그들의 노동력을 사회적으로 활용하는 데 있었다(Locke, 1880: pp. 189-191). 이런 로크의 견해는 커티스와 보울트우드(Curtis & Boultwood, 1963: p. 252)의 표현을 빌면, 『정부론』에 나타난 로크의 웅대한 자유·민주주의자로서의 모습에 역행하는 "실망스러운

계급의 아이가 어려서부터 유약하게 키워지고 있다는 문제의식을 갖고 아이의 체질을 강인하게 만드는 일이 중요하다고 보았다. 이를 위해 로크는 아이를 응석받이로 키우는 데 익숙한 신사 집안의 부모들에게 다음과 같은 양육 원칙을 제안했다.

> 신사 계급의 부모들은 아이들을 키울 때 정직한 농부나 부유한 자영농민이 그들의 아이들을 키울 때처럼 해야 한다. 아마 어머니들은 아이를 이렇게 다루는 것이 너무 심하다고 생각할 것이고, 아버지들은 불충분하다고 생각할 것이다. 따라서 나는 설명을 덧붙여야 하는데 아이들이란 어리광을 받아주고 귀여워해 주면 망쳐지거나 적어도 피해를 입게 되기 때문이다.[18]

다음으로 로크는 신사 교육의 맥락에서 '건강한 마음'에 대해 논했다. 로크는 신사가 갖추어야 할 자질로서 덕, 지혜, 예절, 학습을 순서대로 제시했다. 로크에 따르면, 신사는 세상을 살아가는 덕과 지혜를 갖추는 동시에 그 신분에 어울리는 훌륭한 예의범절을 익혀야 했으며, 또한 사회생활에 필요한 지식을 배워야 했다. 여기서 특이한 점은 벤(Benne, 1965: p. 204)이 잘 지적한 것처럼 로크와 같은 이름 있는 학자가 교육의 과정에서 덕, 지혜, 예절과 같은 "비인지적 특질들"을 학습을 통한 지식의 획득보다 중시했다는 것이다. 벤(Benne, 1965: p. 207)은 로크가 신사의 교육에서 학습을 경시한 이유를 신사의 직업적 소명 때문이라고 설명했다. 17세기 영국 사회에서 신사의 직분은 세속적인 영지를 관리하고 개인적인 일을 처리하는 것이었는데 이러한 과업을 성공적으로 수행하기 위해서 신사에게는 뛰어난 학식보다 덕과 지혜와 예의와 같은

것"이었다.

18 Locke(1880), 앞의 책, p. 2.

세상을 살아가는 기술이 필요했기 때문이다.

　그렇다고 해서 로크가 학습의 중요성을 간과한 것은 아니었다. 다만 로크(Locke, 1880: p. 74)는 신사의 삶과 학자의 삶을 구분하면서 신사가 "덕도 없고, 세상도 모르고, 무례하면서, 학식만 갖추고 있는 사람"으로 성장하는 것을 경계했던 것이다. 이런 관점에서 로크는 당시 문법학교에서 행해지던 고전어 학습이 신사가 갖추어야 할 실무적인 지식에 해당하는지를 비판적으로 고려했다. 로크는 고전어 학습이 가치가 없는 것은 아니지만, 신사가 하루를 살아가는 데 반드시 필요한 것은 아니라고 생각했다. 전문적인 지식과 관련해서도 로크(Locke, 1880: p. 75)는 "신사가 그의 직분에 필요한 것을 모두 갖춘 뒤에 시간이 있으면 겨우 입구를 훔쳐볼 정도의 흥미만 가지고 있으면 된다"고 보았다. 로크의 교육 목적은 어디까지나 신사의 사회생활을 준비시켜 주는 것이었지, 학문에 정통한 학자를 길러내는 것이 아니었기 때문이다.

　그렇다면 로크는 최소한 그의 『교육에 관한 고찰』에서 현대인들이 생각하고 있는 것만큼 자유주의자는 아니었다. 물론 로크는 전통적인 스콜라식 교육으로부터 아이의 몸과 마음을 해방시키는 데 관심이 있었고, 이를 위해 부모가 아이의 교육을 관습의 권위보다 자신의 이성에 의존해야 한다고 주장했다.[19] 그리고 폴린(Polin, 1969: p. 3)의 해석대로 로크 철학에서 이성적으로 사고하고 행동하는 힘power이 곧 자유liberty를 의미했다면,[20] 로크는 『교육에 관한 고찰』에서 부모가 자녀교

---

19 이런 문맥에서 로크는 『교육에 관한 고찰』을 끝내기 전에 그의 책이 아이들을 "오래된 관습"이 아닌 "자신들의 이성"에 따라 교육하려는 용기 있는 부모들을 위한 것임을 밝히고 있다(Locke, 1880: p. 188). 김성훈(2005a: p. 170)의 지적대로, 로크는 관습보다 이성을 중시함으로써 기존의 권위적이고 독단적인 교육 방법에서 벗어나 보다 자유로운 교육 실천을 지향했던 것이다.
20 로크는 「힘에 대하여Of Power」라는 다소 생뚱맞은 제목의 장『인간오성론』의

육을 이성에 자문하도록 함으로써 자유주의자의 모습을 보여주었다고 볼 수 있다. 그러나 로크의 이러한 이성[자유]의 철학자로서의 충고는 모든 아이의 교육을 염두에 둔 것이 아니었다. 단지 신사 자제의 교육에 적용될 주요 목적에 대한 일반적인 견해를 피력했을 뿐이다. 더욱이 로크의 교육 도식에는 '여성'이 존재하지 않았다. 로크는 아이가 속한 계급뿐만 아니라 아이의 성별에 따라서도 교육을 달리 시켜야 한다고 주장했기 때문이다.

> 나는 지금까지 남자 아이에 대해 말했다. 내 이야기의 목적은 도련님을 어렸을 때부터 어떻게 키워야 하는가이다. 그러므로 나의 교육론은 여자 아이에게는 적합하지 않다. 성에 따라 달리 교육되어지도록 구분해 두어야 곤란하지 않다.[21]

이상의 논의를 종합해 보면, 로크의 교육목적론에는 자유주의적 성격과 계급주의적 성격이 함께 담겨 있었다. 더 정확하게 말하면, 로크는 『교육에 관한 고찰』에서 자유주의와 계급주의라는 서로 다른 색깔의 이념이 절반씩 결합된 야누스Janus의 얼굴을 보여주었다. 이것은 어떻게 보면 로크가 살았던 시대의 자화상이기도 했다. 17세기 영국 사회는 절대 권력에 도전하는 자유의 시대였다. 두 번의 혁명을 거치면서 자유의 정신은 실현된 것처럼 보였다. 그러나 이 시대가 꿈꾸었던 자유는

2권, 21장]에서 합리적 사고와 행위의 힘으로써의 자유의 개념을 밝히고 있다. "자유liberty의 개념은 행위자가 마음의 판단이나 사고에 따라 어떤 행동을 하거나, 또는 하지 않을 수 있는 힘power을 말한다. ……(중략)…… 이처럼 자유는 의지나 선호에 속하는 관념이 아니라 마음의 안내를 받아 행동하거나 행동하지 않을 수 있는 힘을 가진 사람에게 귀속되는 관념이다. 이런 맥락에서 자유의 관념은 힘의 관념에 비례한다 할 수 있다"(Locke, 1838: p. 152).

21 Locke(1880), 앞의 책, pp. 3-4.

모든 사람들을 위한 것이라기보다는 주로 지방에 영지를 소유한 중산층 신사 계급을 위한 것이었다(Benne, 1965). 로크 자신이 유산자 계급에 속했고, 『교육에 관한 고찰』을 구성하는 원 편지들의 수신자인 클락 역시 부르주아 신사였다는 점을 고려한다면, 우리는 로크가 교육 목적에 대한 논의를 전개하면서 그 시대의 자유의 정신에 자신이 속한 계급과 성(性)의 재갈을 물렸다고 평가할 수 있다.

결국 로크의 교육목적론에서 찾아지는 계급적 경계와 성적 편견은 그의 자유주의자로서의 명성을 재고하도록 한다. 로크는 '건강한 몸에 건강한 마음'이라는 교육 목적을 자신이 속한 중산층 부르주아 계급, 그것도 남자 아이의 교육에만 적용함으로써 민주적인 교육 시스템에 익숙한 현대인들의 이맛살을 찌푸리게 만들었다.[22] 그러나 최소한 역사적 관점에서 로크의 교육 목적에 대한 논의는 심신의 조화로운 발달이라는 교육 본연의 이상과 맥을 같이 하는 것으로서 그의 교육사상가로의 위상 정립에 의미 있는 공헌을 하였다. 이에 다음 절에서는 로크의 교육목적론의 역사적 의의를 살펴보면서 글을 맺고자 한다.

---

22 로크는 『교육에 관한 고찰』에서 그의 목적이 단지 신사 계급에 속한 남자 아이의 교육에 있음을 수차례 밝혔다. 보이드(Boyd, 1914: p. 27)의 지적대로, 로크는 그 시대의 "홀세일wholesale 방식"의 획일적 교육을 비판했고, 교육을 개별 아동의 필요에 맞추고자 하였다. 비록 로크가 여성 집단의 교육에 대한 논고는 남기고 있지 않지만, 앞서 언급했듯이 로크는 노동자 계급의 아이들을 위한 교육을 처방함으로써 교육 문제에서도 그의 개인주의 정신에 충실하였다. 물론 로크의 이러한 개인주의적 접근을 가리켜 계급적 또는 성적 편견에 사로잡혀 있었다고 비판할 수도 있겠지만, 각도를 조금 달리하여 보면 로크는 개인 또는 집단 별로 서로 다른 교육을 계획함으로써 모두를 똑같이 대하는 전체주의 교육관에 항거했다고 볼 수도 있다. 문제는 로크의 개인주의 교육 담론이 17세기 영국 사회의 계급적·성적 경계를 뛰어 넘지 못했다는 것인데, 이런 관점에서 로크는 그 시대의 아이로 남았다.

Ⓥ 나가며

로크는『교육에 관한 고찰』에서 심신의 조화로운 발달이라는 고대인들의 삶의 이상을 수용하여 근대인들의 교육의 실재를 재조명하였다. 우선 로크는 교육의 목적으로서 '건강한 몸'을 강조하였다. 로크 이전에도 몸의 교육적 중요성에 주목했던 사상가들은 있었다. 일찍이 이탈리아의 인문주의 교육이론가들이 그러하였다.[23] 그러나 로리(Laurie, 1905: pp. 7-8)의 관찰대로 르네상스 운동이 점차 본래의 정신에서 이탈하여 생명성을 잃어버리게 되자, 이탈리아 지역에서 몸은 단순한 쾌락의 대상으로 전락하였고, 알프스 이북 지역에서는 종교적 경건함으로 말미암아 몸에 대한 관심이 다시 사그라졌다. 이런 상황에서 로크의 건강한 몸의 이상은 중세 이후 터부시되었고 근세를 거치면서도 재생이 더뎠던 몸에 대한 교육적 논의를 근대적 관점에서 재개하였다는 점에서 의의가 있다. 로크가 교육의 목적으로서 '건강한 몸'을 표방한 데는 그의 오랜 의학적 관심과 의사로서의 경험이 영향을 주었던 것으로 보인다. 로크가 살았던 시대는 근대 과학의 태동기였다. 로크는 자연적 관찰을 중시하는 임상 의학을 연구하면서 인간의 몸에 대한 경험적 지식을 쌓아갈 수 있었고, 그로부터 종전의 사변적 인문주의자들과 다르게 아이의 건강과 신체 훈련에 대한 보다 사실적 논의를 전개할 수 있었다(Dewhust, 1963: p. 34 이하; 김성훈, 2005a: pp. 177-178).

계속해서 로크는 교육의 목적으로서 '건강한 마음'을 강조하였다. 로크에게 건강한 마음이란 단순히 지식으로 가득 찬 마음이 아니었다.

---

23 비토리노Vittorino의 경우가 대표적이었다. 비토리노는 고대인들의 영향을 받아 건강한 몸을 건강한 마음보다 우선시하고, 교육의 과정에서 각종 신체 훈련과 게임을 중요하게 다루었다(Woodward, 1912: pp. 65-67; Woodward, 1906: pp. 22-23; Laurie, 1905: p. 20).

르네상스 시대를 지나면서 교육은 학습의 동의어가 되었다. 고대의 언어와 문학의 재발견은 인문주의자들의 학습 의욕을 고취시켰다. 그러나 시간이 지남에 따라 고대를 향한 학문적 열정도 차츰 식어갔고, 이내 키케로주의Ciceronianism로 명명되는 언어 형식주의로 유예 · 대체되었다. 이렇게 고대의 정신이 사라진 곳에 남은 것이라곤 교육이라는 이름하에 죽은 언어를 기계적으로 암기하는 일 뿐이었다(Boyd, 1928: pp. 176-177). 거기에 여전히 잔존해 있던 중세 스콜라 풍의 학습 방식까지 더해져 르네상스 시대가 종말을 고할 때까지, 심지어는 로크의 시대에 이르러서도 교육은 아이의 머리를 무의미한 지식의 파편들로 채우는 일, 아니면 기껏해야 학자연하는 학습을 강제하는 일로 변질되었다. 이런 상황에서 로크는 앞서 언급했듯이 아이의 마음을 지식에 앞서 예절, 예절에 앞서 지혜, 지혜에 앞서 덕으로 채울 것을 주장하면서 그 시대의 구태의연한 교육 실재를 비판했다. 이를 두고, 퀵(Quick, 1894)의 주장대로 르네상스 이후 지난 500년 동안의 서양 교육의 역사가 학습에서 발달로의 전환의 과정이었다면, 로크는 교육의 이상이 학습에서 발달로 넘어가는 과도기에 위치하면서 교육의 목적으로서 '건강한 마음'의 계발을 강조했던 근대의 교육 사상가였다고 평가할 수 있다.

한편 영국 교육학의 역사적 전개 과정에서 로크의 교육적 수사rhetoric, 즉 '건강한 몸에 건강한 마음'은 근대 영국의 신사 교육의 이상을 반영하는 것이었다. 이미 튜더 잉글랜드 시대에 엘리어트Elyot는 그의 『통치자론The Book named The Governour』(1531)에서 당시 새로운 정치 세력으로 부상하고 있었던 지방의 젠트리 계급의 교육을 논하였다.[24] 엘리어트의 목적은

---

24 엘리어트는 그의 『통치자론』 1권 4-27장에서 영국 젠트리 집단의 아이들이 받아야 할 지적 · 신체적 교육에 대해 상세히 기술했다(Elyot, 1962: pp. 15-94 참조). 엘리어트가 살았던 튜더 잉글랜드 시대는 정치권력이 지방에서 중앙으로 이행하는 시기였고, 이러한 정치적 과도기에 왕은 지방의 젠트리 계급과 손을 잡고

카스파리(Caspari, 1968: p. 150)의 표현을 빌면 "투박하고 교양 없는 지방의 젠트리 집단"을 덕, 학식, 예절, 용맹을 두루 갖춘 통치자 계급으로 교육시키는 데 있었고, 그의 이러한 통치자 교육의 이상은 근대 영국의 신사 교육 담론에 초석을 제공했다. 그러나 이로부터 거의 한 세기 반의 시간이 지나고 나서야 엘리어트의 이상에 버금가는 신사 교육에 대한 논고가 나왔는데, 바로 로크의『교육에 관한 고찰』이었다.[25] 주지한 바와 같이 로크의 목적은 심신이 건강한 영국의 신사 계급을 길러내는 데 있었다. 로크가 염두에 두었던 신사 계급은 지방에 영지를 소유하고 있는 유산자 계급으로서 17세기 영국 사회에서 두 번에 걸친 혁명을 통해 정치 세력화에 성공한 집단이었다. 이런 관점에서 로크의 신사 계급은 튜더 잉글랜드의 젠트리 계급과 닮아 있었고, 로크의 신사 교육의 이상은 엘리어트의 통치자 교육의 이상과 맞닿아 있었다(Benne, 1965: p. 200). 결국 로크는 개인적으로는 클락의 부탁을 받고 신사 자제의 교육에 대한 일련의 편지글을 작성했던 것이었지만, 역사적으로는 레프찐(Lepzien, 1896)의 연구가 암시하고 있듯이 엘리어트의 교육적 사도使徒로서 영국 신사 교육의 계보를 잇는 교육 문헌을 생산했던 것이었다.

대귀족을 견제하면서 왕권을 강화하고자 하였다. 이를 위해 당시 영국 사회에서는 왕의 새로운 정치적 파트너이자 신흥 정치 세력이었던 지방의 젠트리 계급을 유능하고 믿을만한 통치자 계급으로 교육시킬 필요가 있었고, 이러한 정치적 이해관계로부터 엘리어트의 통치자 교육론이 나왔다(김성훈, 2005b: p. 53).

25 엘리어트와 함께 16세기 영국 교육학을 대표하는 아스캄Ascham과 멀캐스터 Mulcaster의 교육 저작들에서는 이러한 신사 교육의 이상을 목격할 수 없다. 그보다 엘리자베스Elizabeth 시대를 거치면서 증가 일로에 있었던 학교교육에 대한 담론이 논의의 중심을 이루고 있다(Rowse, 1951: pp. 496-497 참조). 17세기에 접어들어서도 로크 이전의 청교도 교육자들은 문법학교에 대한 실천적 논고들을 저술하였고, 밀턴과 같은 이상주의자는 영국에 신의 나라를 구현하기 위한 학교 시스템의 구축을 논의하였다. 17세기 후반기에 이르러서야 우리는 로크를 통해 다시 엘리어트 식의 젠트리 교육으로 회귀할 수 있었다.

참고문헌

김성훈(2005a). 존 로크의 자유-개인주의 교육관. 『교육철학』 33, 175-189.

_____(2005b). 토마스 엘리어트, 튜더 잉글랜드의 교육 이론가: 에라스무스 식 인문주의 교육관을 넘어서. 『영국연구』 13, 31-56.

_____(2011). 『교육론』에 나타난 밀턴의 교육개혁사상 고찰. 『인문과학』 47, 57-80.

_____(2013). 서양 고대 교육문헌에 나타난 본성 대 양육 논쟁. 『교육사상연구』 27(3), 117-135.

임태평(2002). 존 로크의 경험론에 있어서 오성의 능력과 교육. 『교육철학』 21, 153-172.

_____(2003). 로크의 인식 자율성 원리와 교육. 『교육철학』 23, 159-177.

Aristotle(1963). *The Nicomachean Ethics of Aristotle*(D. Ross, Trans.). London: Oxford University Press.

Benne, K.(1965). The Gentleman: Locke. In P. Nash(Ed.), *The Educated Man: Studies in the History of Educational Thought*(pp. 191-223). New York: John Wiley & Sons.

Bowen, J.(1981). *A History of Western Education, Vol. III*. London: Methuen.

Boyd, W.(1914). *From Locke to Montessori: A Critical Account of the Montessori Point of View*. London: George G. Harrap.

Boyd, W.(1928). *The History of Western Education*. London: A. & C. Black.

Brown, F.(1952). On Education: John Locke, Christian Wolff and the "Moral Weeklies." *University of California Publications in Modern Philology 36*, 149-170.

Caspari, F.(1968). *Humanism and the Social Order in Tudor England*. New York: Teachers College Press.

Curtis, S. & Boultwood, M.(1963). *A Short History of Educational Ideas*. London: University Tutorial Press.

Dewhust, K.(1963). *John Locke(1632-1704) Physician and Philosopher: A*

Medical Biography. London: The Wellcome Historical Medical Library.

Elyot, T.(1962). *The Book named The Governor*. London: Dent.

Haakonssen, K.(Ed.).(1988). *Traditions of Liberalism: Essays on John Locke, Adam Smith and John Stuart Mill*. St. Leonards: Centre for Independent Studies.

Jaeger, W.(1960). *Paideia: The Ideals of Greek Culture, Vol. III*(G. Highet, Trans.). New York: Oxford University Press.

Jolley, N.(1999). *Locke: His Philosophical Thought*. Oxford: Oxford University Press.

Juvenal(2008). *The Satires*(N. Rudd, Trans.). Oxford: Oxford University Press.

Laurie, S.(1905). *Studies in the History of Educational Opinion from the Renaissance*. Cambridge: At the University Press.

Lepzien A.(1896). *Ist Thomas Elyot ein Vorgänger John Locke's in der Erziehungslehre?* Inaugural-Dissertation zur Erlangung der Doctorwürde. Universität Leipzig. Leipzig.

Locke, J.(1838). *An Essay concerning Human Understanding*. London: T. Tegg & Son.

Locke, J.(1880). *Some Thoughts concerning Education*(R. Quick, Ed.). Cambridge: The University Press.

Milton, J.(1848). *The Prose Works, Vol. III*. London: Henry G. Bohn.

Monroe, P(1907). 조종인 역(1999). 『교육사개설』. 서울: 교육과학사.

Montaigne, M(2003). *The Complete Works: Essays, Travel Journal, Letters*(D. Frame, Trans.). New York: Alfred A. Knopf.

Polin, R.(1969). John Locke's Conception of Freedom. In J. Yolton(Ed.), *John Locke: Problems and Perspective: A Collection of New Essays*(pp. 1-18). London: Cambridge University Press.

Quick, R.(1894). *Essays on Educational Reformers*. London: Longmans.

Rabelais, F.(1994). *Gargantua and Pantagruel*(T. Urquhard & P. Le Motteux, Trans.). New York: Alfred A. Knopf.

Rowse, A.(1951). *The England of Elizabeth: The Structure of Society*. London: Macmillan.

Woodward, W.(1906). *Studies in Education during the Age of the Renaissance 1400-1600*. Cambridge: At the University Press.

Woodward, W.(1912). *Vittorino da Feltre and Other Humanist Educators: Essays and Versions*. Cambridge: At the University Press.

Yolton, J.(1971). *John Locke and Education*. New York: Random House.

Yolton, J.(1993). *A Locke Dictionary*. Oxford: Blackwell Publishers.

작은 것이 아름답다

"밀턴 프리드만의 신자유주의 교육개혁론 고찰"
(『인문학논총』, 41, 2016: 1-27)

밀턴 프리드만의 신자유주의 교육개혁론 고찰

① 들어가며

1955년 프리드만M. Friedman은 「교육에서 정부의 역할The Role of Government in Education」을 발표하면서 교육 분야에 그의 이름을 알렸다. 이 글을 발표할 당시만 해도 프리드만은 자신이 앞으로 공교육 개혁의 전도사로 행동할 줄은 전혀 예상하지 못했던 것 같다. 이로부터 반세기가 지난 뒤 한 신문에 기고한 회고문[1]에서 그는 다음과 같이 말하고 있기 때문이다.

> 1955년에 「교육에서 정부의 역할」을 출간했을 때, 나는 앞으로 학교개혁 운동가로서 왕성하게 행동하면서 아내와 함께 학부모 교육 선택권 증진을 위한 재단을 설립할 것이라고는 생각지도 못했다. 원래 논문은 학교교육의 결점을 논의하기 위한 것이 아니었다. 그 때만 해도 미국에서 학교교육의 질은 지금보다 훨씬 좋았고, 나와 아내는 우리가 경험했던 공립학교 체제에 만족하고 있었다. 나는 자유주의 사회의 철학에 관심이 있었다(Friedman, 2006: vii에서 재인용).

---

1 프리드만이 2005년 6월 9일 『월 스트리트 저널Wall Street Journal』에 기고한 「선택의 자유Free to Choose」라는 글이다.

위의 인용문에서 프리드만은 당시 그의 주된 관심이 자유주의 사회에서 정부의 교육적 역할은 어떠해야 하는지를 논의하는 데 있었을 뿐, 오늘날 우리 대다수가 생각하는 것처럼 공교육의 개혁을 위한 청사진을 제공하는 데 있지 않았음을 암시했다. 프리드만의 진술대로라면, 20세기 전반기 동안에는 공립학교 제도에 대한 만족도가 상대적으로 높아서 그가 군이 공교육 개혁에 초점을 맞추어 논의를 전개할 필요가 없었다는 말이기도 하다. 그러나 1950년대 중반 이후 상황은 급속도로 변했다 (Enlow & Ealy, 2006: 1). 공립학교 교육의 질이 떨어진다는 불만의 목소리가 나오기 시작했고, 이 문제를 해결하기 위한 국가 차원의 광범위한 노력이 뒤따랐다. 그러나 그 결과는 성공적이지 못해서 미국 사회에는 새로운 정책적 대안에 대한 갈망이 있었다.

이러한 상황에서 프리드만의 「교육에서 정부의 역할」은 공교육의 위기를 극복할 수 있는 하나의 가능성을 제시했다. 앞으로 살펴보면 알겠지만, 이 논고에서 프리드만은 교육은 국가의 일이라는 근대적 패러다임에서 벗어나 학부모의 교육적 역할을 강조했다. 그는 미국처럼 자유주의 사회이면서 학교교육이 널리 퍼져있는 곳에서는 정부가 "근린효과neighborhood effect"[2]를 운운하면서 교육을 독점하기보다는 학부모에게 교육 선택권을 부여해야 한다고 주장했다. 그렇게 했을 때 비로소 교육

---

2 프리드만(Friedman, 1990: 111)에 따르면, "근린효과"는 "어떤 사람들의 행동이 다른 사람들에게 상당한 비용을 야기하지만, 이 사람들이 그 비용을 보상해 줄 수 있는 어떤 방법도 가능하지 않는 상황"이나, 이와 "반대로 어떤 사람[들]의 행동이 다른 사람들에게 상당한 이익을 가져다주지만 이 사람들이 자기들의 이러한 행동에 대해 어떤 대가를 받을 수 있는 방법이 가능하지 않는 상황"에서만 존재한다. 이러한 근린효과의 관점에서 보면 정부의 교육에 대한 간섭은 그 혜택이 사회 구성원 전체에게 돌아가는 경우에만 합리화될 수 있는데, 당시 미국에서는 이미 대부분의 아이들이 일정한 수준의 학교교육을 받고 있어서 이러한 효과가 발생하지 않는다는 것이 프리드만의 주장이었다.

시장에서 생산자인 학교가 소비자인 학부모의 선택을 받기 위해 경쟁할 것이고, 그 결과로 학교교육의 질적 개선은 가능할 것이기 때문이다. 그의 이러한 주장은 멀게는 스미스A. Smith의 『국부론The Wealth of Nations』[3]에서, 또 가깝게는 19세기 자유주의자들인 훔볼트W. Humboldt와 밀J. S. Mill의 저작들[4]에서 그 맹아를 찾아볼 수 있다. 프리드만의 이름에 흔히 신자유주의자neo-liberalist라는 호칭이 따라붙는다고 했을 때, 그가 고전적 자유의 개념을 새로운 방식으로 해석하여 20세기 교육의 문제에 적용하고 있다는 것은 어찌 보면 당연한 일이었다.[5]

「교육에서 정부의 역할」은 프리드만의 대표적인 교육 논고임에 틀림없지만, 그의 교육에 대한 생각을 엿볼 수 있는 유일한 자료는 아니다. 일단 이 21쪽짜리 교육 논고는 1962년 프리드만의 『자본주의와 자유Capitalism and Freedom』에 확장된 형태로 다시 실렸다.[6] 그리고 이로부터 18년이 지난 1980년에 프리드만은 그의 부인과 함께 『선택의 자유Free

---

3 이미 200년도 더 전에 스미스는 『국부론』의 "한 뛰어난 장[5권 1장]"에서 자유의 교육적 효용성에 터해 국가의 간섭이 교육의 우수성을 해치는 주된 원인임을 선구적으로 논의했다(Dankert, 1974: 158).

4 훔볼트의 『정부의 범위와 역할Ideen zu einem Versuch, die Gränzender Wirksamkeit des Staats zu bestimmen』과 밀의 『자유론On Liberty』을 말한다. 그들은 자유주의적 관점에서 국가의 획일적인 교육 체제를 비판했다.

5 신자유주의는 20세기에 부활한 고전적 자유주의classical liberalism를 말한다. 신자유주의와 고전적 자유주의 간의 완벽한 일치를 주장할 수는 없지만, 다미코(Damico, 1978: 68)의 관찰대로 신자유주의자들은 정치적 자유, 소극적 정부와 개인주의, 자유방임과 같은 고전적 자유주의들의 주장을 반복하고 있다. 교육적 관점에서 신자유주의자들은 정부의 대규모 간섭이 학교교육의 질을 떨어뜨린다는 가정 하에 교육 분야를 자유, 경쟁, 선택의 원리에 따라 자율화, 민영화, 시장화하고자 했다.

6 프리드만의 「교육에서 정부의 역할」은 원래 솔로가 1955년에 편집·출간한 『경제학과 공적 관심』 9장(123-144쪽)에 실렸다. 나는 프리드만의 『자본주의와 자유』 6장(111-137쪽)에 동일한 제목으로 수록된 논고를 인용했다.

to Choose』를 출간했다. 교육적 관점에서 이 책을 구성하는 여섯 번째 글인 「학교 교육의 퇴폐What's Wrong with Our Schools?」가 중요한데, 그 안에서 그들은 그 시대 미국 학교교육의 문제점을 지적하면서 수업료 쿠폰제Voucher Plan7의 시행과 관련된 쟁점들을 폭넓게 고찰했다. 큰 틀에서 보면, 그들은 프리드만의 1955년 논고의 테제인 교육에서의 작은 정부론, 즉 학교교육을 정부의 독점 체제에서 피교육자의 선택에 따른 시장에서의 경쟁 체제로 변화시키라는 주장을 되풀이했던 것으로 볼 수 있다.

이상의 밑그림을 토대로 나는 프리드만의 교육사상가로서의 모습에 주목하였다. 구체적으로 위에서 언급한 프리드만의 교육에 대한 글 두 편을 주요 분석 대상으로 삼아 그의 교육개혁론을 고찰하였다. 우선 나는 프리드만의 눈에 비친 그 시대 미국 공교육의 문제점을 비판적인 시각에서 일견하였다. 이어 프리드만이 정책적 대안으로 제시했던 수업료 쿠폰제의 취지와 역할이 무엇인지를 논의하였다. 그리고 마지막으로 프리드만의 수업료 쿠폰제가 우리 교육에 주는 함의를 살펴보았다. 이 작업은 수업료 쿠폰제가 공교육 개혁에 주는 긍정적인 메시지를 검토해 봄으로써 일차적으로 시장적 개혁을 둘러싼 찬반논쟁을 불러일으킬 수 있을 것이고, 나아가 자유주의 사회에서 정부와 가정의 적절한 교육적 역할에 대한 후속 논의를 촉발할 수 있을 것이다.

Ⅱ 비판으로부터

프리드만의 교육 비판은 정부의 역할에 대한 논의로부터 출발했다.

---

7 흔히 '바우처'라는 말을 그대로 사용하기도 하지만, 나는 수업료 쿠폰제로 번역해 사용했다.

프리드만은 약 1세기 전에 밀이 제기했던 문제[8]를 다시 거론했다. 밀은 1859년에 출간한 그의 『자유론』에서 정부가 모든 아이들에게 일정한 수준의 교육을 강제하는 일에 반대했다. 밀은 그 시대의 영국인들이 교육은 국가의 책임이라는 국가주의 관점에 사로잡혀 자녀교육이 부모의 신성한 의무 중의 하나라는 사실을 망각하고 있다고 주장했다. 밀의 견해에 따르면, 정부의 교육적 책임은 단지 부모의 자녀교육을 감시하거나 보조하는 것에 국한될 뿐, 피교육자와 그 부모에게 직접 교육을 제공하는 것이 아니었다.

> 만일 정부가 모든 어린이에게 양질의 교육을 소지할 것을 요구하는 결의만 한다면, 구태여 좋은 교육을 제공할 수고를 덜 수도 있다. 정부는 부모들이 원하는 장소와 방법으로 자녀들을 교육시키도록 내버려두고, 빈민 계층의 어린이들의 등록금을 내도록 도와주거나 아무도 그 어린이들을 위해서 돈 낼 사람이 없는 경우에는 전액을 대신 지불해 주는 것에 만족할 수 있다(Mill, 1992: 139).[9]

---

8 사실을 말하자면, 밀보다 몇 해 앞서 훔볼트가 이미 다루었던 주제이다. 훔볼트는 프리드만의 1955년 논고의 데자뷰[deja vu]라 할 수 있는 『정부의 범위와 역할』에서 정부가 국가교육이라는 이름하에 개별성의 실현을 가로막아서는 안 된다고 주장했다.

9 훔볼트의 다음의 주장과 비교하라. "국가교육은 개별적인 정신문화의 고양에 좋은 영향을 주지 못한다. 특히 교육 본연의 일이 인간 능력의 자율적 발달을 촉진시키는 일이라고 했을 때, 국가교육의 무기력함은 분명하게 드러난다. 국가교육의 통일된 체계는 그에 상응하는 획일적 결과를 초래할 것이기 때문이다. 그러므로 이러한 자유의 원칙 하에서도 국가교육의 유용성은 여전히 드러나지 않는다. 만일 국가교육이 필요한 이유가 단지 아이들에게 배움의 기회를 주기 위한 것이라면, 부모가 자녀 교육에 관심이 없는 경우에는 보호자를 임명하고, 가정 형편이 어려운 아이들의 경우라면 재정적 도움을 확대하면 된다. 이것이 훨씬 간편하고 손실을 줄일 수 있는 방법이다"(Humboldt, 1854: 68-69).

밀과 마찬가지로 프리드만도 정부가 교육을 전적으로 책임지는 일에 반대했다. 프리드만은 미국의 학교 체제가 사립위주에서 공립위주로 전환되면서 정부의 역할이 비대해졌다는 역사적 논의를 전개했다. 그는 정부의 교육적 책임이 확장된 것이 학교에 대한 불만 또는 불평의 원인이 되었다고 전제한 다음, 현행 학교교육의 문제를 초중등학교와 대학으로 구분해 비판적으로 논의했다.

우선 프리드만은 초중등교육 수준에서 공립학교 체제의 문제점을 지적했다. 그는 공립학교 체제를 공공이익의 관점보다 사적이익의 관점에서 접근했다. 그는 교육에서 정부의 역할을 추적한 웨스트(West, 1967: 108)의 연구에 기초해 미국에서 수업료로 운영되던 사립학교 체제가 세금으로 교육비를 충당하는 공립학교 체제로 바뀌게 된 것이 기존의 사립학교 체제에 대한 학부모들의 불만 때문이 아니라 교사와 정부 관리들의 개인적인 이익 때문이라고 주장했다. 다시 말해 교사와 정부 관리들은 사립학교 체제보다 공립학교 체제에서 "자신들의 고용을 보다 확실하게 하고, 봉급 지불을 확실하게 하며, 한층 큰 관리권을 가질 수 있다"고 생각했고, 이러한 이유에서 그들은 공립학교 설립과 확산을 지지했던 것이다(Friedman & Friedman, 1980: 182).

프리드만은 정부가 이렇게 학교교육을 직접 떠맡게 되면서 학교교육의 질과 다양성이 감소하였다고 주장했다. 미국에서 학교교육은 19세기에 초등교육 수준에서 그리고 20세기에 중등학교 수준에서 급속도로 팽창했다(Hanushek, 2006: 67-69). 이 기간 동안 국가의 재정 지원에 힘입어 보편적인 공립학교 체제가 확립되었고, 중앙 정부의 통제 하에 학교의 교육과정, 교수법, 행정 업무 등은 점차 대동소이해졌다. 국가 주도의 이러한 공립학교 운동은 학교교육의 양적 성장에는 공헌했지만, 그 질적 성장에는 오히려 부정적인 영향을 미쳤다. 프리드만(Friedman & Friedman, 1980: 186)은 그 이유를 시장적 관점에서 접근하면서 "생산자가 왕이어서 소비자는 거의 아무 것도 주문할 수 없는" 중앙집권적인 공교육 체제에서는 학교교육의 질적 수준이 낮아질 수밖에 없다고 설명했다. 그러면서 그는 다른 활동과 마찬가지로 교육 활동에 있어서도 생산자와 소비자의 이익이 서로 같지 않다는 점을 강조했다.

> 학교 교육에 있어서는 부모와 그 자녀는 소비자이고, 교사와 학교 행정 관리자는 생산자이다. 그와 같은 학교가 중앙집권화 된다는 것은, 학교 교육의 단위가 대규모화되고 소비자의 선택의 자유는 감소하며, 생산자의 권력이 증대한다는 것을 의미한다. 교사, 학교 행정 관리자, 교원 조합의 공무원도 우리들과 다를 바는 전혀 없다. 그들도 자녀를 가진 부모이고, 좋은 학교 교육 제도를 수립하기를 진지하게 바라고 있을 것이다. 그러나 교육자로서 학교 행정 관리자로서 그리고 교원 조합의 공무원으로서의 그들의 이해 관계는, 그들이 학부모로서 가지는 이해 관계와는 다를 수밖에 없다. 그들의 이익은, 중앙집권화와 관리화를 한층 더 추진함으로써 증대할 가능성이 크다. 그때 그들의 이익이 학부모에게는 이익이 되지 않는 경우조차 있을지도 모른다. 그들의 이익에 철저히 봉사하기 위한 하나의 방법은, 학부모의 권력을 감소시킴으로써 실현된다 (Ibid.: 186-187).

프리드만은 공립학교의 질적 수준이 전반적으로 낮아지고 있는 것도 문제지만, 학교교육의 질이 지역에 따라 큰 차이를 보이고 있는 것이 더 심각한 문제라고 생각했다. 같은 공립학교라도 부유한 지역과 가난한 지역에 위치한 학교들 간의 교육 격차가 매우 크다는 말이다. 프리드만(Ibid.: 180)은 학교교육의 질이 "주요한 도시에 있는 몇 개의 부유층 학교는 보통 이상의 좋은 질을 유지하고 있고, 많은 작은 도시나 농촌 지대의 학교는 질이 평균 정도의 수준에 있[는 반면에] 주요한 도시의 내부에서는 때때로 교육이 믿을 수 없을 정도로 열악한 것이 되고 있다"

고 말하면서 현재의 공립학교 체제가 모두에게 평등한 교육기회를 제공하는 데 실패하고 있다고 전제한 다음, 거주지별 학교교육의 질적 차이를 비용의 비효율화 문제와 결부시켜 설명했다.

비극은, 사람에게 공통의 언어를 가르치고, 미국 시민에게 어울리는 가치관을 제공하고, 모든 아동에게 평등한 교육 기회를 주는 것[을] 목적으로 만들어진 공립학교 교육제도가 실제로는 사회의 분열을 악화시키고, 대단히 불평등한 교육 기회밖에 제공할 수 없게 되어 있다는 이 사실이다. 생도 1인당 학교 교육 지출의 총액은 대도시나 도시 근교에 있는 부유한 지역이나 거의 같은 정도로 높다. 그런데 양자 간의 학교 교육의 질적 차이는 매우 크다. 부유한 교외에서는 지출된 모든 자금이 직접 교육에 충당된다. 이에 반해 대도시 내부에서는, 지출된 자금의 대부분이 학교 내에 규율을 유지하고, 야만적인 파괴 행위를 방지하고 파괴된 기물을 수선하는 일에 소비되지 않으면 안 된다. 도시 내부의 학교에 따라서는, 학습 장소에 어울리는 분위기라기보다는 형무소의 분위기에 더 가깝다고 까지 이야기할 수 있는 곳이 있다. 부유한 교외에 살고 있는 부모는 도시 내부에 살고 있는 부모보다, 납세하고 있는 금액에 대해 훨씬 큰 가치를 손에 넣고 있는 것이다(Ibid.: 188).

위의 인용문에서 프리드만은 공립학교 체제에서의 교육의 질적 저하가 주로 저소득층 학부모와 아이들에게 피해를 줄 수 있다는 점을 암시했다. 미국 사회에서 중산층 여부를 확인할 수 있는 간단한 질문은 "아이들이 그들의 부모가 선택한 학교에 다니고 있느냐"는 것이다(Thernstrom, 2006: 35). 중산층 가정은 학군이 좋은 지역에 거주하거나 사립학교를 선택할 수 있을 만큼 자본을 축적하고 있어서 공립학교의 폐해를 피해갈 수 있지만, 소득 수준이 낮은 학부모는 자녀교육에 대한 발언권을 상실한 채 학교교육에 있어서 불리한 입장에 놓이게 된다. 이러한 관점에서 프리드만은 공립학교가 사회 계층화의 문제를 더욱 악화시킬 위험이 있다고 생각했다. 특히 그는 대도시 빈민가의 초중등학교에서 교육의 질이 매우 낮게 나타나고 있는 현상에 주목하면서 학교교육의 가장 큰 수혜자가 되어야 할 저소득층 아이들이 실제로는 가장 큰 피해를 보고 있다고 주장했다(Friedman, 1990: 119-120). 실제로 NAEP 보고서[10]는 미국 사회에서 대도시 빈민가의 흑인 및 히스패닉 아이들과 중산층 거주지의 백인 및 아시아계 아이들 간의 학력차가 갈수록 심화되고 있음을 보여주고 있는데, 이는 미국의 공립학교 체제가 점차 불평등한 교육기제로 전락하고 있음을 예증해 주는 것이었다(Thernstrom, 2006: 37-38).

프리드만은 초중등교육뿐만 아니라 대학교육에 있어서도 정부의 개입에 부정적이었다. 특히 그는 대학에 대한 정부의 재정 지원에 회의적이었다. 그것이 교육의 질을 떨어뜨릴 수 있기 때문이다. 그의 설명에 따르면, 정부가 대학의 운영비 대부분을 충당하는 경우 교육 경비에서 학생들의 수업료가 차지하는 비중은 그만큼 낮아지고, 그 결과 일찍이 스미스가 잘 지적했듯이 대학은 교육의 질적 개선을 위한 노력에 소극적이 된다.[11] 반면에 정부 보조가 적어 대학이 교육 경비의 대부분을

---

10 NAEP[National Assessment of Educational Progress]은 미국의 초중등학교 학생들의 학력을 정기적으로 확인하기 위한 국가 수준의 평가 제도이다. 이 국가 보고서 카드는 1969년에 처음 도입되어 1970년대 초반부터 그 자료가 일반에 공개되었다. 그동안 NAEP 보고서는 미국 내 계층별, 인종별, 성별 교육 격차의 정도를 알려줌으로써 국가의 교육 정책 수립에 기초 자료로 활용되었다. 최근에 발표된 2015 NAEP 보고서 역시 중산층 백인 아이들과 저소득층 흑인 아이들 간의 학력 격차가 여전히 좁혀지지 않고 있다는 점을 말해주고 있다. 흥미로운 점은 백인 아이들의 학력도 점차 떨어지고 있는 추세라서 그 학력 격차가 1970-1980년대에 비해 크게 벌어지지 않는 것처럼 보인다는 점이다. 한 마디로, 미국 공교육의 질적 수준이 전반적으로 떨어지고 있다는 경고이다. 자세한 것은 다음을 참조하라. http://www.nationsreportcard.gov

직접 학생들의 수업료로 보충해야 하는 경우 대학은 주요 고객인 학생들의 선택을 받기 위해 우수한 교육 서비스를 제공한다. 프리드만은 부연한다.

> 대학은 학교 교육을 판매하고 있고, 학생은 학교 교육을 구매하고 있다. 대부분의 민간 시장에서와 마찬가지로 이러한 상황 아래에서는 어느 쪽이나 상대방에게 봉사하고 싶다는 강한 유인을 가지고 있다. 만일 대학이 학생이 바라고 있는 학교 교육을 제공하지 않는다면 학생은 다른 대학으로 편입할 수 있다. 학생들은 자기들이 지불한 수업료에 충분히 합당한 것만큼의 가치를 손에 넣기를 바란다(Friedman & Friedman, 1980: 210).

정부의 보조금이 대학교육의 질을 높이지 못한다면, 대학에 공공보조를 해야만 하는 다른 이유는 무엇인가? 우선 프리드만은 사회적 이익을 고려했다. 그는 대학교육이 학생들의 개인적 이익에 더하여 사회적 이익을 산출한다는 점을 인정했다. 그러나 그는 대학교육의 사회적 이익이 정부 보조의 결과가 아닌 개인적 이익의 부차적 효과로 나타난다고 보았다. 스미스(Smith, 1992, 상: 553)의 오래된 가르침대로, 학생들의 개인적 이익은 "보이지 않는 손"을 통해 사회적 이익으로 전환될 수

---

11 스미스(Smith, 1992, 하: 336-339)는 외부의 지원금이 대학 본연의 교육 목적에 봉사하지 못한다는 전제 하에 교사들이 수업의 질과 상관없이 사회 공공의 자금으로부터 안정적으로 봉급을 받는다면 그들은 학생들을 가르치면서 가능한 한 게으르고 불성실하게 행동할 것이라고 주장했다. 이 문제를 해결하기 위해 스미스는 대학이 필요한 경비를 학생들의 수업료를 통해 스스로 조달할 것을 제안했다. 그의 바람은 교사들의 봉급을 학생들의 수업료로만 충당함으로써 "교사들[이] 자신들의 교육 역량을 높이기 위해, 다른 말로 자신들의 교육 '상품'을 수지에 맞게 팔기 위해 그들의 경쟁자들에 대항하면서 부지런히 노력"하는 환경을 조성하는 것이었다(김성훈, 2010: 111-112).

있기 때문이다. 이러한 맥락에서 프리드만은 대학교육의 사회적 이익과 관련해 정부 보조의 효과가 충분히 입증되지 못했다고 주장했다.

계속해서 프리드만은 교육 기회의 평등이라는 관점에서 정부가 대학 교육의 비용을 부담하는 것이 정당한지를 논했다. 그는 정부의 재정 지원이 평등한 교육 기회를 촉진시킨다는 주장에 동의하지 않았다. 그가 보기에 정부 보조금의 혜택은 주로 중상류층에 돌아갔는데 평균소득이 높은 가정일수록 자녀들을 대학에 보내는 비율이 높고, 그만큼 자신들이 부담한 세금을 정부 지출로 회수하는 비율도 높기 때문이다. 그는 다음의 연구 결과를 통해 대학에 대한 정부 보조의 효과가 불공정하다는 점을 강조했다.

> 플로리다의 경우를 연구한 보고는, 사람들의 소득을 4단계로 구분하고, 1967년부터 1968년에 걸친 1년간 그 4개의 서로 다른 소득 계급에 각각 고등 교육에 대한 정부 지출에 의해 받게 된 이익의 전체와 세금의 형태로 발생한 비용 총계를 비교하고 있다. 이 비교에서도, 가장 높은 소득 계층에 속하는 사람들만이 순계에 있어서 이익을 얻고 있고, 지출된 비용의 160% 이상이나 돌려받고 있다. 이에 반해 하위의 두 계층에 속하는 사람들은 손에 돌아온 수익의 140%를 지출하고 있었다. 중산계급의 경우에는 수익의 140% 이상을 지불하고 있었다(Friedman & Friedman, 1980: 216).

위의 인용문도 암시하고 있듯이, 프리드만의 결론은 대학에 대한 정부 지출이 "저소득 계층에 불리하게 되는 소득 재분배 효과"가 있다는 것이다(Ibid.: 217). 중상류층이 저소득층에 비하여 대학에 다니는 비율이 두 세배 높은 상황에서 대학에 대한 정부 보조금은 저소득층의 교육 기회 확대보다 중상류층의 세금 환급에 기여하는 바가 크기 때문이다.

Ⅲ 프리드만의 대안: 수업료 쿠폰제

앞절에서 살펴본 것처럼 프리드만은 정부가 교육의 문제에 적극적으로 개입하는 일에 반대했다. 특히 그는 정부가 임의대로 아이들을 인근의 공립학교로 배정하는 일을 자연스럽고 당연하게 여기는 시각에 우려를 표했다. 그것이 공교육 정신에 위배된다고 보았기 때문이다. 메리필드(Merryfield, 2006: 128)의 개념을 빌면, "공교육"은 "정부가 학교를 운영하는 체제"라기보다는 "학교 접근성에 대한 공적 약속"과도 같은 것이었다. 부연하면 공교육 체제에서는 누구나 자신이 원하는 학교에서 자유롭게 교육을 받을 수 있어야 한다는 말이다. 이러한 관점에서 프리드만은 중앙집권적이고 형식적인 공립학교 체제에서 탈피하여 자녀교육에 대한 학부모들의 권리를 인정하고 그들에게 학교 선택의 자유를 허용할 것을 주장했다.

프리드만은 정부의 교육 독점을 줄이고 학부모들의 교육적 영향력을 높이기 위한 방법으로 수업료 쿠폰제를 제안했다. 프리드만은 2차 세계대전 이후 제대군인들에게 교육적 특혜를 주었던 GI 증서를 모방해 학부모들에게 교육권 증서를 부여할 것을 주장했다(Friedman, 1990: 116). 프리드만은 퇴역군인들이 GI 증서를 가지고 정부가 승인한 교육기관 중 마음대로 선택하여 교육을 받을 수 있었던 것처럼, 학부모들도 교육권 증서를 가지고 일정 기준을 충족한 교육기관 중 자녀가 다닐 학교를 완전히 자유롭게 선택할 수 있어야 한다고 보았다. 이때 교육권 증서는 GI 증서와 마찬가지로 정부가 교육 수요자들에게 지급한 수업료 쿠폰이었다. 즉, 학부모들은 교육권 증서를 자신들이 선택하고 그들의 자녀들을 받아준 공립 및 사립학교에서 수업료 지불에 사용할 수 있고, 학교는 학부모들이 사용한 쿠폰을 정부에 수업료로 청구하여 스스로 재정 조달을 할 수 있었다(Friedman & Friedman, 1980: 191).

프리드만의 이러한 계획은 교육 분야에서 정부, 학교, 학부모들 간의 역할 조정을 가져오는 것이었다. 전통적으로 정부는 학교를 직접 운영하면서 국민의 세금으로 그 운영비를 충당하였다. 그러나 정부의 학교에 대한 직접적인 재정 지원이 교육의 질적 제고에 도움이 되지 않는다는 판단에서 프리드만은 "정부의 재정 지출을 정부의 학교 행정과 떼어 놓고 생각"할 것을 제안했다(Enlow & Ealy, 2006: 1). 그의 대안은 정부의 학교교육비 지출을 획일적인 보조금의 형태에서 학부모들의 선택에 따른 차등적인 수업료 지급 방식으로 전환함으로써 "공립학교의 오랫동안 지속되온 공적 재원에 대한 독점"(Merryfield, 2006: 128)에 종지부를 찍는 것이었다. 이는 시장의 비유를 들면 정부의 교육 분야에 대한 간섭을 최소화하는 가운데 학교교육을 교육 소비자의 선택을 받기 위해 교육 생산자가 경쟁하는 구조로 개혁하는 것을 의미하였다.

> 학교 산업이 최종적으로 어떻게 구성될지는 지금 이 시점에서 예측할 방법이 전혀 없다. 이와 같은 것은 경쟁에 의해 결정될 것이다. 지금 할 수 있는 예측이라면, 손님을 만족시키는 음식점이나 술집만이 살아남을 수 있는 것처럼, 그 소비자(생도)와 그 부모를 만족시키는 학교만이 살아 남을 수 있다는 것뿐이다. 학교 사이에 발생하는 경쟁이 이러한 사태를 발생시킬 것임에 틀림없다(Friedman & Friedman, 1980: 202).

에벤슈타인(Ebenstein, 2007: 225)의 주장대로 프리드만 식의 수업료 쿠폰제는 학교교육의 시장적 재구조화를 통해 공립학교 체제의 경직성을 타파하면서 "교육에서의 르네상스"를 가져올 수 있다. 특히 사회경제적 지위가 낮은 계층의 아이들에게 학교 선택권을 부여하여 그들의 학교 접근성을 높이는 데 공헌할 수 있다. 앞에서도 언급했듯이, 부유한 계층은 인근의 공립학교가 마음에 들지 않으면 좋은 학교가 있는 곳으로 거주지를 옮기거나, 아니면 추가로 교육비를 지출하면서 사립학교를 선택할 수 있다. 그러나 저소득층의 경우에는 공교육의 질이 전반적으로 떨어져도, 또 지역별로 교육 격차가 심화되어도 거주지 안의 공립학교로 자녀들을 보내면서 교육적 불평등을 감내하는 것 외에 다른 방법이 없다. 이러한 상황에서 프리드만은 수업료 쿠폰제로 명명되는 교육비 환급이 저소득층 학부모와 아이들에게 주변의 질 낮은 공립학교에서 탈출할 수 있는 하나의 길을 열어준다고 생각했다. 물론 그들이 실제로 자신들의 학교 선택권을 사용하느냐는 것은 또 다른 문제다. 다만 프리드만은 저소득층이라고 해서 자녀교육에 대한 열의 자체가 없거나 자기 개선의 의지와 능력 등이 결핍되어 있는 것은 아니라는 점을 분명히 했다.

> 교육개혁 운동가라는 사람들은 흔히 다음과 같은 독선적인 생각을 가지고 있다. 즉 학부모 중에서도 특히 빈곤하고 자신이 그다지 교육을 받지 않은 부모들은 자기 자녀의 교육에 그다지 흥미를 가지고 있지 않으며, 자녀를 위해 좋은 교육을 선택할 능력도 가지고 있지 않다는 것이다. 이것은 빈곤한 사람들에 대한 근거없는 모욕이다. 이러한 빈곤 학부모들은 흔히 제한된 선택의 기회 밖에 가질 수 없었다. 그러나 미국의 역사를 돌이켜보면, 기회만 부여되면 빈곤한 부모들도 자기 자녀의 복지를 위해 매우 많은 것을 기꺼이 희생하며, 실제로도 현명한 방식으로 그렇게 해왔다는 것이 사실에 의해 충분히 밝혀지고 있다(Friedman & Friedman, 1980: 190).

이어 프리드만은 수업료 쿠폰제가 제도의 특성상 수업료를 추가로 지불할 수 있고, 또 지불하고 싶은 강한 욕구를 유발한다는 점을 지적했다.

수업료 쿠폰 제도의 한 측면에서 특별한 관심을 불러일으킨 것은 수업료 쿠폰에 의한 지불 외에도 부모가 여분의 금액을 추가할 수 있지 않을까 하는 문제였다. 예를 들면 수업료 쿠폰의 액면 금액이 1천 5백 달러인데, 부모가 여기에 5백 달러를 더 추가하여 수업료가 2천 달러인 학교에 자녀를 진학시킨다면 어떻게 될까. 그 결과 교육 기회에 있어서 오늘날보다 더 큰 차이를 발생시키지 않을까 하고 어떤 사람은 염려하고 있다. 왜냐하면 저소득의 부모는 쿠폰 액면 금액에 아무 것도 추가하지 않는데 비하여, 중간 계급이나 상류 계급의 부모는 여기에 여분의 지불을 대폭 추가할 지도 모르기 때문이다. …… [그러나] 극빈자들조차 현행의 공립학교 비용의 전체를 자기들의 자금으로 대치할 수는 없다고 하더라도, 자식의 학교 교육의 질을 개선하기 위해서라면 조금이나마 여분의 자금을 모을 수 있고 실제로도 그렇게 하고 있다(Ibid.: 198, 200).

프리드만의 수업료 쿠폰제는 학부모들의 학교 선택권 보장 말고도 그들의 학교 선택에 따른 세금 환급의 효과가 있다. 만일 학부모들이 공립학교로 자녀를 보낸다면, 그들은 정부에 냈던 세금의 일부를 수업료 쿠폰의 형태로 직접 되돌려 받게 된다. 문제는 사립학교를 선택한 학부모들인데, 지금의 제도라면 이들은 공립학교를 선택하지 않음으로 인해 정부가 국민의 세금으로 책정한 공교육비 중 자신들의 몫을 환급받지 못한다. 그러나 프리드만의 도식 하에서는 정부가 "교육기관의 종류가 아닌 학교 활동의 적절성을 기준으로 재정 지원"을 함으로써 공립학교가 아닌 사립학교를 선택했다고 해서 특별히 차별을 받거나 불이익을 당하지 않는다(Merryfield, 2006: 125). 실제로 정부는 공립학교 교육을 원하지 않는 학부모들에게도 수업료 쿠폰을 지급하여 사립학교에서 수업료로 사용하도록 한다. 그렇게 함으로써 학부모들은 사립학교 선택에 따라 "두 배의 교육비를 부담"하는 문제, 즉 세금 형태로 지출한 공교육비는 환급받지 못하면서 사립학교 교육비는 직접 지출해야 하는 문제를 해결할 수 있다(Friedman, 1990: 121).

프리드만이 수업료 쿠폰제를 제안했을 때, 그는 초중등학교 뿐만 아니라 대학을 또한 염두에 두고 있었다. 대학의 경우에도 그는 정부의 안정적인 재정 지원이 교육의 질적 하락을 가져올 것이라고 진단했다. 그의 해법은 수업료 쿠폰제를 통해 대학교육에 시장과 경쟁의 원칙을 도입하는 것이었다. 즉 정부는 대학에 직접 교육비를 지원하는 일에서 한 걸음 물러나 학부모들에게 수업료 쿠폰을 지급하고, 학부모들은 그들 몫의 수업료 쿠폰을 자신들이 선택한 대학에서 자유롭게 사용하며, 대학은 학부모들로부터 회수한 수업료 쿠폰만큼 정부에 교육 경비를 요청한다(Ibid.: 128). 교육 주체들 간의 이러한 일련의 순환 과정을 거쳐 교육 생산자인 대학이 교육 소비자인 학부모들에게 보다 양질의 교육 상품을 제공하도록 유도한다는 것이 프리드만의 계획이었다.

일반적으로 미국 사회에서는 학부모들이 거주지 인근의 주립대학으로 자녀를 보내는 경우가 많다. 그러나 프리드만 식의 수업료 쿠폰제를 시행하면, 학부모들은 그들이 살고 있는 지역의 주립대학과 다른 지역의 주립대학 간의 교육의 질을 비교하거나, 아니면 주립대학과 사립대학 간의 기회비용을 산정하면서 대학 선택의 폭을 넓힐 수 있다. 이러한 수업료 쿠폰제는 누구보다도 대도시 빈민가의 저소득층 아이들에게 가장 유리한 제도이다(Ebenstein, 2007: 225). 특히 미국 내 흑인과 히스패닉 아이들의 교육 기회 확대에 이바지할 수 있는 제도이다. 부유한 계층은 수업료 쿠폰제의 시행과 상관없이 이미 학교 선택의 자유를 충분히 누리고 있다. 그러나 저소득층 학부모와 아이들은 수업료 쿠폰제의 시행으로 말미암아 비로소 부유한 계층과 마찬가지로 자신들에게 가장 적합한 선택을 할 수 있는 기회를 얻는다(Brandl, 2006: 33). 물론 그들 또한 자신들의 '다른' 선택에 따라 정부로부터 지급받는 수업료 쿠폰 외에 추가로 교육 경비를 부담해야 한다. 그렇지만 오래 전 스미스(Smith, 1992, 하: 337)의 주장대로 "근면은 그것이 필요한 동기에 비례한다"라고 했을 때, 수업료 쿠폰제는 그들의 이기적인 동인을 불러일으키는 교육기제로 작동할 수 있다.

앞의 초중등학교와 마찬가지로 대학의 경우에서도 수업료 쿠폰제는 교육비 환급의 효과가 있다. 주민들의 세금으로 주립대학을 운영한다고 할 때, 학부모들이 지역의 주립대학을 선택한 경우는 말할 것도 없고, 설령 사립대학을 선택 하였어도 그들에게는 주정부에 납부한 세금 중 일부를 자녀 교육비로 되돌려 받을 권리가 있다. 이와 관련해 프리드만은 주정부가 지역민의 세금으로 대학에 지급하는 장학금을 예로 들어 수업료 쿠폰제가 학부모들의 '다른' 선택에 따른 재정적 불이익을 해소해주는 공정한 제도임을 강조했다.

> 이 제도를 주장하는 것이 공평한 것이라는 것은 분명해진다. 예를 들자면, 오하이오 주정부는 시민들에게 다음과 같이 말한다. "당신이 대학에 보내야 할 자녀를 가졌는데, 그가 교육을 위해 요구되는 최저조건을 충족시켜 줄 수 있고 또 '오하이오 대학'에 갈 수 있을 정도로 똑똑하다면 우리들은 자동적으로 그에게 상당한 액수의 4년 장학금을 지불할 것이다. 그러나 만약 당신의 자녀가 예일, 하버드, 노스웨스턴, 벨로이트, 시카고 대학 등은 말할 것도 없이 오벌린 대학이나 웨스턴 리저브 대학에 가기를 원하고 당신도 그가 그렇게 하는 것을 원한다면 우리는 그에게 단 1페니도 지급할 수 없다." 이런 정책이 어떻게 정당화될 수 있을까? 오하이오 주정부는 대학교육에 쓰고자 하는 그 돈은 어떤 대학에 가든 상관없이 그 사람의 장학금으로 쓰여지게 하고, '오하이오 대학'이 다른 대학들과 동등하게 경쟁할 수 있도록 해주는 것이 더 공정한 정책이고 그 장학금의 효과를 더 높여주는 정책이 아닐까?(Friedman, 1990: 128-129)

Ⅳ 우리나라 교육에의 함의

앞의 두 절에서 나는 미국의 공립학교 체제에 대한 프리드만의 비판을 소개한 다음, 그가 대안으로 제시했던 수업료 쿠폰제에 관해 살펴보았다. 이제 남은 문제는 프리드만의 이러한 개혁적 사고를 우리의 교육 장면에 적용해 그로부터 실천적 함의를 도출하는 것이다. 이와 관련해 우리는 최소한 다음의 세 가지 교육 명제에 주목할 필요가 있다.[12]

첫째, 학부모의 학교 선택권을 보장하라. 만일 프리드만이 우리나라 초중등학교의 학부모였다면, 그는 아마도 공립학교 평준화 정책[13]에

---

12 미국과 우리나라 간의 역사·문화·제도적 차이로 말미암아 수업료 쿠폰제와 연계된 프리드만의 신자유주의 교육개혁론을 우리의 교육 장면에 적용하는 데는 한계가 있을 수밖에 없다. 예컨대 프리드만의 수업료 쿠폰제 논의와 관련해 미국의 '거주지' 개념을 우리 사회에 그대로 적용하여 공립학교 교육의 종류와 질을 거주지역과 연결시켜 단정적으로 논의할 수 있는지도 의문이며, 미국과 다른 국가중심적인 교원 임용체계를 가지고 있고, 교사에 대한 전통적인 경敎사상이 여전히 집단적인 무의식 차원에서 작동하는 우리 사회에서 프리드만이 주장한 교사 문화의 시장적 재구조화가 어느 정도 실효성이 있는지도 확실하지 않다. 더해 미국과 달리 국공립학교뿐만 아니라 사립학교도 일정 부분교원의 봉급과 같은 국고의 지원을 받고 있어 공사 구분이 모호한 우리의 상황에서 프리드만의 수업료 쿠폰제를 어떤 방식으로 적용할 수 있는지도 논란거리일 수 있다. 특히 대학 수준에서 미국은 주립대학 대 사립대학 체제이지만 우리의 경우에는 국립대학 대 사립대학국고의 지원을 받는 체제여서 프리드만 식의 수업료 쿠폰제를 적용하는 데 상이한 제도에 따른 구조적인 문제가 발생할 수 있다. 다만 미국의 토양에서 나고 자란 프리드만 식의 수업료 쿠폰제를 고찰하는 이유가 외국의 교육이론을 우리나라에 그대로 이식시키려는 것이 아닌, 그로부터 현재적 의미를 도출하려는 데 있으므로 나는 프리드만의 개혁적 사고가 우리에게 주는 교육적 함의를 중심으로 논의를 전개했다.

13 물론 우리나라 전역에서 공립학교 평준화 정책을 시행하고 있는 것은 아니다. 현재 17개 시·도 중 서울특별시를 비롯해 대전광역시와 광주광역시 정도만 평준화 정책을 전면 시행하고 있을 뿐, 대다수의 시·도에서는 여전히 평준화 지역과 비평준화 지역이 공존하고 있다. 다만 전체적으로 보았을 때 평준화

가장 먼저 우려를 표했을 것이다. 그것이 수업료 쿠폰제에서 강조했던 학부모 학교 선택권을 침해하는 정책이기도 하거니와, 그 폐해가 누구보다도 가난한 사람들에게 돌아갈 가능성이 크기 때문이다. 정부가 지역 내 모든 공립학교를 평준화하여 아이들이 다닐 학교를 거주지 별로 추첨을 통해 일괄적으로 배정하는 경우에도 사회경제적 지위가 높은 계층은 여전히 자녀가 다닐 학교를 상대적으로 자유롭게 선택할 수 있다. 그들은 거주지 안의 공립학교가 마음에 들지 않으면 보다 좋은 공립학교를 배정받기 위해 학군을 옮기거나 다른 지역으로 이주할 수 있다. 또, 공립학교 교육의 질이 전체적으로 떨어지는 현상, 즉 하향평준화가 나타나면 추가로 교육비를 부담하면서 사립학교우리나라의 경우 자립형사립교나 특수목적교를 선택할 수 있다. 문제는 학군이 좋지 않은 곳에 거주하는 저소득층 학부모와 아이들인데, 이들은 프리드만의 다소 과격한 표현을 빌면 다른 곳으로 떠날 수 없어 남아 있는 "찌꺼기"로서 정부의 학교 배정 지침에 반해 인근의 질 낮은 공립학교에서 탈출할 수 있는 현실적 대안수업료 쿠폰제와 같은을 가지고 있지 못하다(Friedman & Friedman, 1980: 203). 물론 정부의 주장대로, 지역 내 모든 학교의 질적 수준이 말 그대로 평준화되어 있다면, 저소득층 학부모와 아이들이라고해서 특별히 불이익을 당하거나 하지는 않을 것이다. 어느 곳에서나 학교교육의 질은 똑같을 것이기 때문이다. 그러나 우리의 교육현실은 그렇지 못하다.[14] 지역 내 공립학교들 간의 질적 수준이 거주지

지역이 비평준화 지역보다 전국적으로 넓게 분포해있으며, 최근 몇 해 동안 비평준화 지역을 평준화 지역으로 전환하려는 정책적 노력이 여러 시·도에서 있어 왔다. 예컨대 강원도의 경우 2012년 도내 주요 도시에서 평준화 정책을 재도입했고, 근자에 와서 경기도, 제주도, 세종특별자치시 등에서 평준화 정책의 확대 시행을 위한 논의가 활발히 진행 중에 있다.

14 이와 관련해 평준화 지역에서의 학교 간의 교육 격차와 그 결정 요인을 분석한

별로 차이가 나서 중상류층의 거주지를 중심으로 우수한 학군이 형성되어 있는 반면에 저소득층의 거주지에는 상대적으로 교육 수준이 떨어지는 공립학교가 위치해 있기 때문이다. 이러한 이유에서 공립학교 평준화 정책은 원래의 의도와 달리 저소득층의 교육 기회 확대에는 실질적으로 공헌하지 못한 채 단지 정치적 수사rhetoric로만 남을 공산이 크다.

둘째, 교사집단을 시장과 경쟁의 원칙에 귀속시켜라. 우리나라의 경우 국가가 초중등학교 교사의 신분을 보장하고, 국민의 세금으로 봉급을 충당한다. 그러다보니 앞서 프리드만도 경고했듯이 교사들은 공립학교라는 경쟁의 무풍지대에 거주하면서 교육의 질적 개선을 위한 노력에 소홀하기 쉽다. 일찍이 스미스(Smith, 1992, 하: 338-339)가 일갈했듯이, 자기 개선을 위한 경쟁이 존재하지 않는 집단에서는 구성원들이 가능한 한 게으르고 나태하게 행동하는 것을 자기 이익에 부합하는 것으로 생각할 수 있기 때문이다. 그동안 우리나라에서도 공립학교 교사들의 안일함을 문제 삼고 교사들 상호 간이 경쟁을 북돋기 위해 수업료 쿠폰제까지는 아니라 하더라도 교사 평가제나 교사 성과급제와 같은 친시장적인 교육 정책을 도입·시행하였다. 그러나 그 과정에서 교사 집단의 저항에 부딪쳐 정책 자체가 은폐·축소되는 경향을 보였다. 이는 프리드만이 이미 미국적 맥락에서 예견했던 것이기도 하다(Friedman & Fried-

---

신혜련(2006)의 사례 연구는 주목할 만하다. 신혜련은 평준화 정책이 시행 중인 지역에서 학교 간의 교육 격차는 불가피하며, 그 결정 요인은 학교 안 요인보다는 학교 밖 요인, 즉 학생의 사회경제적 배경과 부모의 지원 및 과외시간 투입이라는 결론에 도달한 다음, 프리드만 식의 다음과 같은 주장을 되풀이했다. "적어도 현재처럼 평준화 정책이 유지되는 한, 즉 근거리 지역 배정 원칙이 적용되는 한, 학교 간의 교육 격차는 결국 급지의 특성과 매개되어 지역의 특성에 의해 좌우될 수밖에 없게 된다. 결과적으로 평준화정책은 평등의 이념을 실현시키기 위한 정책이라기보다는 학생들의 학교선택권을 박탈하면서까지 교육격차를 정당화시키는 장치에 불과하다는 비판을 모면하기 힘들 것이다"(Ibid.: 94).

man, 1980: 206-207). 교사 평가제의 경우 교사들은 자신들이야말로 아이들의 교육에 대해 가장 잘 알고 있는 전문가들로서 비전문가 집단인 학부모와 학생들의 평가를 받는 일을 부당한 압박으로 간주하였다. 흥미로운 점은 이들의 오만한 자기 인식과 대조적으로, 타인학부모, 학생, 일반인의 눈에 공립학교 교사들은 오늘날 점차 무능하고 게으르고 타성에 젖은 관료 집단으로 비추어지고 있다는 것이다.[15] 교사의 봉급체계를 능력에 따른 성과급제로 전환하려는 시도와 관련해서도 "업적에 따라 보수를 주어야만 교육능력을 제고시키는 경쟁효과를 거둘 수 있을 것"이라는 프리드만(Friedman, 1990: 124)의 바람과 달리 교사들은 그들의 집단적 이기심을 발동해 나이, 학력, 경력 등에 따른 표준적인 급여체계를 고수한 채 구성원들 간의 나누어 갖기 식의 성과급 제도를 운영하고 있는 실정이다.[16] 이러한 상황에서 프리드만 식의 처방은 학부모들에게

---

15 오늘날 교사 집단이 타인의 눈에 무사 안일한 집단으로 보인다는 주장은 교원평가제에 대한 그들의 태도로부터도 추론이 가능하다. 예를 들어, 교원평가제에 대한 교사, 학부모, 학생 간의 인식 차이를 비교 분석한 임정아(2005: 68이하 참조)의 연구에 따르면, 교사 집단은 교원평가제 시행의 필요성을 가장 낮게 인식[3.0점/5점]하고, 제도를 시행하는 경우에도 동료 교사[40.6%]에 의한 평가 방법을 가장 선호하며, 그 목적도 자기장학[62.6%]을 위한 비공개 자료로 인식하는 경향이 높았다. 한편 학부모와 학생 집단은 교원평가제의 시행 필요성을 가장 높게 인식[3.63, 3.49/5점]하고, 평가에 자신들이 직접[38.6%, 31.3%], 수시[19%, 29.7%]로 참여하는 방법을 가장 선호하며, 그 목적도 무능하고 게으른 교사를 교단에서 퇴출[40.8%, 30.4%]시키는 수단으로 인식하는 경향이 높았다. 교육 주체들 간의 이러한 인식 차이는 우리나라에서 교원평가제의 전면 실시에 앞서 2010년 전국 16개 시·도 학부모 2천600명과 교사 2천600명 등 총 5천200명을 대상으로 실시한 여론 조사 결과에도 그대로 반영되어 있다. 당시 학부모 77.0%와 일반인 58.6%가 법률 통과와 상관없이 교원평가제 시행에 찬성한 반면에 교사 집단은 과반수를 밑도는 40.1%만이 제도 시행에 찬성했다(박찬주, 2010). 이상의 수치적 증거는 교사 집단에 대한 사회 일반의 불신을 암시하는 동시에 교사 집단의 안일한 자정 노력을 보여준다.

학교 선택의 자유를 되돌려줌으로써 교사들의 오만함과 이기심을 시장에서의 선택과 경쟁의 원리로 옭아매라는 것이었다.

마지막으로 셋째, 대학에 대한 정부의 행·재정적 간섭을 줄여라. 최근 들어 우리나라 정부는 대학에 대한 직접적인 관리와 경비 지출을 점차 줄여나가고 있다. 국립대학의 경우 지난 정부부터 법인화 문제가 사회적 쟁점으로 떠올랐고, 이번 정부 들어서는 국립대학 교원의 연봉제 정책이 급물살을 탔다.[17] 또, 국립대학 기성회 제도의 폐지에 따른 대학회계의 일원화는 국립대학 교원의 급여체계를 수업료 중심으로 투명하게 만드는 동시에 국고 지원을 일괄적인 보조금의 형태에서 능력에 따른 성과급제로 전환하도록 했다.[18] 이러한 일련의 시장적 개혁을 보는 시각은 물론 엇갈린다. 일각에서는 교육의 논리를 시장의 논리로 유예

---

16 정부가 최근 발표한 '2016년도 교육공무원 성과상여금 지급 지침'에 따르면, 올해 지급될 교원 성과급은 종전에 비해 차등지급액의 비율이 상향 조정되고 개인 간 지급액 차이도 커질 것으로 보인다. 더욱이 정부는 이른바 '성과급 나누어 갖기' 관행을 뿌리 뽑기 위해 교사 개인의 실적과 상관없이 성과상여금을 지급 또는 수령한 경우 해당 교원에 대해 최소 견책, 최고 파면까지 징계를 강화한다는 방침이다. 이에 교원단체들은 정부의 이러한 조치가 교육 현장의 특수성을 무시한 처사라고 일제히 반발하고 있다. 지난 십 여 년 동안 논란거리였던 프리드만 식의 제안이 다시 시험대에 올랐다(이훈성, 2016).

17 서울대는 지난 2011년 12월 국립대 최초로 법인화되었다. 현 정부 들어서는 정부 주도의 국립대학 법인화 정책이 숨고르기에 들어갔다. 하지만 국립대 교원의 성과 연봉제는 2010년부터 2015년까지 확대 시행되었고, 그 과정에서 성과누적제의 적용 범위와 대상을 둘러싼 논란이 불거졌다.

18 2012년 1월 국립대 학생들의 기성회비 반환 청구 소송으로 촉발된 국립대학재정회계법은 2015년 3월 국회를 통과했다. 국립대학재정회계법은 기존의 일반회계[국고 지원]와 기성회회계를 통합해 대학회계를 신설하는 내용을 담고 있다. 2015년 3월을 기준으로 국립대학 기성회비가 52년 만에 폐지되었지만, 전국 국립대학 40여 곳은 기성회비 반환 소송으로 몸살을 앓고 있다. 법원에서조차 대학의 기성회비 징수를 부당이익으로 볼 것인지, 아니면 적법한 수입으로 볼 것인지에 관해 판결이 갈리고 있는 상황이다.

하고 대체하는 대학의 상업화 현상이라고 비판하는 한편, 그러한 비판 자체가 교육 기득권 세력의 자기 보호를 위한 항변에 불과하다는 주장도 있다(강창동, 2015; 박거용, 2009; 이성로, 2007). 프리드만의 입장은 대학과 같은 고등교육 기관에 정부가 국민의 세금을 직접 투여해서는 안 된다는 것이었다. 다른 이유들은 차치하고도 정부가 세금은 국민 모두에게 거두어들이면서, 정작 국민 모두가 자녀를 대학에 보내는 것은 아니기 때문이다. 정부의 대학에 대한 재정 지원은 그 혜택이 단지 대학에 다니는 자녀가 있는 가정에만 세금 환급의 형태로 되돌아간다는 말이다. 또, 앞에서 언급한 '근린효과'의 관점에서 보아도 오늘날 미국이나 우리나라처럼 국민의 교육 수준이 높은 국가에서는 정부의 대학에 대한 보조금 지급을 사회 공공의 이익이라는 관점에서 정당화하기 어렵다. 최소한 대학 수준에서 교육은 어디까지나 개인적인 이익을 위한 투자의 일환이며, 모두가 자기 이익의 극대화를 위해 자유롭게 경쟁하는 가운데 개인적 이익은 사회적 이익으로 자연스럽게 전환될 수 있다. 이와 관련해 스미스의 오래 전 주장[19]을 다시 기억의 전면으로 불러올 필요도 없는데, 오늘날 우리 주변만 보아도 정부와 대학 간의 밀월관계를 대학과 학부모 간의 시장관계로 재설정하는 작업이 진행 중에 있기 때문이다.

정리하면, 오늘날 우리의 학교교육 정책은 초중등학교 수준에서는 시장의 논리를 터부시하는 반면에 대학 수준에서는, 특히 국립대학의 경우에는 시장적 재구조화가 이제 막 물고를 텄다. 이러한 다소 모순적 상황에서 프리드만의 수업료 쿠폰제를 우리의 교육 현장에 전면적으로

---

19 스미스의 『국부론』에서의 주장을 말한다. "인간의 자연적인 이기심과 성향은 다른 모든 경우에 있어서와 마찬가지로 공공사회의 이익과 정밀하게 일치한다"(Smith, 1992, 하, 183). 그 과정에서 앞서 인용한 '보이지 않는 손'이 작용하고 있었음은 말할 필요도 없다.

적용하는 일은 매우 도전적인 과제일 것이다. 공립학교 교사 집단은 학부모의 권한을 강화시켜주는 프리드만 식의 교육개혁론에 거부감을 드러낼 것이고, 대학 당국 역시 자신들의 기득권을 내려놓고 시장에서 고객의 선택을 받기 위해 경쟁하는 일을 탐탁지 않게 여길 것이다. 그렇지만 프리드만의 교육에 대한 문제의식, 즉 교육의 질적 개선을 위해서는 정부의 간섭은 줄이고, 학부모 학교 선택권은 보장하며, 교사들 상호 간의 경쟁은 촉진시켜야 한다는 생각만큼은 그(Friedman, 1990: 124)의 말대로 "[공교육이 확산 일로에 있었던] 한 세기 전에도 바람직한 것이 었는지는 결코 확신할 수 없"지만, 지금처럼 미국이든 우리나라든 공교육이 위기로 치닫고 있는 상황에서는 그 개혁을 위한 정책적 의제로 승화시킬 필요가 있다.

Ⓥ 나오며

지금까지의 논의를 종합해 보았을 때 수업료 쿠폰제에서 가장 눈여겨 볼 점은 그동안 정부와 학교 사이에서 그림자 존재에 불과했던 학부모들의 교육적 역할에 주목했다는 것이다. 프리드만은 교육 현장에서 학부모들의 목소리에 귀를 기울이면서 학교교육 체제를 생산자 중심에서 수요자 중심으로 재편할 것을 주문했다. 이를 두고 일각에서는 '신성한' 교육을 시장의 잣대를 가지고 재단하는 부적합한 처사라고 비판할 수 있다. 그러나 교육 활동에도 엄연히 생산자와 소비자가 있으며, 생산자가 독과점 상태에 있을 때 그 폐해가 소비자에게 돌아간다는 것은 주지의 사실이다. 특히 거주지 내의 질 낮은 공립학교 외에 다른 선택지가 없는 저소득층 학부모와 아이들이 그러하다.

일반적으로 친시장적인 교육 정책하면 부유한 사람들의 필요와 이익에 봉사한다고 생각하기 쉽다. 그런데 흥미롭게도 프리드만의 수업료 쿠폰제에서는 콕스(Cox, 1999: 18, 20)의 표현을 빌면 "시장 신"의 "전지전능함"을 목도하면서도 저소득층의 "구원"을 위한 단초를 찾을 수 있다. 프리드만은 수업료 쿠폰제의 시행이 가난한 학부모와 아이들의 학교 선택의 폭을 넓혀줌으로써 그들의 교육 기회 확대에 공헌할 수 있다고 믿었기 때문이다. 그의 이러한 신념은 그동안 공립학교 제도의 병폐로 지목되어왔던 사회 계층에 따른, 또 거주 지역에 따른 교육 불평등의 문제를 완화하는 데 일조할 수 있다. 그리고 나아가 공교육의 최대의 수혜자가 되어야 할 가난한 사람들이 오히려 그 제도의 가장 큰 피해자가 되고 마는 현재의 역설적 상황에서 모두를 위한 교육이라는 공교육 본연의 취지와 모두에게 균등한 교육 기회의 제공이라는 공립학교의 존재 이유를 되돌아보는 계기가 될 수 있다.

한편 프리드만의 입장에서 보면, 수업료 쿠폰제는 기본적으로 교육 분야에서 정부의 역할을 재설정하려는 시도였다. 프리드만은 국가의 교육 수준이 매우 낮을 때를 제외하고는 정부의 학교교육에 대한 직접적인 간섭과 광범위한 지원이 불필요하다고 주장했다. 현대 미국 사회처럼 학교교육이 보편적이고 대중화되어 있는 곳에서는 교육 문제를 개인적인 차원에서 자기 이익을 극대화시키는 방향으로 접근하면서 교육 주체들 간의 자유로운 경쟁과 선택을 보장해야 한다. 그렇지 않고 정부가 '국가교육'이라는 이름하에 중앙집권적인 관리와 통제를 강화한다면, 그 결과는 교육 집단의 관료화와 그에 따른 학교교육의 질적 하락이라는 것이 프리드만의 경고였다.

그렇다고 해서 프리드만이 국가의 교육적 책임을 부정한 것은 아니었다. 다만 정부의 교육 역할을 최소한으로 규정하면서 국가교육의 범위를 축소했을 뿐이다. 프리드만(Friedman, 1990: 116)은 국가교육이 국가에 의한 교육의 독점을 의미하는 것이 아니라는 전제로부터 출발해 "정부의 역할"을 단지 교육의 장소를 제공하고 "일정 기준을 충족"한 학교 시설과 교육과정을 "승인"해 주는 일에 한정했다. 반면에 그는 자녀교육의 책임이 궁극적으로 학부모들에게 있다는 점을 강조하면서 정부가 학부모들에게 학교교육비를 직접 부담시켜야 한다고 주장했다. 그렇게 하지 않고 정부가 지금처럼 세금을 거두어 교육비를 충당하고자 한다면, 정부는 지역민들로부터 한평생에 걸쳐 세금을 거두어 그들의 아이들이 학교에 다니는 동안에만 이 세금을 그들에게 되돌려 주는 불공정한 일을 하게 된다.

이처럼 프리드만은 원래 교육기관에 대한 정부의 보조금을 전면적으로 폐지하는 일이 필요하고 또 바람직하다고 생각했지만(Coulson, 2006: 115-117), 동시에 자신의 이러한 급진적인 견해가 정치적으로 실현 가능성이 희박하다는 점을 인정했다. 주지하다시피 오늘날 대부분의 국가에서는 프리드만의 바람과 상관없이 정부가 국민의 세금으로 여전히 학교교육비를 전액 또는 대부분 보조하고 있는 실정이다. 심지어 대학에 대해서도 정부의 재정 지출은 그것이 결국에는 가난한 사람들에게 세금을 거두어 그 돈으로 부유한 사람들의 대학 수업료를 보조해 주는 불공정한 현상으로 전락할 수 있는데도 불구하고 계속되고 있다. 이러한 상황에서 프리드만은 자신의 원론적인 주장에서 한 걸음 물러나 정부의 교육기관에 대한 세비 지원 자체를 없애기보다는 그 방식을 학부모들에게 수업료를 직접 지급하는 형태로 전환할 것을 주장했다. 말하자면 그는 '혁명' 대신 '개혁'을 선택했던 셈이다.

참고문헌

강창동 (2015). 「국립대학 선진화 방안」의 정책 오류에 관한 연구. 『한국교육학연구』, 21(2), 5-39.

김성훈 (2010). 『영국의 교육사상가들』. 서울: 문음사.

박거용 (2009). 이명박 정부 고등교육정책에 대한 비판적 검토. 『동향과 전망』, 77, 50-75.

박찬주 (2010, 01, 07). 교과부 교원평가제 여론조사 결과. 부산일보 http://news20.busan.com/controller/newsControllermjsp?newsId=20100107000083 에서 2016. 06. 11 자료 얻음.

신혜련 (2006). 평준화 지역 중학교의 교육격차 결정요인에 관한 연구-울산광역시를 중심으로. 경성대학교 대학원 박사학위논문.

이성로 (2007). 국립대 법인화에 대한 일 고찰. 『한국공공관리학보』, 21(4), 225-251.

이훈성(2016, 05, 12). 교원 성과급 나눠먹기 하면 최고 파면까지. 한국일보. http://hankookilbo.com/v/Oe1fa0229c944a839cad359b9e1ec3cd에서 2016. 05. 12 자료 얻음.

임정아 (2005). 교원 다면평가제도 시행에 따른 교사·학생·학부모 인식 비교 연구. 계명대학교 교육대학원 석사학위논문

Brandl, J.(2006). Choice, religion, community, and educational quality. In R. Enlow, & Ealy, L.(Eds.). *Liberty & learning: Milton Friedman's voucher idea at fifty*(pp. 25-34). Washington: Cato Institute.

Coulson, A.(2006). A critique of pure Friedman: An empirical reassessment of "The Role of Government in Education." In R. Enlow, & Ealy, L.(Eds.). *Liberty & learning: Milton Friedman's voucher idea at fifty*(pp. 103-123). Washington: Cato Institute.

Cox, H.(1999). The market as god, *The Atlantic Monthly, March*, 18-23.

Damico, A.(1978). *Individuality and community*. Gainesville: University Press of Florida.

Dankert, C.(1974). *Adam Smith man of letters and economist*. New York: Exposition Press.

Ebenstein, L.(2007). *Milton Friedman: A biography*. New York: Palgrave Macmillan.

Enlow, R., & Ealy, L.(Eds.).(2006). *Liberty & learning: Milton Friedman's voucher idea at fifty*. Washington: Cato Institute.

Friedman, M.(2006). Prologue: A personal retrospective. In R. Enlow, & Ealy, L.(Eds.). *Liberty & learning: Milton Friedman's voucher idea at fifty*(pp. vii-x). Washington: Cato Institute.

Friedman, M.(1990). 『자본주의와 자유』(최정표 역). 서울: 형성출판사. (원전은 1962년 출판).

Friedman, M.(1955). The role of government in education. In R. Solo(Ed.). *Economics and the public interest*(pp. 123-144). New Brunswick: Rutgers University Press.

Friedman, M., & Friedman, R.(1980). 『선택의 자유』(신영철 역). 서울: 공평. (원전은 1980년 출판).

Hnushek, E.(2006). Is there hope for expanded school choice? In R. Enlow, & Ealy, L.(Eds.). *Liberty & learning: Milton Friedman's voucher idea at fifty*(pp. 67-79). Washington: Cato Institute.

Humboldt, W.(1854). *The sphere and duties of government*(J. Coulthard, Trans.). London: John Chapman. (The original published in 1852).

Merrifield, J.(2006). Discipline is the key to Milton Friedman's gold standard for education reform. In R. Enlow, & Ealy, L.(Eds.). *Liberty & learning: Milton Friedman's voucher idea at fifty*(pp. 125-137). Washington: Cato Institute.

Mill. J.(1992). 『자유론』(김형철 역). 서울: 서광사. (원전은 1859년 출판).

NAEP(National Assessment of Educational Progress). The Nation's Report Card. http://www.nationsreportcard.gov

Smith, A.(1992). 『국부론』. 상·하(최호진, 정해동 공역) 서울: 범우사 (원전은

1776년 출판).

Thernstrom, A.(2006). A culture of choice. In R. Enlow, & Ealy, L.(Eds.). *Liberty & learning: Milton Friedman's voucher idea at fifty*(pp. 35-48). Washington: Cato Institute.

West, E.(1967). The political economy of American public school legislation. *Journal of Law and Economics, 10*, 101-128.

찾아보기

/D, E/
Darwinian marketplace _ 218
ecological mind _ 235

/F, G/
Four Beginnings _ 220
Freire _ 254
Grote _ 197

/H/
human relations _ 232
Humboldt _ 119

/I/
inner moral cultivation _ 230
instrumental market agent _ 218

/K/
knowledge and conduct _ 236
Kyŏng _ 220
kyŏnghak _ 221

/M/
Mencius _ 225, 236
Mill _ 117, 195
moral self-cultivation _ 220

/N/
neo-Confucian cosmology _ 226
neo-Confucianism _ 220

neo-liberalist model of education
_ 217
New Right liberalism _ 217

/P/
Platon _ 205
praxis _ 236

/Q/
quiet sitting _ 222

/S/
Sedgwick _ 202
Seven Feelings _ 220
shimhak _ 223

/T/
Tocqueville _ 117
T'oegye _ 220

/U/
union of man with nature _ 226
unity of knowing and acting _ 228

/W/
Wang Yang-Ming _ 236

/Y/
yin _ 224

/ 지은이 소개 /

김성훈金成勳

강원도 춘천에서 태어났다. 강원대학 교육학과를 졸업한 후, 캐나다 앨버타대학 대학원에서 철학박사 학위를 취득했다. 2007년부터 강원대학 교육학과 교수로 재직 중이다. 교육과정, 교육사상, 교육고전 등에 관심이 있다.

E-mail: seonghoonkim@kangwon.ac.kr

교육사상 탐구

초판 인쇄   2020년 9월 11일
초판 발행   2020년 9월 19일

지 은 이 | 김성훈
펴 낸 이 | 하운근
펴 낸 곳 | 學古房

주   소 | 경기도 고양시 덕양구 통일로 140 삼송테크노밸리 A동 B224
전   화 | (02)353-9908 편집부(02)356-9903
팩   스 | (02)6959-8234
홈페이지 | http://hakgobang.co.kr/
전자우편 | hakgobang@naver.com, hakgobang@chol.com
등록번호 | 제311-1994-000001호

ISBN 979-11-6586-105-6 93160

값 : 30,000원

이 도서의 국립중앙도서관 출판예정도서목록(CIP)은 서지정보유통지원시스템 홈페이지(http://seoji.nl.go.kr)와 국가자료공동목록시스템(http://www.nl.go.kr/kolisnet)에서 이용하실 수 있습니다. (CIP제어번호 : CIP2020038136)

■ 파본은 교환해 드립니다.